船舶智能化与绿色技术丛书

船舶潜浮圆柱壳结构声-振机理

李天匀 郭文杰 朱翔 著

科学出版社

北京

内 容 简 介

水下航行器耐压体主要采用圆柱壳结构，目前对其声学品质要求日趋严格，因此水下圆柱壳声-振耦合处理技术与算法至关重要。目前该领域的研究主要是自由声场模型。但在实际工程中，流场往往受到自由液面的约束，如潜态及浮态。建立潜浮圆柱壳声-振耦合模型，开展处理技术与算法研究，可充实和完善水下圆柱壳声-振研究体系。本书结合波传播法、虚源法、伽辽金法和多坐标系建模等诸多技术，由易到难全方位阐述和剖析潜浮圆柱壳结构的振动及声辐射性能，旨在揭示潜浮圆柱壳声-振耦合规律，为积极有效地减振降噪、进一步增强水下航行体的声隐身性能提供理论、技术和算法基础。

本书可作为船舶与海洋工程类等专业研究生的辅助教材或参考书，也可作为相关研究者的参考阅读材料。

图书在版编目(CIP)数据

船舶潜浮圆柱壳结构声-振机理/李天匀，郭文杰，朱翔著. —北京：科学出版社，2022.8

（船舶智能化与绿色技术丛书）

ISBN 978-7-03-072862-3

Ⅰ．①船… Ⅱ．①李… ②郭… ③朱… Ⅲ．①可潜器－舰船噪声－减振降噪 Ⅳ．①U674.941

中国版本图书馆 CIP 数据核字（2022）第 144314 号

责任编辑：邵 娜 赵晓廷 / 责任校对：高 嵘
责任印制：彭 超 / 封面设计：苏 波

科学出版社 出版
北京东黄城根北街 16 号
邮政编码：100717
http://www.sciencep.com

武汉中科兴业印务有限公司印刷
科学出版社发行 各地新华书店经销

*

2022 年 8 月第 一 版　开本：787×1092　1/16
2022 年 8 月第一次印刷　印张：14 3/4
字数：347 000
定价：118.00 元
（如有印装质量问题，我社负责调换）

"船舶智能化与绿色技术丛书"
编 委 会

主编：吴卫国

编委（按姓氏拼音排序）：

陈　宁　　陈顺怀　　程远胜　　胡以怀

李天匀　　李文华　　廖煜雷　　刘敬贤

欧阳武　　裴志勇　　吴卫国　　余永华

袁成清　　张勇明

"船舶智能化与绿色技术丛书"序

近年来,世界船舶产业发展聚焦"智能"和"绿色"两大热点。国际海事组织、国际标准化组织等国际组织将"绿色智能船舶"列为重要议题,国际主要船级社先后发布相关的规范或指导性文件,世界主要造船国家大力推进绿色智能船舶的研制与应用,船舶绿色智能化也成为我国船舶制造业发展的新机遇和新挑战。

绿色智能船舶中的"绿色"是指船舶在制造、运营、拆解的全生命过程中,以"绿色"为设计理念,在确保船舶质量、满足船舶的使用功能的基础上,最大限度地降低成本、减少污染,提高船舶的资源及能源的利用率,打造环境友好型和资源节约型船舶。我国已将"碳达峰""碳中和"目标写入《中华人民共和国国民经济和社会发展第十四个五年规划和2035年远景目标纲要》,为配合国家2060年实现"碳中和"的目标,造船与航运业正在广泛开展船体节能技术(包括水动力节能和创新节能技术),替代燃料及主、辅机节能技术,以及航态优化与能效管理等技术的研究与产品开发。

绿色智能船舶中的"智能"是指利用传感器、通信、物联网、互联网等技术手段,自动感知和获取船舶自身、海洋环境、物流、港口等方面的信息和数据,并基于计算机技术、自动控制技术和大数据处理分析技术,在船舶航行、管理、维护保养、货物运输等方面实现智能化运行,以使船舶更加安全、环保、经济和可靠。2015年,中国船级社发布了全球首部《智能船舶规范》,综合考虑了船舶安全、能效、环保、经济和可靠的需求,将(商用)智能船舶分解为智能航行、智能船体、智能机舱、智能能效管理、智能货物管理、智能集成平台等。经过划分后,各部分自成体系,而整体上又涵盖船舶上的各类智能系统。

当前,我国正处于世界新一轮科技革命和产业变革同我国转变发展方式的历史交汇期,发展绿色智能船舶是实现船舶工业转型升级、由造船大国向造船强国迈进所面临的千载难逢的历史机遇。我国船舶工业和航运业在绿色智能船舶领域进行有益探索,相关科研攻关取得积极进展,船舶智能化与绿色技术的工程应用初显成效,已形成一定的技术积累和产业基础,基本与国际先进水平保持同步。为了给广大船舶科技工作者系统介绍船舶智能化与绿色技术的研究成果,将国内与国际研究相结合,更好地为国家海洋强国战略服务,科学出版社组织国内多所高校的专家学者编著了"船舶智能化与绿色技术丛书"。

"船舶智能化与绿色技术丛书"重点介绍新技术与新产品,注重学科交叉、理论与应用相结合,其系统性、专业性较强。本套丛书的推出将在引领我国船舶与海洋工程领域的基础研究、原始创新和规模化发展，加快船舶与海洋工程建设水平，促进船舶与海洋工程领域研究成果转化和相关先进设备的产业化进程，推进我国成为海洋强国等方面起到积极的作用。

随着新技术特别是人工智能技术的迅猛发展，丛书内容难免会有缺陷与不足，但希望在我国船舶领域的高等学校、科研院所、造船企业及相关科技界的关怀下，在参加编著的专家学者的共同努力下，丛书的出版能够为我国船舶与海洋工程的技术进步与创新、推动船舶产业的"绿色化发展、数字化转型、智能化升级"做出应有的贡献，并为船舶与海洋工程界的科研人员和高等学校师生提供参考与指导。

吴卫国

2022 年 2 月 18 日

前言

船舶工程中壳体-水下流场耦合系统的振动与声辐射研究是水下结构减振降噪领域的重要内容，从结构、流体耦合角度出发，对该问题进行研究需要把结构振动场和声场结合起来，其物理内涵为：结构受动载荷作用而振动，在流体介质中产生声辐射形成声场，声场反过来又对结构湿表面施加动态反作用力，从而形成复杂的水下声-振耦合系统。

壳体在水中产生声振的机理和空气中相似，但是它们处理的方法却大不相同。空气的密度很小，其声阻抗也相对较小，因此空气介质对结构振动的影响可以忽略不计。这样，壳体的声振问题可以分为两个相对独立的过程来进行研究：首先根据结构振动方程求解结构表面位移或振速的分布，然后由表面位移或振速的分布分析声辐射。然而，当结构浸没在水中时，情况发生变化：水介质的声阻抗较大，其存在就会对水下结构，尤其是对薄壳结构的振动产生显著的影响，水下结构声-振问题就成为结构振动和水中声介质的耦合问题，分析水中结构声-振问题时必须计及流体负荷的影响。

在线性范围内，水下耦合系统的声-振研究主要有两种方法：传统流-固-声耦合方法与声-固耦合方法。传统流-固-声耦合方法是经典方法，其分析流程往往又分为两个阶段：流-固耦合分析和声学分析。流-固耦合将水流体视为不可压缩理想介质，分别建立相应的流体、结构振动模型，在耦合界面建立速度连续条件后将流体等效为附连水质量的影响，计算出结构湿表面的振动速度。其重点是将流体等效为附连水质量，也就是视流体为质量影响。之后，再单独利用惠更斯声辐射积分公式进行声场分析。此时，又必须假设流体是可压缩介质，否则没有声纵波运动。两个阶段结合形成传统流-固-声耦合方法，从而进行声-振性能分析。

随着研究的深入，基于声-固耦合的分析模型得到发展。其思想是：将水流体视为可压缩声介质，分析流体介质中的声波运动（理想声介质中存在纵波），基于亥姆霍兹理论、振动波理论分别建立声场模型、结构波模型，在耦合界面建立速度连续条件，将声介质的影响用声压（动载荷）作用在壳体湿表面上，进而进行耦合系统的声-振性能分析。

该领域前期的研究主要是基于无限域的自由声场模型，但在实际工程中，流场往往受到自由液面的约束。例如，为验证理论模型的适用性、计算结果的准确性，需要进行结构模型的水下声振试验，受试验条件的限制，此时结构的潜深是有限的，离自由液面的距离处于几米到几十米的数量级范围。另外，在某些情况下，水下航行体浮于自由液面上（如系泊状态等），其表面与自由液面相交。这两种情况分别称为潜态和浮态，自由声场中的相关结论不能应用于潜态和浮态问题。

水下圆柱壳还受到流场静水压力的作用。传统振动分析把壳液耦合系统在静态载荷作用下的静平衡位置作为振动问题的坐标原点开展研究，计算结果只涉及物理量的动态部分而没有计及静态水压力的影响。当潜态深度不大时，分析表明静压力对圆柱壳-流场耦合系统的声振影响较小，因此许多文献在分析中忽略了静水压力的影响。当潜态深度较大时，流场对圆柱壳声学性能的影响比较明显。

目前研究圆柱壳潜浮态声-振性能的方法主要有有限元、边界元等数值方法，缺乏在自由液面声边界约束下的圆柱壳流场耦合声-振性能的理论分析与机理研究，尤其是圆柱壳浮态问题以及组合声边界约束下圆柱壳声-振耦合问题更是缺乏理论研究方法。针对这些科学问题，本书结合波传播法、虚源法、伽辽金法和多坐标系建模等诸多技术，建立潜浮圆柱壳结构声-振耦合理论模型，提出解析或半解析求解方法，突破潜浮状态圆柱壳与流场部分耦合以及多声边界约束两大技术难点，系统阐述和剖析潜浮圆柱壳结构的振动及声辐射性能，旨在揭示潜浮圆柱壳声-振耦合规律，补充和完善水下圆柱壳声-振研究体系，研究成果有利于水下结构物声学质量预报和减振降噪研究。

本书共10章。第1章绪论、第2章圆柱壳声-振耦合中的附连水质量方法、第3章潜态圆柱壳声-振模型与计算分析、第4章浅海圆柱壳声-振性能计算与分析、第5章半浸状态圆柱壳声-振耦合处理技术、第6章圆柱壳-流场的部分耦合声-振技术与算法、第7章一般浮态圆柱壳的声-振耦合性能、第8章码头系泊状态下圆柱壳声-振性能、第9章有限水域有限长圆柱壳振动特性试验研究、第10章总结与展望。本书具体撰写分工为：李天匀负责第1、第6、第9、第10章文稿，朱翔负责第2章和第3章文稿，郭文杰负责第4、第5、第7、第8章文稿，全书由李天匀统稿。

作者长期从事水下结构物振动与声学性能分析的教学和科研工作，积累一些心得体会，有机会整理成书，奉献给广大读者，以激发读者对水下结构物声-振研究的兴趣，从而培养形成一批建设海洋强国的高水平研究队伍，提升我国水下结构物声学质量水平。华中科技大学船舶与海洋工程学院赵耀教授、李威教授、陈美霞教授，以及华中科技大学机械科学与工程学院黄其柏教授等提出许多宝贵的意见和建议，在此致谢。感谢英国南安普顿大学J.T.Xing教授、Y.P.Xiong副教授，香港城市大学C.W. Lim教授，武汉大学邱春印教授，武汉理工大学谢官模教授，宁波诺丁汉大学杨建副教授，中国船舶集团有限公司第七〇一研究所、第七一九研究所专家等的支持和帮助。感谢华中科技大学船舶与海洋工程学院领导和老师的鼓励与支持。项目组研究生叶文兵、缪宇跃、王鹏、陈忱、万志威等参与其中部分工作，本书的出版得到科学出版社的支持与帮助，同时本书参考和引用若干文献的成果，在此一并表示衷心的感谢。

本书的研究内容得到国家自然科学基金重点项目（51839005）、国家自然科学基金面上项目（51879113，51579109，51379083，40976058）、高等学校博士学科点专项科研基金、教育部博士点基金项目（20120142110051）、江西省青年科学基金项目（20202BABL214049）的支持，在此表示感谢。

限于作者的水平和能力，虽力求严谨认真，但书中仍会存在不妥之处，诚恳欢迎读者批评与指正。

作　者

2022年2月15日于武汉喻家山

目 录

第1章 绪论 ··· 1
  1.1 概述 ·· 1
    1.1.1 研究背景 ·· 1
    1.1.2 国内外研究进展 ·· 2
  1.2 研究思路及研究内容 ·· 9
    1.2.1 研究思路 ·· 9
    1.2.2 研究内容 ·· 10

第2章 圆柱壳声-振耦合中的附连水质量方法 ······················· 12
  2.1 引言 ·· 12
  2.2 圆柱壳的声-固耦合模型 ··· 12
    2.2.1 研究对象 ·· 12
    2.2.2 圆柱壳振动分析 ··· 13
    2.2.3 声场分析 ·· 13
    2.2.4 声-振连续条件 ··· 14
    2.2.5 声场-圆柱壳耦合振动方程 ··· 14
  2.3 模态附连水质量 ··· 15
    2.3.1 速度势 ··· 15
    2.3.2 流体动能 ·· 16
    2.3.3 模态附连水质量 ··· 17
  2.4 算例分析 ·· 17
    2.4.1 数值模型参数 ·· 17
    2.4.2 壳体边界条件 ·· 17
    2.4.3 方法验证 ·· 18
    2.4.4 模态附连水质量的模态分布 ······································· 19
    2.4.5 壳体边界条件对水下圆柱壳模态附连水质量的影响 ······· 20
  2.5 本章小结 ·· 22

第3章 潜态圆柱壳声-振模型与计算分析 ······························· 23
  3.1 引言 ·· 23
  3.2 声场-圆柱壳耦合振动分析 ·· 23
    3.2.1 研究对象 ·· 23
    3.2.2 流体静压 ·· 24

  3.2.3 计及流体静压效应的壳体振动方程 ·············· 24
  3.2.4 静压-固有频率关系及弹性临界载荷预报 ·············· 25
 3.3 存在自由液面的半空间内声场分析 ·············· 28
 3.4 流场-圆柱壳的耦合自由振动模型 ·············· 30
  3.4.1 声场-圆柱壳耦合系统的特征方程 ·············· 30
  3.4.2 模态附连水质量 ·············· 31
 3.5 圆柱壳的受迫振动模型 ·············· 31
  3.5.1 外激励力 ·············· 31
  3.5.2 流体声载荷 ·············· 32
  3.5.3 声场-圆柱壳耦合系统受迫振动方程 ·············· 32
  3.5.4 输入能量流 ·············· 33
 3.6 圆柱壳的声辐射模型 ·············· 33
  3.6.1 辐射声功率 ·············· 33
  3.6.2 远场辐射声压 ·············· 34
 3.7 算例分析 ·············· 36
  3.7.1 自由振动特性 ·············· 36
  3.7.2 输入能量流特性 ·············· 51
  3.7.3 声辐射特性 ·············· 55
 3.8 本章小结 ·············· 64

第4章 浅海圆柱壳声-振性能计算与分析 ·············· 66
 4.1 引言 ·············· 66
 4.2 刚性底面对水下圆柱壳声-振特性的影响 ·············· 66
  4.2.1 研究对象 ·············· 66
  4.2.2 结构振动分析 ·············· 67
  4.2.3 刚性底面处的声学边界条件 ·············· 67
  4.2.4 存在刚性底面的半空间声场分析 ·············· 67
  4.2.5 刚性底面附近圆柱壳的自由振动特性分析 ·············· 68
  4.2.6 刚性底面附近圆柱壳的输入能量流和辐射声功率 ·············· 79
 4.3 有限深度水域中的声场分析 ·············· 84
  4.3.1 研究对象 ·············· 84
  4.3.2 声学边界条件分析 ·············· 84
  4.3.3 声场分析 ·············· 84
 4.4 圆柱壳的自由振动特性分析 ·············· 86
  4.4.1 有限深度水域中圆柱壳的自由振动模型 ·············· 86
  4.4.2 有限深度水域中圆柱壳的模态频率特性 ·············· 87
 4.5 圆柱壳的输入能量流和辐射声功率分析 ·············· 97
  4.5.1 有限深度水域中圆柱壳的受迫振动模型 ·············· 97

  4.5.2 有限深度水域中圆柱壳的输入能量流和声辐射特性 ·················· 98
 4.6 本章小结 ·· 105

第 5 章 半浸状态圆柱壳声-振耦合处理技术 ·· 106
 5.1 引言 ·· 106
 5.2 模型介绍 ·· 106
 5.3 耦合声-振方程 ·· 106
  5.3.1 圆柱壳振动方程 ·· 106
  5.3.2 流体声载荷 ··· 108
  5.3.3 外力 ··· 109
  5.3.4 耦合振动方程 ·· 109
  5.3.5 远场辐射声压 ·· 110
 5.4 数值计算 ·· 112
  5.4.1 截断项数选取的讨论 ·· 112
  5.4.2 算法验证 ·· 115
  5.4.3 远场辐射声压 ·· 116
  5.4.4 不同激励位置下圆柱壳结构的辐射声场 ·· 117
  5.4.5 不同方位角 θ 处半浸圆柱壳结构的辐射声场 ·· 121
 5.5 半浸状态下圆柱壳声辐射快速算法及输入功率流分析 ··························· 123
  5.5.1 声辐射快速预报方法 ··· 124
  5.5.2 输入功率流分析 ··· 130
  5.5.3 数值计算及讨论 ··· 131
 5.6 本章小结 ·· 132

第 6 章 圆柱壳-流场的部分耦合声-振技术与算法 ·· 134
 6.1 引言 ·· 134
 6.2 理论推导 ·· 134
  6.2.1 部分浸没工况的物理模型 ··· 134
  6.2.2 部分浸没工况下声学边界条件的处理 ·· 135
  6.2.3 系统控制方程的建立 ··· 136
  6.2.4 部分浸没工况下声-固耦合交界面速度连续条件的处理 ······················· 138
  6.2.5 控制方程的求解 ··· 139
  6.2.6 部分充液工况 ·· 140
 6.3 部分浸没工况数值分析 ·· 141
  6.3.1 方法的收敛性分析 ·· 141
  6.3.2 方法的适用范围分析 ··· 142
  6.3.3 自由振动的准确性验证 ·· 144
  6.3.4 受迫振动的准确性验证 ·· 145
  6.3.5 声场的准确性验证 ·· 146

6.4 部分充液工况数值分析……146
    6.4.1 方法的收敛性分析……146
    6.4.2 方法的适用范围分析……147
    6.4.3 自由振动的准确性验证……149
    6.4.4 受迫振动的准确性验证……149
    6.4.5 声场的准确性验证……150
6.5 本章小结……151

第7章 一般浮态圆柱壳的声-振耦合性能……152
7.1 引言……152
7.2 壳体振动理论模型……152
7.3 远场声辐射理论模型……156
7.4 方法验证……158
    7.4.1 方法收敛性分析……158
    7.4.2 自由振动及受迫振动准确性分析……158
    7.4.3 声场准确性分析……161
7.5 浮态圆柱壳声-振性能研究……162
    7.5.1 模态分析……162
    7.5.2 特征深度对固有频率的影响……165
    7.5.3 特征深度对声辐射性能的影响……166
7.6 部分充液状态下有限长圆柱壳自振特性研究……167
    7.6.1 部分充液圆柱壳理论模型……167
    7.6.2 准确性分析……169
    7.6.3 部分充液与部分浸没工况下固有频率的对比分析……170
7.7 内、外流体介质均与圆柱壳结构部分耦合工况……174
7.8 本章小结……176

第8章 码头系泊状态下圆柱壳声-振性能……177
8.1 引言……177
8.2 理论分析……177
    8.2.1 模型简介……177
    8.2.2 声-振控制方程……178
    8.2.3 声边界的处理……178
    8.2.4 声-固耦合边界的处理……180
    8.2.5 控制方程的求解……181
8.3 数值分析……181
    8.3.1 收敛性分析……182
    8.3.2 准确性分析……182
8.4 码头系泊状态下圆柱壳振动性能分析……184

  8.4.1 码头壁面及海底边界对受迫振动的影响 ·· 184
  8.4.2 刚性边界对固有频率的影响 ·· 186
  8.4.3 码头系泊状态下圆柱壳周向模态振型研究 ······································ 187
 8.5 考虑内流场影响的码头系泊圆柱壳模型 ··· 189
 8.6 考虑海底为吸声边界时自振特性分析 ·· 190
  8.6.1 考虑海底为吸声边界时码头系泊圆柱壳理论模型 ······························ 190
  8.6.2 不同海底类型对固有频率的影响 ··· 191
  8.6.3 圆心到海底吸声边界距离 D_3 对固有频率的影响 ····························· 192
 8.7 码头系泊状态下纵横加筋圆柱壳自振特性分析 ······································ 193
 8.8 本章小结 ··· 196

第9章 有限水域有限长圆柱壳振动特性试验研究 ·· 197
 9.1 引言 ·· 197
 9.2 试验模型 ·· 197
  9.2.1 试验选材 ·· 197
  9.2.2 传感器布置方案 ·· 197
  9.2.3 试验模型 ·· 197
 9.3 试验环境影响因素分析 ··· 202
  9.3.1 端板的影响 ··· 202
  9.3.2 流体静压的影响 ·· 202
  9.3.3 传感器质量的影响 ··· 203
 9.4 试验测量方案 ··· 204
  9.4.1 试验原理 ·· 204
  9.4.2 试验装置 ·· 204
  9.4.3 试验测量步骤 ··· 204
 9.5 试验数据分析 ··· 206
  9.5.1 相干函数分析 ··· 206
  9.5.2 频响函数分析 ··· 206
  9.5.3 理论计算结果与试验结果的对比分析 ·· 207
  9.5.4 潜深对有限深度水域中圆柱壳固有振动特性的影响 ························· 208
 9.6 本章小结 ··· 209

第10章 总结与展望 ··· 210
 10.1 本书主要工作与创新 ··· 210
  10.1.1 本书主要工作 ··· 210
  10.1.2 主要创新 ·· 211
 10.2 研究展望 ·· 212

参考文献 ··· 213

第1章 绪　　论

1.1 概　　述

1.1.1 研究背景

圆柱壳作为一类典型的工程结构，以其优异的几何特性、力学特性被广泛地应用于海洋工程、油气运输、航空航天等工程领域，例如，水下航行器的耐压结构就是经典的圆柱壳结构。

随着船舶科学技术的发展，除强度与刚度外，声学指标逐渐成为水下结构物设计制造的重要性能参数。水下航行器在验收之前，均要对其进行海试，并根据海试结果判断产品声学质量是否合格。由于条件限制，海试水深一般在数十米范围，但是水下航行器实际服役的水深一般超过百米，也就是常说的大潜深环境。显然，海试环境和大潜深环境有着很大的差异，一方面静水压力差别较大，另一方面自由液面对结构振动及声辐射的影响程度也有差异。由此建立起有限潜深环境下圆柱壳声-振模型，并分析其振动及声辐射特性，对基于海试结果预报大潜深工况的声-振性能有着重要的意义。

另外，海试因受海况及天气的影响，耗费极大。如果海试结果不达标，需将水下航行器运回建造厂整改，费时费力。如果水下航行器在总装厂下水之初，能在码头系泊状态下开展声学、振动性能试验，可依据测试数据进行修正并预报大潜深工况，一方面可以节约成本，另一方面可在产品声学质量不合格的情况下直接在建造厂整改。因此，建立码头系泊状态（浮态）下的圆柱壳声-振模型，并揭示其振动及声辐射机理，未来有望实现产品交付前声-振性能的快速预报。

上述研究背景最典型的特征就是包含自由液面这类声学边界。在自由液面声边界约束下的结构-流场耦合系统中，声边界的存在会对声波产生反射作用，这也将导致整个耦合系统的声-振性能相比于理想的自由声场环境更为复杂，理论求解的难度也更大。

当圆柱壳结构处于近似无限域的可压缩理想流体声介质中时，其振动与声学特性的研究已形成一套比较清晰的分析思路，国内外研究者已发表了较多的论文。在处理过程中，假设近似无限域流体为可压缩理想流体，考虑流体声介质中的纵波，流体声介质与结构在接触面的法线方向满足振动速度连续条件（对于重流体声介质，尚需计及流体静压的影响），这样就建立了声场与结构的耦合关系，同时不考虑声场边界的影响即不考虑结构辐射声场的反射问题，降低了数学处理的难度，是一种理想化的声-振物理模型。

但关于自由液面声边界约束下圆柱壳声-振问题的研究工作相对较少，其中部分浸没及水下近水面的理论研究工作尤其匮乏。此外，对于码头系泊工况，流域还受码头壁面、水底泥沙阻抗等声边界的约束，对于这类多边界组合约束下圆柱壳结构声-振问题的求解更为复杂，且主要依赖于有限元或边界元等数值手段。但无论是从检验数值法的角度还是从揭示系统声-固耦合机理的角度，解析或半解析方法的研究都有着重要的学术价值及工程意义。本书针对上述问题开展潜浮圆柱壳声-振耦合模型、处理技术与算法研究，发展水下圆柱壳声-振研究体系。

本章将对书中所涉及的知识体系、求解技术等进行综合性阐述，并以文献综述的形式概括国内外学者在相关问题研究中的思路及特点，旨在说明本书研究领域的动向及难点，并体现研究工作的价值。

1.1.2 国内外研究进展

1. 无限域及全充液工况下圆柱壳声-振问题的研究

无限域及全充液工况中圆柱壳声-固耦合问题的主要特点是声波沿单向行进，不会发生反射、散射或透射。Junger[1-3]较早开展了水下圆柱壳声-振问题的研究，并指出声压负载对结构的影响可以等效为附连水质量以及一定的阻尼。从物理本质上分析，附连水质量产生是因为结构运动时会带动周围流体运动，当迫使结构在流体中加速运动时，总要促使一部分流体也做加速运动，因此所需的作用力必须增大，即相当于结构的质量增大。阻尼产生是因为声波在辐射传播的过程中会逐步衰减，其本身就是耗散系统，存在辐射阻尼。之后，Junger 和 Feit[4]撰写了一部关于声与结构相互作用的著作，基于模态叠加法、格林函数法等经典方法对板、壳结构的声辐射、声散射问题进行了详细的分析及讨论。此外，专著中还介绍了两类经典的声学全反射边界（刚性边界及声压释放边界）的处理方法。

Fuller 于 20 世纪 80 年代开始与其合作者系统地分析了全充液圆柱壳耦合声-振问题。首先，Fuller 和 Fahg[5]建立了充液圆柱壳的频散方程，基于复平面迭代求解技术对充液圆柱壳的频散特性及各支传播波所携带的能量进行了深入研究，并且讨论了壳体壁厚、激励频率及壳液密度对频散特性的影响。

随后，Fuller[6]基于傅里叶变换及逆变换技术研究了周向线分布力激振下充液圆柱壳的输入导纳，并进一步给出了集中力激励下的导纳表达式。此外，Fuller 采用了留数方法处理傅里叶逆变换中波数域的无穷积分问题，计算并讨论了前几阶周向波数下频率对输入导纳的影响。之后，Fuller 继续深入研究了如管内流体激振[7]、管外流场[8]、流体马赫数[9]等各类复杂情况对充液圆柱壳声-振特性的影响。

Scott[10]采用乐福（Love）壳体理论和能量法推导了水下无限长圆柱壳的频散方程，并基于复平面迭代求解技术求解了该频散方程。

Zhang 等[11-13]基于波传播法对各类边界条件下圆柱壳-流场耦合系统的自振特性开展研究，并与有限元仿真结果进行对比，验证了方法的准确性。接着，Zhang 和 Greenleaf[14]结合一阶剪切理论进一步分析了各向异性充液圆柱壳的自振特性，并通过试验手段验证了方法的准确性。

Guo[15]基于唐纳尔（Donnell）壳体理论提出了一种分析水下圆柱壳声学问题的近似方法，通过对第三类贝塞尔函数渐近展开来近似求解声辐射特性，与精确解对比表明该近似方法是准确可靠的。随后，Guo[16-20]对含有不同内部结构（平板、舱壁等）的水下圆柱壳的声-振性能开展研究，探讨了不同激励形式（机械激励、平面波激励）下圆柱壳结构的声辐射及声散射特征。

严谨等[21, 22]利用波传播法分析了周期环肋圆柱壳的声辐射特性及输入功率流特性，指出水下圆柱壳声辐射特性在低频或高频段更容易受到环肋的影响，中频段反而影响更小，并通过试验研究对比验证了理论研究的准确性。接着，严谨等[23, 24]进一步研究了双周期加强形式（舱壁和环肋）的水下圆柱壳输入能量流特性，研究表明双周期加强形式的输入能量流特性及结构中衰减波和传播波的频带特征与加强构件物理、几何参数相关，说明可以通过改变加强结构间距及刚度来调控输入能量流。

Yoshikawa 等[25, 26]对双层圆柱壳结构的声振特性进行了理论研究及试验对比，并分别基于强、弱耦合两种不同的理论方法对层间流体进行理论分析，分别得到两种理论下不同的频散曲线。

何祚镛[27]系统地分析了经典梁、板、壳结构的振动及声辐射特性，即采用声障柱模型结合傅里叶变换技术分析了水下有限长圆柱壳声辐射。此外，他基于波传播法分析了无限长周期加肋圆柱壳声辐射特性。

陈鸿洋等[28, 29]采用声场匹配波叠加方法分析了两端带封头圆柱壳的声辐射，该方法利用少量的声压参考点得到声场等效源分布位置及强度，然后叠加可预报辐射声压。试验表明，该方法预报声辐射准确可靠，但主要适用于外形相对简单的结构。

张超等[30]基于模态叠加法研究了水下纵肋加强圆柱壳振动及声辐射特性。其中，纵肋假设为铁摩辛柯（Timoshenko）梁，且考虑了纵肋的弯曲振动、纵向振动和扭转振动。研究表明，高频时振动响应在加纵肋后明显降低且辐射声功率明显减小。

王献忠等[31, 32]结合传递矩阵法和精细积分法分析了有限长加筋圆柱壳水下声辐射特性，并讨论了环肋数量及两端边界条件对声辐射的影响。

潘安等[33, 34]基于 Donnell 壳体理论分析了周期或准周期加隔板有限长圆柱壳声散射特性。研究表明：周期性加隔板会产生明显的隔板共振亮线；准周期加隔板会导致布洛赫-弗洛奎特（Bloch-Floquet）弯曲波和散射声场背景出现扩散与增强现象。

陈美霞等[35-37]采用有限元耦合边界元法分析了真空中和水中双层圆柱壳振动及声辐射性能，并提出用相似性系数来描述振型的相似程度。研究表明，内、外壳有很强的相似性。此外，他们还研究了加强筋和壳间连接方式对水下双层壳声振特性的影响。

谢官模等[38]基于模态展开法和稳相法研究了有纵骨、舱壁和环肋构件的无限长圆柱壳水下声辐射特性，并讨论了纵骨、舱壁和环肋对声辐射的影响。

Williams 等[39]采用无穷级数解研究了无限长及有限长圆柱壳的声辐射特性，首先将速度势函数和圆柱壳边界条件展开为不同特征函数的级数形式，然后根据流-固耦合交界面上速度连续条件得到这两类特征函数的联系，最后对无穷级数进行有限截断即可求解控制方程。研究表明，远场声辐射相位角在壳体无限长时存在不连续点，而在壳体有限长时始终连续。

Laulagnet 和 Gugader[40]采用刚性声障柱模型分别研究了轻、重流体中有限长圆柱壳的声辐射特性。通过结合傅里叶变换及格林函数法得到了壳-液耦合控制方程，并探讨了辐射损失因子和结构阻尼因子的相对比值对模态的影响，将其区分为"结构阻尼型模态""均匀阻尼型模态""辐射阻尼型模态"三类情况。

张俊杰等[41, 42]基于严格弹性理论研究了水下圆柱壳的功率流特性、声辐射特性，并将计算结果与采用弗吕格（Flügge）薄壳理论计算得到的计算结果进行对比分析，指出了薄壳理论的壳厚与半径比值的适用范围，着重分析了敷设阻尼层的几何、材料参数对声-振性能的影响。相关研究结论对水下结构减振降噪具有工程指导意义。

空气中常常假设无限声场环境，但水流体中的无限域是不存在的。当深度较大时，近似认为是自由声场，此时水下圆柱壳还受到外部较大的静水压力作用。结构动力学教科书一般把动力系统在静载下新的平衡位置作为振动问题的坐标原点开展研究，分析结果一般只包含物理量的动态部分而没有考虑静态水压力的影响。当流场的静压力不大时，分析结果表明静压力对流场-圆柱壳耦合系统的声-振影响较小，因此许多文献在分析中忽略了它的影响。较少的文献考虑了流场静压力的影响，谢官模[43]利用能量法分析了静水压力对环肋圆柱壳声辐射的影响，当深度较大时，流场对圆柱壳声学性能的影响比较明显。Keitie[44]将静水压力产生的圆柱壳初始线应变直接在壳体 Flügge 方程中体现出来，进而分析了静水压力对水下圆柱壳声-振性能的影响。刘志忠[45]对水下圆柱壳在静水压力下的声-振特性进行了比较系统的研究，着重探讨了静水压力对耦合系统振动功率流以及声辐射特性的影响。外压导致结构刚度弱化，其影响程度与结构临界载荷的大小相关。在大潜深条件下，静水压力会对振动响应和声辐射产生一定程度的影响。理论上可证明，当结构弹性失稳时，意味着结构刚度消失，振动固有频率为零。Zhu 等[46]基于此特性和声-固耦合模型，提出了一种预报水下圆柱壳弹性临界载荷理论值的无损方法。

2. 潜态圆柱壳-声振性能研究

在实际的工程问题中，流域总会存在边界，例如，自由液面就是十分常见的声学边界。此外，还有其他类型的边界，如系泊时的码头刚性底面、海底吸声边界等。由于声边界的存在，流域中声波传播到边界上会发生反射，而反射波又会回到结构表面发生散射，散射声触及声边界又会形成回波，继而在结构表面和声边界间来回弹射（互散射效应），并最终形成稳态声场[47-51]。以水下结构自激振动为例，流场中的稳态声波由四部分组成，结构的弹性辐射声、结构的刚性散射声，以及相对应的弹性辐射声的回声、刚性散射声的回声。通常在理论计算的过程中，弹性辐射声和刚性散射声均满足亥姆霍兹方程（Helmholtz equation），导致其解的形式也相同，一般不加以区分。例如，采用虚源法研究该问题时，回声均认为由虚源发出，所以声压可根据坐标系分为实源声和虚源声[52]。

目前对于半无限域中结构声-振问题的研究主要还是采用数值解法，如边界元法、有限元法、边界积分法等。

黎胜和赵德有[53]结合半空间声学边界元法及有限元法研究了半空间内球壳的声辐射问题（声边界为自由液面或刚性底面）。研究表明，在频率较低或者球壳与自由液面距离较近时，自由液面声边界会使得球壳辐射声功率显著降低；而刚性底面会导致辐射声功率略微增大。此外，当结构与声边界之间的距离较远时，辐射功率几乎不随距离变化。

邹元杰等[54]基于边界元法研究了自由液面或者刚性底面对半无限域中方箱结构的固有频率、振速响应和辐射声功率的影响。研究表明，当结构与自由液面或刚性底面之间的距离较远时，方箱的振动响应几乎不受声边界的影响。此外，邹元杰和赵德有[55]还探讨了流体介质的可压缩性对半无限域内结构-流体耦合振动的影响。

Seybert 和 Soenarko[56]采用边界积分法分析了半空间内结构声辐射及声散射问题，并指出可以通过引入修正的格林函数来避开无穷大边界积分问题。Seybert 和 Wu[57]还给出了亥姆霍兹积分方程的修正形式，通过对底表面上假设积分单元进行闭合积分，得到了无限大平面的边界积分方程系数，从而求解了无限大平面上的结构声学问题。

Ergin 等[58]基于有限元仿真和试验手段对有限浸没深度下圆柱壳振动特性进行分析，发现结构离自由液面越近，同阶次流-固耦合固有频率越高。

刘佩等[59,60]采用有限元软件 ANSYS 对有限深度浸没圆柱壳进行仿真，得到与 Ergin 相同的结论，并指出自由液面对圆柱壳自由振动的影响在浸没深度大于四倍半径时可以忽略不计。

Brunner 等[61,62]和 Junge 等[63,64]采用结构有限元-流体边界元耦合方法计算了水下结构声-振特性；通过应用镜像原理，对三维声学亥姆霍兹方程的基本解进行了修正，实现了计及自由液面影响的耦合振动及声辐射性能计算。

张晓强等[65]采用流体体积元（volume of fluid，VOF）方法研究了自由液面对球壳附加质量的影响。研究表明，随着球壳逐渐接近自由液面，其附加质量逐步下降。

汪鸿振和冯革楠[66]基于边界元方法研究了半无限域中结构的声辐射特性，针对计算过程中存在的奇异积分、高频计算误差大及特征频率等问题，从半空间亥姆霍兹积分方程着手有效地解决了这些问题，最终与理论算例对比验证了该处理方法具有较高的精度。

苏海东和黄玉盈[67]应用叠加原理和镜像法修正了拉普拉斯方程的基本解，再基于边界元法得到了考虑自由表面波影响的边界积分方程，并提出了自由液面处理的三类情况。当频率相对较高时，自由液面可当作声压释放型边界处理；当频率相对较低时，自由液面可当作刚性边界处理；当频率为中频情况时，自由液面不能进行简化处理。

上述研究工作均采用了数值解法，解析求解半无限域圆柱壳声-振问题的研究工作相对较少，且主要集中于圆柱壳轴线与自由液面垂直[68-76]这类工况，因为这类工况下较容易得到速度势函数的解析表达式。

由于圆柱壳轴线与自由液面平行这类工况的处理难度相对较大，根据轴线与自由液面的距离又可以进一步划分为潜态（完全没入水中）工况和浮态（部分没入水中）工况。目前国内外关于潜态问题（有限深度浸没）的解析研究主要采用虚源法，且取得了较好的计算精度；而浮态问题的解析研究基本上均采用了各类近似处理的手段，计算误差也相对较大。

虚源法作为一种经典的数学处理方法，广泛地应用于光学、电磁学、声学等领域的边界问题研究中。其机理是通过引入虚源来自动满足边界条件，且由边界反射的波可认为是由虚源发出的。此外，虚源法的适用条件从几何上讲必须是直线边界[77-86]。

Hasheminejad 和 Azarpeyvand[87, 88]开展了关于半无限域中圆柱体声-振问题的研究工作，通过引入虚源来消除边界的影响，再利用壳-液耦合面速度连续条件得到声压与位移的幅值关系，并以此分析了软、硬边界或者阻抗边界下二维圆柱壳声-振特性。

白振国等[89]采用虚源法建立了有限水深环境中二维圆柱壳的声-振模型，考虑了刚性散射声的影响并探讨了潜深对声场分布和衰减特性的影响规律，和有限元软件 Abaqus 计算结果符合良好，表明刚性散射声考虑与否对耦合振动影响并不明显。在白振国等研究的基础之上，张林根等[90]建立了近水面双二维圆柱壳声散射模型，对片体间的相互声遮挡问题进行了分析。

作者所在的项目组也开展了潜态圆柱壳声-振性能的系统研究。叶文兵等[91, 92]和李天匀等[93, 94]结合虚源法和傅里叶变换建立了潜态工况下无限长圆柱壳的波数域声-振模型，利用稳像法处理了波数域无穷积分的问题，并计算了远场辐射声压。研究表明，远场声压有明显的指向性及波动性特征。

在叶文兵等的工作基础之上，王鹏等[95, 96, 98, 99, 100]和李天匀等[97]进一步将方法拓展到有限长圆柱壳声-振问题中，并系统地分析了自由液面、刚性底面、声吸收边界对半无限域中结构-流场耦合振动固有频率的影响。但是需要指出的是，他们的研究模型是一个近似模型，并未考虑声波在结构与声边界间的互散射效应，只是先将流场作为无限域处理，根据流固交界面速度连续条件推导出声压表达式，再考虑声边界的一次反射，得到虚源声压表达式，然后将总声压代入壳体运动方程中进行求解。由虚源抵达实源的声压可以分解为无穷多个周向波并按一定比例进行叠加（贝塞尔函数加法定理），因此控制方程中周向波数必然不会解耦，从而导致模态振型函数中存在各类周向波成分，尤其是圆柱壳结构离液面很近时，这种周向波耦合现象愈发显著[101, 102]。

为了在保证计算精度的同时提高计算效率，Guo 等[103]采用了两套物理模型且分两步进行求解：第一步先采用声障板模型计算圆柱壳振动响应；第二步采用声障柱模型并结合稳相法计算远场辐射声压。与有限元方法及边界元方法计算结果的对比验证了方法的准确性，并且计算效率远高于有限元和边界元等数值方法。

3. 浮态圆柱壳部分耦合问题的研究

潜态圆柱壳针对壳体结构完全浸没在水中的情况，在此类问题中，结构浸没在流场中并完全与流场耦合，其声-振耦合方程的描述相对容易。实际工程中还存在一类问题，就是结构与流场部分耦合的情况，如水面状态下的潜艇、舰船等，其数学物理模型与有限深度浸没工况有较大差异，这是一类典型的部分耦合问题，在求解过程中由于流体负载沿结构周向不连续而必然增大了理论求解难度[104]。此外，部分充液问题（圆柱壳轴线平行于自由液面）是另一类典型的部分耦合问题，其物理模型及数学分析与外流场部分耦合问题有相似性，所以将此类问题统称为圆柱壳-流场部分耦合问题。

目前对于结构与流场部分耦合声-振问题的研究主要还是采用数值方法，如结合有限元法和边界元法进行求解。

Ergin 和 Temarel[105]结合虚源法和边界积分法开展了部分充液或部分浸没工况下圆柱壳自振特性，并从附连水质量的角度研究了液面高度对固有频率的影响。与试验数据的对比验证了该方法的准确性。

Chen 等[106]通过联合有限元-边界元法研究了多种浮体的声辐射性能；通过对格林函数的修正，满足了声压为零的自由液面边界条件；然后利用边界元以及结构有限元对浮体模型数值建模，并计算其辐射声压。

刘习军等[107]基于龙格-库塔法数值求解了充液弹性圆柱壳在高频激励下的非线性振动，研究了自由表面大幅低频旋转重力波的成因。计算结果表明，激励力幅值足够大且激励频率在结构频率与流体频率之和的窄频带附近是该大幅波产生的基本条件。

邹春平等[108]采用有限元法和边界元法研究了水面舰船的水下声辐射特性，首先建立足够大的流域与船舶结构的整体有限元模型，计算整个系统的流-固耦合振动响应；然后在结构模型的外表面划分边界元网格，并将有限元仿真计算得到的振动响应中的法向速度分量导入边界元模型中，即可对水面舰船的水下声辐射性能进行计算。通过数值仿真与实际测量结果的对比分析，验证了数值模型的合理性与数值计算的准确性。

关于圆柱壳-流场部分耦合声-振问题的解析研究工作较少，且难度较大。但是需要强调的是，半充液或者半浸没情况是一个特例，因为这种模型下自由液面刚好在壳体横截面的水平坐标轴上，容易得到流体载荷的解析表达式，可采用正弦三角级数来自动满足自由液面的边界条件。

基于这样的思路，Li 等[109]对半浸状态下全充液圆柱壳的声辐射特性进行分析，研究了流体马赫数、壳体参数以及流体密度对远场声辐射的影响。

李大匀等[110]和 Guo 等[111]采用能量法研究了有限长半充液或者半浸没圆柱壳的自由振动及受迫振动特性，并采用有限元软件 Nastran 中虚拟质量模块进行了对比分析，验证了方法是准确可靠的。

王斌和汤渭霖[112]利用傅里叶变换将轴向坐标变换到波数域，在波数域中建立了无限长半浸没圆柱壳的声-振控制方程，最终求解并研究了不同激励位置下无限长半浸没圆柱壳的辐射声功率特性。

叶文兵等[113]和李天匀等[114]基于波传播法和稳相法研究了点谐激励力作用下无限长圆柱壳远场声辐射特性，并提出了一种对角耦合的矩阵处理方式，大大加快了计算效率，可用于远场辐射声压的快速预报。

针对更一般的壳体与流场部分耦合，如部分浸没等问题，此时自由液面与圆柱壳轴线不共面，这给问题的描述和求解带来了很大的挑战。

为了解决这个问题，Amabili[115]给出了两种近似的方法：一种是用以圆柱横截面圆心为原点构成的扇形边界近似替代自由液面的方法，但是这种方法仅适用于浸没角度较小的情况；另一种是用部分环状区域代替原始边界，但这种方法也仅适用于浸没角度小于 π 的工况。值得注意的是，Amabili[116]提出的第一种方法可以推广到壳体部分浸没问题中，并明确指出浸没角度的适用范围仅为 $-\pi/8 \sim \pi/8$；但是第二种方法无法推广到外流场。

基于 Amabili 提出的第一种自由液面近似处理方法，Ye 等[117]基于波传播法和稳相法计算了点谐激励力作用下部分浸没圆柱壳远场辐射声压，并指出激励频率越高，声场指向性图分瓣越多。

此外，其他一些学者也采用解析或半解析方法研究了部分浸没或者部分充液的声-振问题，但是这些研究工作实际上仅仅考虑了湿表面流体的影响而并未考虑自由液面边界条件的声学效应，尚无法揭示自由液面对声-振特性的影响。

Selmane 和 Lakis[118]将圆柱壳沿周向分割成微段，再结合波动法研究了部分充液时其流-固耦合特性。在理论推导过程中，忽略了自由液面的影响，且假设声压函数的周向展开形式与位移场的周向展开形式相同。尽管这种处理方式推导简洁，但最终计算结果的误差较大，前几阶固有频率的误差均在10%。

Ergin[119]基于瑞利-里兹法研究了部分充液及部分浸没工况下圆柱壳自由振动特性，由于未考虑自由液面的影响，计算结果误差也非常大。

另外，还有一些学者通过试验手段分析了部分充液的圆管自振特性[120]或者附连水质量效应[121]，但试验方法很难从机理上分析这类问题。

针对此难题，本书作者建立了圆柱壳-流场部分耦合问题的声-振模型，提出了一种处理圆柱壳-流场部分耦合模型的新方法[122]，分别将声压函数和壳体位移函数建立在不同的坐标系下，并采用伽辽金法处理流-固耦合交界面处的速度连续条件，可以快速、准确地求解该数学物理模型，且相比于 Amabili 提出的理论方法，新方法的适用范围更广，该模型及求解技术可为相关问题的研究提供理论支撑。

4. 限制水域中圆柱壳声-振问题的研究

当流域受到多个边界的组合约束形式时，可以认为该流域是限制域，如两相互平行边界构成的波导环境[123]、两相互垂直的声边界所构成的直角域[124]、自由液面和与之垂直的码头壁面以及与之平行的水底边界构成的码头水域[125]等。相比于半无限域（单一声边界）这类情况，限制域内辐射声波将会在多个声边界以及结构表面之间发生弹射，从而导致限制水域中圆柱壳声-振问题的研究更为复杂，也更具有挑战性。

Zou 等[126, 127]和 Wu 等[128]基于三维水弹性理论分析了浅海波导环境中舰船结构的水下声辐射性能，而且研究中将海底沉积层视作声吸收边界，并在确定水底声反射系数时将平面波反射系数近似替代，简化计算模型的同时保证了计算精度。

陈炉云等[129, 130]利用保角变换原理对格林函数进行修正，提出了四分之一空间内边界积分方程的求解方法，然后分析了由自由液面和刚性边界组成的直角域中结构的辐射声功率与远场声压指向性，并利用点源模型对声压指向性的成因进行了数学解释。接着，Chen 等[131]将该方法由平面模型推广到由三个相互垂直的声边界构成的八分之一立体空间模型中，分析了圆柱壳结构的声辐射性能。

缪宇跃等[132, 133]基于边界元法分析了声边界约束下圆柱壳声辐射特性。他们在研究中同时考虑了海面以及吸声海底的影响，通过对格林函数的修正建立了海洋波导环境中圆柱壳声学模型，并通过对无穷多点源辐射叠加的合理截断实现了辐射声压的准确、快速计算。

Jiang 和 Hong[134]基于边界元法研究了海洋波导环境中椭球体的声散射特性，并分析了海底阻抗对声散射特性的影响。研究表明，浅海波导中椭球体的声散射特性明显不同于无限域中的情况，并且当椭球体按比例缩放时声压变化规律与球体类似。

马黎黎和王仁乾[135]基于简正波法研究了海洋波导环境中目标声散射问题，计算了浅海均匀波导中刚性球、旋转椭球的散射场，并分析了波导中刚性体前向散射时频特征的畸变规律。

于国友等[136]基于边界元法计算了浅海环境中海底管线的附连水质量，分析了水域边界对附连水的影响。研究表明，当管线距离边界很近时，边界对管线附连水质量的影响十分明显。

上述文献均是采用数值法对限制水域中结构的声-振性能开展研究，这是因为采用解析法进行研究的难度较大。目前关于限制水域中圆柱结构声振问题的解析研究工作较少，例如：Hasheminejad等[137,138]基于虚源法研究了直角域中二维刚性圆柱体的声散射问题或者给定结构外表面速度分布时的声辐射问题；王威和陈炉云[139]和Chen等[140]基于双反射方法推导了直角水域环境中圆柱壳结构远场声压的表达式，但是其速度是给定的脉动速度。由于结构是刚性的或者速度是给定的，这些研究并非严格意义上的声-固耦合问题。

目前对于弹性结构与限制水域的声-固耦合问题的研究工作更少。白振国等[141]采用虚源法和傅里叶级数展开法首次建立了波导环境中二维圆柱壳的声-振模型，并考虑了声波在结构与壳体之间的互散射效应，同时还考虑了声波在波导环境中的来回弹射。

王鹏等[142,143]基于波传播法和虚源法研究了浅水域中有限长圆柱壳自振特性，但是因为理论建模的过程忽略了声波在结构与边界之间的互散射且数学推导过度简化导致周向波解耦，模态为规则的周向波形，与实际情况差别较大。

郭文杰[144]建立了码头系泊状态下有限长圆柱壳声-振模型，分析了码头壁面和海底边界对系统自振特性的影响。研究表明：结构距离码头壁面或海底边界越近，同阶次固有频率越小；假设海底为刚性边界时，由于海底和海面会形成波导，声波在狭窄波导中来回弹射，对自振特性的影响比海面与码头壁面的垂直组合更为剧烈，由此也会导致相同距离下，前者同阶固有频率更低；假设海底为吸声边界时，反射系数越小，海底反射的声波越少，附连水质量增加幅度越少，同阶次固有频率也相对增加。

1.2 研究思路及研究内容

1.2.1 研究思路

本书以波传播法为主线，结合虚源法、伽辽金法和多坐标系表达等技术，通过理论推导、仿真计算、对比分析，建立潜浮圆柱壳-流场的耦合声-振模型，提出解析或半解析求解方法，突破潜浮状态圆柱壳与流场部分耦合以及多声边界约束两大关键技术，研究潜浮圆柱壳结构的耦合振动及声辐射性能，揭示潜浮圆柱壳声-振耦合规律和声场分布特性，补充和完善水下圆柱壳声-振研究体系，为预报、评估潜浮圆柱壳的声-振性能提供理论基础。本书的研究思路流程图如图 1.1 所示。

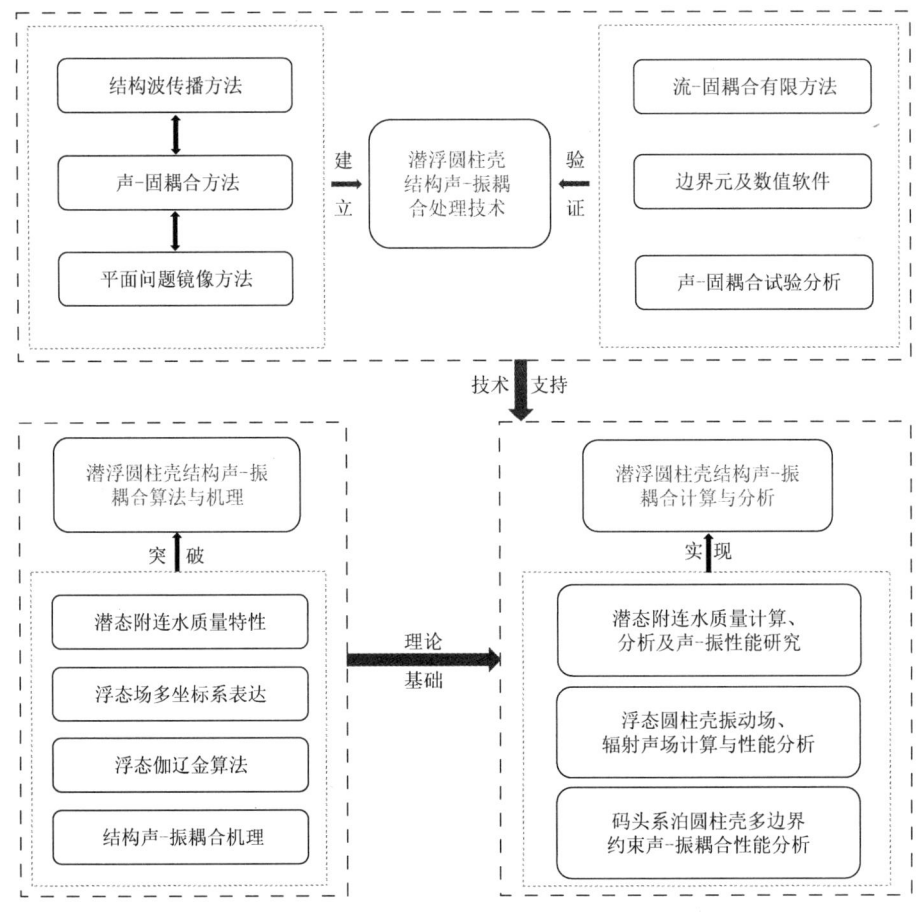

图 1.1 本书的研究思路流程图

1.2.2 研究内容

水下圆柱壳结构的声质量研究是目前的热点之一,其声-振耦合处理技术与算法至关重要。目前该领域的研究主要是自由声场模型。但实际工程中,流场往往受到自由液面的约束,如潜态及浮态。本书结合波传播法、虚源法、伽辽金法和多坐标系建模等诸多技术,由易到难全方位阐述、剖析和刻画潜浮圆柱壳结构的振动及声辐射性能,旨在揭示潜浮圆柱壳声-振耦合规律,为进一步增强水下航行体的声隐身性能提供理论、技术和算法基础。

本书不能涵盖水下圆柱壳结构声-振耦合的各个方面,主要从以下方面来分析潜浮圆柱壳的声-振耦合模型、处理技术与算法。

第 1 章对研究工作的背景和意义做了简要叙述,总结归纳了国内外相关方向的研究进展,并指出本书研究的主要内容。

第 2 章从声-固耦合角度并结合波传播法,建立理想无限域中有限长圆柱壳的声-固耦合振动模型,并借鉴传统流-固耦合问题中附连水质量的定义,提出模态附连水质量概念。

第3章利用镜像法并考虑自由液面和流体静压因素，建立有限潜深圆柱壳的声-振耦合振动模型，求解有限潜深状态有限长圆柱壳的振动和声辐射性能。

第4章研究浅海水域中有限长圆柱壳的声-振特性。水域受上边界（自由液面）和下边界（海底）约束，相关结论也可推广到实验室水池环境中的声-固耦合性能研究。

第5章针对半浸这一特殊浮态（圆柱壳结构轴线与自由液面共面）开展半浸浮态的声-振研究，建立半浸浮态下部分耦合的声-振耦合模型，提出耦合处理技术，研究其声振性能。

第6章建立圆柱壳与流场一般性浮态耦合的声-振模型，提出采用两套不同坐标系及伽辽金法求解该模型的新方法，可以快速、准确地求解该数学物理模型。

第7章在第6章的基础上，研究一般浮态下有限长圆柱壳耦合系统的振动及远场声辐射，对固有频率、模态振型以及声压指向性进行分析讨论，并将方法进行拓展分析。

第8章针对实际工程中码头水域环境，建立圆柱壳声-振耦合模型且开展声-振性能研究，为实现水下航行器在码头环境下的声-振性能快速预报提供理论基础。

第9章选取有限深度水域环境，对有限长圆柱壳的固有振动特性展开试验测量研究，以验证提出的分析声边界约束下水中有限长圆柱壳振动特性的理论方法的正确性。

第10章对本书研究内容进行总结，并对未来研究工作进行展望。

第 2 章 圆柱壳声-振耦合中的附连水质量方法

2.1 引　　言

无限域中有限长圆柱壳是一种理想化的分析模型，它是分析水下圆柱壳声振特性的基础。目前，关于无限域中圆柱壳振动特性的研究大多数都遵循流-固耦合思路，即假设流体是理想流体，忽略流体的可压缩性，并将流体对结构振动特性的影响等效为附连水质量。然而，当分析水下圆柱壳的声辐射特性时，流体又被假设为可压缩的理想声介质。本章从声-固耦合角度出发，考虑理想流体中的纵波运动，将水流体处理为可压缩的声介质，基于亥姆霍兹理论、振动波理论分别建立声场模型、结构波模型，在声-固耦合界面建立连续条件后将声介质的影响用声压（动载荷）作用在壳体上（忽略流体静压作用），建立无限域中有限长圆柱壳的声-振耦合模型，进而进行耦合系统的声-振性能分析，为后续研究复杂流域内有限长圆柱壳的声-振性能打下理论基础。

为便于理解和应用，本章借鉴传统流-固耦合问题中附连水质量的概念与定义，从声-固耦合角度提出模态附连水质量的类比概念，可为揭示声介质对水下结构声-振性能的影响机理提供一种新的思路。

2.2 圆柱壳的声-固耦合模型

2.2.1 研究对象

无限域中有限长圆柱壳如图 2.1 所示。圆柱壳的长度为 L，半径为 R，厚度为 D。壳体材料的密度为 ρ_s，弹性模量为 E，泊松比为 μ，流体密度为 ρ_f。建立的柱坐标系如图 2.1 所示，坐标原点 O 位于壳体轴线中点处横截面的圆心，z、r、θ 坐标分别表示圆柱壳的轴向、径向和周向。采用声障柱圆柱壳模型，即圆柱壳两端开口且分别附加半无限长的圆柱形刚性声障柱。

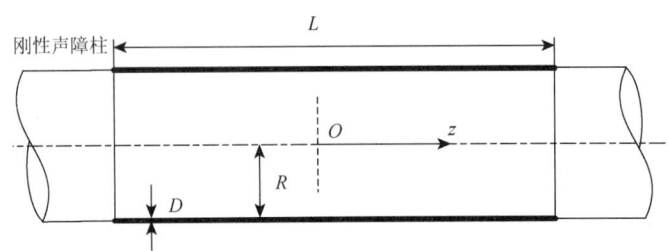

图 2.1　无限域中有限长圆柱壳示意图

2.2.2 圆柱壳振动分析

假设圆柱壳不受外激励力作用，基于Flügge壳体理论[145]，无限域中圆柱壳的自由振动方程可以表述为

$$\boldsymbol{G}\begin{bmatrix}u\\v\\w\end{bmatrix}=\frac{(1-\mu^2)R^2}{ED}\begin{bmatrix}0\\0\\-f_0\end{bmatrix} \quad (2.1)$$

式中：$\boldsymbol{G}$ 为微分算子矩阵；u、v、w 分别表示轴向、周向和径向的壳体振动位移；f_0 为流体声载荷，$f_0 = p|_{r=R}$，p 为结构外表面上的流体声压，其反映了声介质对结构的反作用力。矩阵各元素如下：

$$G_{11}=R^2\frac{\partial^2}{\partial z^2}+\frac{1-\mu}{2}(K+1)\frac{\partial^2}{\partial \theta^2}-\frac{\rho_s R^2(1-\mu^2)}{E}\frac{\partial^2}{\partial t^2}, \quad G_{12}=G_{21}=\frac{1+\mu}{2}R\frac{\partial^2}{\partial z\partial\theta}$$

$$G_{13}=G_{31}=-KR^3\frac{\partial^3}{\partial z^3}+\frac{1-\mu}{2}KR\frac{\partial^3}{\partial z\partial\theta^2}+\mu R\frac{\partial}{\partial z}$$

$$G_{22}=\frac{1-\mu}{2}(3K+1)R^2\frac{\partial^2}{\partial z^2}+\frac{\partial^2}{\partial\theta^2}-\frac{\rho_s R^2(1-\mu^2)}{E}\frac{\partial^2}{\partial t^2}$$

$$G_{23}=G_{32}=\frac{\partial}{\partial\theta}-\frac{3-\mu}{2}KR^2\frac{\partial^3}{\partial z^2\partial\theta}$$

$$G_{33}=1+K+KR^4\frac{\partial^4}{\partial z^4}+2KR^2\frac{\partial^4}{\partial z^2\partial\theta^2}+K\frac{\partial^4}{\partial\theta^4}+2K\frac{\partial^2}{\partial\theta^2}+\frac{\rho_s R^2(1-\mu^2)}{E}\frac{\partial^2}{\partial t^2}$$

式中：K 为厚度因子，$K=D^2/(12R^2)$。

基于波传播法，可以将壳体位移以波传播的形式进行级数展开：

$$\begin{cases}u=\sum_{m=0}^{+\infty}\sum_{n=0}^{+\infty}u_{mn}=\sum_{m=0}^{+\infty}\sum_{n=0}^{+\infty}U_{mn}\cos(n\theta)\sin(k_m z)\\v=\sum_{m=0}^{+\infty}\sum_{n=0}^{+\infty}v_{mn}=\sum_{m=0}^{+\infty}\sum_{n=0}^{+\infty}V_{mn}\sin(n\theta)\cos(k_m z)\\w=\sum_{m=0}^{+\infty}\sum_{n=0}^{+\infty}w_{mn}=\sum_{m=0}^{+\infty}\sum_{n=0}^{+\infty}W_{mn}\cos(n\theta)\cos(k_m z)\end{cases} \quad (2.2)$$

式中：u_{mn}、v_{mn}、w_{mn} 分别为模态(m, n)下轴向、周向和径向的壳体位移；U_{mn}、V_{mn}、W_{mn} 分别为模态(m, n)下轴向、周向和径向的壳体位移幅值；m 为轴向半波数，也称为轴向模态阶数；n 为周向波数，也称为周向模态阶数；k_m 为轴向波数，与圆柱壳两端的边界条件密切相关；假设圆柱壳做简谐运动，为书写方便，略去所有变量中的时间简谐项 $\exp(\mathrm{i}\omega t)$，i 为单位虚数，$\mathrm{i}=\sqrt{-1}$，ω 为圆频率，t 为时间变量。

2.2.3 声场分析

假设水流体是无黏、无旋、可压缩的理想声介质，对于线性系统，流场中的流体声压

物理量应满足亥姆霍兹声学波动方程：

$$\nabla^2 p - \frac{1}{c_f^2}\frac{\partial^2 p}{\partial t^2} = 0 \tag{2.3}$$

式中：c_f 为流体介质中声波的传播速度。

为利用分离变量法求解式（2.3），将流体声压进行级数展开：

$$p = \sum_{m=0}^{+\infty}\sum_{n=0}^{+\infty} p_{mn} H_n^{(2)}(k_r r)\cos(n\theta)\cos(k_m z) \tag{2.4}$$

式中：p_{mn} 为模态(m, n)下的流体声压幅值；$H_n^{(2)}(\ )$ 表示 n 阶第二类汉克尔函数；k_r 为径向波数，$k_r = \sqrt{k_f^2 - k_m^2}$，$k_f = \omega / c_f$。

2.2.4 声-振连续条件

在流-固耦合振动过程中，结构始终与流体保持接触，因此，在圆柱壳-声场的耦合交界面（即圆柱壳结构的湿表面）上，流体声压和壳体位移满足声-振连续条件。因考虑对象为薄壳结构，可认为壳体中面的径向位移和其外表面径向位移相等，则有

$$-\frac{1}{\mathrm{i}\rho_f \omega}\frac{\partial p}{\partial r}\bigg|_{r=R} = \frac{\partial w}{\partial t} \tag{2.5}$$

将式（2.2）、式（2.4）代入式（2.5），并进行正交化处理，可得

$$p_{mn} = \frac{\rho_f \omega^2}{k_r H_n^{(2)}(k_r R)} W_{mn} \tag{2.6}$$

2.2.5 声场-圆柱壳耦合振动方程

将式（2.2）、式（2.4）、式（2.6）代入圆柱壳振动方程，可以得到无限域中有限长圆柱壳-声场的耦合自由振动方程：

$$\boldsymbol{T}\begin{bmatrix} U_{mn} \\ V_{mn} \\ W_{mn} \end{bmatrix} = \begin{bmatrix} 0 \\ 0 \\ 0 \end{bmatrix} \tag{2.7}$$

式中：$\boldsymbol{T}$ 为模态(m,n)下的系数矩阵。矩阵各元素如下：

$$T_{11} = \Omega^2 - \lambda^2 - n^2(1+K)(1-\mu)/2, \quad T_{12} = -\lambda n(1+\mu)/2, \quad T_{21} = T_{12}$$

$$T_{13} = -[\mu\lambda + K\lambda^3 - n^2 K\lambda(1-\mu)/2], \quad T_{31} = -T_{13}, \quad T_{22} = \Omega^2 - n^2 - (1+3K)\lambda^2(1-\mu)/2$$

$$T_{23} = -n[1 + K\lambda^2(3-\mu)/2], \quad T_{32} = -T_{23}$$

$$T_{33} = 1 + K\left[1 - 2n^2 + K(\lambda^2 + n^2)^2\right] - \Omega^2 + \mathrm{FL}$$

式中：Ω 为无量纲频率，$\Omega = \omega R\sqrt{\rho_s(1-\mu^2)/E}$；FL 为流体声载荷项，$\text{FL} = \dfrac{R^2(1-\mu^2)}{ED} \cdot \dfrac{\rho_f \omega^2 H_n^{(2)}(k_r R)}{k_r H_n^{(2)'}(k_r R)}$。

与真空中圆柱壳的振动方程[146]相比，声场-圆柱壳的耦合作用产生了流体声载荷项 FL，因此流体声载荷项 FL 能有效地反映声介质对结构振动特性的影响。

式（2.7）存在非零解的充分必要条件是其系数矩阵 ***T*** 的行列式值为 0，即

$$|\boldsymbol{T}| = 0 \tag{2.8}$$

式（2.8）也称为声场-圆柱壳耦合系统的特征方程。

当物性参数确定后，式（2.8）中仅包含轴向波数 k_m 和无量纲频率 Ω 两个变量。圆柱壳两端的边界条件与轴向波数 k_m 是一一对应的，即边界条件确定后，轴向波数 k_m 也就确定了，进而可采用数值法求解特征方程，得到无限域中有限长圆柱壳的模态频率。

无限域中有限长圆柱壳-声场的耦合振动方程可写为如下形式：

$$\boldsymbol{H}\begin{bmatrix} U_{mn} \\ V_{mn} \\ W_{mn} \end{bmatrix} - \omega^2 \begin{bmatrix} \rho_t & & \\ & \rho_t & \\ & & \rho_t + \sigma_f' \end{bmatrix} \begin{bmatrix} U_{mn} \\ V_{mn} \\ W_{mn} \end{bmatrix} = \begin{bmatrix} 0 \\ 0 \\ 0 \end{bmatrix} \tag{2.9}$$

式中：$\rho_t = \int_{-D/2}^{D/2} \rho_s \mathrm{d}r = \rho_s D$；$\sigma_f' = -\rho_f R \dfrac{H_n^{(2)}(k_r R)}{k_r R H_n^{(2)'}(k_r R)}$。

2.3 模态附连水质量

在传统的流-固耦合问题中，一般将流体简化为不可压缩的理想流体，流体对结构振动特性的影响可以等效为附连水质量。基于流-固耦合思路，以浸没在不可压缩的理想无限流域内有限长圆柱壳为研究对象，刘忠族等[147]将附连水质量与结构模态(m, n)联系起来，从流-固耦合的角度提出了模态附连水质量的概念。本书将流体假设为可压缩的理想声介质，并采用流体声压来反映声介质对结构振动特性的影响，因此采用传统的基于流-固耦合思路的附连水质量理论来解释声介质对水下结构振动特性的影响则不太适用。本书从声-固耦合角度提出了模态附连水质量的概念。与传统流-固问题中附连水质量的概念相比，基于声-固耦合模型的模态附连水质量考虑了流体的可压缩性，能更合理地解释声介质对结构声-振特性的影响，具有更广泛的适用性。

2.3.1 速度势

基于流体声学分析的欧拉方程，可以知道流场中流体声压 p 与流体的速度势函数 ϕ 之间存在如下关系：

$$p = \rho_f \dfrac{\partial \phi}{\partial t} \tag{2.10}$$

对于图 2.1 所示的无限域中有限长圆柱壳耦合模型，流场中的速度势函数应满足如下边界条件：

$$\begin{cases} \dfrac{\partial \phi}{\partial t} = -\dfrac{\partial w}{\partial t}, & r = R, -\dfrac{L}{2} \leqslant z \leqslant \dfrac{L}{2} \\ \dfrac{\partial \phi}{\partial n} = 0, & r = R, z < -\dfrac{L}{2} \text{和} r = R, z > \dfrac{L}{2} \\ \dfrac{\partial \phi}{\partial n} = 0, & r \to \infty \end{cases} \quad (2.11)$$

对无限域中有限长圆柱壳-流场耦合模型，流体域 V_f 的边界 $\varGamma$ 包含以下三部分：

$$\varGamma = \varGamma_\mathrm{shell} + \varGamma_\mathrm{baffles} + \varGamma_\infty \quad (2.12)$$

式中：$\varGamma_\mathrm{shell}$ 为圆柱壳的外表面；$\varGamma_\mathrm{baffles}$ 为壳体两端声障柱的外表面；$\varGamma_\infty$ 为无限远边界，且有

$$\begin{cases} r = R, & -\dfrac{L}{2} \leqslant z \leqslant \dfrac{L}{2} & (\text{在} \varGamma_\mathrm{shell} \text{情况}) \\ r = R, & z < -\dfrac{L}{2} \text{和} r = R, z > \dfrac{L}{2} & (\text{在} \varGamma_\mathrm{baffles} \text{情况}) \\ r \to \infty & & (\text{在} \varGamma_\infty \text{情况}) \end{cases} \quad (2.13)$$

2.3.2 流体动能

在流体域内，流体动能可表示为

$$T = \iiint_{V_\mathrm{f}} \dfrac{\rho_\mathrm{f}}{2} \nabla\phi \cdot \nabla\phi \, \mathrm{d}V = \dfrac{\rho_\mathrm{f}}{2} \iint_\varGamma \phi \dfrac{\partial \phi}{\partial n} \mathrm{d}s = \dfrac{\rho_\mathrm{f}}{2} \iint_{\varGamma_\mathrm{shell}} \phi \dfrac{\partial \phi}{\partial n} \mathrm{d}s \quad (2.14)$$

在模态(m, n)条件下，假设圆柱壳表面上单位面积的附连水质量为 σ_f（面密度）。当圆柱壳波数 m，n 确定后，σ_f 应该是坐标(z, θ)的函数，假设 σ_f 沿圆柱壳的表面均匀分布[147]，则流体域内的流体动能可表示为

$$T' = \sum_m \sum_n \iint_{\varGamma_\mathrm{shell}} \dfrac{1}{2}\left(\dfrac{\partial w_{mn}}{\partial t}\right)^2 \sigma_\mathrm{f} \mathrm{d}s \quad (2.15)$$

流体动能的两种表述形式是等效的，将式（2.15）代入式（2.14）可以得到模态(m, n)下圆柱壳的模态附连水质量面密度：

$$\sigma_\mathrm{f} = -\rho_\mathrm{f} R \dfrac{H_n^{(2)}(k_r R)}{k_r R H_n^{(2)\prime}(k_r R)} \quad (2.16)$$

对比分析式（2.9）和式（2.16），可以发现

$$\sigma_\mathrm{f}' = \sigma_\mathrm{f} \quad (2.17)$$

通过式（2.17）可以发现，附连水质量解法和波传播法求解的无限域中有限长圆柱壳的模态附连水质量面密度的表达式是一致的。因此，后续研究中可以基于波传播法方便、快捷地得到(m, n)阶模态附连水质量面密度的表达式。

2.3.3 模态附连水质量

模态(m, n)下圆柱壳的模态附连水质量可通过对此阶模态附连水质量面密度 σ_f 沿声场-圆柱壳耦合交界面积分得到，即

$$m_f = \int_S \sigma_f ds = \sigma_f S \tag{2.18}$$

式中：S 为声场-圆柱壳耦合交界区域的面积，$S = 2\pi LR$。

2.4 算 例 分 析

2.4.1 数值模型参数

本节选取的数值模型参数如表 2.1 所示。

表 2.1 声场-圆柱壳耦合模型参数

参数	数值
长度 L/m	1.284
半径 R/m	0.18
厚度 D/m	0.003
材料密度 ρ_s/(kg/m³)	7 850
泊松比 μ	0.3
弹性模量 E/Pa	2.06×10¹¹
流体密度 ρ_f/(kg/m³)	1 025
流体声速 c_f/(m/s)	1 460

2.4.2 壳体边界条件

圆柱壳两端的边界条件能决定轴向波数 k_m 的大小，进而对结构的振动特性产生影响。Lam 和 Loy[148]和 Zhu 等[46]采用梁函数模拟圆柱壳体沿轴线的弯曲振型函数，并给出了几种典型边界条件下壳体轴向波数的表达式，如表 2.2 所示。如无特殊说明，后续分析计算中圆柱壳体边界条件默认选取两端简支边界。

表 2.2 几种典型的圆柱壳体边界条件

边界条件	轴向波数 $k_m \times L$
两端自由（F-F）	$k_m L = (2m+1)\pi/2$
两端简支（SS-SS）	$k_m L = m\pi$

续表

边界条件	轴向波数 $k_m \times L$
两端刚固（C-C）	$k_m L = (2m+1)\pi/2$
两端滑移（SL-SL）	$k_m L = m\pi$
一端自由，一端简支（F-SS）	$k_m L = (4m+1)\pi/4$
一端自由，一端刚固（F-C）	$k_m L = (2m-1)\pi/2$
一端自由，一端滑移（F-SL）	$k_m L = (4m-1)\pi/4$
一端简支，一端刚固（SS-C）	$k_m L = (4m+1)\pi/4$
一端简支，一端滑移（SS-SL）	$k_m L = (2m-1)\pi/2$
一端刚固，一端滑移（C-SL）	$k_m L = (4m-1)\pi/4$

2.4.3 方法验证

为了验证建立的无限域中有限长圆柱壳声-固耦合模型的正确性，将基于流-固耦合模型[147]和声-固耦合模型得到的结构模态频率进行对比分析，结果如表 2.3 所示。定义这两种方法得到的结构模态频率之间的相对误差为

$$\eta_1 = \frac{f_s - f_f}{f_f} \times 100\% \qquad (2.19)$$

式中：f_s 和 f_f 分别为基于声-固耦合模型和流-固耦合模型得到的圆柱壳模态频率。

表 2.3 基于两种模型的无限域中圆柱壳的模态频率

模态	f_s /Hz	f_f /Hz	η_1 /%
(1, 2)	98.87	98.91	−0.04
(1, 3)	109.31	109.33	−0.02
(1, 4)	202.43	202.50	−0.03
(2, 3)	216.99	217.13	−0.06
(2, 4)	241.63	241.74	−0.05

从表 2.3 中的计算结果可以看出，基于声-固耦合模型得到的水中圆柱壳模态频率与基于传统流-固耦合模型得到的结构低频模态频率整体吻合良好，在前几阶模态下，两者的相对误差较小，最大相对误差的绝对值在 0.1%以下。因此，在低频段，本章建立的无限域中有限长圆柱壳的声-固耦合模型是正确的，且具有较高的精度。

同样地，为了验证基于声-固耦合模型计算的模态附连水质量的正确性，以无限域中有限长圆柱壳为研究对象，本章将其与基于传统流固-耦合模型[147]得到的模态附连水质量进行对比分析，结果如表 2.4 所示。为了方便对比分析，定义基于两种模型得到的模态附连水质量之间的相对误差为

$$\eta_2 = \frac{m_s - m_f}{m_f} \times 100\% \quad (2.20)$$

式中：m_s 和 m_f 分别为基于声-固耦合模型和流-固耦合模型得到的无限域中有限长圆柱壳的模态附连水质量。

表 2.4 基于两种模型的无限域中圆柱壳的模态附连水质量

模态	m_s /kg	m_f /kg	η_2 /%
(1, 2)	128.54	128.39	0.12
(1, 3)	87.97	87.92	0.06
(1, 4)	66.52	66.45	0.11
(2, 3)	84.40	84.24	0.19
(2, 4)	65.03	64.94	0.14

表 2.4 中的结果表明，在低频范围内，基于声-固耦合模型和流-固耦合模型计算得到的无限域中有限长圆柱壳的模态附连水质量整体吻合良好，两者的相对误差较小，相对误差的绝对值在 0.2%以内。因此，在低频范围内，本章从声-固耦合角度提出的模态附连水质量的计算方法是正确的。

2.4.4 模态附连水质量的模态分布

本小节分析无限域中有限长圆柱壳结构的模态附连水质量随模态阶数(m, n)的变化规律，如图 2.2 所示。

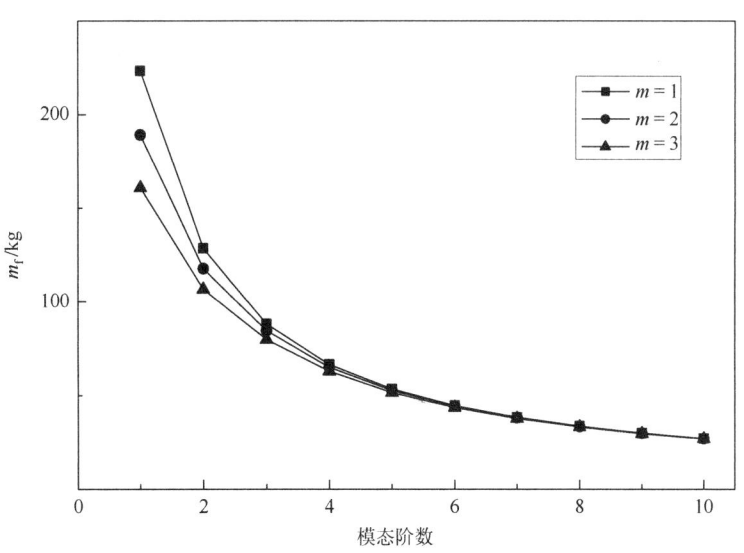

图 2.2 无限域中有限长圆柱壳的模态附连水质量随模态阶数的分布规律

由图 2.2 可知：各阶模态条件下，无限域中有限长圆柱壳的模态附连水质量均为正值，这说明声场与结构的耦合作用使结构模态频率比真空中结构的模态频率相应减小，这与文献[11]的结论吻合；当轴向模态阶数 m 一定时，随着周向模态阶数 n 的增大，无限域中圆柱壳结构的模态附连水质量逐渐减小；当周向模态阶数 n 一定时，随着轴向模态阶数 m 的增大，无限域中圆柱壳结构的模态附连水质量逐渐减小。

此外，当圆柱壳周向模态阶数 n 较小时，减小轴向模态阶数 m，此时所引起的模态附连水质量的增量相对较大；而当周向模态阶数 n 较大时，轴向模态阶数 m 的增大所引起的模态附连水质量的变化量则相对较小。轴向模态阶数 m 对结构振动特性的影响主要是通过轴向波数 k_m 来体现的，为了合理解释上述现象，本章对比分析了不同轴向模态阶数 m 下 k_m/n 和 k_m/n^2 随模态阶数 n 的变化规律，结果如图 2.3 所示。

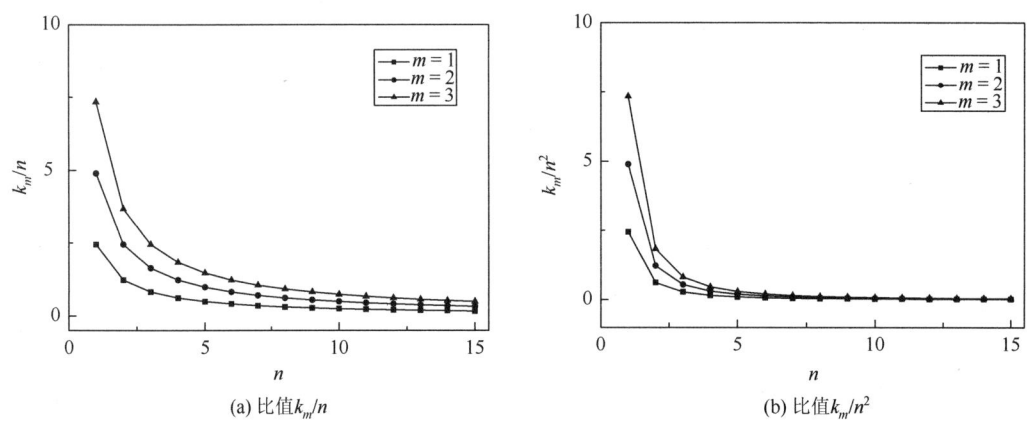

图 2.3　轴向模态阶数对水下圆柱壳模态附连水质量的影响

图 2.3 表明：当圆柱壳周向模态阶数 n 较小时，k_m/n 和 k_m/n^2 的比值均相对较大。此时，在特征方程中，轴向波数 k_m 与周向模态阶数 n 或 n^2 在数值大小上接近，因此轴向模态阶数 m 的影响较显著；随着周向模态阶数 n 的增大，比值 k_m/n 和 k_m/n^2 均逐渐减小；当模态阶数 n 相对较大（如 $n \geqslant 5$）时，各阶轴向模态阶数下比值 k_m/n 均小于 1，而比值 k_m/n^2 均小于 0.5。此时，较特征方程中的 n 或 n^2 而言，轴向波数 k_m 的数值相对较小，因此轴向模态阶数 m 的影响相对较弱。

2.4.5　壳体边界条件对水下圆柱壳模态附连水质量的影响

本小节从模态附连水质量的角度出发，分析壳体边界条件对水下圆柱壳振动特性的影响。选取几种典型的壳体边界（如 SS-SS、C-F、C-C、C-SS、C-SL）进行数值计算，对比分析这五种边界条件下无限域中有限长圆柱壳的模态附连水质量随周向模态阶数 n 的分布规律，结果如图 2.4 所示，计算中取 $m=1$。

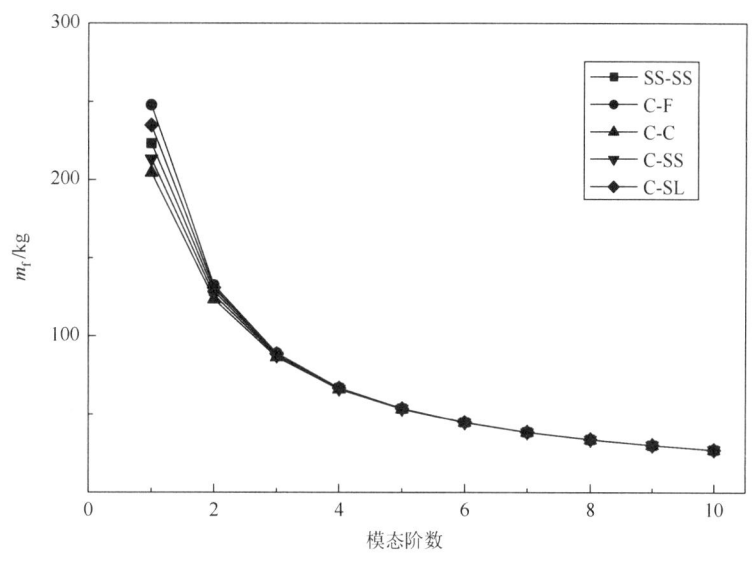

图 2.4　不同边界条件下无限域中有限长圆柱壳的模态附连水质量（$m=1$）
随周向模态阶数 n 的分布规律

从图 2.4 可以看出：整体而言，随着周向模态阶数 n 的增大，不同壳体边界条件下无限域中有限长圆柱壳的模态附连水质量均逐渐减小；当周向模态阶数 n 较小时，不同边界条件下圆柱壳的模态附连水质量之间的差异相对较大；随着周向模态阶数 n 的增大，壳体边界条件的改变所造成的水下圆柱壳的模态附连水质量的改变量逐渐减小并趋近于 0。上述现象表明，壳体边界条件对低阶周向模态条件下圆柱壳的模态振动特性的影响相对显著，而随着周向模态阶数 n 的增大，边界条件的影响逐渐减小。

壳体边界条件对结构振动特性的影响也可通过分析轴向波数 k_m 来体现。为了更好地分析壳体边界条件对无限域中圆柱壳振动特性的影响规律，对比分析了五种典型壳体边界条件下比值 k_m/n 和 k_m/n^2 随着周向模态阶数 n 的分布，结果如图 2.5 所示。

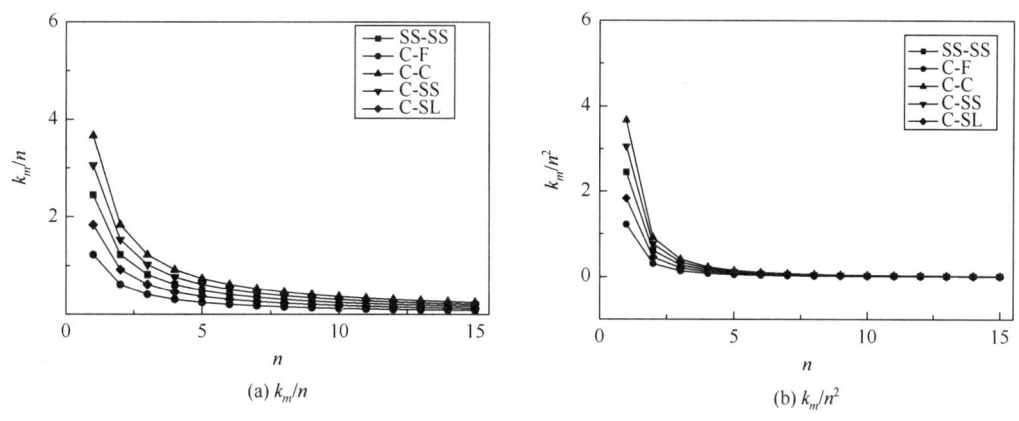

图 2.5　壳体边界对结构振动特性的影响机理（$m=1$）

从图 2.5 可以得出：当周向模态阶数 n 的数值较小时，不同边界条件下的比值 k_m/n 和 k_m/n^2 均相对较大，此时，轴向波数 k_m 和周向模态阶数 n 或 n^2 在数值上相差很小，因而边界条件对结构振动特性的影响显著；随着周向模态阶数 n 的增大，不同壳体边界条件下的比值 k_m/n 和 k_m/n^2 均逐渐减小；当周向模态阶数 n 较大（如 $n \geq 5$）时，不同边界条件下的比值 k_m/n 均小于 1，而比值 k_m/n^2 都小于 0.5。此时，在特征方程中，较周向模态阶数 n 或者 n^2 而言，轴向波数 k_m 相对较小，因此边界条件的影响相对较小。

2.5 本章小结

本章从声-固耦合的物理本质出发，建立了理想无限域中有限长圆柱壳-声场的耦合自由振动模型。采用 Flügge 壳体方程和声学波动方程分别描述圆柱壳和流体的振动，以波传播的形式将壳体位移和流体声压进行级数展开，基于声振连续条件建立结构与声场之间的联系，进而建立无限域中有限长圆柱壳的声-固耦合模型。为便于理解，类比传统流-固耦合问题中附连水质量的概念，本章提出了模态附连水质量的概念。

通过数值分析，得到以下结论：

（1）各阶模态下无限域中圆柱壳的模态附连水质量均为正值，因而圆柱壳-声场耦合作用将使水下圆柱壳的模态频率比真空中结构的同阶模态频率相应减小；

（2）当圆柱壳轴向模态阶数 m（或周向模态阶数 n）一定时，水下圆柱壳的模态附连水质量将随模态阶数 n（或者 m）的增大而逐渐减小；

（3）壳体边界条件的改变主要影响低阶周向模态下结构的模态附连水质量，而对高阶周向模态下结构模态附连水质量的影响相对较弱。

本章的研究工作为后续研究声边界约束下水中有限长圆柱壳的声-振特性打下了理论基础。从声-固耦合角度提出的耦合系统模态附连水质量概念和分析方法为揭示流体声介质对结构声-振特性的影响机理提供了新思路。

第 3 章 潜态圆柱壳声-振模型与计算分析

3.1 引 言

自由液面广泛存在于工程中。以圆柱壳结构为例,有限潜深状态定义为圆柱壳结构浸没在自由液面以下一定深度,且轴线与自由液面平行。在有限潜深状态,自由液面会对水下结构的辐射声波产生反射作用形成反射声波,且因流体的重力效应会对水下圆柱壳结构产生流体静压。传统的振动分析模型把系统在静载下的平衡位置作为振动问题的坐标原点开展研究,结果一般只包含动态物理量而没有计及静态水压力的影响。当流场静压力不大时,已有文献分析表明静压力对圆柱壳-流场耦合系统的声-振影响较小,因此许多文献在分析中忽略了它的影响。当深度较大时,流场对圆柱壳声学性能的影响比较明显,这将导致圆柱壳的声-振特性较无限域中结构的声-振特性发生改变。

在分析自由液面声边界约束下圆柱壳的声辐射问题时,常采用流-固-声-耦合方法,其分析流程往往又分为两个阶段:流-固耦合分析、声学分析。流-固耦合分析阶段的研究思路是:将水流体视为不可压缩的理想介质,基于势流理论、结构动力学理论(如模态叠加法等)分别建立相应的流体、结构动力学模型,在流-固耦合界面处建立速度连续条件后将流体的影响等效为附连水质量,随后求出结构的振动速度。其重点是将流体等效为附连水质量,也就是视流体为质量影响。

然后进行声学阶段的分析:求出结构湿表面的振动速度分布后,再单独利用惠更斯声辐射积分公式进行辐射声场分析。此时又必须假设流体是可压缩介质,否则没有声波运动。两个阶段结合形成传统流-固-声耦合方法进行声-振性能分析。该方法在求解结构振动响应和声辐射特性时对流体的处理方式不统一。

本章针对这一不足,从声-固耦合的角度出发,建立有限潜深状态圆柱壳的声-固耦合振动模型,并计及自由液面、流体静压的影响,实现对有限潜深状态有限长圆柱壳的振动和声辐射性能的一体化建模与求解。

3.2 声场-圆柱壳耦合振动分析

3.2.1 研究对象

有限潜深状态有限长圆柱壳结构如图 3.1 所示。圆柱壳长度为 L,半径为 R,壳体厚度为 D。壳体材料的密度为 ρ_s,弹性模量为 E,泊松比为 μ,流体密度为 ρ_f。圆柱壳轴线与自由液面平行,且潜深为 h(圆柱壳轴线与自由液面的距离)。选取如图 3.1 所示的柱坐标系，坐标原点 O 位于壳体轴向中点处横截面的圆心，圆柱壳的轴向、径向和周向分别用 z、r、θ 表示。圆柱壳两端开口且分别附加半无限长的圆柱形刚性声障柱，f_r 是作用在壳体表面的径向点激励力。

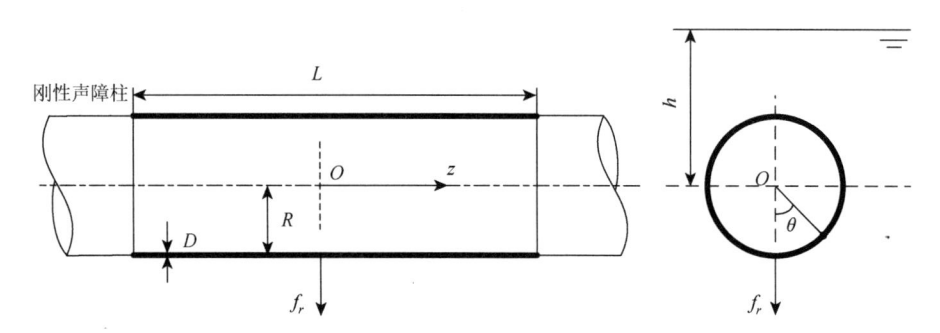

图 3.1 有限潜深状态有限长圆柱壳结构示意图

3.2.2 流体静压

由于流体重力效应的存在，有限潜深状态圆柱壳会受到流体静压的影响。当深度较大时，为简化研究，忽略壳体外流体沿壳体高度变化对壳体表面静压分布的影响，即假设流体静压沿壳体外表面均匀分布，则流体静压可表示为

$$p_0 = \rho_f g h \tag{3.1}$$

式中：g 为重力加速度。

3.2.3 计及流体静压效应的壳体振动方程

基于 Flügge 壳体理论，考虑流体静压的影响，可以得到有限潜深状态圆柱壳的振动方程：

$$\boldsymbol{Q}\begin{bmatrix} u \\ v \\ w \end{bmatrix} = \frac{(1-\mu^2)R^2}{ED}\begin{bmatrix} 0 \\ 0 \\ f_r - f_0 \end{bmatrix} \tag{3.2}$$

式中：$\boldsymbol{Q}$ 为微分算子矩阵。矩阵各元素如下：

$$Q_{11} = (1+T_1)R^2 \frac{\partial^2}{\partial z^2} + \left[T_2 + \frac{1-\mu}{2}(K+1)\right]\frac{\partial^2}{\partial \theta^2} - \frac{\rho_s R^2 (1-\mu^2)}{E}\frac{\partial^2}{\partial t^2}$$

$$Q_{12} = \frac{1+\mu}{2}R\frac{\partial^2}{\partial z \partial \theta}, \quad Q_{21} = Q_{12}$$

$$Q_{13} = KR^3 \frac{\partial^3}{\partial z^3} - \frac{1-\mu}{2}KR\frac{\partial^3}{\partial z \partial \theta^2} - R(\mu - T_2)\frac{\partial}{\partial z}, \quad Q_{31} = -Q_{13}$$

$$Q_{22} = \left[T_1 + \frac{1-\mu}{2}(3K+1)\right]R^2 \frac{\partial^2}{\partial z^2} + (1+T_2)\frac{\partial^2}{\partial \theta^2} - \frac{\rho_s R^2 (1-\mu^2)}{E}\frac{\partial^2}{\partial t^2}$$

$$Q_{23} = -(1+T_2)\frac{\partial}{\partial \theta} + \frac{3-\mu}{2}KR^2\frac{\partial^3}{\partial z^2 \partial \theta}, \quad Q_{32} = -Q_{23}$$

$$Q_{33} = -(1+K) - K\nabla^4 - (2K-T_2)\frac{\partial^2}{\partial \theta^2} + R^2 T_1 \frac{\partial}{\partial z^2} - \frac{\rho_s R^2(1-\mu^2)}{E}\frac{\partial^2}{\partial t^2}$$

式中：$\nabla^4 = R^4\frac{\partial^4}{\partial z^4} + 2R^2\frac{\partial^4}{\partial z^2 \partial \theta^2} + \frac{\partial^4}{\partial \theta^4}$；$K$ 为厚度因子，$K = D^2/(12R^2)$；$T_1 = -\frac{R^2(1-\mu^2)}{2Eh}p_0$，$T_2 = -\frac{R^2(1-\mu^2)}{Eh}p_0$，$T_1$ 和 T_2 分别为流体静压对轴向和周向的影响（相当于流体静压以预应力的形式体现）。

f_0 为作用在圆柱壳外表面上的流体声载荷（动载荷）：

$$f_0 = p(r,\theta,z)|_{r=R} \tag{3.3}$$

式中：$p(r,\theta,z)$ 为流体声压，反映了声场对结构振动的影响。

3.2.4 静压-固有频率关系及弹性临界载荷预报

类似第 2 章的分析，假设流体是无黏、无旋、可压缩的理想声介质，其声波运动可以用波动方程来描述。

壳体位移和流体声压则可以参照式（2.2）和式（2.4），以波传播的形式进行级数展开。

将式（2.2）、式（2.4）和式（2.6）代入考虑流体静压作用的式（3.2）中，便得到此耦合系统的运动方程，用矩阵形式表示为[148]

$$\boldsymbol{T}_{3\times 3}[U_{mn} \quad V_{mn} \quad W_{mn}]^{\mathrm{T}} = [0 \quad 0 \quad 0]^{\mathrm{T}} \tag{3.4}$$

即

$$\boldsymbol{T}_{3\times 3} = \begin{bmatrix} T_{11} & T_{12} & T_{13} \\ T_{21} & T_{22} & T_{23} \\ T_{31} & T_{32} & T_{33} \end{bmatrix}$$

矩阵各元素如下：

$$T_{11} = \Omega^2 - (1+T_1)\lambda^2 - [T_2 + (1-\mu)(K+1)/2]n^2$$

$$T_{12} = -\lambda n(1+\mu)/2, \quad T_{21} = T_{12}$$

$$T_{13} = -[(\mu - T_2)\lambda + K\lambda^3 - K(1-\mu)\lambda n^2/2], \quad T_{31} = -T_{13}$$

$$T_{22} = \Omega^2 - [T_1 + (1-\mu)(1+3K)/2]\lambda^2 - (1+T_2)n^2$$

$$T_{23} = -(1+T_2)n - K\lambda^2 n(3-\mu)/2, \quad T_{32} = -T_{23}$$

$$T_{33} = (1+K) + (T_2 - 2K)n^2 + T_1\lambda^2 + K\lambda^4 + 2K\lambda^2 n^2 + Kn^4 - \Omega^2 + \mathrm{FL}$$

式中：无量纲频率 $\Omega = \omega R\sqrt{\rho_s(1-\mu^2)/E}$；FL 为流体声载荷项，$\mathrm{FL} = \frac{R^2(1-\mu^2)}{ED}\frac{\rho_f \omega^2 H_n^{(2)}(k_r R)}{k_r H_n^{(2)'}(k_r R)}$。

式（3.4）有非零解的充要条件是系数矩阵行列式为零：

$$|\boldsymbol{T}| = 0 \tag{3.5}$$

由式（3.5）可知，当已知轴向波数 k_m 时，在一定的外压下可以求得耦合系统的振动频率，得出水下圆柱壳静水压力和固有频率的数学（数值）关系。

由于流体载荷项 FL 中含有贝塞尔函数，该系统的特征方程（3.5）是一个复平面上的复杂高阶超越方程。采用穆勒（Muller）三点迭代法，将轴向波数与无量纲频率 Ω 均代入式（3.5）中，通过循环使 $|T|=0$ 在误差允许的范围内成立。此时所得频率即在给定边界条件和静水压力下圆柱壳的无量纲固有频率。

引用梁函数的形式表达圆柱壳体沿轴线的弯曲振型函数，表 2.1 已经给出了各种边界条件下圆柱壳的轴向波数表达式，m 为轴向振动的波数，此条件可根据 Lam 和 Loy[149]提供的梁函数推导得出，利用此边界条件可方便地求出圆柱壳的弯曲振动频率。

本小节算例参数如下。壳体的材料为钢，弹性模量 $E = 2.1 \times 10^{11}$ N/m², 泊松比 $\mu = 0.3$, 密度 $\rho_s = 7\,850$ kg/m³, 壳厚 $D = 0.01$ m, 半径 $R = 1.0$ m, 壳长 $L = 20$ m。流体纵波传播速度 $c_f = 1\,500$ m/s, 流体密度 $\rho_f = 1\,000$ kg/m³。用 Muller 三点迭代法编程，可得出在给定边界条件（两端简支）、已知 $m(m=1)$ 和外压时的固有频率，如表 3.1 所示。

表 3.1 两端简支圆柱壳在 $m=1$ 时的固有频率

P_0/MPa	$n=1$/Hz	$n=2$/Hz	$n=3$/Hz	$n=4$/Hz
0.010	5.265 78	3.076 01	8.392 29	17.834 10
0.020	5.265 77	2.858 06	8.099 32	17.511 30
0.030	5.265 76	2.625 44	7.795 34	17.182 50
0.040	5.265 75	2.369 93	7.479 02	16.847 20
0.050	5.265 73	2.083 05	7.148 71	16.505 10
0.060	5.265 72	1.749 09	6.802 37	16.155 70
0.070	5.265 71	1.333 76	6.437 43	15.798 70

从表 3.1 可以得出，在外压不变的条件下，模态(1, 2)对应的频率为圆柱壳的基频。现将与基频对应的固有频率的平方与外压的关系绘于图 3.2 中。

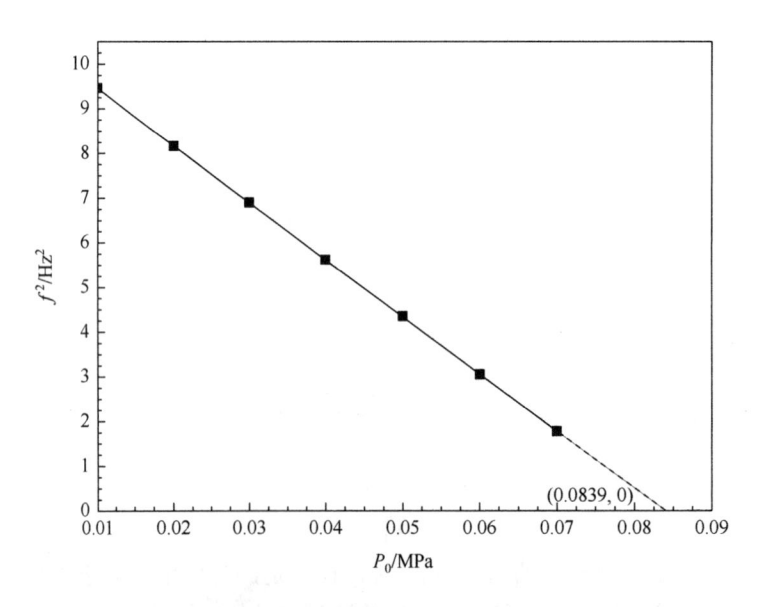

图 3.2 两端简支圆柱壳的固有频率的平方随外压的变化

从图3.2可看出，固有频率的平方与静水压力近似呈线性关系，同时，任意模态(m, n)对应的固有频率的平方与静水压力也近似呈线性关系。这与文献[150]和[151]中的结论是一致的，证实了本书推导的正确性和可靠性。

圆柱壳弹性失稳时，理论上结构体的刚度丧失，固有频率为零[152]。若能求出固有频率为零时的静水压力（图3.2中直线与横轴交点的横坐标），则此压力即可认为是圆柱壳失稳临界载荷的弹性理论解[149]。文献[153]的研究表明，尽管模态(m, n)下固有频率的平方与静水压力呈线性关系，但各直线的斜率不等，应分析出与基频对应的模态，并绘出基频平方与静水压力的直线关系图，求出基频为零时的静水压力，则此压力即可认为是圆柱壳失稳临界载荷的最小弹性理论解。对图3.2中的直线进行拟合，直线与横轴交点的横坐标即圆柱壳失稳临界载荷，求得的最小弹性失稳临界载荷值为0.083 9 MPa[148]。

本章建立的模型考虑了径向与轴向的静水压力。按两端简支条件下径向、轴向承受静水压力的圆柱壳弹性临界载荷希曼斯基公式（对于长壳，$n = 2$），可得到理论值[149]：

$$P_{cr} = \frac{1}{1 - \dfrac{a_1^2}{2(n^2-1)}} \left[\frac{Eh^3}{12(1-\mu^2)R^3} \frac{(a_1^2+n^2-1)}{n^2-1} + \frac{Eh}{R} \frac{a_1^4}{(a_1^2+n^2)(n^2-1)} \right] \quad (3.6)$$

式中：$a_1 = \pi R/L$ 为壳体长度参数。

将 $E = 2.1 \times 10^{11}$ N/m^2，$\mu = 0.3$，$h = 0.01$ m，$R = 1.0$ m，$L = 20$ m，$n = 2$ 代入式（3.6），经计算得圆柱壳两端简支时的最小弹性失稳临界载荷值：$P_{cr} = 0.084\ 9$ MPa，这与拟合曲线求得的计算结果 0.083 9 MPa，相对误差只有 –1.2%，证实了本章方法的正确性和程序的可靠性。

对于其他边界条件下的水下圆柱壳的弹性临界载荷也可采用同样的方法获得。表3.2、表3.3是在其他边界条件下，水下圆柱壳的固有频率（基频）和最小弹性临界载荷。图3.3则给出了在不同边界条件下的固有频率平方与静水压力之间的关系，并给出拟合曲线和最小弹性失稳临界载荷值。

表3.2　不同边界的静压下圆柱壳的固有频率（$m = 1$, $n = 2$）

P_0/MPa	C-C/Hz	C-F/Hz	F-S/Hz	C-SS/Hz
0.01	4.80	2.51	2.67	3.78
0.02	4.66	2.24	2.42	3.61
0.03	4.52	1.93	2.14	3.42
0.04	4.37	1.57	1.82	3.23
0.05	4.22	1.09	1.43	3.02
0.06	4.07	0.09	0.88	2.80

表3.3　不同边界的静压下圆柱壳的最小弹性临界载荷（$m = 1$, $n = 2$）

边界条件	P_{cr}/MPa
C-C	0.188
C-F	0.061
F-S	0.066
C-SS	0.121

(a) C-C

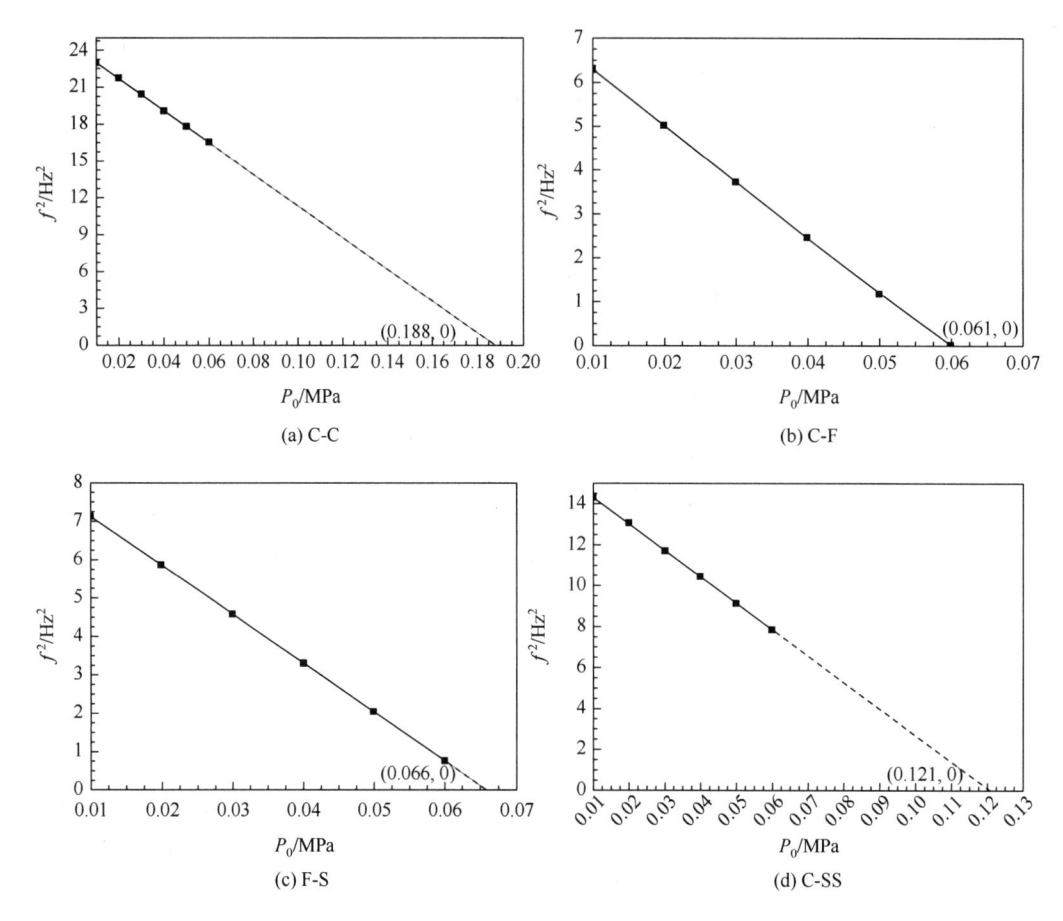

(b) C-F

(c) F-S

(d) C-SS

图 3.3 不同边界条件下固有频率平方与静水压力的关系

以上计算得到的是静压圆柱壳在不同边界条件下临界载荷的弹性理论解。对求得的临界载荷值还要经过几何非线性修正和物理非线性修正[154]，才能应用于工程设计中。

3.3 存在自由液面的半空间内声场分析

同样假设流体是无黏无旋可压缩的理想声介质，则流场中的流体声压应满足亥姆霍兹声学波动方程：

$$\nabla^2 p - \frac{1}{c_f^2}\frac{\partial^2 p}{\partial t^2} = 0 \qquad (3.7)$$

式中：c_f 为流体介质中声波的传播速度。

忽略流体的表面波动效应，则在自由液面处，流体声压应满足声压释放型边界条件[155]：

$$p\big|_{自由液面} = 0 \qquad (3.8)$$

由于自由液面的存在，流体域可认为是一个半无限域。自由液面边界也会对结构辐射声波产生反射作用，致使流场中结构的声场分布特性比理想无限域自由声场情况更加复杂。本章采用虚源法来处理自由液面边界对声场的影响，假设存在一个虚源与结构关于自由液面边界对称，如图 3.4 所示。

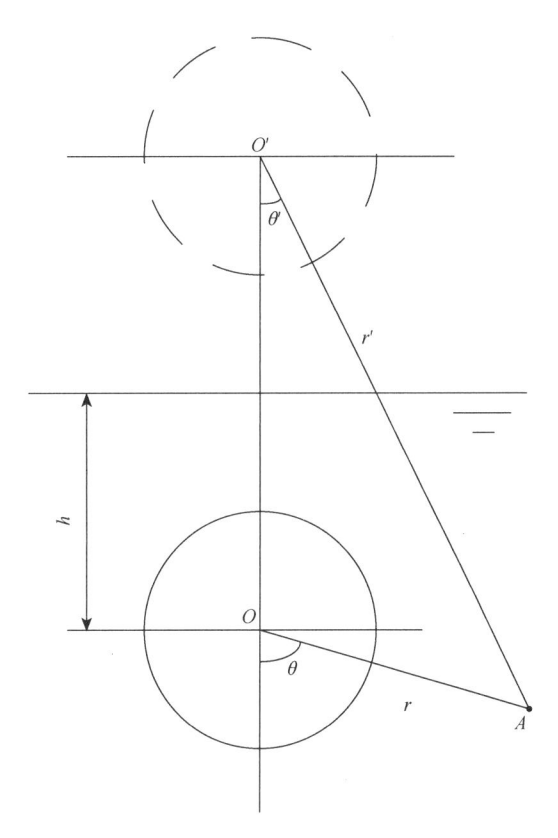

图 3.4 虚源法示意图

本章主要分析水下圆柱壳的声辐射性能，流体域中结构辐射声场主要包括两部分：一部分是结构振动产生的辐射自由声场，其流体声压用 p^r 表示；另一部分是由于自由液面的存在而产生的反射声场，也可以看作虚源的辐射声场，其辐射声压用 p^i 表示。因此，流场中的合成声压可以表述为

$$p(r,\theta,z) = p^r + p^i \quad (3.9)$$

依然采用分离变量法求解式（3.7），将流体声压进行级数展开：

$$p^r = \sum_{m=0}^{+\infty}\sum_{n=0}^{+\infty} p^r_{mn} H_n^{(2)}(k_r r)\cos(n\theta)\cos(k_m z) \quad (3.10)$$

$$p^i = \sum_{m=0}^{+\infty}\sum_{n=0}^{+\infty} p^i_{mn} H_n^{(2)}(k_r r')\cos(n\theta)\cos(k_m z) \quad (3.11)$$

在自由液面边界处，存在如下几何关系：

$$r = r' = r_s, \quad \theta = \theta_s, \quad \theta' = \pi - \theta_s \quad (3.12)$$

将式（3.10）、式（3.11）代入式（3.8），注意需满足式（3.12）的条件，并进行正交化处理，可得

$$p_{mn}^{\mathrm{i}} = (-1)^{n+1} p_{mn}^{\mathrm{r}} \tag{3.13}$$

如图 3.4 所示，流场中实源和虚源辐射声波的声压是分别采用独立的坐标系描述的。当分析流体声压对圆柱壳振动性能的影响时，需要将虚源辐射声压的表达式进行坐标系转换。基于格拉夫（Graf）加法定理[156]，可以将虚源的辐射声压映射到本体坐标系中：

$$H_n^{(2)}(k_r r')\cos(n\theta') = \begin{cases} \sum_{a=-\infty}^{\infty}(-1)^a H_{n+a}^{(2)}(2k_r h)J_a(k_r r)\cos(a\theta), & r \leqslant 2h \\ \sum_{a=-\infty}^{\infty}(-1)^a J_{n+a}(2k_r h)H_a^{(2)}(k_r r)\cos(a\theta), & r > 2h \end{cases} \tag{3.14}$$

在振动过程中，圆柱壳结构始终与流体保持接触。因此，在圆柱壳-声场的耦合交界面（即圆柱壳结构的外表面）上，流体声压和壳体振动位移应满足声-振连续条件：

$$-\frac{1}{\mathrm{i}\rho_\mathrm{f}\omega}\frac{\partial p^\mathrm{r}}{\partial r}\bigg|_{r=R} = \frac{\partial w}{\partial t} \tag{3.15}$$

将式（3.10）、式（3.3）代入式（3.15），随后进行正交化处理，可得

$$p_{mn}^{\mathrm{r}} = \frac{\rho_\mathrm{f}\omega^2}{k_r H_n^{(2)}(k_r R)} W_{mn} \tag{3.16}$$

将式（3.16）代入式（3.13），可得

$$p_{mn}^{\mathrm{i}} = \frac{(-1)^{n+1}\rho_\mathrm{f}\omega^2}{k_r H_n^{(2)}(k_r R)} W_{mn} \tag{3.17}$$

3.4 流场-圆柱壳的耦合自由振动模型

3.4.1 声场-圆柱壳耦合系统的特征方程

当分析有限潜深状态有限长圆柱壳的自由振动特性时，令外激励力 $f_r = 0$。将式（3.3）、式（3.9）分别代入壳体振动方程（3.2），并正交化处理，可以得到有限潜深状态下有限长圆柱壳-声场的耦合振动方程：

$$\boldsymbol{H}\begin{bmatrix}U_{mn}\\V_{mn}\\W_{mn}\end{bmatrix} + \boldsymbol{HH}\begin{bmatrix}U_{mn}\\V_{mn}\\W_{mn}\end{bmatrix} - \omega^2\begin{bmatrix}\rho_\mathrm{t} & & \\ & \rho_\mathrm{t} & \\ & & \rho_\mathrm{t}+\sigma_\mathrm{f}\end{bmatrix}\begin{bmatrix}U_{mn}\\V_{mn}\\W_{mn}\end{bmatrix} = \begin{bmatrix}0\\0\\0\end{bmatrix} \tag{3.18}$$

式中：$\boldsymbol{H}$ 为模态 (m, n) 下的圆柱壳-声场耦合系统的广义刚度矩阵。刚度矩阵各元素的具体表达式如下：

$$H_{11} = [\lambda^2 + n^2(1+K)(1-\mu)/2]/\xi, \quad H_{12} = \lambda n(1+\mu)/(2\xi)$$

$$H_{13} = [\mu\lambda + K\lambda^3 - n^2 K\lambda(1-\mu)/2]/\xi$$

$$H_{21} = -H_{12}, \quad H_{22} = [(1+3K)(1-\mu)\lambda^2/2 + n^2]/\xi$$

$$H_{23} = [n + Kn\lambda^2(3-\mu)/2]/\xi, \quad H_{31} = H_{13}$$

$$H_{32} = H_{23}, \quad H_{33} = [1 + K(1+2n^2) + K(\lambda^2+n^2)^2]/\xi, \quad \xi = (1-\mu^2)R^2/(ED)$$

类似地，$\boldsymbol{HH}$ 是流体静压引起的广义附加刚度矩阵，矩阵各元素的具体表达式为

$$\mathrm{HH}_{11} = (T_1\lambda^2 + T_2 n^2)/\xi, \quad \mathrm{HH}_{12} = 0, \quad \mathrm{HH}_{13} = T_2\lambda/\xi, \quad \mathrm{HH}_{21} = 0$$
$$\mathrm{HH}_{22} = (T_1\lambda^2 + T_2 n^2)/\xi$$
$$\mathrm{HH}_{23} = T_2 n/\xi, \quad \mathrm{HH}_{31} = T_2\lambda/\xi, \quad \mathrm{HH}_{32} = nT_2/\xi, \quad \mathrm{HH}_{33} = (n^2 T_2 + \lambda^2 T_1)/\xi$$

$\rho_t = \int_{-D/2}^{D/2} \rho_s \mathrm{d}r = \rho_s D$，$\sigma_f$ 为模态 (m, n) 下单位面积内的模态附连水质量密度，$\sigma_f = \sigma_f^r + \sigma_f^i$，$\sigma_f^r = -\rho_f R \dfrac{H_n^{(2)}(k_r R)}{k_r R H_n^{(2)'}(k_r R)}$，$\sigma_f^i = -\rho_f R \sum_{a=0}^{+\infty} \dfrac{(-1)^{a+1} \Delta J_n(k_r R)}{k_r R H_a^{(2)'}(k_r R)}$，$\Delta = H_{a-n}^{(2)}(2k_r h) + (-1)^n H_{a+n}^{(2)}(2k_r h)$。与无限域中有限长圆柱壳的模态附连水质量面密度相比，自由液面的存在产生了附加模态附连水质量面密度 σ_f^i，而 σ_f^r 体现了声场-圆柱壳的耦合作用（也可看作无限域中圆柱壳的模态附连水质量面密度）。

式（3.18）存在非零解的充要条件是其系数矩阵的行列式值为零，即

$$\left| \mathbf{H} + \mathbf{HH} - \omega^2 \begin{bmatrix} \rho_t & & \\ & \rho_t & \\ & & \rho_t + \sigma_f \end{bmatrix} \right| = 0 \tag{3.19}$$

式（3.19）也称为耦合系统的特征方程。式（3.19）包含轴向波数 k_m 和无量纲频率 Ω 两个变量，当依据壳体边界条件确定轴向波数 k_m 时，采用数值方法求解耦合系统的特征方程可以获得潜深状态圆柱壳的模态频率。

3.4.2 模态附连水质量

将第 (m,n) 阶模态附连水质量面密度在声场-圆柱壳的耦合交界面上进行积分，可以得到潜深状态有限长圆柱壳对应模态 (m,n) 的模态附连水质量：

$$m_f = \iint_S \sigma_f \mathrm{d}S = m_f^r + m_f^i \tag{3.20}$$

$$m_f^r = -\rho_f S R \dfrac{H_n^{(2)}(k_r R)}{k_r R H_n^{(2)'}(k_r R)} \tag{3.21}$$

$$m_f^i = -\rho_f S R \sum_{a=0}^{+\infty} \dfrac{(-1)^{a+1} \Delta J_n(k_r R)}{k_r R H_a^{(2)'}(k_r R)} \tag{3.22}$$

式中：S 为声场-圆柱壳耦合交界面的面积，$S = 2\pi RL$；m_f^r 为声场-圆柱壳耦合作用所产生的模态附连水质量（也可以视作无限域中圆柱壳的模态附连水质量）；m_f^i 为由于自由液面存在所产生的附加模态附连水质量。

3.5 圆柱壳的受迫振动模型

3.5.1 外激励力

假设圆柱壳受到如图 3.1 所示的集中点力，则外力表达式可以写为

$$f_r = \frac{F_0}{R}\delta(\theta)\delta(z) \quad (3.23)$$

式中：F_0 为点激励力的幅值；$\delta(\ )$ 为狄拉克函数。

基于波传播的思想，可以将外激励力进行级数展开：

$$f_r = \sum_{m=0}\sum_{n=0} f_{rmn}\cos(n\theta)\cos(k_m z) \quad (3.24)$$

外激励力的两种表达形式是等效的，将式（3.24）代入式（3.23），则有

$$f_{rmn} = \frac{\varepsilon_n}{2\pi LR}F_0 \quad (3.25)$$

式中：当 $n = 0$ 时，$\varepsilon_n = 1$；当 $n \geq 1$ 时，$\varepsilon_n = 2$。

3.5.2 流体声载荷

从波传播的角度，将流体的声载荷以波传播的形式进行级数展开：

$$f_0 = \sum_{m=0}\sum_{n=0} f_{0mn}\cos(n\theta)\cos(k_m z) \quad (3.26)$$

式中：f_{0mn} 为模态 (m, n) 下流体声载荷的幅值。

将式（3.10）、式（3.11）代入式（3.3），最后代入式（3.26），则有

$$f_{0mn} = (Z_{mn}^{r} + Z_{mn}^{i})W_{mn} \quad (3.27)$$

式中：Z_{mn}^{r} 和 Z_{mn}^{i} 分别为结构辐射声和反射声的位移阻抗，$Z_{mn}^{r} = \dfrac{\rho_f \omega^2 H_n^{(2)}(k_r R)}{k_r H_n^{(2)'}(k_r R)}$，

$Z_{mn}^{i} = \sum\limits_{a=0}^{+\infty} \dfrac{(-1)^{a+1}\rho_f \omega^2 \Delta J_n(k_r R)}{k_r H_n^{(2)'}(k_r R)}$，$Z_{mn}^{r}$ 和 Z_{mn}^{i} 分别体现了声场-圆柱壳的耦合作用以及自由液面的影响。

3.5.3 声场-圆柱壳耦合系统受迫振动方程

将式（2.2）、式（3.23）和式（3.26）代入式（3.1），进行正交化，可以得到有限长圆柱壳在有限潜深状态下的受迫振动方程：

$$Z_{mn}^{M}W_{mn} + (Z_{mn}^{r} + Z_{mn}^{i})W_{mn} = F_{mn} \quad (3.28)$$

式中：Z_{mn}^{M} 为位移机械阻抗，$Z_{mn}^{M} = \dfrac{|\boldsymbol{T}|}{\dfrac{R^2(1-\mu^2)}{ED}\begin{vmatrix}T_{11} & T_{12}\\ T_{21} & T_{22}\end{vmatrix}}$，$\boldsymbol{T} = (\boldsymbol{H} + \boldsymbol{HH} - \omega^2 \boldsymbol{I}\rho_t)\xi$，$\boldsymbol{I}$ 是三阶单位矩阵。

求解耦合系统的受迫振动方程，可以得到模态 (m, n) 下圆柱壳的振动位移幅值，将其代入壳体位移展开式（2.2）即可得到有限潜深状态有限长圆柱壳的振动位移。

为了方便后续的对比分析，定义壳体径向振动位移级为

$$L_w = 20\lg(w/w_0)(\text{dB}) \quad (3.29)$$

式中：w_0 为位移参考值，$w_0 = 1 \times 10^{-12}$ m。

3.5.4 输入能量流

在外激励力作用下，圆柱壳的输入能量流定义为[41]

$$p_{in} = \frac{1}{2} \int_S \text{Re}(f_r \dot{w}^*) \, dS \tag{3.30}$$

式中：S 为圆柱壳外表面的面积，$S = 2\pi RL$；*表示对变量取共轭；(·)表示对变量求时间的偏导数；Re( )表示对变量取实部。

将式（2.2）和式（3.24）代入式（3.30），并在积分域进行展开，可以得到有限潜深状态有限长圆柱壳的输入能量流大小：

$$\begin{aligned} p_{in} &= \frac{1}{2} \int_{-L/2}^{L/2} \int_{-\pi}^{\pi} \text{Re}(f_r \dot{w}^*) R \, d\theta \, dz \\ &= \frac{1}{2} \int_{-L/2}^{L/2} \int_{-\pi}^{\pi} \text{Re}\left\{ \left[\sum_{jk} F_{jk} \cos(k\theta) \cos(k_j z) \right] \left[\sum_{mn} (i\omega W_{mn})^* \cos(n\theta) \cos(k_m z) \right] \right\} R \, d\theta \, dz \\ &= \frac{\pi RL}{4} \text{Re}\left[\frac{1}{\varepsilon_n} \sum_{mn} F_{mn} (i\omega W_{mn})^* \right] \\ &= \frac{F_0}{2} \text{Re}\left[\sum_{mn} (i\omega W_{mn})^* \right] \end{aligned}$$

(3.31)

为了方便后续的对比分析，将输入能量流进行无量纲化：

$$\overline{p}_{in} = \frac{p_{in}}{F_0^2 \pi} \sqrt{\rho_s E(1-\mu^2)} \tag{3.32}$$

3.6 圆柱壳的声辐射模型

3.6.1 辐射声功率

辐射声功率能够表征结构向流场辐射能量的能力，可以作为水下结构近场声辐射性能的代表性参量。

水下结构的辐射声功率定义为[41]

$$p_v = \frac{1}{2} \int_S \text{Re}(p|_{r=R} \dot{w}^*) \, dS \tag{3.33}$$

将式（2.2）、式（3.3）和式（3.27）代入式（3.33），可以得到有限潜深状态有限长圆柱壳的辐射声功率值

$$p_v = \frac{1}{2} \int_{-L/2}^{L/2} \int_{-\pi}^{\pi} \text{Re}(p|_{r=R} \dot{w}^*) R \, d\theta \, dz = \frac{1}{2} S \text{Re}\left[(Z_{mn}^r + Z_{mn}^i) w(i\omega w)^* \right] \tag{3.34}$$

为了方便对比分析，定义辐射声功率级为

$$L_{pv} = 10\lg(p_v / p_{v_0})(\text{dB}) \tag{3.35}$$

式中：p_v 为辐射声功率参考值，$p_{v_0} = 0.67 \times 10^{-18}$ W。

3.6.2 远场辐射声压

本章选取远场辐射声压作为水下圆柱壳远场声辐射特性的代表性参量。求解式（3.28）可以得到结构的振动响应，然后结合波动分析法和稳相法可以预报有限潜深状态有限长圆柱壳的远场辐射声压。

为了便于分析有限潜深状态圆柱壳的远场声辐射特性，定义远场观测点 B 如图 3.5 所示。观测点 B 与坐标原点之间的距离为 R_0，直线 OB 与 z 轴之间的夹角为 φ。B' 是观测点在坐标原点 O 所在横截面内的投影，点 B' 的周向坐标是 θ。

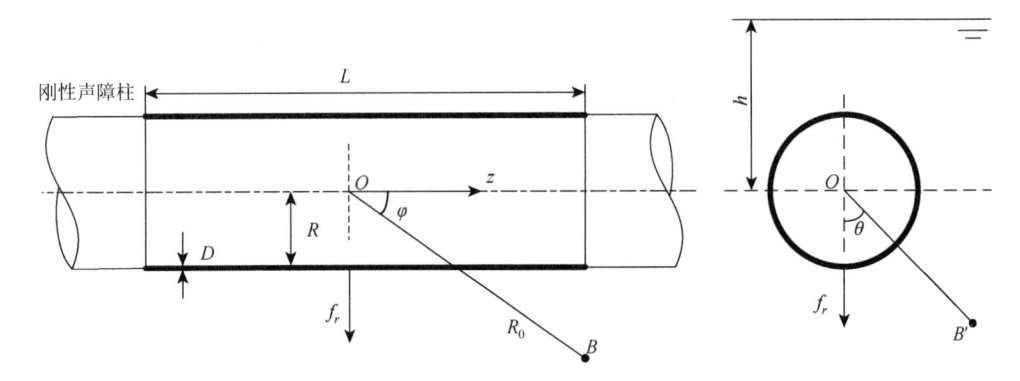

图 3.5 有限潜深状态圆柱壳的远场观测点示意图

当分析圆柱壳的远场声辐射特性时，关注流体声压在整个声场内的分布，因此在满足声学波动方程即式（2.3）条件下，可以对流场中的声压做如下展开：

$$\begin{cases} p^{\mathrm{r}} = \sum_{m=0}^{+\infty}\sum_{n=0}^{+\infty} p_{mn}^{\mathrm{r}}(z) H_n^{(2)}(k_r r) \cos(n\theta) \\ p^{\mathrm{i}} = \sum_{m=0}^{+\infty}\sum_{n=0}^{+\infty} p_{mn}^{\mathrm{i}}(z) H_n^{(2)}(k_r r') \cos(n\theta') \end{cases} \tag{3.36}$$

式中：$p_{mn}^{\mathrm{r}}(z)$ 和 $p_{mn}^{\mathrm{i}}(z)$ 分别为模态 (m, n) 下结构辐射声波和反射声波的声压幅值，$k_r = \sqrt{k_f^2 - k_z^2}$。

将式（3.36）代入自由液面处的声学边界条件即式（3.8），并注意满足式（3.12），可以得到

$$p_{mn}^{\mathrm{i}}(z) = (-1)^{n+1} p_{mn}^{\mathrm{r}}(z) \tag{3.37}$$

将式（3.37）进行傅里叶变换，可以得到波数域内虚源和实源辐射声波的声压幅值之间的关系：

$$\tilde{p}_{mn}^{\mathrm{i}}(k_z) = (-1)^{n+1} \tilde{p}_{mn}^{\mathrm{r}}(k_z) \tag{3.38}$$

式中：$\tilde{p}_{mn}^{\mathrm{r}}(k_z)$ 和 $\tilde{p}_{mn}^{\mathrm{i}}(k_z)$ 分别表示模态 (m, n) 下波数域内实源和虚源的辐射声压幅值。

将式（2.2）和式（3.36）代入声振连续条件[即式（2.5）]，并进行傅里叶变换，可以得到

$$\tilde{p}_{mn}^{\mathrm{r}}(k_z) = \frac{\rho_{\mathrm{f}} \omega^2}{k_r H_n^{(2)'}(k_r R)} \tilde{f}_m(k_z) W_{mn} \tag{3.39}$$

式中：$\tilde{f}_m(k_z) = \int_{-l}^{l} \exp(\mathrm{i}k_z z) \cos(k_m z) \mathrm{d}z = \dfrac{2k_m(-1)^m}{k_m^2 - k_z^2} \cos(k_z l)$，$l = L/2$。

将式（3.39）代入式（3.38），可以得到

$$\tilde{p}_{mn}^{\mathrm{i}}(k_z) = \frac{(-1)^{n+1} \rho_{\mathrm{f}} \omega^2}{k_r H_n^{(2)'}(k_r R)} \tilde{f}_m(k_z) W_{mn} \tag{3.40}$$

结合式（3.39）和式（3.40），可以得到波数域内流体声压的表达式：

$$\tilde{p}(r,\theta,k_z) = \sum_{m,n} \left[\tilde{p}_{mn}^{\mathrm{r}}(k_z) H_n^{(2)}(k_r r) \cos(n\theta) + \tilde{p}_{mn}^{\mathrm{i}}(k_z) H_n^{(2)}(k_r r') \cos(n\theta') \right] \tag{3.41}$$

对式（3.41）进行傅里叶逆变换，可以得到实数域内的流体声压：

$$p(r,\theta,z) = \frac{1}{2\pi} \int_{-\infty}^{+\infty} \tilde{p}(r,\theta,k_z) \exp(-\mathrm{i}k_z z) \mathrm{d}k_z \tag{3.42}$$

将式（3.39）和式（3.40）代入式（3.42），可得

$$p(r,\theta,z) = \sum_{m,n} \frac{1}{2\pi} \int_{-\infty}^{+\infty} \left[\tilde{p}_{mn}^{\mathrm{r}}(k_z) H_n^{(2)}(k_r r) \cos(n\theta) \right. \\ \left. + (-1)^{n+1} \tilde{p}_{mn}^{\mathrm{r}}(k_z) \sum_{a=0} J_{n-a}(2k_r h) H_a^{(2)}(k_r r) \cos(a\theta) \right] \exp(-\mathrm{i}k_z z) \mathrm{d}k_z \tag{3.43}$$

在远场，$k_r r \gg 1$，汉克尔函数存在如下近似表达式：

$$H_n^{(2)}(k_r r) = \sqrt{\frac{2}{\pi k_r r}} \exp\left[-\mathrm{i}\left(k_r r - \frac{n\pi}{2} - \frac{\pi}{4}\right)\right] \tag{3.44}$$

较结构自身尺寸而言，远场观测点与坐标原点之间的距离 R_0 相对较大，结构可以近似看作一个辐射的点声源，此时观测点处的声压采用球坐标系表述较为合理。因此，当分析结构的远场声辐射特性时，可将柱坐标系下的结构远场辐射声压变换到球坐标系下。令 $r = R_0 \sin\varphi$，$z = R_0 \cos\varphi$，然后将式（3.44）代入式（3.43）可以得到球坐标系下有限潜深状态有限长圆柱壳的远场辐射声压：

$$p = \frac{\rho \omega^2}{2^{1/2} \pi^{3/2} \sqrt{R_0 \sin\varphi}} \sum_{m,n} W_{mn} \exp\left[\mathrm{i}\left(\frac{n\pi}{2} + \frac{\pi}{4}\right)\right] \cdot \Pi \tag{3.45}$$

式中：$\Pi = \displaystyle\int_{-\infty}^{+\infty} \exp\left[-\mathrm{i}\left(k_z R_0 \cos\varphi + \sqrt{k_{\mathrm{f}}^2 - k_z^2} R_0 \sin\varphi\right)\right] \frac{A(k_z,\theta) \tilde{f}_m(k_z)}{(k_{\mathrm{f}}^2 - k_z^2)^{3/4} H_n^{(2)'}\left(\sqrt{k_{\mathrm{f}}^2 - k_z^2} R\right)} \mathrm{d}k_z$；

$A(k_z,\theta) = \cos(n\theta) + (-1)^{n+1} \displaystyle\sum_a J_{n+a}\left(2\sqrt{k_{\mathrm{f}}^2 - k_z^2} h\right) \cos(a\theta) \exp\left[\mathrm{i}\left(\frac{a-n}{2}\pi\right)\right]$。

令

$$\Psi = k_z R_0 \cos\varphi + \sqrt{k_f^2 - k_z^2} R_0 \sin\varphi \tag{3.46}$$

$$\Phi = \frac{A(k_z,\theta)\tilde{f}_m(k_z)}{(k_f^2 - k_z^2)^{3/4} H_n^{(2)'}\left(\sqrt{k_f^2 - k_z^2} R\right)} \tag{3.47}$$

结合式（3.46）和式（3.47），则式（3.45）中的积分项 Π 可以写作：

$$\Pi = \int_{-\infty}^{+\infty} \Phi(k_z) \exp(\mathrm{i}\Psi) \mathrm{d} k_z \tag{3.48}$$

根据稳相法[157]，式（3.48）等号右边的积分可以用下面的表达式近似替代：

$$\Pi \approx \left. \frac{\sqrt{2\pi}\Phi(k_z)\exp[\mathrm{i}(\Psi - \pi/4)]}{\left|\partial^2\Psi/\partial k_z^2\right|^{0.5}} \right|_{k_z = k_c} \tag{3.49}$$

式中：k_c 为函数 Ψ 对 k_z 一阶偏导为 0 的根。

函数 Ψ 对 k_z 的一阶偏导为

$$\frac{\partial \Psi}{\partial k_z} = R\left(\cos\varphi - \frac{k_z \sin\varphi}{\sqrt{k_f^2 - k_z^2}}\right) \tag{3.50}$$

令式（3.50）等于 0，可得

$$k_c = k_f \cos\varphi \tag{3.51}$$

将式（3.51）和式（3.49）代入式（3.45），即可得到有限潜深状态有限长圆柱壳的远场辐射声压的表达式：

$$p = \frac{\rho\omega^2 \exp(-\mathrm{i}k_f R_0)}{\pi k_f R_0 \sin\varphi} \sum_{m,n} W_{mn} \frac{A(\varphi,\theta) f_m(\varphi)}{H_n^{(2)'}(k_f \sin\varphi R)} \exp\left(\frac{\mathrm{i}n\pi}{2}\right) \tag{3.52}$$

式中：$A(\varphi,\theta) = \cos(n\theta) + (-1)^{n+1}\sum_a J_{n+a}(2hk_f \sin\varphi)\cos(a\theta)\exp\left[\mathrm{i}\left(\frac{a-n}{2}\pi\right)\right]$；$f_m(\varphi) = \frac{2k_m(-1)_m}{k_m^2 - (k_f \cos\varphi)^2}\cos(k_f \cos\varphi l)$。

为方便对比分析，定义声压级：

$$\mathrm{SPL} = 20\lg\left(\frac{p}{p_c}\right) (\mathrm{dB}) \tag{3.53}$$

式中：p_c 为声压参考值，$p_c = 1\times 10^{-6}$ Pa。

3.7 算例分析

3.7.1 自由振动特性

本小节选取的分析模型参数见表 2.1。

1. 理论结果收敛性分析

流体声载荷项 FL 中包含对下标 a 的无穷项求和,在数值计算过程中需要对此进行截断处理,这可能会引入截断误差,因此有必要对理论计算结果展开收敛性分析。假设下标 a 的最大取值为 A,即 $a = 0,1,2,\cdots,A$,圆柱壳的潜深为 $h = 0.2$ m。选取有限潜深状态圆柱壳的模态频率作为评价参数,收敛分析结果如图 3.6 所示。

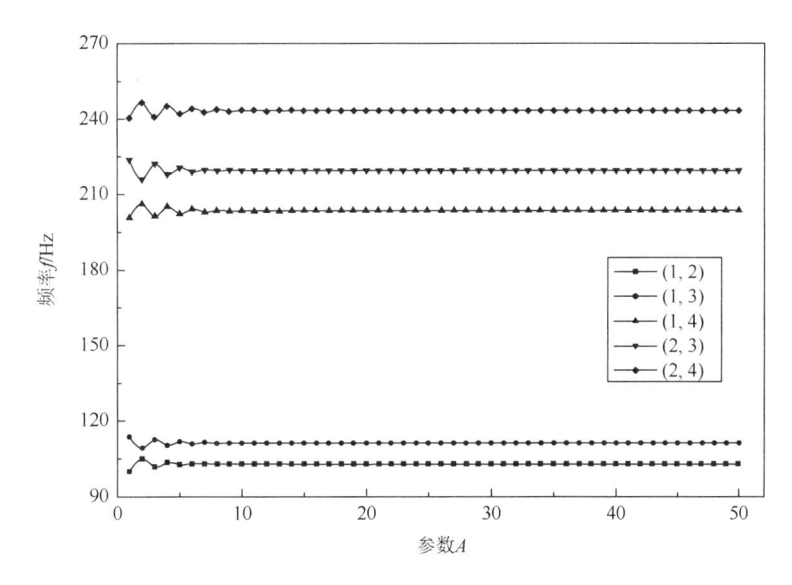

图 3.6 理论计算的有限潜深状态圆柱壳的模态频率的收敛性分析

从图 3.6 可以看到:当参数 A 较小即截断项数较少时,理论计算的结构模态频率不稳定,随着截断项数的改变而波动;随着参数 A 的增大,圆柱壳的各阶模态频率均逐渐趋于稳定,当参数 $A \geqslant 10$ 时,结构各阶模态频率均已收敛。因此,在后续计算过程中,取参数 $A = 10$。

2. 理论方法验证

为了验证理论分析方法的正确性,将理论计算的有限潜深状态圆柱壳的模态频率与基于有限元软件 ANSYS 的仿真结果[59]进行对比分析。基于 ANSYS 软件分析有限潜深状态圆柱壳振动问题的基本思路如下:分别采用 SHELL63 和 FLUID30 单元对结构与流体进行有限元建模,且流体采用长方体模型来表示;长方体的上表面用于模拟自由液面边界,令该表面上所有流体单元的声压值为 0,该表面与圆柱壳轴线之间的距离为潜深 h,可根据工况需要进行调整;令长方体其他五个表面上流体单元的摩擦系数 MU = 1,表示声波全吸收,以模拟无限远边界条件;流域的轴向长度为 2 m,除流体模型的上表面外,周向其他三个表面与圆柱壳之间的距离均为 1 m;流体静压可以通过施加均布载荷来考虑。基于 ANSYS 软件建立的 $h = 0.5$ m 工况下有限潜深状态圆柱壳-流场耦合系统的有限元模型如图 3.7 所示。

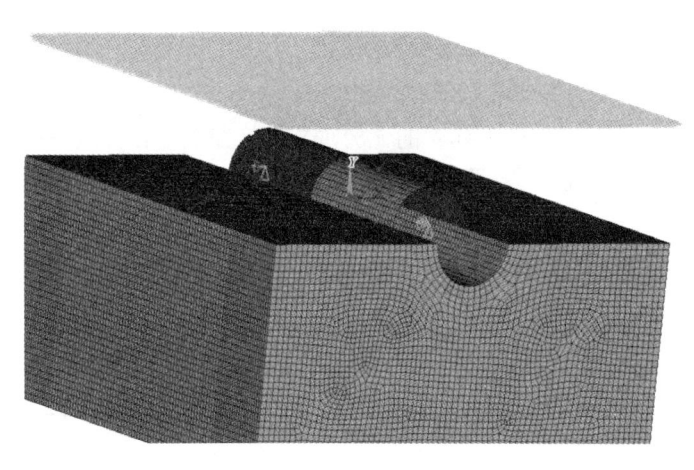

图 3.7 有限潜深状态圆柱壳-流场耦合系统的有限元模型（部分）

本小节对比分析了理论计算的有限潜深状态有限长圆柱壳的模态频率和有限元仿真结果[59]，结果如表 3.4 和表 3.5 所示。需要指出的是，表 3.4 和表 3.5 中的数据是分别在忽略和计及流体静压条件下得到的。为了方便后续对比分析，定义相对误差为

$$\eta = \frac{f_T - f_F}{f_F} \times 100\% \tag{3.54}$$

式中：f_T 和 f_F 分别为理论计算的有限潜深状态圆柱壳的模态频率和有限元仿真结果。

表 3.4 理论计算结果与有限元仿真结果的对比分析（忽略流体静压）

h/R	模态(1, 2)			模态(1, 3)			模态(1, 4)		
	f_T/Hz	f_F/Hz	η/%	f_T/Hz	f_F/Hz	η/%	f_T/Hz	f_F/Hz	η/%
1.67	100.4	100.6	−0.20	109.7	112.1	−2.14	202.7	207.9	−2.50
2	99.8	99.6	0.20	109.5	111.5	−1.79	202.5	207.3	−2.32
3	99.1	98.8	0.30	109.3	111.0	−1.53	202.5	206.8	−2.08
5	98.7	98.6	0.10	108.8	110.9	−1.89	201.8	206.5	−2.28

表 3.5 理论计算结果与数值仿真结果的对比分析（计及流体静压）

h/R	模态(1, 2)			模态(1, 3)			模态(1, 4)		
	f_T/Hz	f_F/Hz	η/%	f_T/Hz	f_F/Hz	η/%	f_T/Hz	f_F/Hz	η/%
10	98.5	98.0	0.51	108.2	109.6	−1.28	201.1	204.2	−1.52
20	98.2	97.8	0.41	107.1	108.6	−1.38	199.7	203.1	−1.67
40	97.5	97.3	0.21	104.9	106.7	−1.69	197.0	200.6	−1.79
80	96.2	96.2	0.00	100.3	102.6	−2.24	191.4	195.4	−2.05
100	95.5	95.3	0.21	97.9	100.5	−2.59	188.6	192.9	−2.23
150	93.7	94.2	−0.53	91.6	94.1	−2.66	181.3	184.6	−1.79

从表 3.4 和表 3.5 可以看出，理论计算的有限潜深状态圆柱壳的模态频率与有限元仿真结果整体吻合良好，两者的相对误差较小，最大相对误差绝对值在 2.7%以内。分析表明，本章提出的有限潜深状态有限长圆柱壳的自由振动特性的分析方法是正确的。

3. 有限潜深状态圆柱壳的模态频率特性

较无限域中圆柱壳的自由振动特性而言，有限潜深状态圆柱壳的模态频率特性受自由液面和流体静压的综合影响。本节分析了有限潜深状态圆柱壳的模态频率随不同潜深的变化规律，并与无限域中结构的同阶模态频率进行对比分析，结果如图3.8所示。

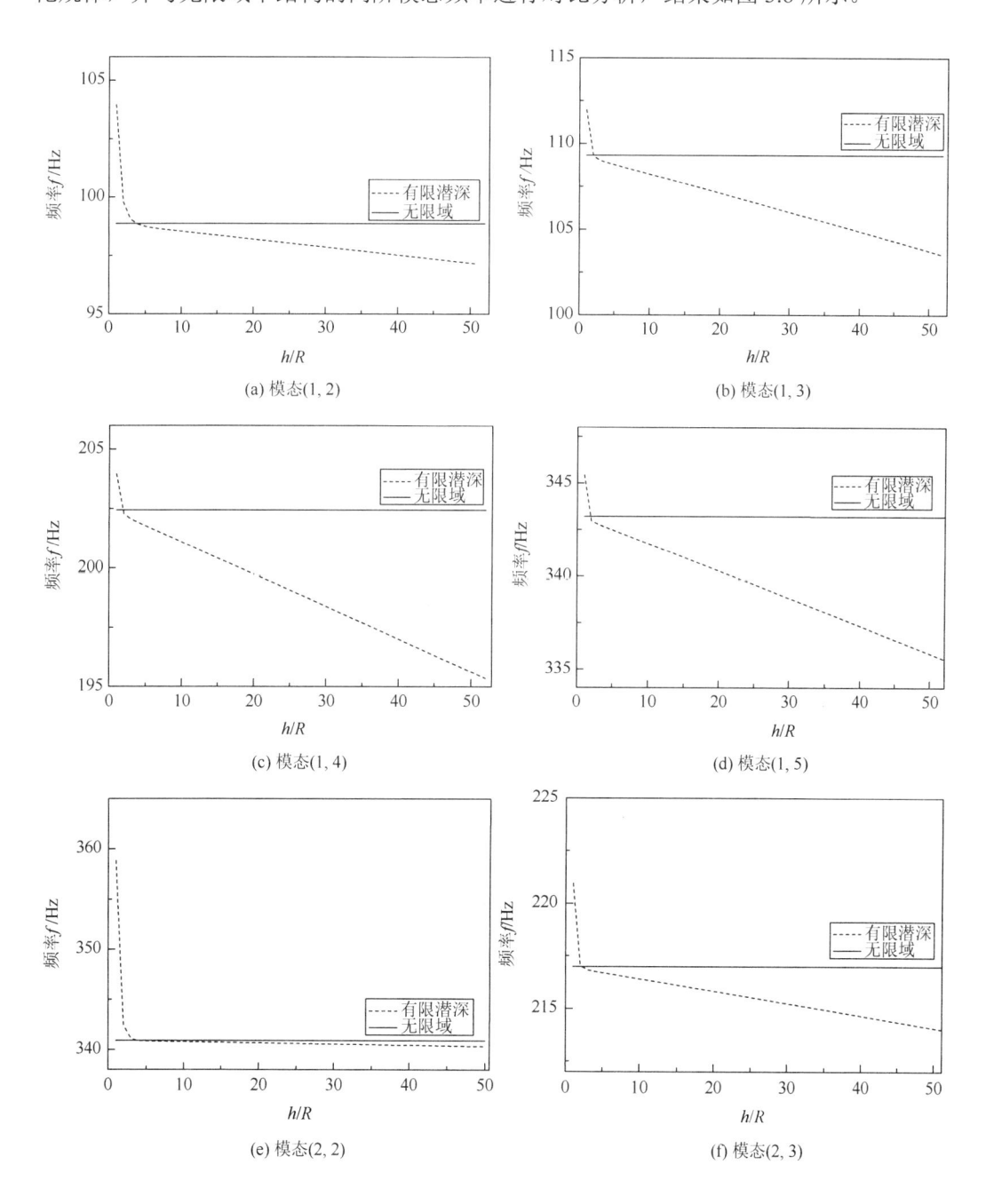

(a) 模态(1, 2)

(b) 模态(1, 3)

(c) 模态(1, 4)

(d) 模态(1, 5)

(e) 模态(2, 2)

(f) 模态(2, 3)

(g) 模态(2, 4)　　　　　　　　　　　(h) 模态(2, 5)

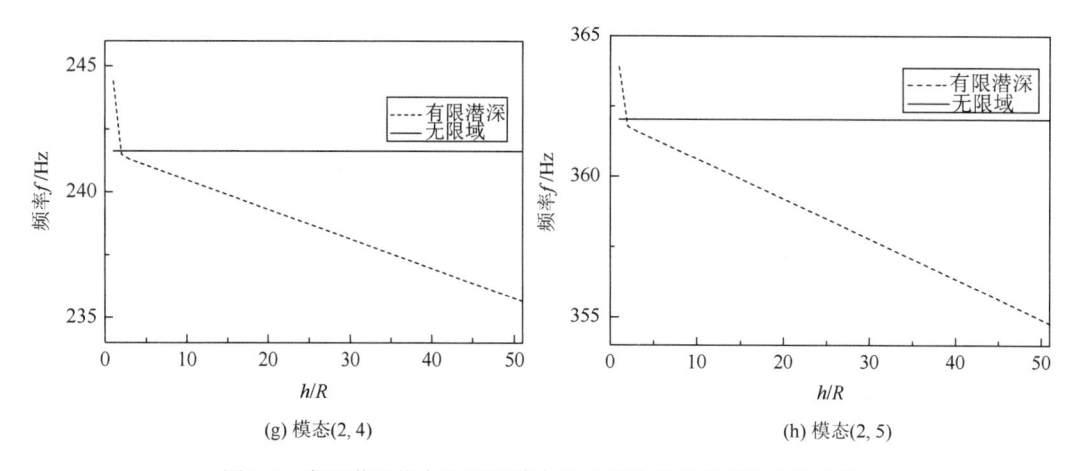

图 3.8　有限潜深状态和无限域中圆柱壳的模态频率的对比分析

从图 3.8 可以看出，有限潜深状态和无限域中圆柱壳的同阶模态频率存在明显的差别：当潜深较小时，有限潜深状态圆柱壳的模态频率明显大于对应模态下无限域中圆柱壳的模态频率；随着潜深的增大，有限潜深状态圆柱壳的各阶模态频率均逐渐减小；当潜深较大时，有限潜深状态圆柱壳的模态频率明显小于对应模态下无限域中圆柱壳的模态频率。

为了更好地体现有限潜深状态与无限域中圆柱壳模态频率特性的差异，定义模态频率增减幅度：

$$\gamma = \frac{f_{\text{fi}} - f_{\text{in}}}{f_{\text{in}}} \times 100\% \tag{3.55}$$

式中：f_{fi} 和 f_{in} 分别表示模态(m, n)下有限潜深状态和无限域中圆柱壳的模态频率。

对比分析有限潜深状态圆柱壳模态频率的增减幅度随潜深的变化规律，如图 3.9 所示。较无限域中圆柱壳的模态频率特性而言，有限潜深状态圆柱壳的模态频率在不同潜深条件

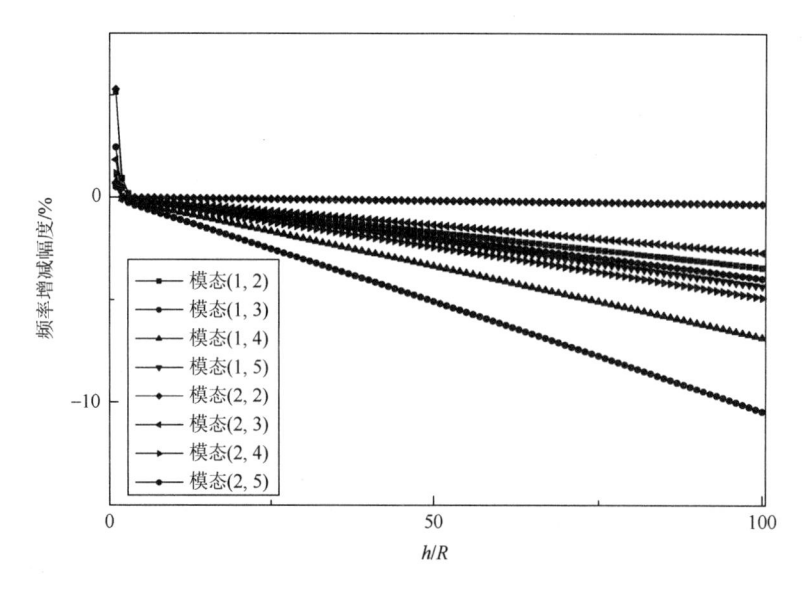

图 3.9　有限潜深状态圆柱壳模态频率增减幅度随潜深的变化曲线

下呈现增幅或减幅特性：当潜深相对较小（如 $h \leqslant 4R$）时，各阶模态下参数 γ 均为正值，此时自由液面和流体静压的综合效应使结构模态频率相应增大；当潜深相对较大（如 $h > 4R$）时，各阶模态下参数 γ 均为负值，此时自由液面和流体静压的综合效应将使结构模态频率相应减小。

不同潜深条件下参数 γ 的减小速率也不尽相同：当潜深相对较小（如 $h \leqslant 4R$）时，结构模态频率的减小速率相对较大；当潜深相对较大（如 $h > 4R$）时，结构模态频率的减小速率相对较小。据此可以猜测，在不同潜深条件下，导致水下圆柱壳的模态频率逐渐减小的主要影响因素发生了变化，后续将分别探讨自由液面和流体静压对水下圆柱壳模态频率特性的影响。

4. 自由液面对水下圆柱壳自由振动特性的影响

1）自由液面效应及其影响机理

为了探讨自由液面对水下圆柱壳自由振动特性的影响，本小节对比分析了考虑和忽略自由液面效应的有限潜深状态圆柱壳的模态频率特性，并与无限域中圆柱壳的模态频率进行对比分析，结果如图 3.10 所示。

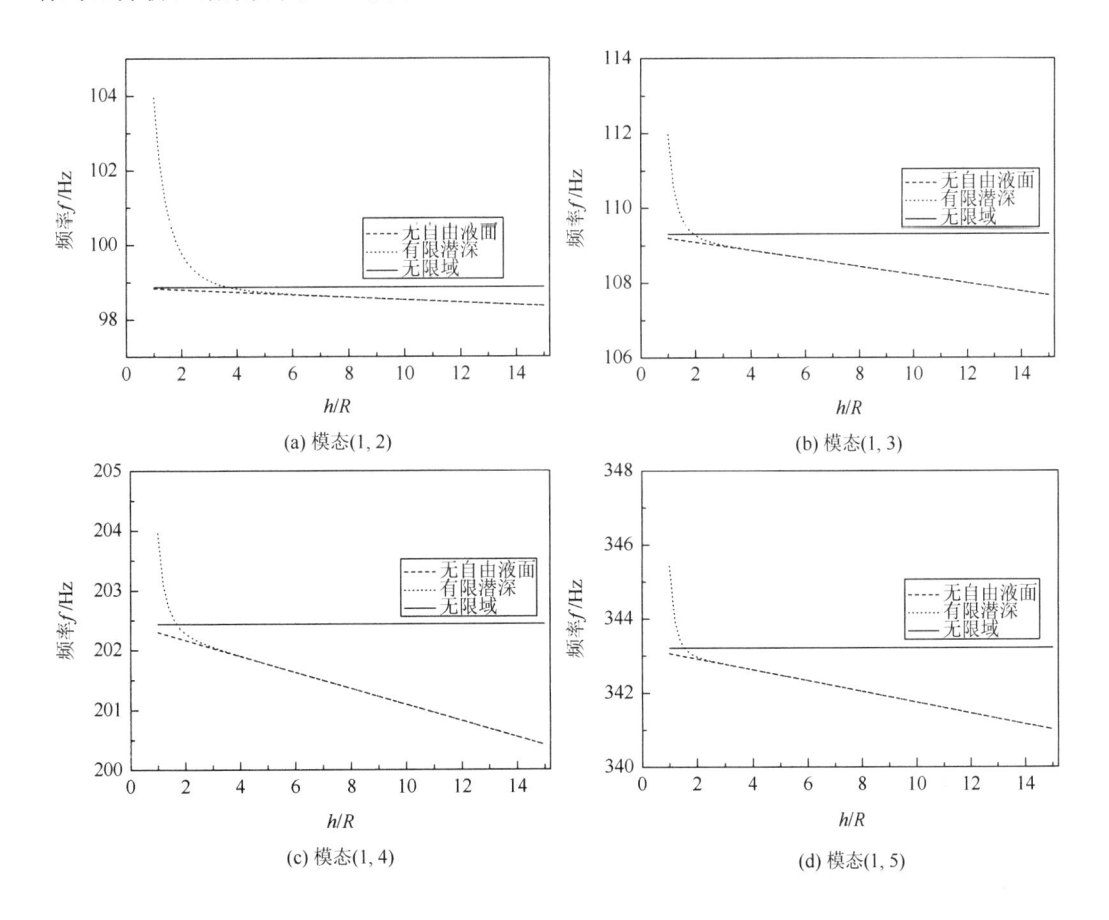

(a) 模态(1, 2)

(b) 模态(1, 3)

(c) 模态(1, 4)

(d) 模态(1, 5)

(e) 模态(2, 2)

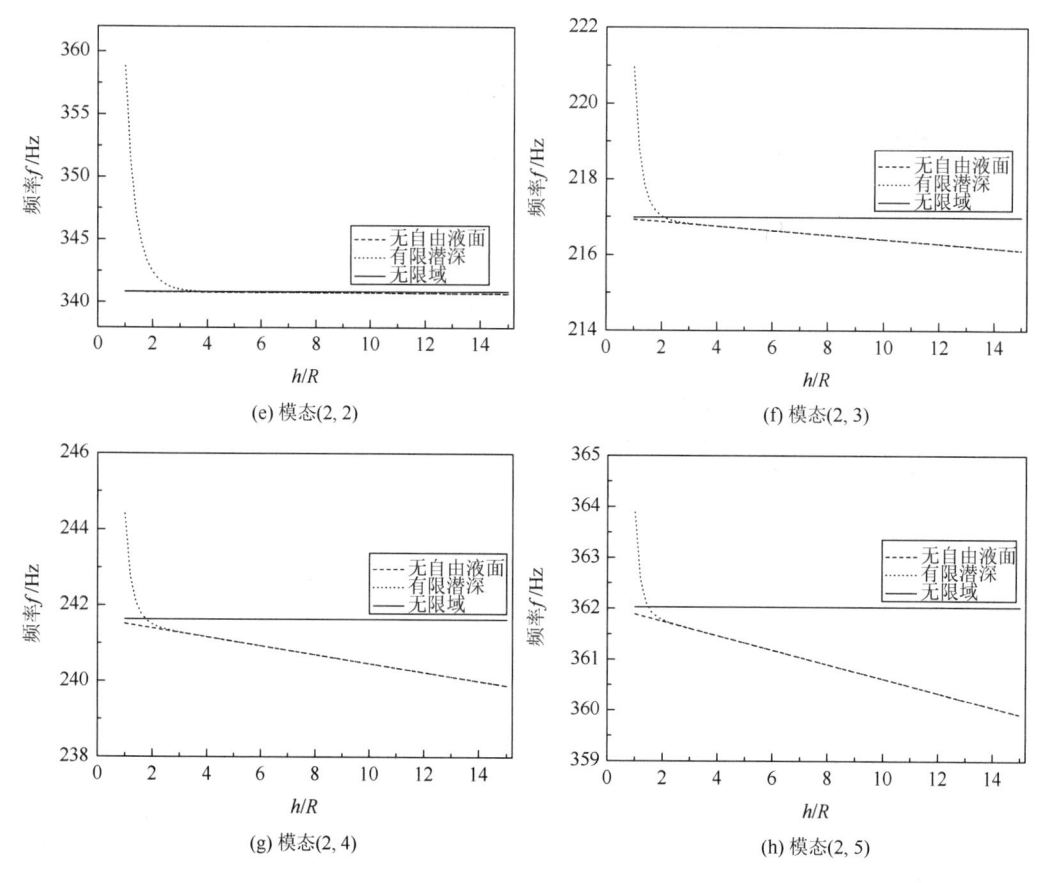

(f) 模态(2, 3)

(g) 模态(2, 4)

(h) 模态(2, 5)

图 3.10 自由液面对有限潜深状态圆柱壳模态频率的影响

从图 3.10 可以看出：当潜深较小时，计及自由液面效应的有限潜深状态圆柱壳的模态频率明显大于对应模态下忽略自由液面效应的结构模态频率，这说明自由液面的存在将使水下圆柱壳的模态频率相应增大；随着潜深的增大，考虑自由液面效应的有限潜深状态圆柱壳的模态频率逐渐减小并趋近于对应模态下忽略自由液面效应的有限潜深状态结构的模态频率，该现象说明自由液面的影响将随潜深的增大而逐渐减小并最终可以忽略。

本小节分析了有限潜深状态圆柱壳的模态附连水质量随潜深的变化规律，并与无限域中结构的模态附连水质量进行对比分析（结果如图 3.11 所示），以探究自由液面对水下圆柱壳模态频率的影响机理。

图 3.11 表明：有限潜深状态圆柱壳的各阶模态附连水质量大小均为正值；当潜深较小时，较无限域中结构的模态附连水质量而言，有限潜深状态圆柱壳的模态附连水质量相对较小，这将导致有限潜深状态圆柱壳的模态频率大于无限域中的同阶结构模态频率；随着潜深的增大，有限潜深状态圆柱壳的模态附连水质量逐渐增大并趋近于对应模态下无限域中结构的模态附连水质量，这说明有限潜深状态圆柱壳的模态频率将逐渐减小并趋近于无限域中圆柱壳的同阶模态频率。

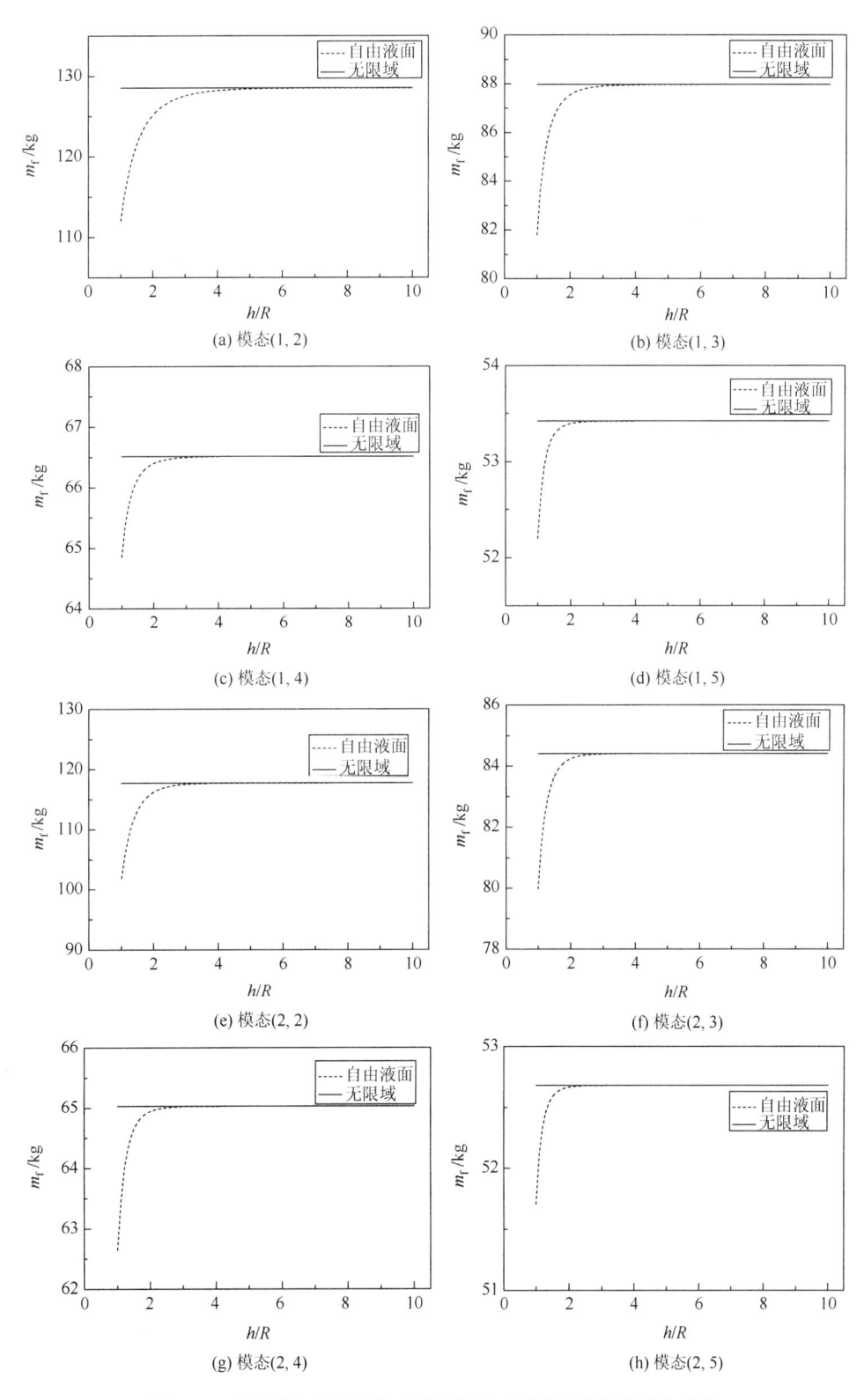

图 3.11 有限潜深状态圆柱壳模态附连水质量随潜深的变化曲线

为了更直观地了解自由液面对水下圆柱壳振动特性的影响,分析了由于自由液面的存在所引起的附加模态附连水质量随潜深的变化规律,如图 3.12 所示。

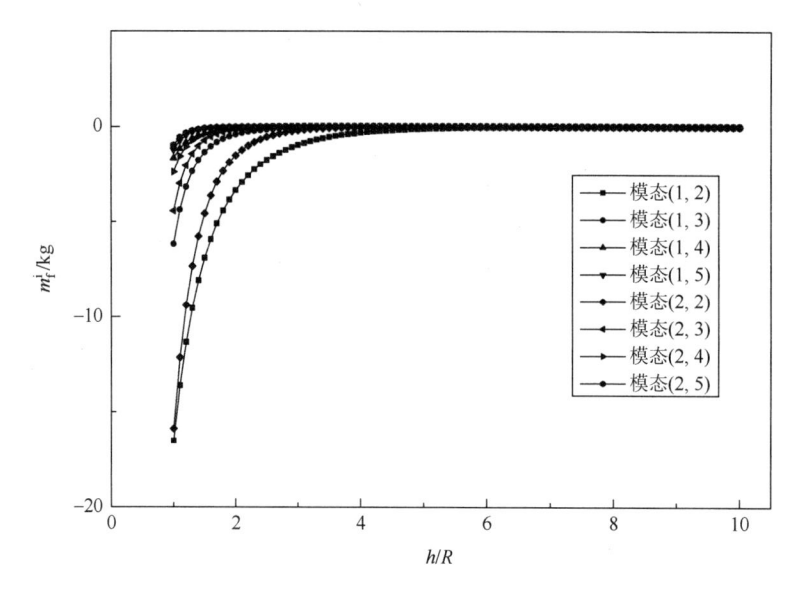

图 3.12 自由液面的存在所引起的附加模态附连水质量随潜深的变化规律

从图 3.12 可以看出:各阶模态下结构的附加模态附连水质量为负值。这说明,自由液面的存在将导致水下圆柱壳的模态附连水质量减小,最终导致结构的模态频率相应增大;当潜深较小时,附加模态附连水质量的绝对值相对较大,此时自由液面的影响相对显著;随着潜深的增大,各阶模态下结构的附加模态附连水质量均逐渐增大并趋近于 0,自由液面的影响将逐渐减小并最终可以忽略。

2) 自由液面影响范围

本小节将研究自由液面对水下圆柱壳自由振动特性的影响范围,分析有限潜深状态圆柱壳模态附连水质量比 m_f^i / m_f^r 随潜深比 h/R 的变化规律,结果如图 3.13 所示。

从图 3.13 可以看出:当潜深较小时,各阶模态下圆柱壳的模态附连水质量比值较大,例如,$h = R$ 工况下第(2, 2)阶模态附连水质量比的绝对值约为 15%,此时,自由液面引起的附加附连水质量 m_f^i 与声场-圆柱壳耦合作用产生的模态附连水质量 m_f^r(也可看作无限域中圆柱壳的模态附连水质量)在数值上较相近,因此自由液面的影响不可忽略;随着潜深的增大,模态附连水质量比 m_f^i / m_f^r 逐渐增大并趋近于 0;当潜深 $h \geqslant 4R$ 时,各低阶模态下圆柱壳的模态附连水质量比 m_f^i / m_f^r 均已小于 1%,此时,较无限域中圆柱壳的模态附连水质量 m_f^r 而言,自由液面引起的附加模态附连水质量 m_f^i 是一个小量,因此自由液面的影响可以忽略。

为了得到关于自由液面作用范围更为普遍的规律,这里选择模态附连水质量比 m_f^i / m_f^r 作为评价参数,基于控制变量方法对壳体几何参数展开参数化分析。

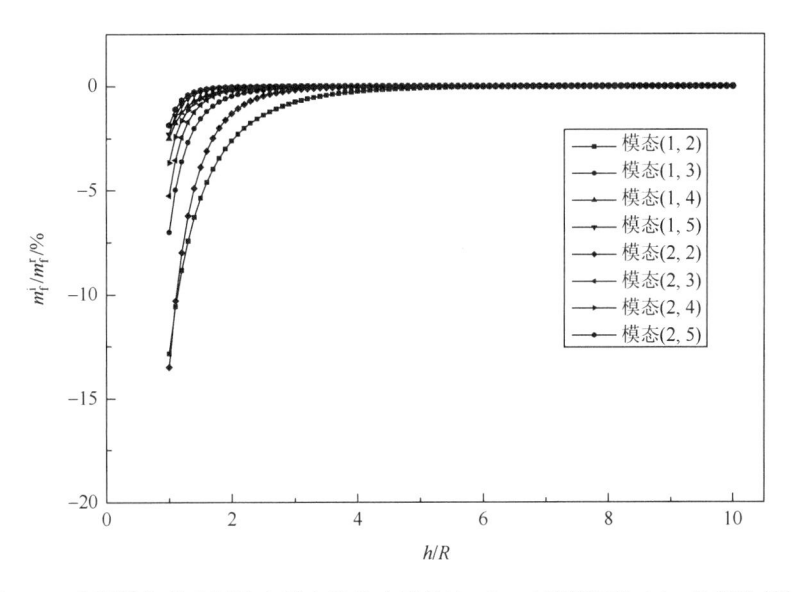

图 3.13 有限潜深状态圆柱壳模态附连水质量比 m_f^i / m_f^r 随潜深比 h/R 的变化规律

首先，探讨壳体长度对自由液面作用范围的影响。壳体长度 L 分别为 1.284 m、1.8 m、2.4 m 时，有限潜深状态圆柱壳模态频率随潜深的变化曲线如图 3.14 所示。

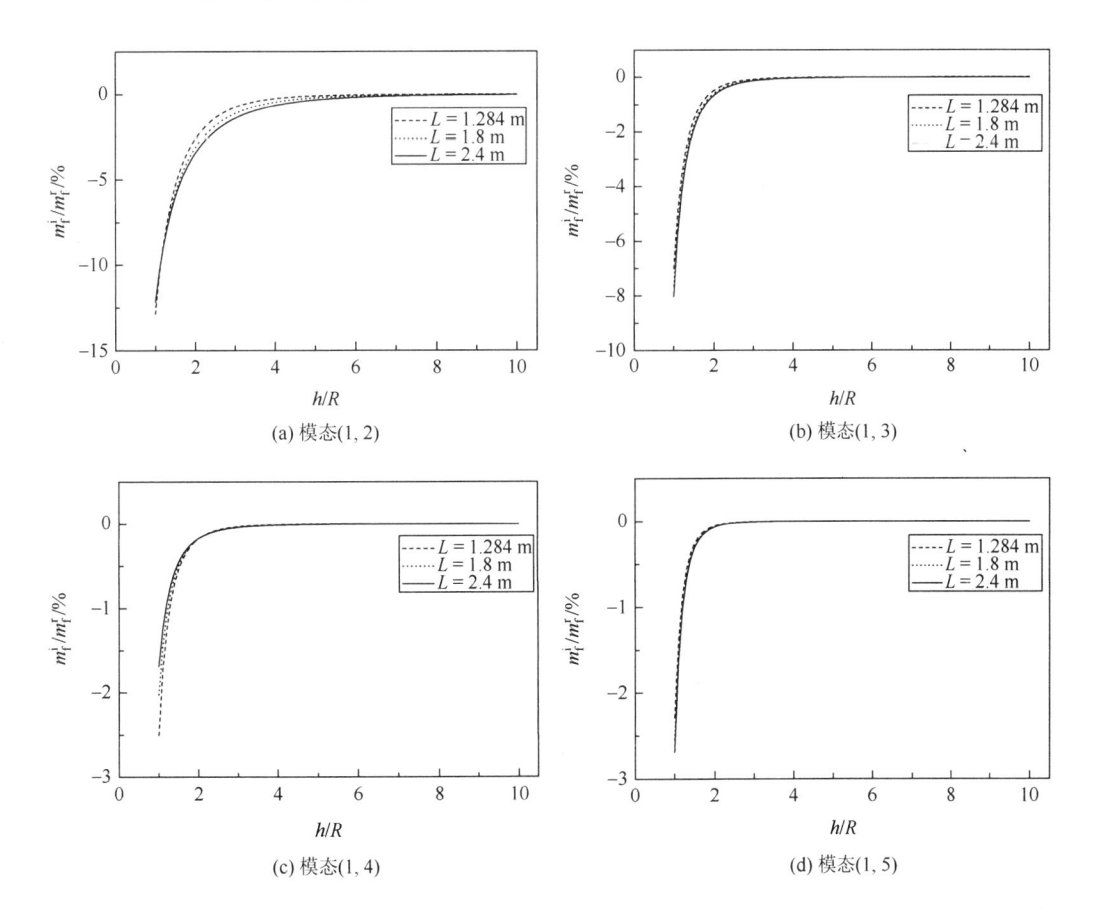

(a) 模态(1, 2)

(b) 模态(1, 3)

(c) 模态(1, 4)

(d) 模态(1, 5)

(e) 模态(2, 2)　　　　　　　　　　　　(f) 模态(2, 3)

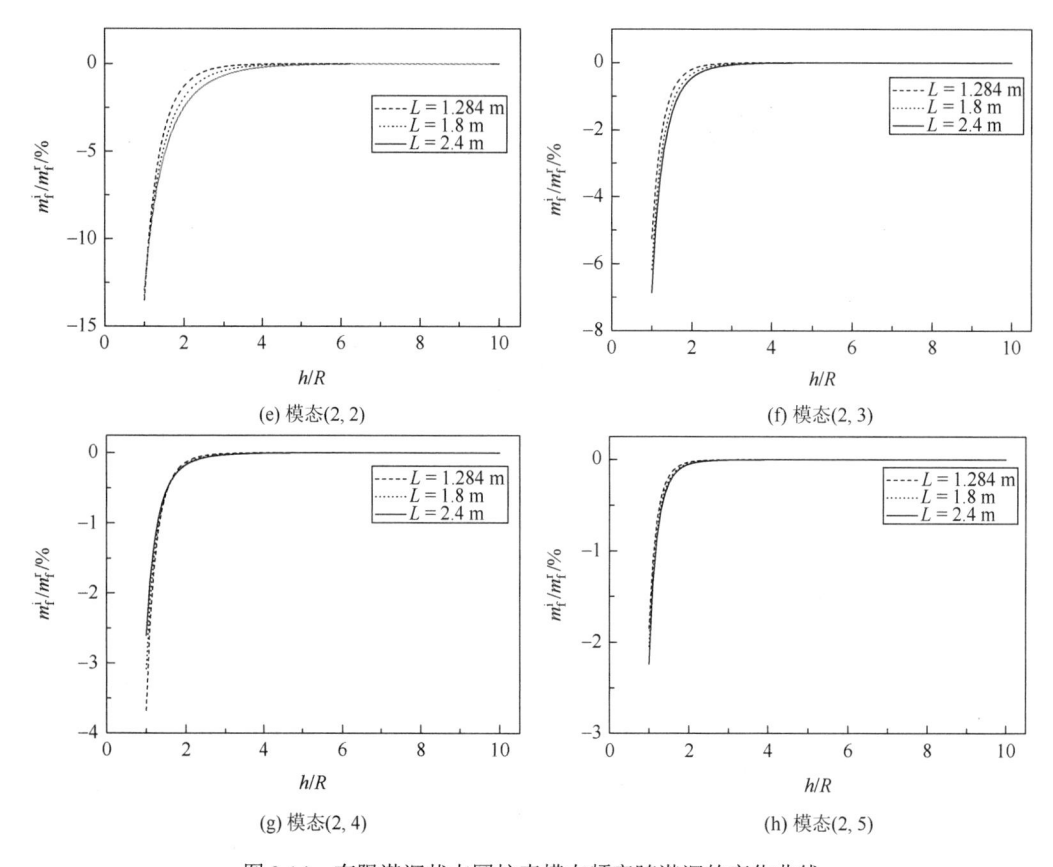

(g) 模态(2, 4)　　　　　　　　　　　　(h) 模态(2, 5)

图 3.14　有限潜深状态圆柱壳模态频率随潜深的变化曲线

当潜深较小时，不同壳体长度条件下有限潜深状态圆柱壳的模态附连水质量比 m_f^i / m_f^r 之间的差异相对明显，但不同阶模态下的质量比偏差量则大小不一，例如，模态(1, 2)条件下不同壳体长度的模态质量比差异较明显，而模态(1, 5)条件下的不同壳体长度结构的模态附连水质量的差异则相对较小。随着潜深的增大，不同壳体长度条件下有限潜深状态圆柱壳的模态附连水质量比 m_f^i / m_f^r 均逐渐增大并趋近于 0。当潜深 $h \geqslant 4R$ 时，各低阶模态下不同壳体长度的结构模态附连水质量比的绝对值均已小于 1%，此时自由液面的影响可以忽略。

然后，研究壳体半径对自由液面影响范围的影响，当 R 为 0.15 m、0.18 m、0.21 m 时，有限潜深状态圆柱壳的模态附连水质量比 m_f^i / m_f^r 随潜深的变化曲线如图 3.15 所示。

从图 3.15 看出：当潜深相对较小时，壳体半径的改变所造成的有限潜深状态圆柱壳模态附连水质量比的变化相对明显；随着潜深的增大，不同壳体半径条件下有限潜深状态圆柱壳的模态附连水质量比均逐渐增大并趋近于 0；当潜深 $h \geqslant 4R$ 时，不同壳体半径条件下有限潜深状态圆柱壳的各低阶模态附连水质量比的绝对值均已小于 1%。此时，自由液面的影响可以忽略。

综上所述，当潜深大于 4 倍壳体半径时，自由液面对水下圆柱壳低阶模态频率特性的影响可以忽略。

(a) 模态(1, 2)

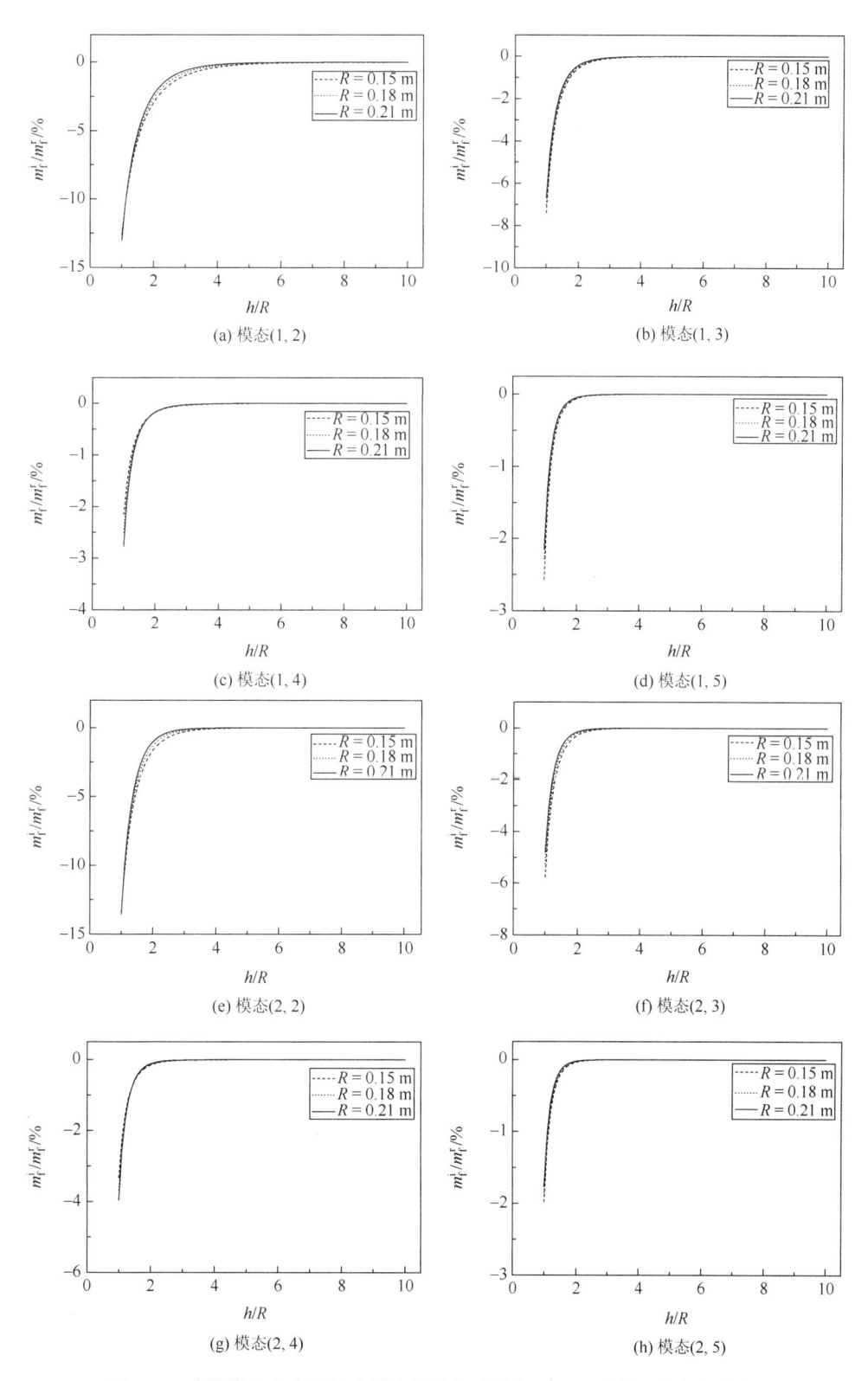

(b) 模态(1, 3)

(c) 模态(1, 4)

(d) 模态(1, 5)

(e) 模态(2, 2)

(f) 模态(2, 3)

(g) 模态(2, 4)

(h) 模态(2, 5)

图 3.15 有限潜深状态圆柱壳模态附连水质量比 m_f^i / m_f^r 随潜深的变化曲线

5. 流体静压对水下圆柱壳自由振动特性的影响

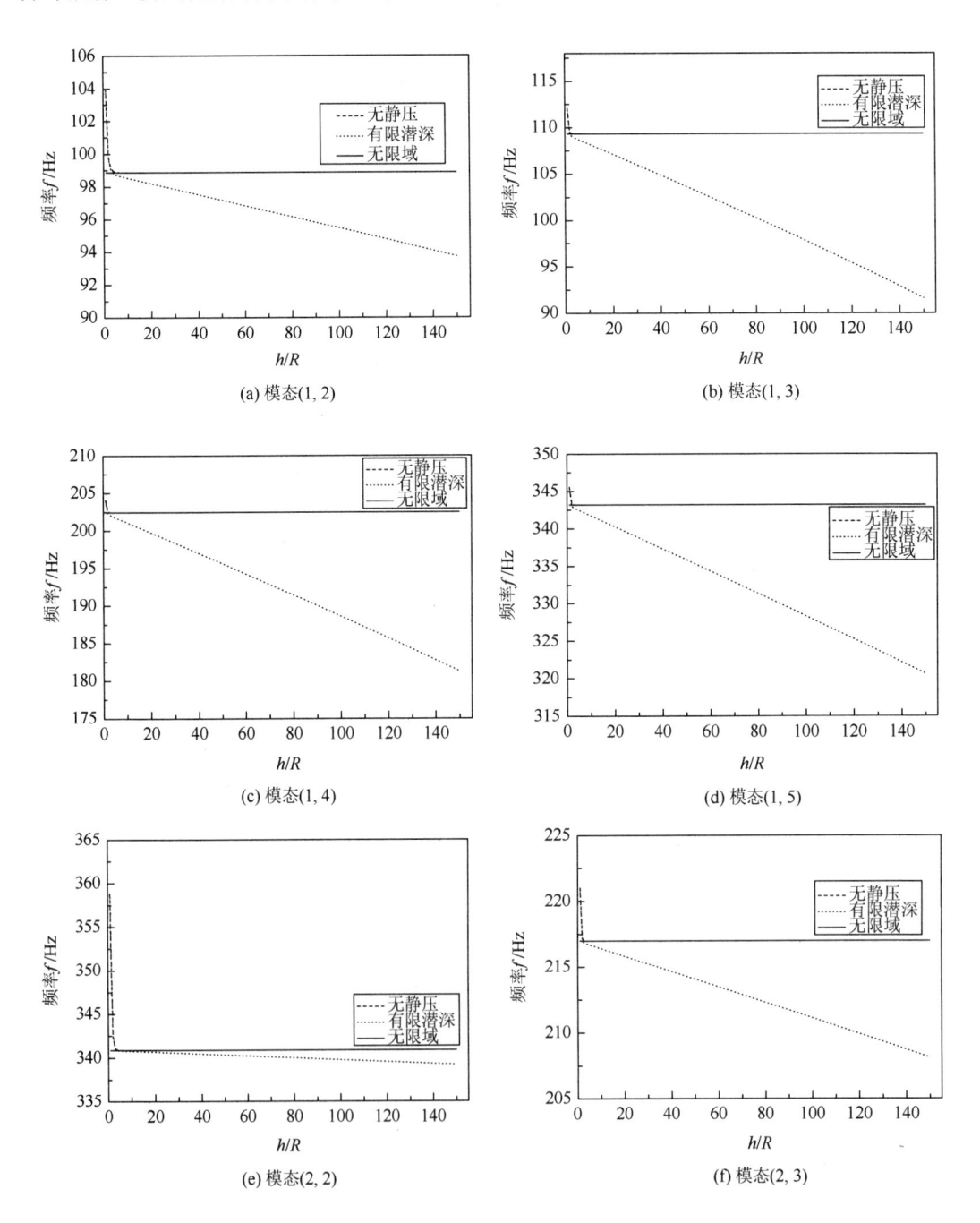

本小节对比分析是否考虑流体静压效应的有限潜深状态圆柱壳的模态频率随潜深的分布规律，并与无限域中圆柱壳的模态频率进行对比分析，结果如图 3.16 所示。

(a) 模态(1, 2)

(b) 模态(1, 3)

(c) 模态(1, 4)

(d) 模态(1, 5)

(e) 模态(2, 2)

(f) 模态(2, 3)

(g) 模态(2, 4)　　　　　　　　　　　　　(h) 模态(2, 5)

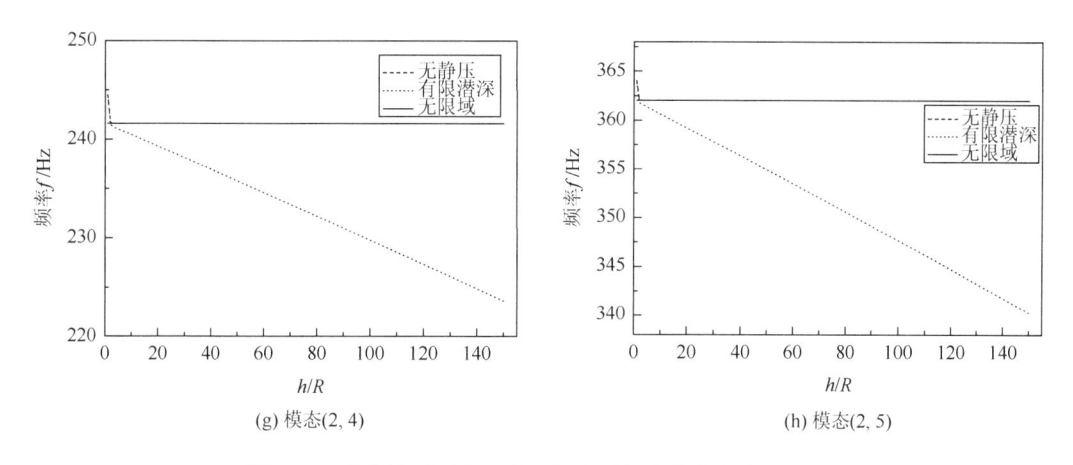

图 3.16　流体静压对有限潜深状态圆柱壳模态频率的影响

从图 3.16 可以看出：当潜深相对较小时，考虑和忽略流体静压的有限潜深状态圆柱壳的模态频率几乎重合，此时流体静压对结构模态频率特性的影响较小，可以忽略；随着潜深的增大，考虑和忽略流体静压的有限潜深状态圆柱壳的模态频率均逐渐减小，具体而言，忽略流体静压的有限潜深状态圆柱壳的模态频率将逐渐趋近于对应模态下无限域中结构的模态频率，而考虑流体静压的有限潜深状态圆柱壳的模态频率则持续减小，这说明计及流体静压效应将导致水下圆柱壳模态频率相应减小，且流体静压对结构模态频率特性的影响将随着潜深的增大而越来越显著。

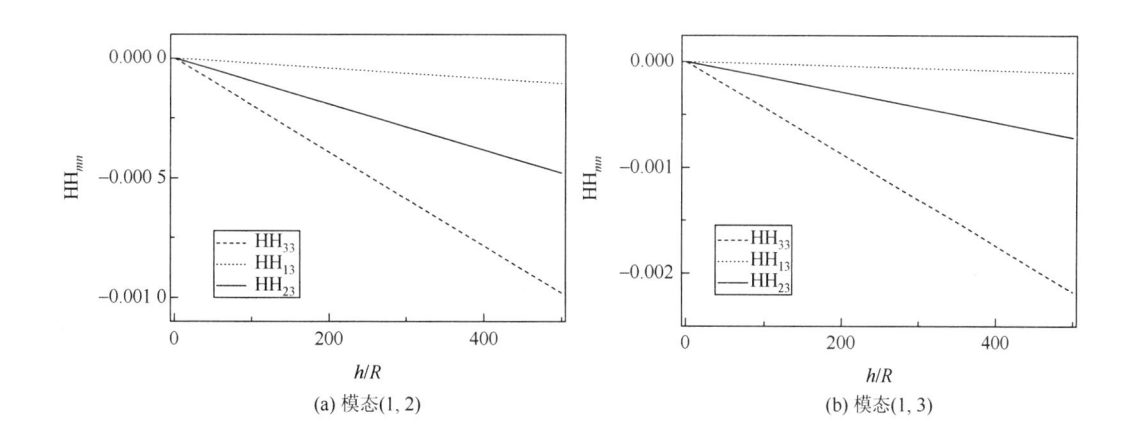

基于模态附连水质量理论，揭示了流体静压对水下圆柱壳模态频率的影响机理。圆柱壳的弯曲振动与壳体的径向振动响应密切相关，因此，刚度矩阵 **H** 和 **HH** 中与壳体径向振动位移密切相关的元素 H_{13}、H_{23}、H_{33}、HH_{13}、HH_{23} 和 HH_{33} 能表征结构的"弯曲刚度"。为了分析流体静压对水下圆柱壳振动特性的影响机理，对比分析了附加弯曲刚度矩阵元素 HH_{13}、HH_{23} 和 HH_{33} 随潜深的变化规律，结果如图 3.17 所示。

(a) 模态(1, 2)　　　　　　　　　　　　　(b) 模态(1, 3)

(c) 模态(1, 4)

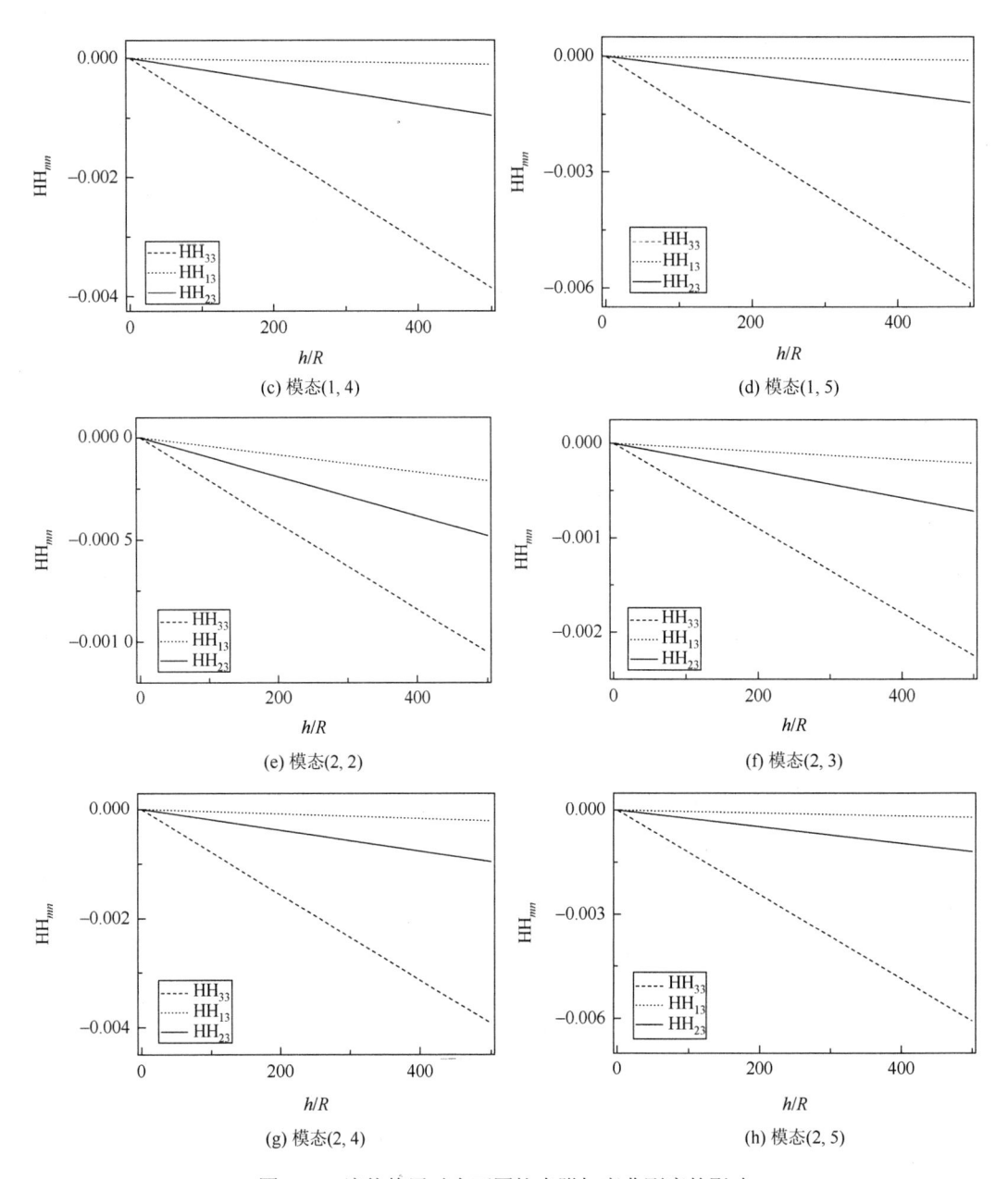

(d) 模态(1, 5)

(e) 模态(2, 2)

(f) 模态(2, 3)

(g) 模态(2, 4)

(h) 模态(2, 5)

图 3.17 流体静压对水下圆柱壳附加弯曲刚度的影响

从图 3.17 可以看出，各阶模态下附加弯曲刚度矩阵元素均为负值，且元素的绝对值均随潜深的增大而逐渐增大。上述现象表明，计及流体静压将致使流场-圆柱壳耦合系统的"弯曲刚度"减小，最终导致结构模态频率相应减小，且随着潜深的增大，流体静压的影响逐渐增大。随着潜深的增大，水下圆柱壳所承受的流体静压逐渐增大，这将导致结构的模态频率逐渐减小。当水下圆柱壳基频减小到 0 时，圆柱壳失稳。此理论分析方法用来预报有限潜深状态圆柱壳的临界失稳载荷的内容见 3.2.4 小节。

3.7.2 输入能量流特性

1. 声场-圆柱壳耦合模型参数

本小节选取的声场-圆柱壳耦合模型的参数见表 2.1，激励力幅值为 1。此外，在计算圆柱壳的受迫振动响应时，圆柱壳的轴向和周向模态均取 20 阶进行计算，结构阻尼为 $\eta = 0.02$，并以复弹性模量的形式体现，$E' = E(1+\eta\mathrm{i})$。

2. 理论计算结果收敛性分析

计算流体声载荷项 FL 时，要对下标 a 进行无穷项求和，在数值计算中需要对此进行截断处理，这会引入截断误差。因此，有必要对理论计算结果展开收敛性分析。假设下标 a 的最大取值为 A，即 $a = 0,1,2,\cdots,A$，圆柱壳的潜深为 $h = 0.19\,\mathrm{m}$，点 $(r = R, \theta = \pi, z = 0)$ 处的壳体径向振动位移级随参数 A 的变化规律如图 3.18 所示。

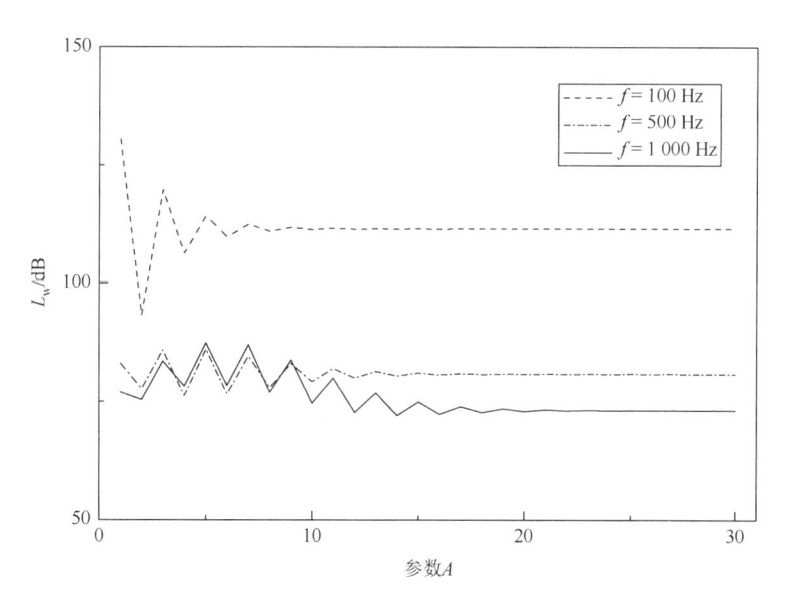

图 3.18　$h = 0.19\,\mathrm{m}$ 工况下圆柱壳径向振动位移级随参数 A 的变化规律

当参数 A 较小时，圆柱壳的径向振动位移级不稳定，且随截断项数的改变而剧烈波动。随着参数 A 的增大，圆柱壳的径向振动位移级逐渐趋于稳定。当参数 $A \geqslant 20$ 时，各激励频率下有限潜深状态圆柱壳的径向振动位移级均已收敛。因此，在后续数值计算过程中，取参数 $A = 20$。

3. 理论方法验证

为了验证理论分析方法的正确性，本小节使用有限元软件 Patran/Nastran 对有限潜深状态圆柱壳的振动响应展开仿真研究。在 Patran/Nastran 软件中，通过将流-固交界面内的结构单元定义为湿单元,可以将流体对结构振动特性的影响等效为附加质量,而自由液面的影响可以通过在程序计算命令中设置结构潜深来考虑。在圆柱壳的轴向和周向分别划分 60 个和 40 个单元,并在壳体表面施加幅值为 1N 的点激励力,有限潜深状态圆柱壳的有限元模型如图 3.19 所示。选取 $h = 0.5$ m 工况下点($r = R$,$\theta = \pi$,$z = L/4$)处壳体径向振动位移级作为评价参数,理论计算结果与有限元仿真结果的对比分析如图 3.20 所示。

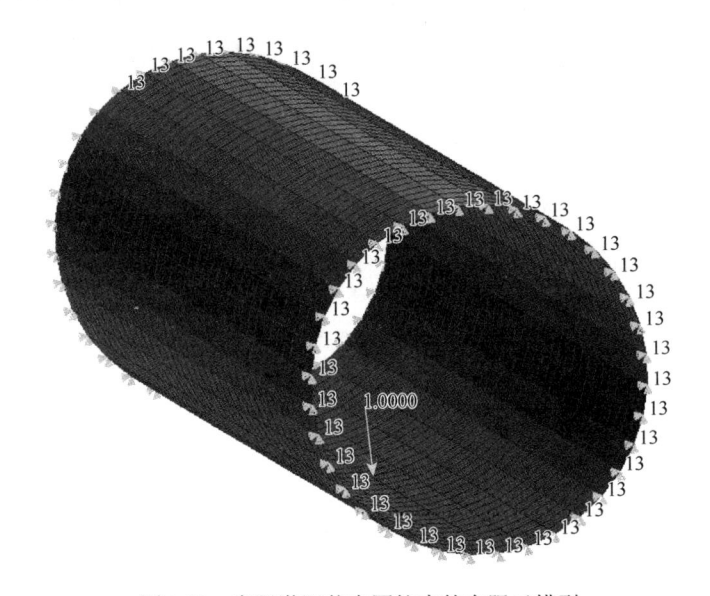

图 3.19 有限潜深状态圆柱壳的有限元模型

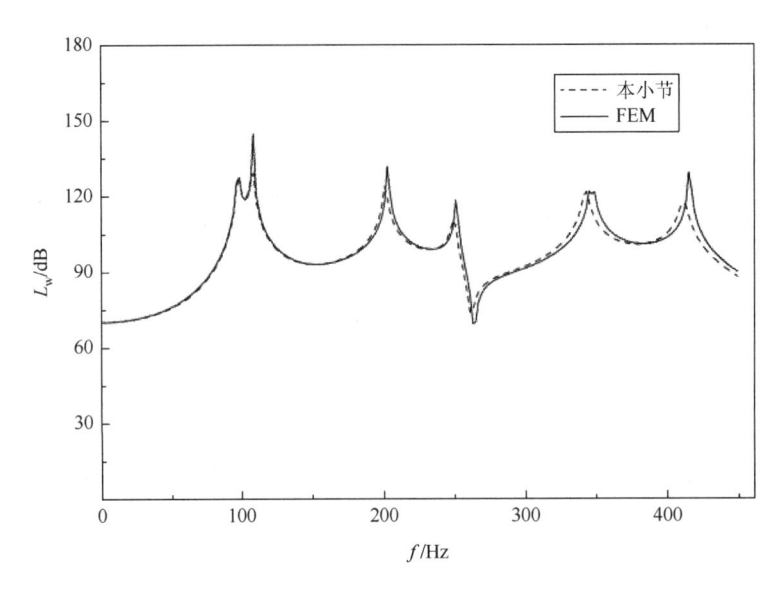

图 3.20 壳体径向振动位移的对比分析

结果表明,理论计算的壳体径向振动位移级与有限元仿真结果整体吻合良好,说明本小节提出的分析有限潜深状态有限长圆柱壳受迫振动特性的理论方法是正确的。

4. 自由液面对水下圆柱壳输入能量流特性的影响

在分析自由液面对水下圆柱壳受迫振动特性的影响规律时，首先忽略流体静压的影响，分析 h 为 0.2 m、0.3 m 和 0.5 m 工况下圆柱壳输入能量流的频谱分布规律，并与无限域中圆柱壳的输入能量流进行对比分析，结果如图 3.21 所示。

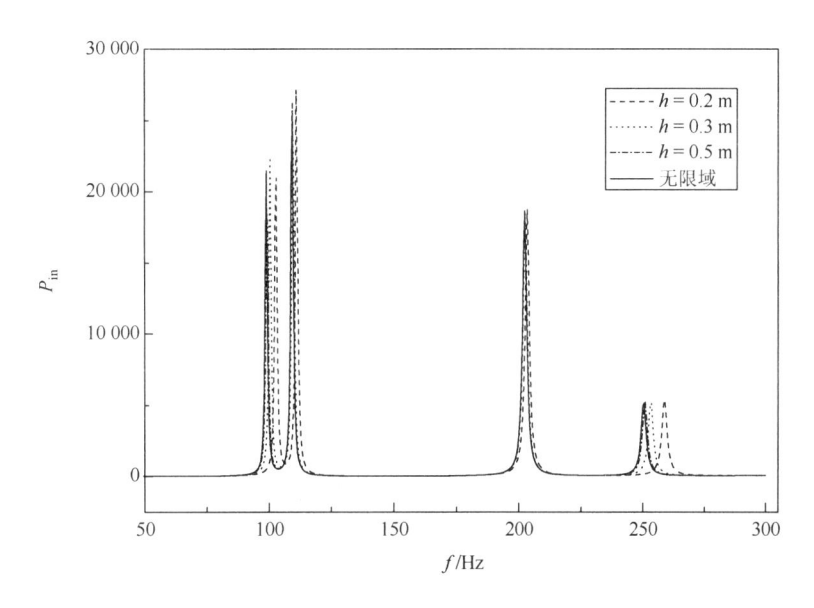

图 3.21 自由液面对水下圆柱壳输入能量流特性的影响

有限潜深状态和无限域中圆柱壳输入能量流的频谱分布规律比较相似，均存在传播域和衰减域：在传播域内（即固有频率附近频段），水下圆柱壳的输入能量流明显增大，此时外激励力向结构传播能量的能力较强；在衰减域内，水下圆柱壳的输入能量流相对较小，此时外激励力向结构传播能量的能力相对较弱。此外，有限潜深状态和无限域中圆柱壳的输入能量流也存在一些明显的差异，较无限域中圆柱壳的输入能量流而言，有限潜深状态圆柱壳输入能量流曲线的共振频率明显向高频偏移。例如，$h = 0.2$ m 工况下结构的第四阶共振频率向高频偏移了约 9 Hz；随着潜深的增大，有限潜深状态圆柱壳输入能量流曲线的共振频率相应地向低频偏移并逐渐趋近于无限域中结构的共振频率。

上述现象表明，自由液面的存在将导致水下圆柱壳的共振频率相应增大，且随着潜深的增大，自由液面的影响逐渐减小并最终可以忽略。该规律可以用模态附连水质量理论解释：自由液面的存在将产生负值的附加模态附连水质量，导致结构的模态附连水质量相应减小，最终使结构的模态频率或共振频率相应增大；随着潜深的增大，自由液面对模态附连水质量的贡献逐渐减小，因此自由液面的影响也逐渐减小。

由式（3.28）可知，自由液面对水下圆柱壳受迫振动特性的影响可以用反射声阻抗 Z_{mn}^i 表示。为了分析自由液面对水下圆柱壳受迫振动特性的影响范围，本小节研究了辐射阻抗比 Z_{mn}^i / Z_{mn}^r 随潜深比 h/R 的变化规律，结果如图 3.22 所示。

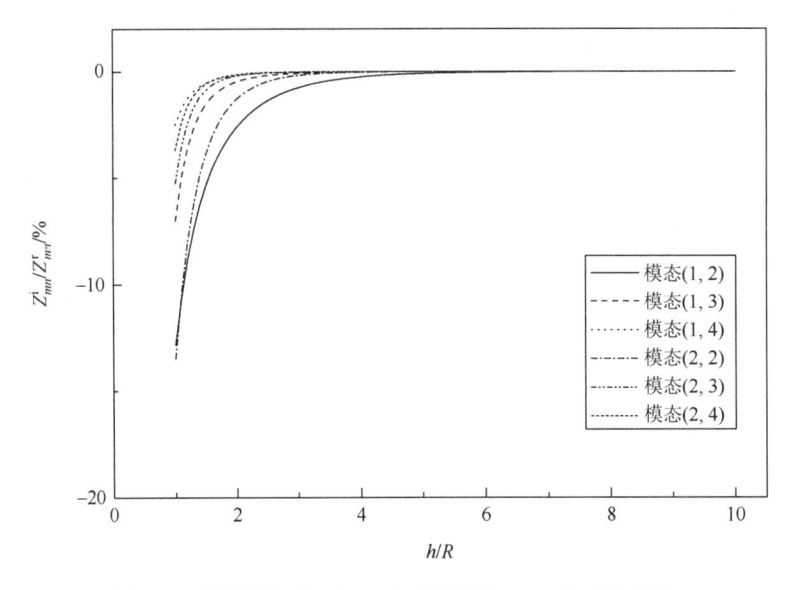

图 3.22 辐射阻抗比 Z_{mn}^i / Z_{mn}^r 随潜深比 h/R 的变化规律

研究表明[11]，较真空中圆柱壳的振动特性而言，声场-圆柱壳的耦合作用将产生流体声载荷项（与辐射声阻抗 Z_{mn}^r 成正比），并导致无限域中圆柱壳的模态频率或共振频率相应大幅度减小。从图 3.22 可以看出：各阶模态下有限潜深状态圆柱壳的辐射阻抗比均为负值，这说明自由液面的存在将削弱流体对结构振动特性的影响，最终致使结构模态频率或共振频率相应增大；当潜深较小时，结构各阶辐射阻抗比值均相对较大，此时，反射声阻抗 Z_{mn}^i 与辐射声阻抗 Z_{mn}^r 在数值上相近，因此自由液面对结构模态频率或共振频率的影响不可忽略；随着潜深的增大，结构辐射阻抗比逐渐增大并趋于 0，当 $h \geqslant 4R$ 时，各低阶模态下结构的辐射阻抗比值均已小于 1%。此时，较辐射声位移阻抗而言，反射声位移阻抗是一个小量，因此自由液面对结构模态频率或共振频率的影响可以忽略。

前面基于反射声阻抗对自由液面的影响从数学角度进行了分析，还可采用声波衰减理论从物理角度对自由液面效应的衰减进行解释：当分析流体对水下圆柱壳振动特性的影响时，主要关注作用在结构外表面上的流体声压（即结构本体和虚源的辐射声压的总和），其中虚源辐射声压可以反映自由液面边界的影响；在圆柱壳的外表面处，结构辐射声波的传播距离为 $r = R$，而虚源辐射声波经过 r' 的传输距离后作用在结构表面；随着潜深的增大，结构辐射声波的传输距离不变，而虚源辐射声波的传输距离 r' 逐渐增大，虚源辐射声波的衰减效应也越来越明显，因此，自由液面效应逐渐减弱并最终可以忽略。

5. 流体静压对水下圆柱壳输入能量流特性的影响

由前面的分析可知，当潜深较大（如 $h \geqslant 4R$）时，自由液面对有限潜深状态圆柱壳输入能量流特性的影响可以忽略，此时结构的输入能量流特性主要受流体静压的影响。为了研究流体静压对水下圆柱壳输入能量流特性的影响，对比分析了 h 为 $50R$（$p_0 = 0.09$ MPa）、$100R$（$p_0 = 0.18$ MPa）和 $200R$（$p_0 = 0.36$ MPa）工况下圆柱壳输入能量流的频谱分布规律，并给出了无限域中结构的输入能量流做对比分析，结果如图 3.23 所示。

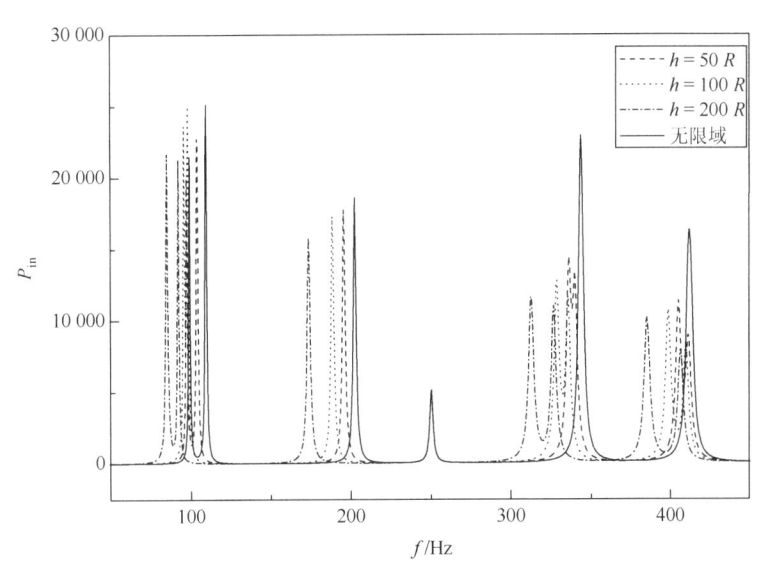

图 3.23 流体静压对有限潜深状态圆柱壳输入能量流特性的影响

当潜深相对较大时，相较于无限域中圆柱壳的输入能量流，有限潜深状态圆柱壳输入能量流曲线的共振频率明显地向低频偏移，这说明流体静压的存在将导致水下圆柱壳的共振频率相应减小。随着潜深的增大，流体静压同比增大，水下圆柱壳输入能量流特性曲线的共振频率逐渐向低频偏移。上述现象可以采用模态附连水质量理论解释：流体静压的存在使得水下圆柱壳的"等效弯曲刚度"减小，最终导致水下结构的模态频率或共振频率相应减小；随着潜深的增大，流体静压同比增大，流体静压对水下结构输入能量流特性的影响加剧，致使结构输入能量流特性曲线的共振频率持续地向低频偏移。

3.7.3 声辐射特性

1. 数值模型参数

采用的声场-圆柱壳耦合模型的参数见表 2.1。对于远场观测点，$R_0 = 1\,000$ m，$\varphi = \pi/2$。

2. 计算结果收敛性分析

由式（3.52）可知，求解有限潜深状态有限长圆柱壳的远场辐射声压时，需要采用截断措施来处理对下标 a 的无穷级数求和，这可能会引入截断误差。因此，有必要对理论计算结果进行收敛性分析。令下标 a 的最大取值为 A，即 $a = 1, 2, \cdots, A$。本小节分析了 $h = 0.2$ m 工况下外激励频率 f 分别为 1 000 Hz、3 000 Hz 和 5 000 Hz 时圆柱壳的远场辐射声压级（$\theta = 0$）随参数 A 的变化规律，结果如图 3.24 所示。

从图 3.24 可以看出：当参数 A 相对较小时，理论计算的有限潜深状态圆柱壳的远场辐射声压级不稳定；随着参数 A 的增大，结构的远场辐射声压级逐渐趋于稳定；当参数 $A \geq 20$ 时，各激励频率下有限潜深状态圆柱壳的远场辐射声压级均已收敛。因此，在后续分析过程中，取参数 $A = 20$。

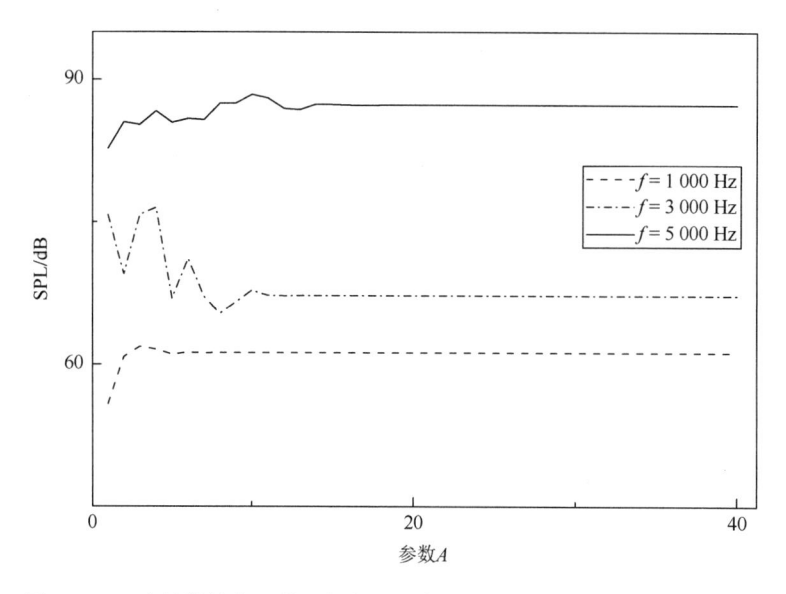

图 3.24 理论计算的有限潜深状态圆柱壳的远场辐射声压级的收敛性分析

3. 方法验证

为了验证本书所提出的预报有限潜深状态有限长圆柱壳远场辐射声压的理论方法的正确性，将理论计算结果与基于边界元法（boundary element method，BEM）[133]的预报结果进行对比分析。选取外激励频率为 $f = 200$ Hz 条件下的工况 $h = 0.5$ m 进行计算，有限潜深状态圆柱壳远场辐射声压的理论值与边界元计算结果的对比分析如图 3.25 所示。在采用边界元法进行计算时，圆柱壳结构的振动响应由式（3.28）得到。

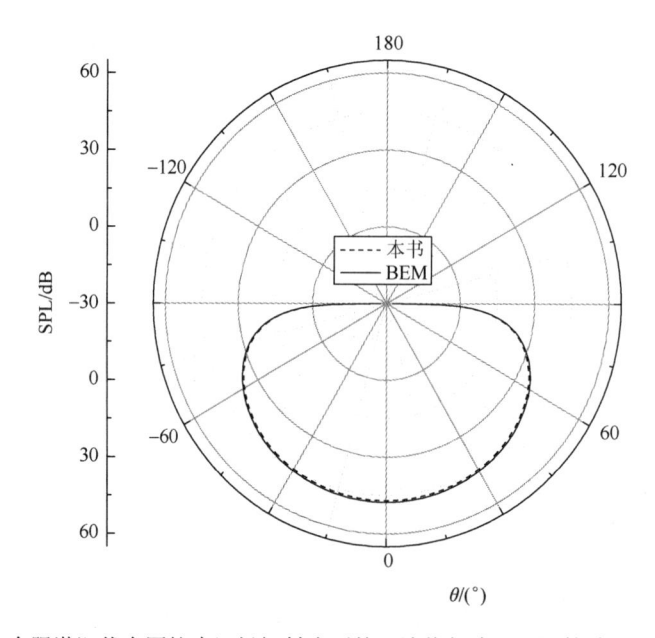

图 3.25 有限潜深状态圆柱壳远场辐射声压的理论值与边界元计算结果的对比分析

从图 3.25 可以看出，理论预测的有限潜深状态圆柱壳的远场辐射声压与边界元法计算结果整体吻合良好。因此，本书提出的预报有限潜深状态圆柱壳的远场辐射声压的理论方法是正确的。

4. 圆柱壳在有限潜深时的辐射声功率特性

首先分析自由液面对水下圆柱壳辐射声功率特性的影响。本小节分析 h 为 0.2 m、0.3 m、0.5 m 不同工况下圆柱壳辐射声功率的频谱分布规律，并与无限域中结构的辐射声功率特性进行对比分析，结果如图 3.26 所示。

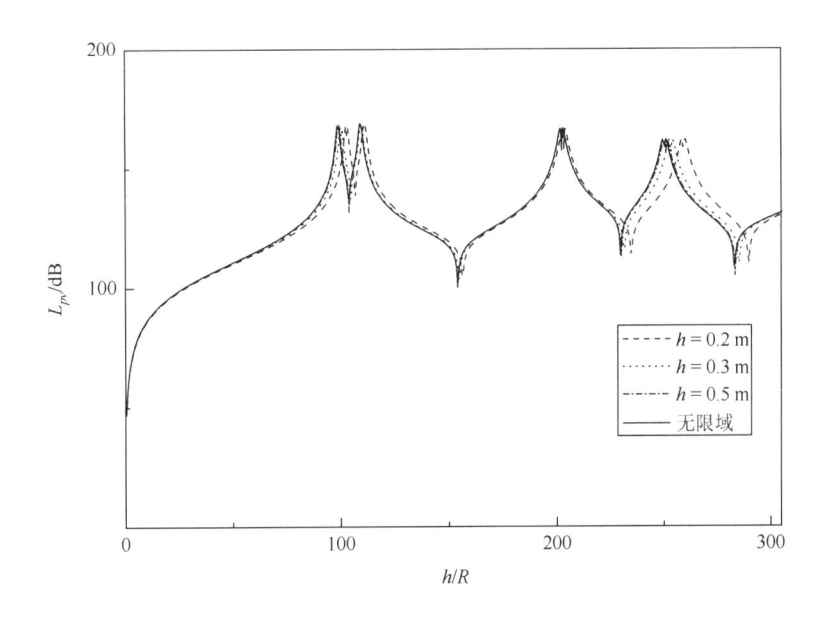

图 3.26 自由液面对水下圆柱壳辐射声功率特性的影响

从图 3.26 可以看出，有限潜深状态圆柱壳的辐射声功率的频谱分布特性与无限域中结构辐射声功率特性较为类似，均存在通带和止带：在通带（即共振频率附近频段），结构的辐射声功率明显较大，此时结构向外流场辐射能量的能力相对较强；在止带，结构的辐射声功率相对较小，此时结构向外流场辐射能量的能力相对较弱。

此外，可以采用辐射声位移阻抗比 Z_{mn}^{i}/Z_{mn}^{r} 来分析自由液面对水下圆柱壳辐射声功率特性的影响范围。由图 3.22 可知：随着潜深的增大，水下圆柱壳的各阶辐射阻抗比 Z_{mn}^{i}/Z_{mn}^{r} 均逐渐减小并趋于 0；当潜深 $h \geqslant 4R$ 时，各低阶模态下辐射阻抗比 Z_{mn}^{i}/Z_{mn}^{r} 均已小于 1%，此时，自由液面的影响可以忽略。

随后研究流体静压对有限潜深状态圆柱壳近场声辐射性能的影响，对比分析 h 为 $50R$（$p_0 = 0.09$ MPa）、$100R$（$p_0 = 0.18$ MPa）和 $200R$（$p_0 = 0.36$ MPa）工况下圆柱壳辐射声功率的频谱分布曲线，并与无限域中结构的辐射声功率特性进行对比分析，结果如图 3.27 所示。

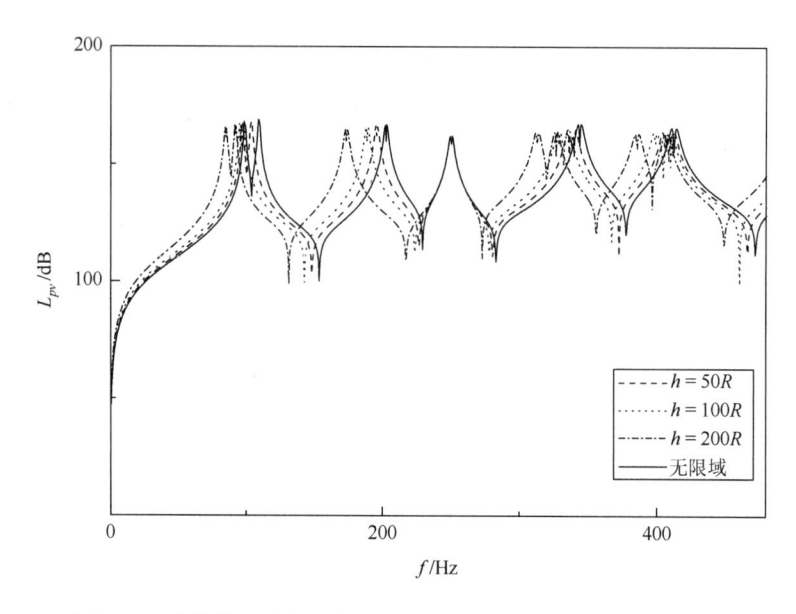

图 3.27 流体静压对有限潜深状态圆柱壳辐射声功率特性的影响

从图 3.27 可以看出：较无限域中圆柱壳的辐射声功率特性而言，有限潜深状态圆柱壳的辐射声功率特性曲线的共振频率相应地向低频率偏移；随着潜深的增大，流体静压逐渐增大，结构的共振频率持续向低频率偏移。同样可以采用模态附连水质量理论来解释上述现象。

此外，水下圆柱壳辐射声功率特性曲线的不同阶共振频率受流体静压的影响程度不尽相同，例如，较无限域中结构的辐射声功率特性而言，$h = 100R$（流体静压为 $p_0 = 0.18\text{ MPa}$）工况下圆柱壳的辐射声功率曲线的第三阶共振频率向低频偏移了约 8 Hz，而第四阶共振频率则几乎没有偏移。

5. 圆柱壳在有限潜深时的远场辐射声压特性

1）自由液面对水下圆柱壳远场辐射声压的影响

（1）自由液面的影响。为了探究自由液面对水下圆柱壳远场辐射声压的影响，忽略流体静压的影响，分析潜深 h 为 $4R$、$20R$ 和 $50R$ 工况下圆柱壳远场辐射声压的周向分布特性，并与无限域中结构的远场辐射声压特性进行对比分析，结果如图 3.28 所示。

从图 3.28 可以看出：较无限域中结构的远场辐射声压的周向分布特性而言，自由液面的存在将水下圆柱壳远场辐射声压的周向分布限制在 $\theta \in [-\pi/2, \pi/2]$ 范围内；有限潜深状态圆柱壳的远场辐射声压围绕无限域中结构的远场辐射声压上下波动；在相同潜深条件下，随着激励频率的增大，水下圆柱壳远场辐射声压的周向分布曲线的分瓣逐渐增多，这是因为随着激励频率的增大，结构辐射声波的波长减小，声波的波动性增强；当激励频率一定时，随着潜深的增大，有限潜深状态圆柱壳的远场辐射声压的周向分布曲线的分瓣增多。上述现象可以用声波的干涉现象来解释：当激励频率和距离 h 较大时，结构辐射声波的波长相对较小，传播至远场点处的实源和虚源声波之间的波

(a) $f = 200$ Hz

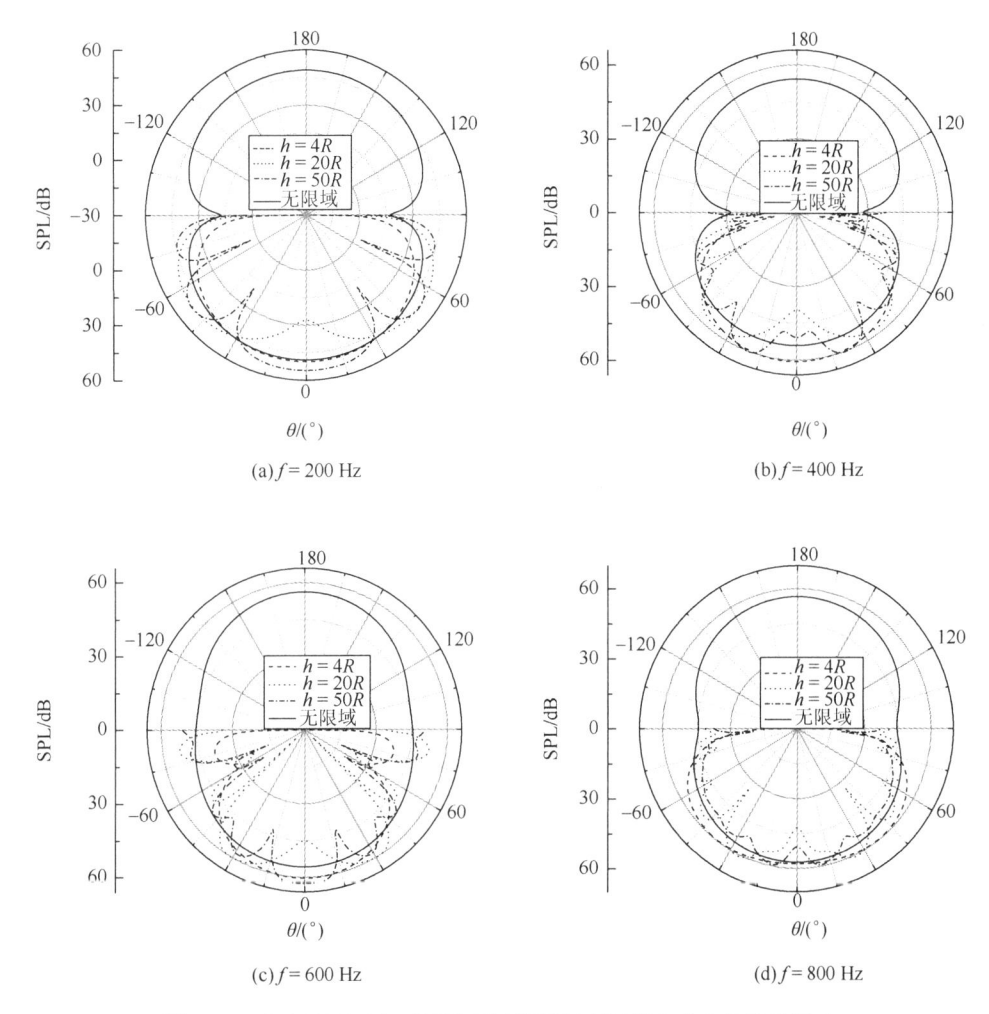

(b) $f = 400$ Hz

(c) $f = 600$ Hz

(d) $f = 800$ Hz

图 3.28 自由液面对水下圆柱壳远场辐射声压周向分布特性的影响

程差约为 $\Delta r = r' - r \approx 2h$；随着潜深 h 的增大，波程差 Δr 逐渐增大，实源与虚源声波之间的干涉现象越来越显著，这将致使圆柱壳远场辐射声压周向分布曲线的分瓣数逐渐增多。

（2）基于声偶极子现象的解释。如果将圆柱壳结构离散成许多个点声源，远场点处的声压可以看作许多对声偶极子点声源辐射声压的叠加，因此可以采用声偶极子现象来解释自由液面对水下圆柱壳远场辐射声压的影响。假设存在自由液面的半无限域内有一个点声源，其关于自由液面对称的虚源如图 3.29 所示，点声源与虚源的声压异号，两者构成一对声偶极子，点声源和虚源的辐射声压可以表述为

$$p_1 = \frac{A}{r}\exp(-\mathrm{i}kr) \qquad (3.56)$$

$$p_2 = -\frac{A}{r'}\exp(-\mathrm{i}kr') \qquad (3.57)$$

式中：p_1 和 p_2 分别为点声源和虚源的辐射声压；A 为点声源的声压幅值；r 和 r' 分别为实源和虚源到远场观测点的距离；k 为声波的波数，$k = \omega / c_f$。

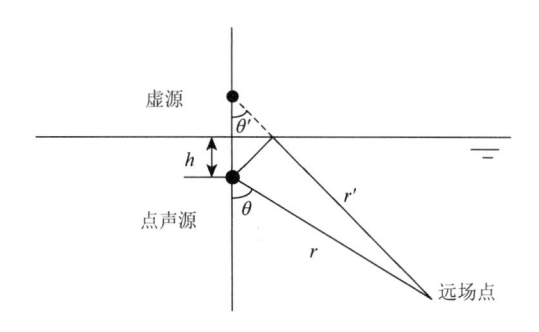

图 3.29　存在自由液面的半空间内点声源声辐射示意图

存在自由液面边界的半无限域内，远场点处的声压可以看作点声源和虚源辐射声压的叠加：

$$p = \frac{A}{r}\exp(-\mathrm{i}kr) - \frac{A}{r'}\exp(-\mathrm{i}kr') \tag{3.58}$$

在远场点处，存在如下几何关系：

$$1/r \approx 1/r', \quad \theta \approx \theta', \quad r' \approx r + 2h\cos\theta \tag{3.59}$$

将式（3.59）代入式（3.58），则远场点处的声压可以表述为

$$\begin{aligned} p &\approx \frac{A}{r}\{\exp(-\mathrm{i}kr) - \exp[-\mathrm{i}kr(r + 2h\cos\theta)]\} \\ &= \frac{2\mathrm{i}A}{r}\exp[-\mathrm{i}k(r + h\sin\theta)]\sin(kh\cos\theta) \end{aligned} \tag{3.60}$$

因此，存在自由液面的半空间内点声源的远场辐射声压的幅值为

$$p_{\text{幅值}} = \frac{2A}{r}|\sin(kh\cos\theta)| \tag{3.61}$$

由式（3.61）可知，半空间内点声源在远场点的辐射声压幅值与波数 k（或激励频率）和潜深 h 密切相关：当潜深 h 一定时，随着激励频率的增大，声压幅值函数的波动性增强，存在自由液面的半无限域内声偶极子的远场辐射声压周向分布曲线的分瓣数逐渐增多；而当激励频率一定时，随着潜深 h 的增大，声压幅值函数的波动性增强，声偶极子的远场辐射声压周向分布曲线的分瓣数也逐渐增多。

（3）自由液面的影响范围。随后，进一步研究潜深对水下圆柱壳远场辐射声压的影响，有限潜深状态圆柱壳的远场辐射声压比 $|p_{oB}^i / p_{oB}^r|$ 随潜深比 h/R 的变化规律，如图 3.30 所示。

(a) $f = 500$ Hz

(b) $f = 1\,500$ Hz

(c) $f = 3\,000$ Hz

(d) 不同激励频率下圆柱壳的远场辐射声压比

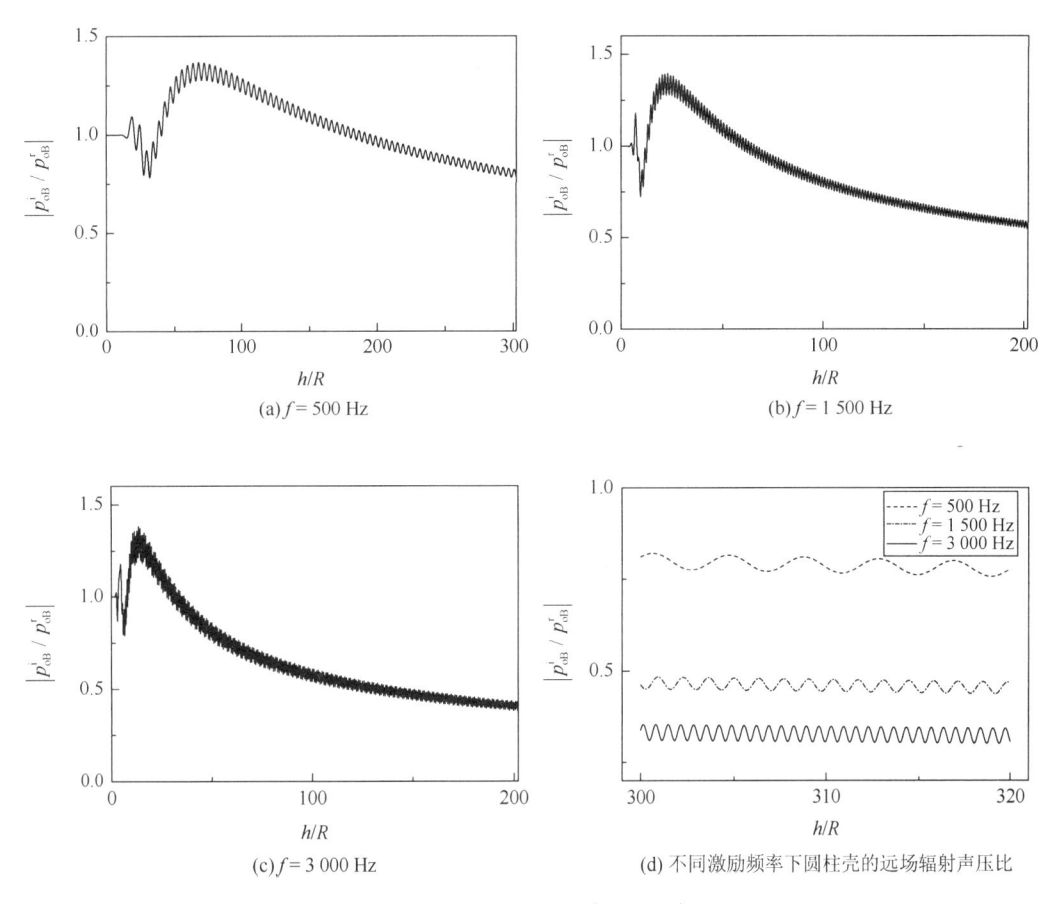

图 3.30 有限潜深状态圆柱壳远场辐射声压比 $\left|p_{oB}^{i}/p_{oB}^{r}\right|$ 随潜深比 h/R 的变化规律

从图 3.30 可以看出：当潜深相对较小时，有限潜深状态圆柱壳的远场辐射声压比 $\left|p_{oB}^{i}/p_{oB}^{r}\right|$ 将围绕数值 1 上下波动；随着潜深 h 的增大，结构的远场辐射声压比 $\left|p_{oB}^{i}/p_{oB}^{r}\right|$ 逐渐减小并趋近于 0。上述现象表明，当潜深相对较小时，自由液面对水下圆柱壳远场辐射声压的影响较显著，随着潜深的增大，自由液面的影响将逐渐减小。因此，可以用声波衰减效应来解释上述现象：在远场观测点，虚源和实源的辐射声波传播距离的差值为 $r'-r \approx 2h$；当潜深较小时，$h \ll r$ 且 $h \ll r'$，实源和虚源的辐射声波到观测的传播距离大约相等（即 $r \approx r'$），观测点处虚源和实源声波的衰减程度近似相等，虚源辐射声压和实源辐射声压在数值上较相近，自由液面效应显著；当潜深较大时，远场点处虚源和实源的辐射声波的波程差 $2h$ 在数值上与 r' 和 r 较相近，$r'=r+2h > r$，此时，较实源辐射声波的衰减效应而言，虚源辐射声波的衰减效应相对更显著，即较实源辐射声压而言，虚源辐射声压相对较小，而且潜深越大，二者的差异越显著。因此，随着潜深的增大，自由液面的影响将逐渐减小。

此外，当潜深较大且外激励频率一定时，有限潜深状态圆柱壳的远场辐射声压比 $\left|p_{oB}^{i}/p_{oB}^{r}\right|$ 随潜深的分布曲线呈现一定的类"周期性"，且"波长"随着激励频率的增大而减小，这与反射声压表达式中的贝塞尔函数 $J_n(2k_f h)$ 的性质密切相关。令 $v = 2k_f = 2\omega/c_f$，当自变量 h 足够大时，贝塞尔函数 $J_n(vh)$ 存在如下近似表达式：

$$J_n(vh) = \sqrt{\frac{2}{\pi vh}} \cos\left(vh - \frac{n\pi}{2} - \frac{\pi}{4}\right) \quad (3.62)$$

从式（3.62）可以看出：当潜深较大时，有限潜深状态圆柱壳的远场辐射声压比 $\left|p_{oB}^i / p_{oB}^r\right|$ 随潜深 h 的分布曲线具有三角函数的类"周期性"，且具有固定的"波长"；随着潜深 h 的增大，贝塞尔函数的幅值逐渐减小，因此有限潜深状态圆柱壳的远场辐射声压比 $\left|p_{oB}^i / p_{oB}^r\right|$ 整体呈现下降的趋势；随着激励频率的增大，v 逐渐增大，有限潜深状态圆柱壳的远场辐射声压比 $\left|p_{oB}^i / p_{oB}^r\right|$ 随潜深 h 的分布曲线的波动性增强，曲线的"波长"逐渐减小。

式（3.62）对图 3.30 远场辐射声压曲线的周期性从数学上进行了解释，也可用声波的干涉效应从物理角度对该现象进行解释：在远场观测点，实源辐射声波和虚源辐射声波的传输距离存在传输距离差，即 $r' - r \approx 2h$，同一时刻到达远场点的虚源辐射声波和实源辐射声波存在相位差，且该相位差随着潜深的变化而呈现周期性变化，因此，经过波形叠加，有限潜深状态圆柱壳的远场辐射声压比随潜深的分布曲线呈现波峰和波谷交替的类"周期性"；随着激励频率的增大，虚源辐射声波和实源辐射声波的波动性增强，波长均逐渐减小，有限潜深状态圆柱壳的远场辐射声压比曲线的"波长"逐渐减小。

2）流体静压对水下圆柱壳远场辐射声压特性的影响

本小节对比分析了 $h = 20R$ 工况下考虑和忽略流体静压的有限潜深状态圆柱壳远场辐射声压的周向分布规律，结果如图 3.31 所示。

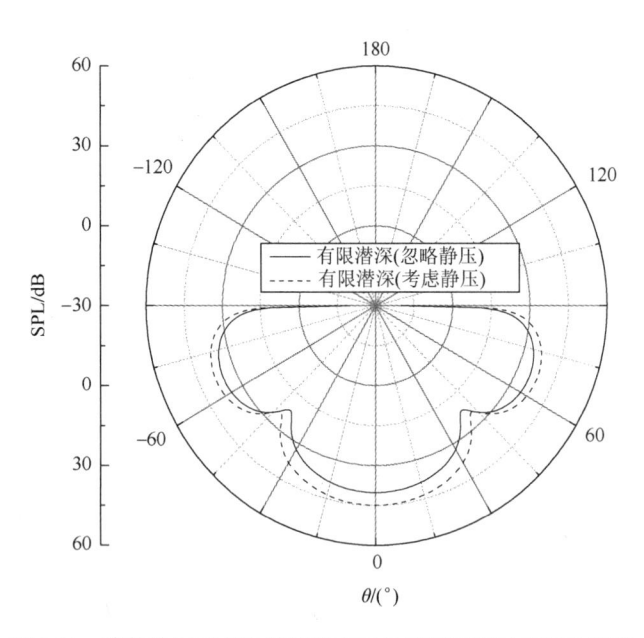

图 3.31 流体静压对有限潜深状态圆柱壳远场辐射声压的影响

计及流体静压效应不会改变水下圆柱壳结构远场辐射声压周向分布曲线的分瓣特性，但是会致使结构的远场辐射声压幅值相应增大。这是因为计及流体静压会导致有限潜深状态圆柱壳的"弯曲刚度"减小，结构变得较"柔软"，在相同外激励力和潜深工况下，"变软"后结构的振动响应增大，因此结构的远场辐射声压的幅值相应增大。

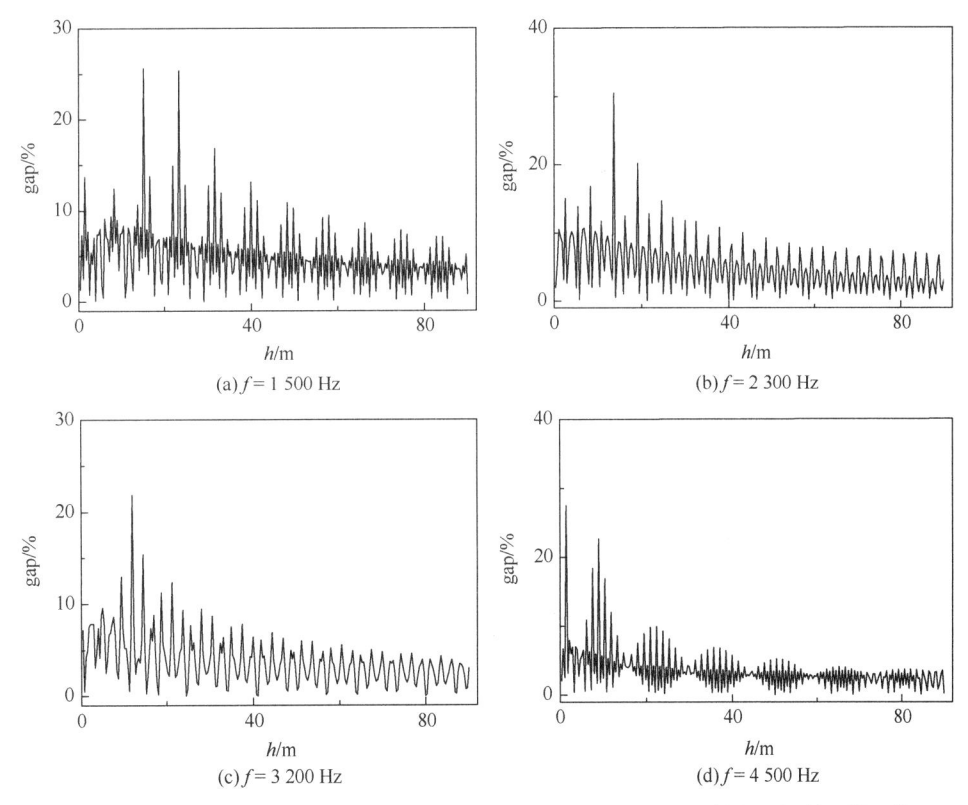

3）有限潜深状态与计及流体静压的无限域中圆柱壳远场辐射声压的差异

服役状态水下航行器与水面之间的距离非常大,此时结构可以近似认为浸没在近似的无限域中,且受流体静压的影响。在对水下航行器进行声学试验测量时,水下航行器的潜深一般相对较小,此时水下航行器处于有限潜深状态。当有限潜深状态与计及流体静压的无限域中圆柱壳的远场辐射声压之间的差异相对较小时,可以用试验测量得到的有限潜深状态圆柱壳的远场声辐射特性来近似预报计及流体静压的无限域中（即大深度服役工况）圆柱壳的远场声辐射性能,为工程应用提供理论参考。

有限潜深状态和计及流体静压的无限域中圆柱壳远场辐射声压的差异随潜深的变化规律如图 3.32 所示。为了方便对比分析,定义两种状态圆柱壳远场辐射声压的相对偏差:

$$\text{gap} = \left| \frac{p_{\text{fi}} - p_{h_0}}{p_{h_0}} \right| \times 100\% \tag{3.63}$$

式中：p_{fi} 为有限潜深状态圆柱壳的远场辐射声压；p_{h_0} 为计及流体静压的无限域中圆柱壳的远场辐射声压。在计算过程中,假设 $h_0 = 300R$。

图 3.32 有限潜深状态与计及流体静压的无限域中圆柱壳远场辐射声压的差异性比较

由图 3.32 可知：当潜深相对较小时,有限潜深状态和计及流体静压的无限域中圆柱壳的远场辐射声压之间的差异相对较大,甚至能达到30%；在任意激励频率下,参数 gap 随潜深的增大而波动,且整体呈下降趋势,这为后续基于试验测量的有限潜深状态圆柱壳的远场辐射声压来近似预报计及流体静压的无限水域中圆柱壳远场辐射声压的研究工作提供了理论可能。

以 gap≤10% 为拟合判据，分析激励频率和潜深对两种状态下圆柱壳的远场辐射声压拟合程度的影响，结果如图 3.33 所示。对选取的数值模型进行分析，圆柱壳的环频率为 $f_{ring}=4\,804\,Hz$。

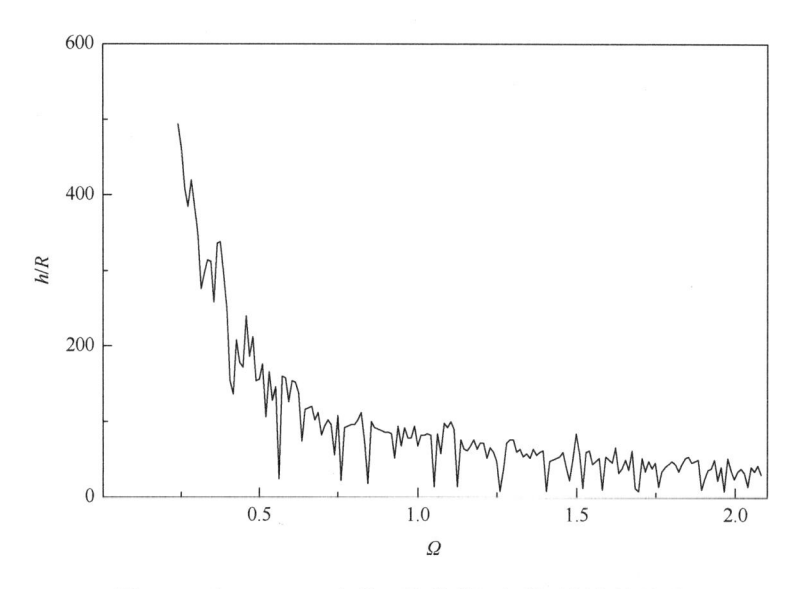

图 3.33　在 gap≤10%条件下结构潜深与激励频率的关系

从图 3.33 可以看出：在低频段（$\Omega \leqslant 0.3$），当潜深增大到临界失稳潜深（对本小节的壳体模型，$h_s = 506R$）时，有限潜深状态与计及流体静压的无限域中圆柱壳的远场辐射声压之间的差异仍较大，gap>10%，因此自由液面边界对水下圆柱壳低频段远场辐射声压的影响不可忽略；随着激励频率的增大，满足条件 gap≤10% 所需要的结构潜深逐渐减小；在中高频段（$\Omega \geqslant 1.2$），当潜深 $h \geqslant 100R$ 时，有限潜深状态和计及流体静压的无限域中圆柱壳的远场辐射声压的差异较小，gap≤10%，因此可以根据试验测量的有限潜深状态圆柱壳的远场辐射声压来近似预报计及流体静压的无限域中圆柱壳的远场辐射声压。

3.8　本章小结

本章采用 Flügge 薄壳理论和声学波动方程分别描述壳体与声介质的振动，将流体静压以预应力的形式计入壳体振动方程。通过分析流体静压对壳体固有频率的影响，得到了流体静压与弹性壳体固有振动频率的数值关系，并据此预报弹性失稳压力。针对计入自由液面效应的壳体，通过设置虚源来考虑自由液面边界的影响。结合波传播法和声振连续条件，建立了有限潜深状态有限长圆柱壳的自由振动模型和受迫振动模型，在求解结构受迫振动响应的基础上，结合波分析法和稳相法建立了有限潜深状态有限长圆柱壳的远场辐射声压的预测模型。

结合具体的数值模型，本章对有限潜深状态有限长圆柱壳的声振特性展开数值分析，并分别探讨了自由液面和流体静压的影响。

对有限潜深状态有限长圆柱壳的自由振动特性的影响：①自由液面的存在会产生负值的模态附连水质量，导致结构模态频率相应增大；②随着潜深的增大，自由液面的影响逐渐减小，当 $h \geqslant 4R$ 时，自由液面对水下圆柱壳低阶模态频率特性的影响可以忽略；③计及流体静压将导致水下圆柱壳的"弯曲刚度"减小，最终致使结构模态频率相应减小；④当潜深较小时，流体静压的影响相对较小，随着潜深的增大，流体静压的影响逐渐增大，当潜深（或流体静压）增大到一定程度时，水下圆柱壳产生失稳，结构刚度丧失，此时对应的固有频率为零。

对有限潜深状态有限长圆柱壳的输入能量流以及辐射声功率特性的影响：①自由液面的存在削弱了流体对结构振动特性的影响，致使结构共振频率相应增大；②随着潜深的增大，自由液面对结构模态频率或共振频率的影响逐渐减小，当 $h \geqslant 4R$ 时，自由液面对水下圆柱壳低频段输入能量流和辐射声功率特性的影响可以忽略；③计及流体静压效应将导致结构的共振频率相应减小，且潜深越大，流体静压效应越显著。

对有限潜深状态有限长圆柱壳的远场辐射声压特性的影响：①自由液面的存在将结构的远场辐射声压限制在周向 $[-\pi/2, \pi/2]$ 范围内；②在圆周方向，有限潜深状态圆柱壳的远场辐射声压将围绕无限域中结构的辐射声压上下波动；③有限潜深状态有限长圆柱壳的远场辐射声压分布规律与声偶极子现象类似，声压的周向分布具有一定的"分瓣"特性，且随着激励频率和潜深的增大，声压周向分布曲线的"分瓣数"逐渐增多；④整体而言，随着潜深的增大，自由液面对水下圆柱壳远场辐射声压的影响逐渐减小，但是在低频段（$\varOmega \leqslant 0.3$），自由液面效应衰减较慢，自由液面对水下圆柱壳低频段远场辐射声压的影响不可忽略，而在中高频段（$\varOmega \geqslant 1.2$），自由液面效应随潜深的增大很快衰减，因此可以用试验测量的有限潜深状态圆柱壳结构的远场辐射声压来近似预报计及流体静压的无限域中（即服役状态）结构的远场辐射声压，为工程应用提供参考。

第4章 浅海圆柱壳声-振性能计算与分析

4.1 引　言

　　处于海滨与外洋之间、占大陆架大部分的海域为浅海区,深度从数十米到几百米不等。浅海波导[158]环境下航行器的声-振特性研究的开展对其隐蔽性、安全性有着重要的意义。此外,在水池环境下,水下结构声-振特性试验的测量水域一般是有限深度水域,受到自由液面和池底的声学边界约束,类似于浅海水域环境。较流体介质的阻抗特性而言,海底(池底)结构的阻抗相对较大,可以近似认为是刚性的[54],因此浅海波导环境或水池环境下的有限深度水域可以看作是由上边界(即自由液面)和下边界(即刚性底面)形成的组合声边界约束水域。有限深度水域上、下边界会对声波产生多次反射,致使流域内声场分布特性变得十分复杂。由于浅海环境下的水域深度有限,流体静压影响相对较弱,所以在本章的分析中忽略流体静压的影响,首先探讨刚性底面对水下圆柱壳声-振特性的影响,然后研究有限深度水域中有限长圆柱壳的声-振特性,并与存在刚性底面或自由液面的半无限域内结构的声-振特性进行对比分析。

4.2 刚性底面对水下圆柱壳声-振特性的影响

4.2.1 研究对象

　　刚性底面附近有限长圆柱壳如图 4.1 所示。圆柱壳长度为 L,半径为 R,厚度为 D。壳体材料的密度为 ρ_s,弹性模量为 E,泊松比为 μ,流体密度为 ρ_f。圆柱壳轴线与刚性底面平行,且距离为 d。选取柱坐标系如图 4.1 所示,z、r、θ 分别表示圆柱壳的轴向、径向和周向。圆柱壳两端分别附加半无限长的声障柱,f_r 是径向点激励力。

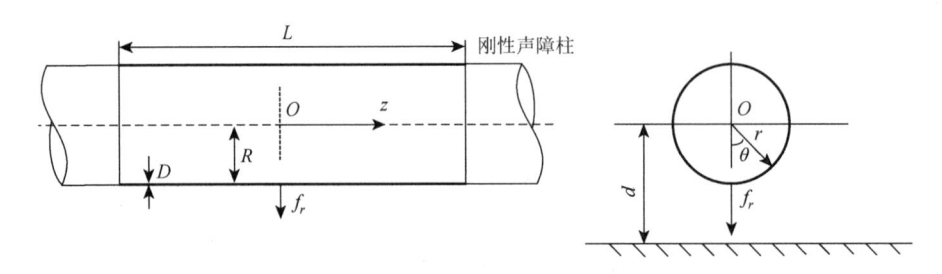

图 4.1　刚性底面附近有限长圆柱壳示意图

4.2.2 结构振动分析

刚性底面附近圆柱壳的振动方程以及壳体位移的级数展开形式与 2.2.2 小节一致，但是区别于无限域，刚性底面后流体声载荷需考虑刚性边界反射声的影响，详细过程见后续 4.2.3～4.2.5 小节内容。

4.2.3 刚性底面处的声学边界条件

在刚性底面处，流体质点的法向速度为零：

$$v_{fn}\big|_{刚性底面} = 0 \tag{4.1}$$

式中：v_{fn} 为流体质点的法向速度。

声场中声介质的振动速度可以用速度势函数来表示：

$$v_{fn} = -\frac{\partial \phi}{\partial n} \tag{4.2}$$

式中：ϕ 为声场中的速度势函数；$\partial/\partial n$ 表示对变量求法向偏导数。

利用欧拉方程，可以得到流体声压和速度势函数之间的关系：

$$p = \rho_f \frac{\partial \phi}{\partial t} \tag{4.3}$$

将式（4.2）和式（4.3）代入式（4.1），并进行简化，可以得到刚性底面处的声学边界条件[140]：

$$\frac{\partial p}{\partial n}\bigg|_{刚性底面} = 0 \tag{4.4}$$

4.2.4 存在刚性底面的半空间声场分析

刚性底面的存在将致使流体形成一个半无限域，且刚性底面会对声波产生反射作用。本小节采用虚源法来处理刚性底面对声场的影响，假设存在一个虚源，与结构关于刚性底面边界对称，如图 4.2 所示。本章主要对水下圆柱壳的声辐射特性进行分析。流域中的声场主要包括两部分：一部分是结构振动产生的辐射声场，其声压用 p^r 表示；另一部分是由于刚性底面的存在而产生的反射声场（可看作虚源的辐射声场），其声压用 p^i 表示。因此，存在刚性底面的半无限域内流体声压可以表述为

$$p(r,\theta,z) = p^r + p^i \tag{4.5}$$

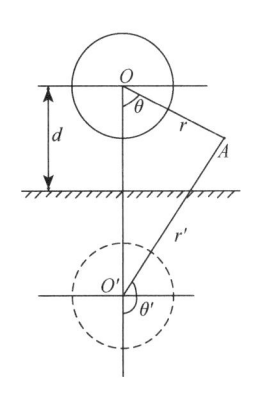

图 4.2 虚源法示意图

流体声压还应满足无黏、无旋、可压缩理想声介质的亥姆霍兹声学波动方程。基于分离变量法可以将流体声压进行级数展开：

$$p^{\mathrm{r}} = \sum_{m=0}^{+\infty}\sum_{n=0}^{+\infty} p_{mn}^{\mathrm{r}} H_n^{(2)}(k_r r)\cos(n\theta)\cos(k_m z) \tag{4.6a}$$

$$p^{\mathrm{i}} = \sum_{m=0}^{+\infty}\sum_{n=0}^{+\infty} p_{mn}^{\mathrm{i}} H_n^{(2)}(k_r r')\cos(n\theta')\cos(k_m z) \tag{4.6b}$$

在刚性底面处，存在如下几何关系：

$$r = r' = r_{\mathrm{s}}, \quad \theta = \theta_{\mathrm{s}}, \quad \theta' = \pi - \theta_{\mathrm{s}} \tag{4.7}$$

将式（4.6a）、式（4.6b）代入式（4.4），注意还应满足式（4.7），并进行正交化处理，可得

$$p_{mn}^{\mathrm{i}} = (-1)^n p_{mn}^{\mathrm{r}} \tag{4.8}$$

如图 4.2 所示，流场中结构本体辐射声压和虚源辐射声压分别采用独立的柱坐标系表示。分析流体声压对圆柱壳振动的作用时，需要将虚源辐射声压的表达式进行坐标变换。基于 Graf 加法定理，将虚源辐射声压映射到本体坐标系中：

$$H_n^{(2)}(k_r r')\cos(n\theta') = \begin{cases} \sum_{a=-\infty}^{\infty}(-1)^n H_{n+a}^{(2)}(2k_r d) J_a(k_r r)\cos(a\theta), & r \leqslant 2d \\ \sum_{a=-\infty}^{\infty}(-1)^n J_{n+a}(2k_r d) H_a^{(2)}(k_r r)\cos(a\theta), & r > 2d \end{cases} \tag{4.9}$$

在耦合振动过程中，流体声介质与圆柱壳外表面始终保持接触，则流体声压和壳体振动位移在声场-圆柱壳的耦合交界面（即圆柱壳的湿表面）处应满足声-振连续条件：

$$-\frac{1}{\mathrm{i}\rho_{\mathrm{f}}\omega}\frac{\partial p^{\mathrm{r}}}{\partial r}\bigg|_{r=R} = \frac{\partial w}{\partial t} \tag{4.10}$$

将式（2.2）、式（4.6）代入式（4.10），同时进行正交化处理，可得

$$p_{mn}^{\mathrm{r}} = \frac{\rho_{\mathrm{f}}\omega^2}{k_r H_n^{(2)'}(k_r R)} W_{mn} \tag{4.11}$$

将式（4.11）代入式（4.8），可得

$$p_{mn}^{\mathrm{i}} = \frac{(-1)^n \rho_{\mathrm{f}}\omega^2}{k_r H_n^{(2)'}(k_r R)} W_{mn} \tag{4.12}$$

4.2.5 刚性底面附近圆柱壳的自由振动特性分析

1. 刚性底面附近圆柱壳的自由振动模型

1）声场-圆柱壳耦合振动方程

当分析圆柱壳结构的自由振动特性时，令 $f_r = 0$。将式（2.2）、式（4.5）代入壳体振动式（2.1），并进行正交化处理，可得到刚性底面附近有限长声场-圆柱壳的耦合振动方程：

$$\boldsymbol{H}\begin{bmatrix}U_{mn}\\V_{mn}\\W_{mn}\end{bmatrix}-\omega^2\begin{bmatrix}\rho_{\mathrm{t}}&&\\&\rho_{\mathrm{t}}&\\&&\rho_{\mathrm{t}}+\sigma_{\mathrm{f}}\end{bmatrix}\begin{bmatrix}U_{mn}\\V_{mn}\\W_{mn}\end{bmatrix}=\begin{bmatrix}0\\0\\0\end{bmatrix} \quad (4.13)$$

式中：$\boldsymbol{H}$ 为模态(m, n)下声场-圆柱壳耦合系统的广义刚度矩阵。矩阵各元素的表达式如下：

$$H_{11}=\frac{\lambda^2+n^2(1+K)(1-\mu)/2}{\xi}, \quad H_{12}=\frac{\lambda n(1+\mu)}{2\xi}$$

$$H_{13}=\frac{\mu\lambda+K\lambda^3-n^2K\lambda(1-\mu)/2}{\xi}, \quad H_{21}=-H_{12}$$

$$H_{22}=\frac{(1+3K)(1-\mu)\lambda^2/2+n^2}{\xi}, \quad H_{23}=\frac{n+Kn\lambda^2(3-\mu)/2}{\xi}, \quad H_{31}=H_{13}, \quad H_{32}=H_{23}$$

$$H_{33}=\frac{1+K(1+2n^2)+K(\lambda^2+n^2)^2}{\xi}, \quad \xi=\frac{(1-\mu^2)R^2}{ED}$$

$\rho_{\mathrm{t}}=\int_{-D/2}^{D/2}\rho_{\mathrm{s}}\mathrm{d}r=\rho_{\mathrm{s}}D$，$\sigma_{\mathrm{f}}$ 为模态(m, n)下单位面积的模态附连水质量密度[147]，$\sigma_{\mathrm{f}}=\sigma_{\mathrm{f}}^{\mathrm{r}}+\sigma_{\mathrm{f}}^{\mathrm{i}}$，$\sigma_{\mathrm{f}}^{\mathrm{r}}$ 是声场-圆柱壳耦合作用所产生的模态附连水质量密度（也可视作无限域中圆柱壳的模态附连水质量密度），$\sigma_{\mathrm{f}}^{\mathrm{i}}$ 表示由于刚性底面的存在所产生的附加模态附连水质量密度：

$$\sigma_{\mathrm{f}}^{\mathrm{r}}=-\rho_{\mathrm{f}}R\frac{H_n^{(2)}(k_rR)}{k_rRH_n^{(2)'}(k_rR)}, \quad \sigma_{\mathrm{f}}^{\mathrm{i}}=-\rho_{\mathrm{f}}R\sum_{a=0}^{\infty}\frac{(-1)^a\Delta J_n(k_rR)}{k_rRH_a^{(2)'}(k_rR)}$$

$$\Delta=(-1)^{a-n}H_{a-n}^{(2)}(2k_rH)+(-1)^a H_{a+n}^{(2)}(2k_rH)$$

$$H_n^{(2)}(k_rr')\cos(n\theta')=\begin{cases}\sum_{a=-\infty}^{\infty}(-1)^n H_{n+a}^{(2)}(2k_rd)J_a(k_rr)\cos(a\theta), & r\leqslant 2d\\ \sum_{a=-\infty}^{\infty}(-1)^n J_{n+a}(2k_rd)H_a^{(2)}(k_rr)\cos(a\theta), & r>2d\end{cases}$$

2）耦合系统的特征方程

按照矩阵理论，式（4.13）存在非零解的充要条件是系数矩阵的行列式值为零：

$$\left|\boldsymbol{H}-\omega^2\begin{bmatrix}\rho_{\mathrm{t}}&&\\&\rho_{\mathrm{t}}&\\&&\rho_{\mathrm{t}}+\sigma_{\mathrm{f}}\end{bmatrix}\right|=0 \quad (4.14)$$

式（4.14）也称为耦合系统的特征方程。

特征方程（4.14）中仅包含轴向波数 k_m 和无量纲频率 Ω 这两个变量。当依据圆柱壳边界条件确定轴向波数 k_m 后，采用数值计算方法求解特征方程即可获得刚性底面附近有限长圆柱壳的模态频率。

3）模态附连水质量

将第(m, n)阶模态附连水质量密度在流固交界面上进行积分，可以得到刚性底面附近有限长圆柱壳对应模态(m, n)的模态附连水质量：

$$m_{\mathrm{f}}=\int_S \sigma_{\mathrm{f}}\mathrm{d}S=m_{\mathrm{f}}^{\mathrm{r}}+m_{\mathrm{f}}^{\mathrm{i}} \quad (4.15)$$

式中：S 为流场-圆柱壳交界面的面积，$S=2\pi LR$；$m_{\mathrm{f}}^{\mathrm{r}}=\sigma_{\mathrm{f}}^{\mathrm{r}}S$，$m_{\mathrm{f}}^{\mathrm{i}}=\sigma_{\mathrm{f}}^{\mathrm{i}}S$，$m_{\mathrm{f}}^{\mathrm{r}}$ 体现了流场-圆柱壳的耦合作用，而 $m_{\mathrm{f}}^{\mathrm{i}}$ 反映了刚性底面的影响。

2. 模型计算参数

考虑壳体两端简支边界条件（下文同）。计算模型参数为：长度 $L = 1.284$ m，半径 $R = 0.18$ m，厚度 $D = 0.003$ m，密度 $\rho_s = 7\,850$ kg/m^3，泊松比 $\mu = 0.3$，弹性模量 $E = 2.06\times10^{11}$ Pa，流体密度 $\rho_f = 1\,025$ kg/m^3，流体声速 $c_f = 1\,460$ m/s。

3. 收敛性分析

从式（4.14）可以看出，采用数值计算方法求解声场-圆柱壳耦合系统的特征方程时，需要对下标为 a 的无限项求和进行有限项截断处理，这会引入截断误差。因此，有必要对理论计算结果进行收敛性分析。假设圆柱壳与刚性底面之间的距离 $d = 0.2$ m，令下标 a 的最大取值为 A，即 $a = 0,1,2,\cdots,A$。计算的刚性底面附近有限长圆柱壳的前几阶模态频率随参数 A 的变化曲线如图 4.3 所示。

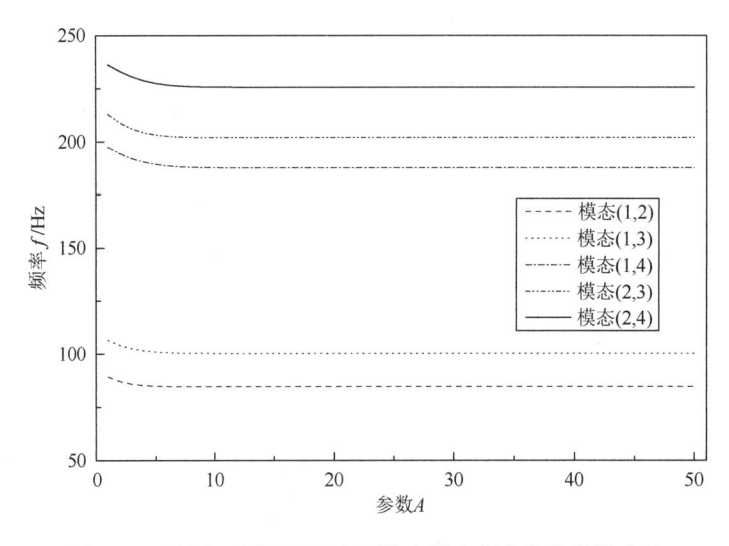

图 4.3　刚性底面附近有限长圆柱壳模态频率的收敛性分析

从图 4.3 可以看出，随着参数 A 的增大，刚性底面附近有限长圆柱壳的各阶模态频率值均逐渐趋于稳定。计算表明，当参数 $A \geqslant 10$ 时，结构各阶模态频率值均已收敛，因此在后续计算过程中，取参数 $A = 10$。

4. 方法验证

采用有限元数值软件 ANSYS，仿真计算刚性底面附近有限长圆柱壳的自由振动固有频率。分别采用 FLUID30 和 SHELL63 单元对声场与圆柱壳建立有限元模型[159]，在圆柱壳有限元模型的轴向和周向分别划分 60 与 40 个单元，然后采用结构有限元单元的尺寸对声场有限元模型进行单元划分。对流体建立长方体有限元模型，通过设置下表面流体单元的声吸收系数 MU = 0 以及定义流体单元的法向位移为 0 来模拟刚性底面边界，下表面与圆柱壳轴线之间的距离为间距 d。长方体其他五个面上流体单元的声吸收系数均设置为

MU = 1，表示全吸收，以模拟无限远边界。流域数值模型的轴向长度取为 2 m，除下表面外，流域模型其他表面与圆柱壳之间的距离均取为 1 m。d = 0.5 m 工况下圆柱壳-流场的有限元模型如图 4.4 所示。

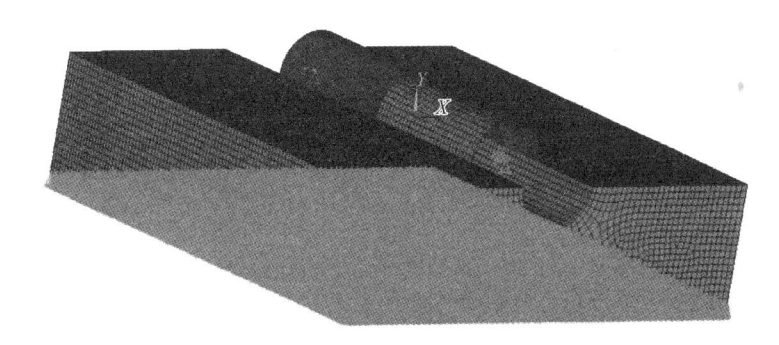

图 4.4 刚性底面附近有限长圆柱壳-流场的有限元模型（部分）

为了验证理论方法的有效性，本小节将理论计算的刚性底面附近有限长圆柱壳的模态频率与有限元仿真结果进行对比分析，结果如表 4.1 所示。为了方便对比分析，定义相对误差：

$$\eta = \frac{f_{\mathrm{Tg}} - f_{\mathrm{Fg}}}{f_{\mathrm{Fg}}} \times 100\% \tag{4.16}$$

式中：f_{Tg} 和 f_{Fg} 分别为基于理论方法和有限元法（finite element method，FEM）得到的刚性底面附近圆柱壳的模态频率。

表 4.1 理论计算结果与有限元仿真结果的对比验证（简支边界）

模态	d = 0.3 m			d = 0.5 m			d = 0.9 m		
	f_{Tg}/Hz	f_{Fg}/Hz	η/%	f_{Tg}/Hz	f_{Fg}/Hz	η/%	f_{Tg}/Hz	f_{Fg}/Hz	η/%
(1, 2)	93.6	96.7	−3.2	97.9	98.3	−0.4	98.8	98.5	0.3
(1, 3)	107.7	110.1	−2.2	109.2	111.5	−2.1	109.3	111.6	−2.1
(1, 4)	200.4	205.2	−2.3	202.3	208.8	−3.1	202.4	209.0	−3.2
(2, 3)	214.9	217.3	−1.1	216.9	219.6	−1.2	217.0	219.7	−1.2
(2, 4)	239.7	245.8	−2.5	241.6	249.3	−3.1	241.6	249.3	−3.1

从表 4.1 可以看出，本书的理论计算结果与有限元仿真结果整体吻合良好，两者的相对误差较小，最大相对误差值在 3.2%以内。分析表明，本小节提出的分析刚性底面附近有限长圆柱壳自由振动特性的理论方法是正确的。

5. 刚性底面对水下圆柱壳模态频率特性的影响

进一步分析刚性底面对水下圆柱壳自由振动特性的影响，研究刚性底面附近圆柱壳的模态频率随距离比 d/R 的变化规律，并与无限域中圆柱壳的模态频率进行对比分析，结果如图 4.5 所示。

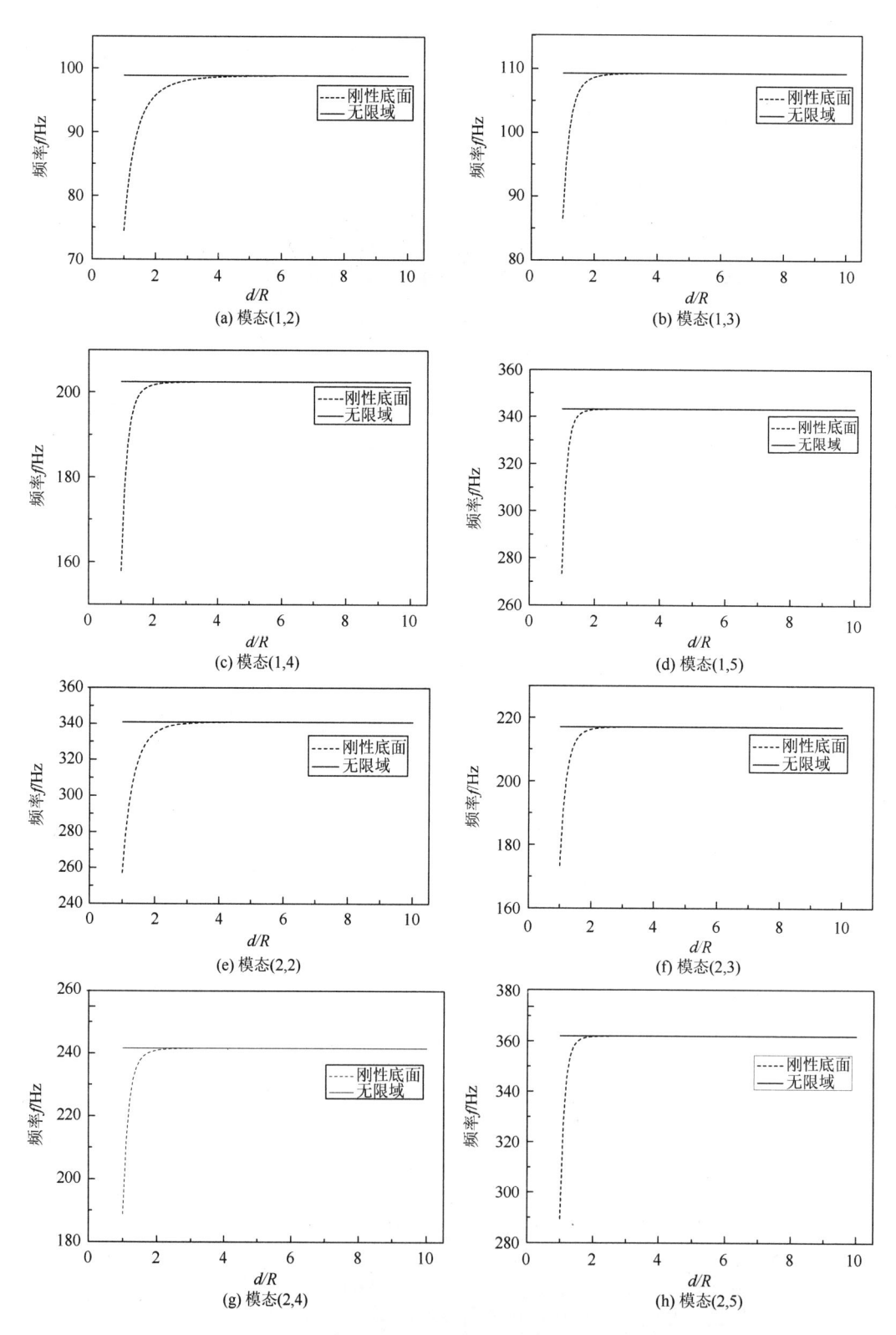

图 4.5 刚性底面对水下圆柱壳模态频率特性的影响

从图 4.5 可以看出：当距离比 d/R 较小时，较无限域中圆柱壳的模态频率特性而言，刚性底面附近圆柱壳的各阶模态频率明显较小，这说明刚性底面的存在会使水下圆柱壳的模态频率相应减小；随着距离比 d/R 的增大，刚性底面附近圆柱壳的模态频率逐渐增大并趋近于对应模态下无限域中圆柱壳的模态频率，这说明刚性底面的影响将逐渐减小并最终可以忽略。

为了更好地理解刚性底面对水下圆柱壳模态频率特性的影响程度，进一步分析刚性底面附近圆柱壳的模态频率相对大小随结构与刚性底面不同距离比的分布规律，如图 4.6 所示。结构模态频率相对大小定义为

$$\gamma = \frac{f_{\mathrm{rw}} - f_{\infty}}{f_{\infty}} \times 100\% \tag{4.17}$$

式中：f_{rw} 和 f_{∞} 分别为刚性底面附近和无限域中圆柱壳的模态频率。

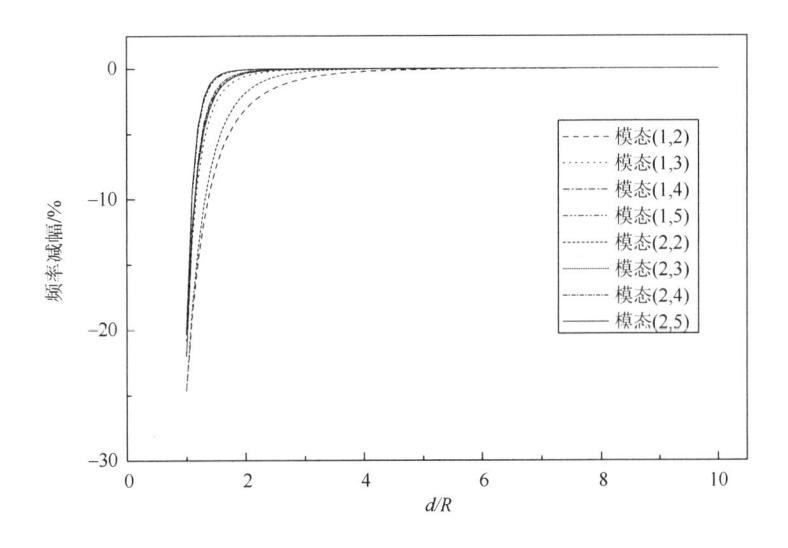

图 4.6　刚性底面附近圆柱壳的模态频率相对大小随距离比 d/R 的分布规律

从图 4.6 可以看出：当圆柱壳靠近刚性底面时，水下圆柱壳的模态频率相对大小明显较大，例如：结构(1, 2)模态频率的相对大小达到了−25%；随着距离比 d/R 的增大，水下圆柱壳各阶模态频率相对大小的绝对值均急剧减小并趋近于 0。上述现象表明，当距离比 d/R 相对较小时，刚性底面对结构模态频率特性的影响显著，随着距离比 d/R 的增大，刚性底面的影响逐渐减小并最终可以被忽略。

进一步研究刚性底面对水下圆柱壳模态频率特性的影响机理，分析刚性底面附近圆柱壳的模态附连水质量随距离比 d/R 变化的规律，并与无限域中圆柱壳的模态附连水质量进行对比分析，结果如图 4.7 所示。

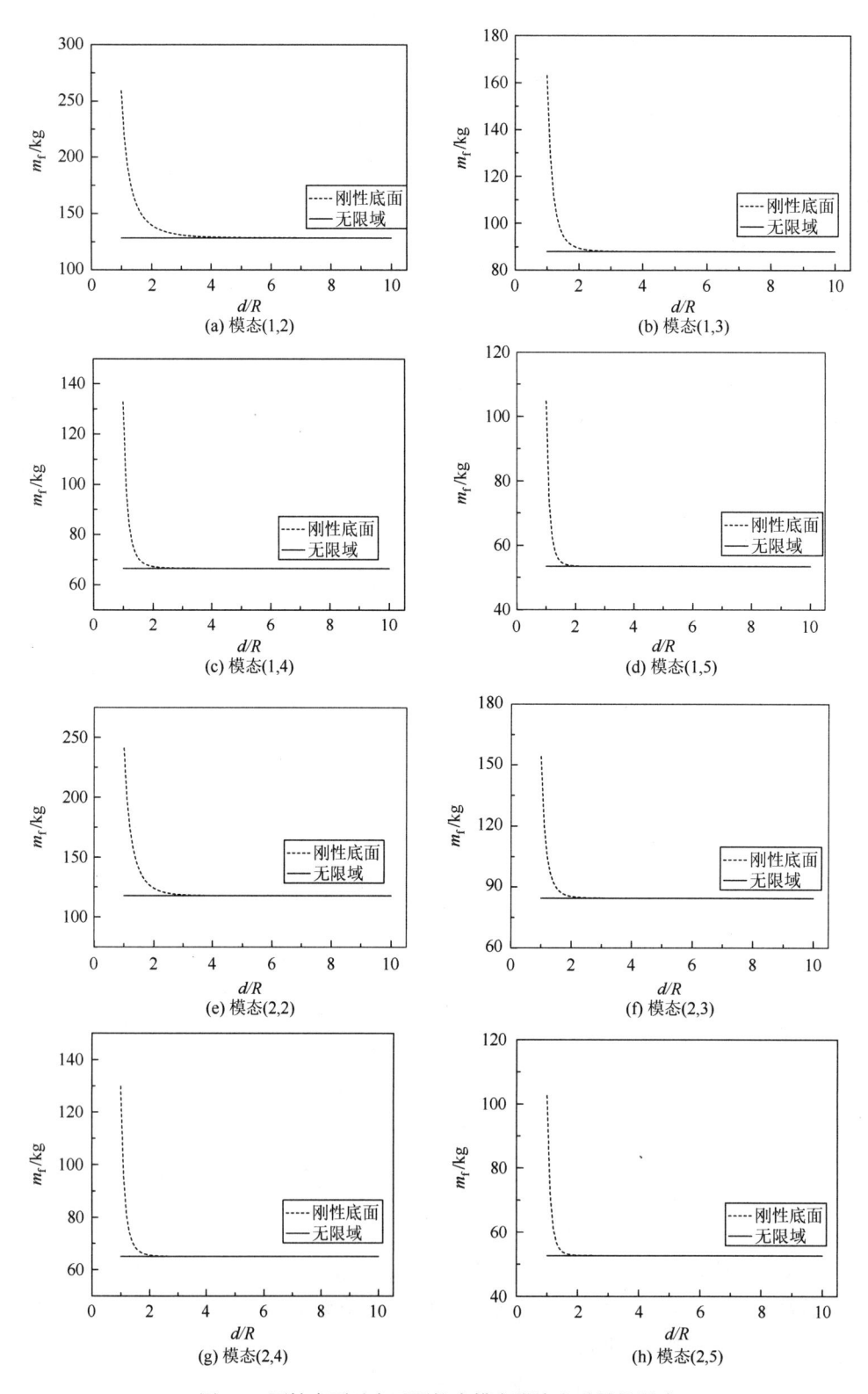

图 4.7 刚性底面对水下圆柱壳模态附连水质量的影响

从图 4.7 可以看出：当距离比 d/R 相对较小时，刚性底面附近圆柱壳的模态附连水质量明显大于对应模态下无限域中结构的模态附连水质量，例如，当 $d = R$ 时，模态(1, 2)下圆柱壳的模态附连水质量约为无限域中结构模态附连水质量的 2 倍，因此，较无限域中圆柱壳的模态频率而言，刚性底面的存在将导致水下圆柱壳的模态频率相应减小；随着距离比 d/R 的增大，刚性底面附近圆柱壳的模态附连水质量逐渐减小并趋近于对应模态下无限域中结构的模态附连水质量，这将导致刚性底面附近圆柱壳的模态频率逐渐趋近于无限域中结构的模态频率，刚性底面的影响逐渐减小。

为了更直观地了解刚性底面对水下圆柱壳模态附连水质量的影响，将刚性底面引起的附加模态附连水质量 m_f^i 单列出来，如式（4.15）所示，并分析了附加模态附连水质量随距离比 d/R 的分布规律，结果如图 4.8 所示。

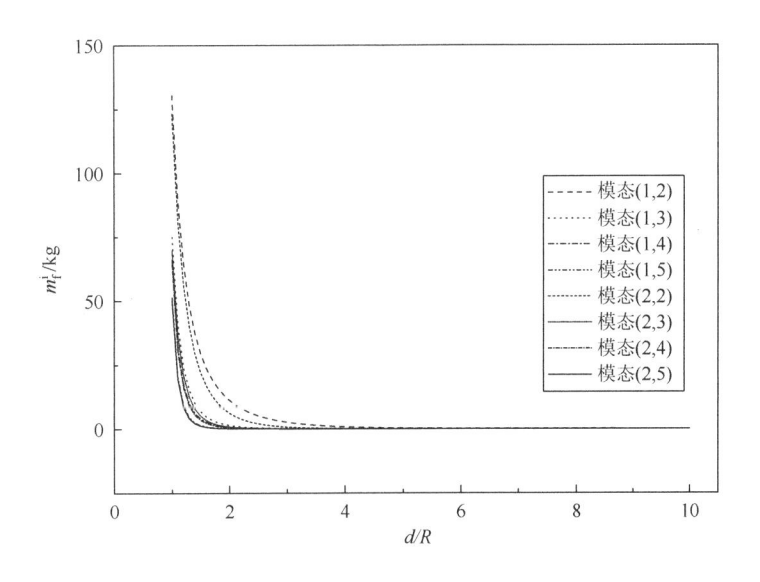

图 4.8　刚性底面引起的附加模态附连水质量随距离比 d/R 的分布规律

通过分析图 4.8 的变化趋势，可以获得：刚性底面引起的各阶附加模态附连水质量均为正值，说明刚性底面的存在会使水下圆柱壳的模态附连水质量增大，最终导致水下圆柱壳的同阶模态频率相应减小；当距离比 d/R 相对较小时，附加模态附连水质量在数值上明显较大，此时刚性底面的影响显著；随着距离比 d/R 的增大，刚性底面所引起的各阶模态的附加模态附连水质量均急剧减小并趋近于 0，表明刚性底面的影响将逐渐减小并最终可以忽略。

6. 刚性底面的影响范围

为了探究刚性底面边界对水下圆柱壳模态频率特性的影响范围，进一步分析了模态附连水质量比 m_f^i / m_f^r 随距离比 d/R 的分布规律，如图 4.9 所示。

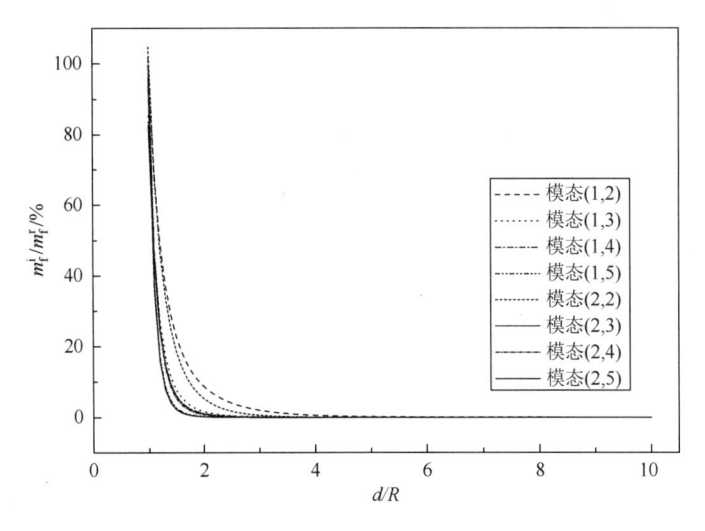

图 4.9 模态附连水质量比 $m_\mathrm{f}^\mathrm{i}/m_\mathrm{f}^\mathrm{r}$ 随距离比 d/R 的分布规律

从图 4.9 可以看出,当距离比 d/R 较小时,各阶模态附连水质量比值均明显较大,例如,模态(2, 2)下模态附连水质量比的最大比值可达 105%。此时,刚性表面所引起的附加模态附连水质量 m_f^i 与流场-圆柱壳耦合作用所产生的模态附连水质量 m_f^r（即无限域中水下圆柱壳的模态附连水质量）在数值上大小相近,刚性底面对水下圆柱壳振动特性的影响显著。随着距离比 d/R 的增大,各阶模态附连水质量比 $m_\mathrm{f}^\mathrm{i}/m_\mathrm{f}^\mathrm{r}$ 均逐渐减小并趋近于 0。当 $d \geqslant 4R$ 时,水下圆柱壳的各低阶模态附连水质量比 $m_\mathrm{f}^\mathrm{i}/m_\mathrm{f}^\mathrm{r}$ 均已小于 1%。在该工况下,较无限域中圆柱壳的模态附连水质量 m_f^r 而言,附加模态附连水质量 m_f^i 是一个小量,因此刚性底面的影响可以忽略。

为了得到关于刚性底面的作用范围更普适的结论,本章基于控制变量法对壳体几何参数展开了参数化分析。首先,探讨壳体长度对刚性底面边界作用范围的影响。假设数值模型的其他参数不变,本小节对比分析了 L 为 1.284 m、1.8 m、2.4 m 条件下刚性底面附近圆柱壳的模态附连水质量比 $m_\mathrm{f}^\mathrm{i}/m_\mathrm{f}^\mathrm{r}$ 随距离比 d/R 的分布规律（图 4.10）。

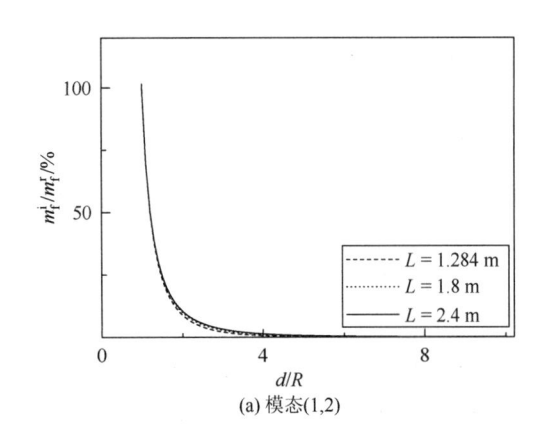

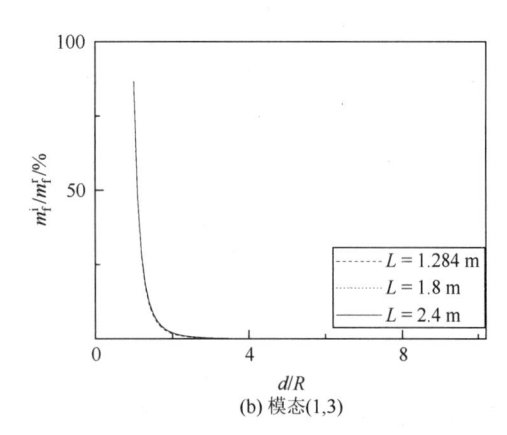

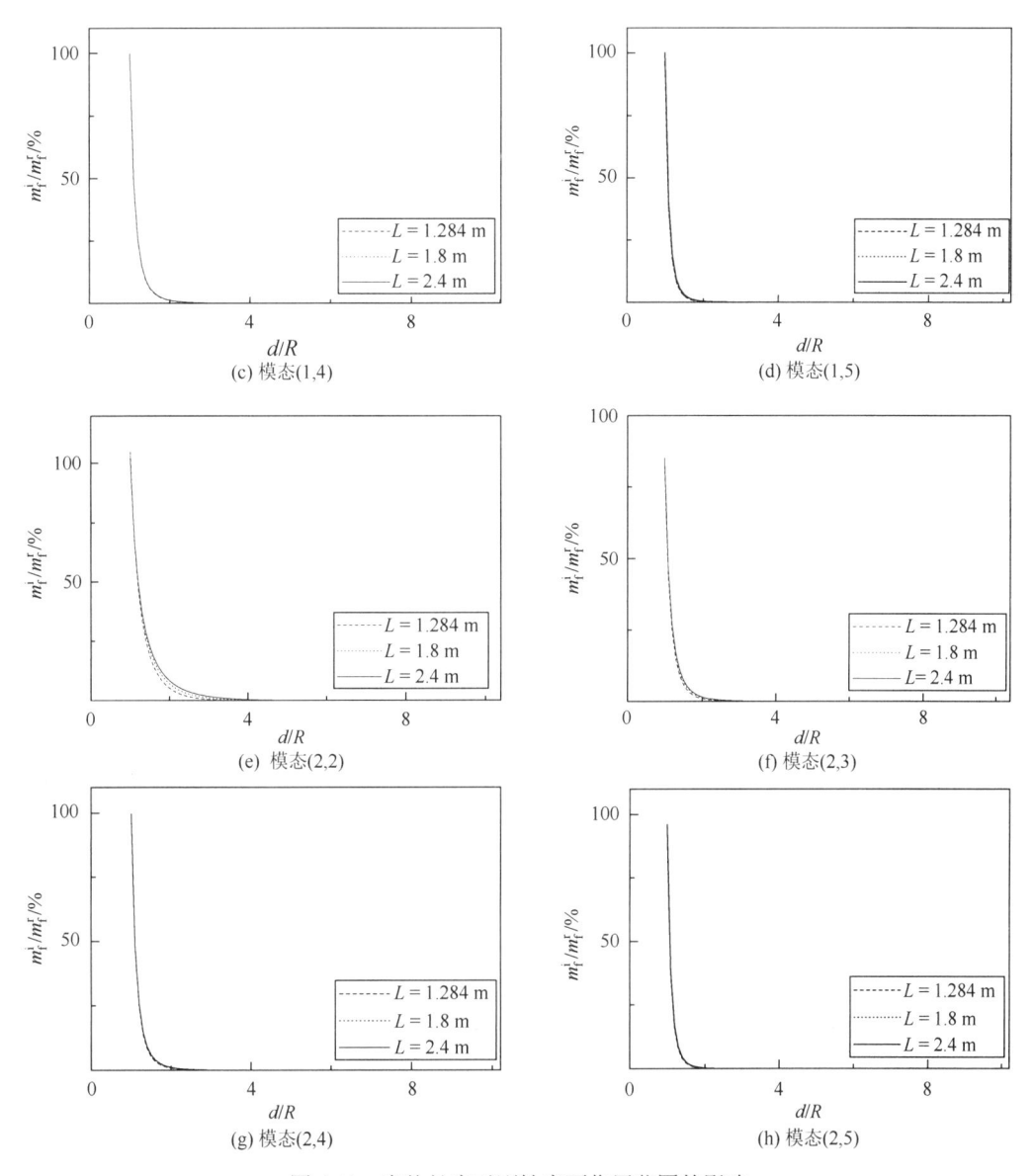

图 4.10 壳体长度对刚性底面作用范围的影响

图 4.10 表明：对于同阶模态，当距离比 d/R 较小（即圆柱壳靠近刚性底面）时，不同壳体长度条件下的结构模态附连水质量比在幅值上存在较小差异，但是各阶模态附连水质量比均相对较大，此时刚性底面效应显著；随着距离比 d/R 的增大，不同壳体长度条件下圆柱壳的模态附连水质量比均逐渐减小并趋近于 0；当 $d \geqslant 4R$ 时，各低阶模态下圆柱壳的模态附连水质量比均已小于 1%，此时认为刚性底面的影响可以忽略。因此，壳体长度的改变并不会影响刚性底面边界的作用范围。

然后，分析壳体半径对刚性底面边界作用范围的影响，分别取 R 为 0.15 m、0.18 m 和 0.21 m，分析刚性底面附近圆柱壳的模态附连水质量比 m_f^i/m_f^r 随距离比 d/R 的变化规律，结果如图 4.11 所示。

(a) 模态(1,2)

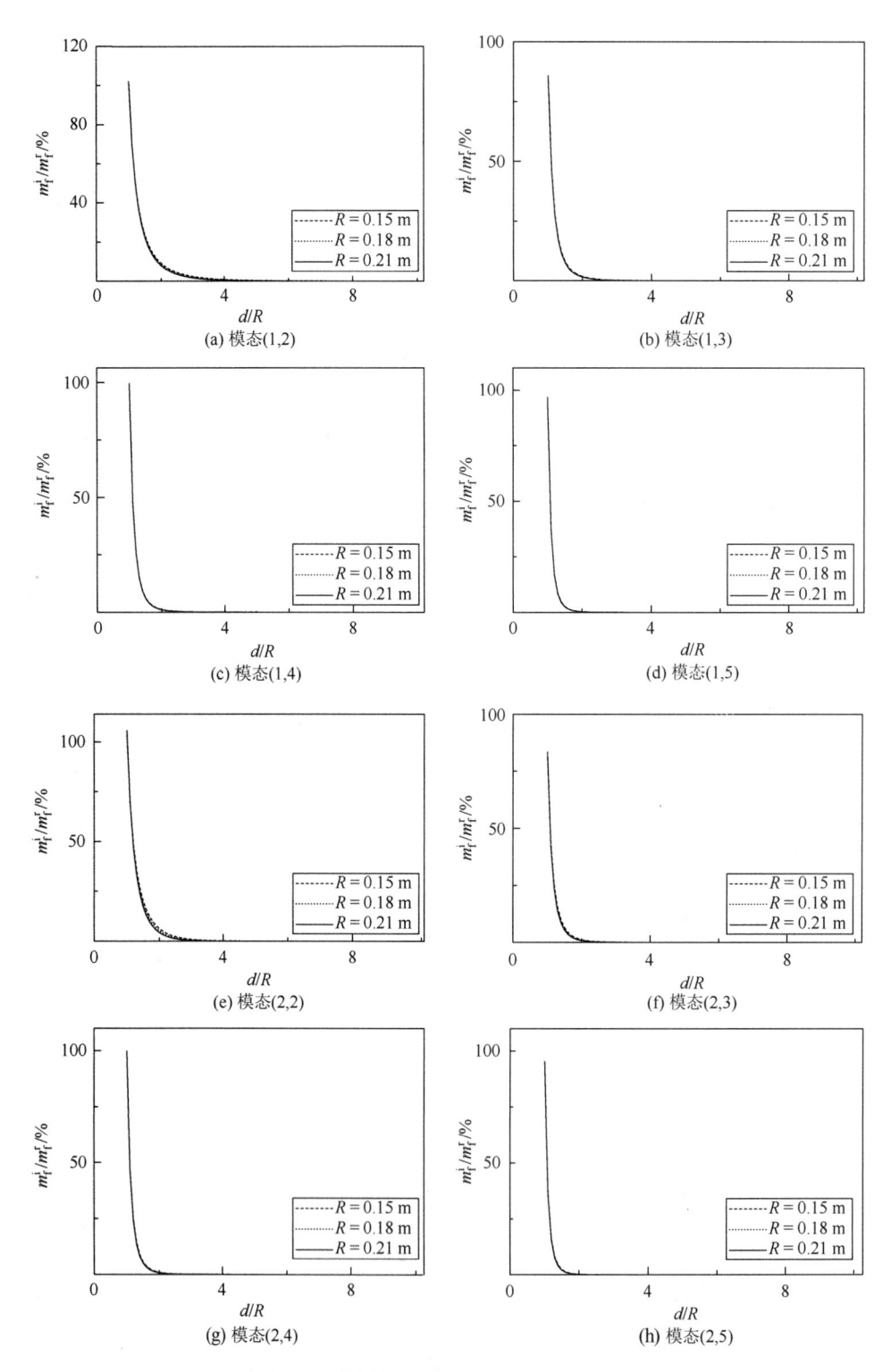

(b) 模态(1,3)

(c) 模态(1,4)

(d) 模态(1,5)

(e) 模态(2,2)

(f) 模态(2,3)

(g) 模态(2,4)

(h) 模态(2,5)

图 4.11　壳体半径对刚性底面作用范围的影响

图 4.11 的曲线规律表明：当距离比 d/R 相对较小时，壳体半径的改变会导致水下圆柱壳模态附连水质量比 $m_\mathrm{f}^\mathrm{r}/m_\mathrm{f}^\mathrm{r}$ 在幅值上发生一些变化，但各阶模态附连水质量比值均相对较大；随着距离比 d/R 的增大，不同壳体半径条件下圆柱壳的模态附连水质量比均逐渐减小，当 $d \geqslant 4R$ 时，各低阶模态下圆柱壳的模态附连水质量比均已小于 1%。因此，壳体半径的改变并不会影响刚性底面的作用范围。

综上所述，当 $d \geqslant 4R$ 时，刚性底面对水下圆柱壳低阶模态频率特性的影响可以忽略，该结论可以为圆柱壳结构在工程中的应用提供理论参考。

4.2.6 刚性底面附近圆柱壳的输入能量流和辐射声功率

1. 刚性底面附近圆柱壳的受迫振动模型

1）流体声载荷

流体声载荷的处理方式与 3.5.2 小节相同，最终其影响特点可反映在结构辐射声和反射声的位移阻抗上。相比于 3.5.2 小节的自由液面声边界，刚性底面形成的反射声的位移阻抗表达式略有改变：

$$Z_{mn}^\mathrm{r} = \sum_{a=0}^{+\infty} \frac{(-1)^a \rho_\mathrm{f} \omega^2 \Delta J_n(k_r R)}{k_r H_a^{(2)'}(k_r R)} \quad (4.18)$$

结合式（4.6）中流体声载荷的不同定义，这两种形式的流体声载荷的表达式是等效的，因此式（4.6a）和式（4.6b）代入式（4.14），则有

$$f_{omn} = (Z_{mn}^\mathrm{r} + Z_{mn}^\mathrm{i}) W_{mn} \quad (4.19)$$

式中：Z_{mn}^r 和 Z_{mn}^i 分别为结构辐射声和反射声的位移阻抗，表达式为

$$Z_{mn}^\mathrm{r} = \frac{\rho_\mathrm{f} \omega^2 H_n^{(2)}(k_r R)}{k_r H_n^{(2)'}(k_r R)}, \quad Z_{mn}^\mathrm{r} = \sum_{a=0}^{+\infty} \frac{(-1)^a \rho_\mathrm{f} \omega^2 \Delta J_n(k_r R)}{k_r H_a^{(2)'}(k_r R)}$$

Z_{mn}^r 和 Z_{mn}^i 分别体现了声场-圆柱壳耦合作用以及刚性底面边界的影响。

2）声场-圆柱壳耦合系统受迫振动方程

根据 3.5.3 小节，可考虑刚性底面影响的耦合振动方程改写为位移阻抗表达形式，继而得到模态 (m, n) 下圆柱壳的径向振动位移幅值，最终求解出考虑刚性底面影响的水下圆柱壳振动位移。

3）输入能量流

根据输入能量流的定义，结合壳体的振动响应，可以得到刚性底面附近有限长圆柱壳的输入能量流：

$$\begin{aligned}
p_{\text{in}} &= \frac{1}{2}\int_{-L/2}^{L/2}\int_{-\pi}^{\pi}\text{Re}(F\dot{w}^*)R\text{d}\theta\text{d}z \\
&= \frac{1}{2}\int_{-L/2}^{L/2}\int_{-\pi}^{\pi}\text{Re}\left\{\left[\sum_{jk}F_{jk}\cos(k\theta)\cos(k_jz)\right]\left[\sum_{mn}(\mathrm{i}\omega W_{mn})^*\cos(n\theta)\cos(k_mz)\right]\right\}R\text{d}\theta\text{d}z \\
&= \frac{\pi RL}{4}\text{Re}\left[\sum_{mn}\frac{F_{mn}}{\varepsilon_n}(\mathrm{i}\omega W_{mn})^*\right] \\
&= \frac{F_0}{2}\text{Re}\left[\sum_{mn}(\mathrm{i}\omega W_{mn})^*\right]
\end{aligned} \quad (4.20)$$

4）辐射声功率

根据辐射声功率的定义，可以根据结构振动响应求解刚性底面附近有限长圆柱壳的辐射声功率[160]：

$$p_v = \frac{1}{2}\int_S \text{Re}(p|_{r=R}\dot{w}^*)\text{d}S = \frac{1}{2}S\,\text{Re}\left[\left(Z_{mn}^{\text{r}}+Z_{mn}^{\text{i}}\right)w(\mathrm{i}\omega w)^*\right] \quad (4.21)$$

式中：S 为声场-圆柱壳耦合作用区域的面积，$S=2\pi LR$。

2. 模型计算参数

本小节选取的模型边界条件与计算参数与 4.2.5 小节相同，此外，取激励力幅值 $F_0=1$。

3. 收敛性分析

求解刚性底面附近圆柱壳的振动响应时，同样需要对反射声阻抗 Z_{mn}^{i} 中下标为 a 的无穷项求和结果进行截断处理，此时会引入截断误差，应对计算结果进行收敛性分析。假设下标 a 的最大取值为 A，即 $a=0,1,2,\cdots,A$，分析激励频率分别在 $f=100$ Hz、$f=500$ Hz 和 $f=1\,000$ Hz 条件下刚性底面附近圆柱壳表面点（$r=R, \theta=\pi, z=0$）处径向振动位移级随参数 A 的变化规律，结果如图 4.12 所示。

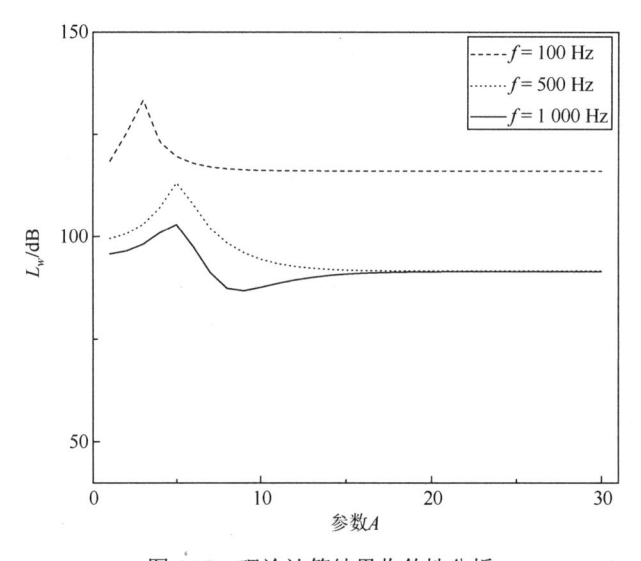

图 4.12 理论计算结果收敛性分析

从图 4.12 可以看出：当参数 A 取值较小时，理论计算的壳体径向振动位移不稳定；随着参数 A 的增大，结构振动位移逐渐趋于稳定；当参数 $A \geq 20$ 时，各激励频率下结构的振动位移均已收敛。因此，在后续计算中，取参数 $A = 20$。

4. 理论方法验证

基于 ANSYS 软件，对刚性底面附近有限长圆柱壳的受迫振动性能展开分析。分别采用 FLUID30 和 SHELL63 单元对流场与结构建立有限元模型，$d = 0.5$ m 时圆柱壳-流场的有限元模型如图 4.13 所示。为了分析结构的受迫振动特性，在圆柱壳表面施加幅值为 1N 的动态激励力。选取点（$r = R$，$\theta = \pi$，$z = 0.2$）的壳体径向振动位移作为评价参数，对比分析理论结果与仿真结果（图 4.14）。

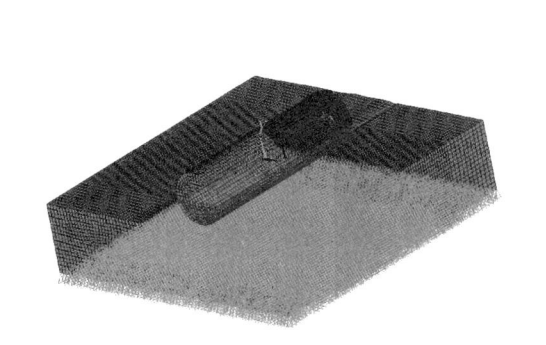

图 4.13 刚性底面附近圆柱壳-流场的有限元模型（部分）

图 4.14 刚性底面附近圆柱壳径向振动位移的理论解与仿真结果的对比分析

从图 4.14 可以看出：两种方法得到的壳体径向振动位移整体吻合较好，仅在共振频率以及响应幅值上略有偏差，最大相对误差的绝对值约为 3%。从工程角度可认为，分析刚性底面附近有限长圆柱壳受迫振动特性的理论方法是正确的。

5. 刚性底面对水下圆柱壳输入能量流特性的影响

本小节分析刚性底面边界对水下圆柱壳受迫振动特性的影响，对比计算 d 为 0.2 m、0.3 m 和 0.5 m 工况下圆柱壳输入能量流的频谱分布曲线，并与无限域中结构的输入能量流[161]进行了对比分析，结果如图 4.15 所示。

从图 4.15 可以看出：较无限域中圆柱壳的输入能量流特性而言，刚性底面附近圆柱壳输入能量流特性曲线的各阶共振频率均向低频偏移，这说明刚性底面的存在将导致结构流-固耦合固有频率相应减小；随着距离 d 的增大，结构固有频率逐渐增大并趋近于无限域中圆柱壳的流-固耦合固有频率，因此刚性底面的影响将逐渐减小并最终可以忽略。这一规律可以应用模态附连水质量概念来解释：刚性底面产生了正值附加模态附连水质量，致使水下圆柱壳的流-固耦合固有频率相应减小；随着距离 d 的增大，刚性底面引起的附加模态附连水质量逐渐减小并趋近于 0，导致刚性底面对水下结构的模态频率的影响逐渐减小并最终可以忽略。

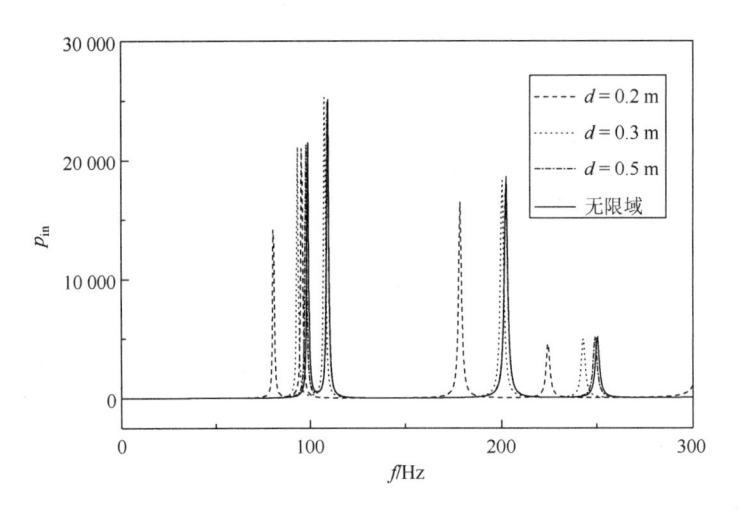

图 4.15　刚性底面对水下圆柱壳输入能量流特性的影响

由式（4.19）可知，反射声阻抗 Z_{mn}^i 可以反映刚性底面对水下圆柱壳振动响应的影响。为了分析刚性底面边界对水下圆柱壳振动响应的影响范围，本小节分析了辐射阻抗比 Z_{mn}^i / Z_{mn}^r 随距离比 d/R 的分布规律，结果如图 4.16 所示。

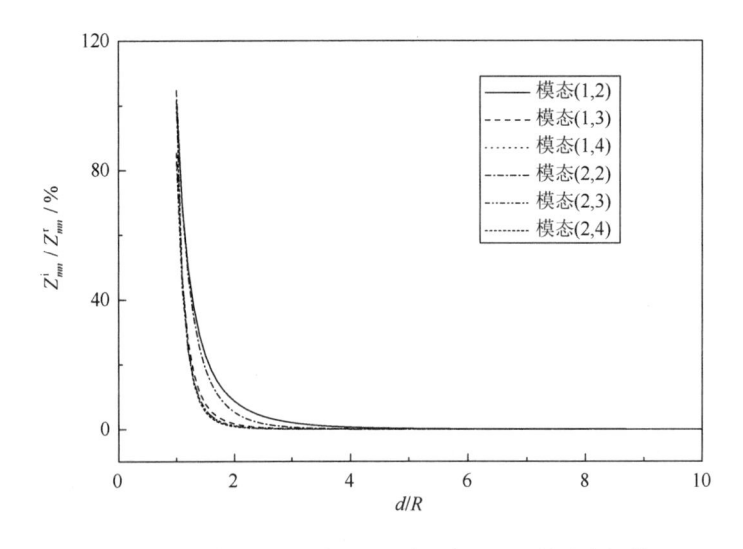

图 4.16　辐射阻抗比 Z_{mn}^i / Z_{mn}^r 随距离比 d/R 的分布规律

从图 4.16 可以看出：各阶模态下圆柱壳的辐射阻抗比均为正值，这说明刚性底面的存在加强了流体对结构振动特性的影响，导致结构的模态频率或共振频率相应减小；当距离比 d/R 相对较小时，各阶模态辐射阻抗比 Z_{mn}^i / Z_{mn}^r 均较大，例如：在 $d = R$ 工况下，第 $(1, 2)$ 阶模态的辐射阻抗比值约为 101.7%，此时，反射声阻抗 Z_{mn}^i 与辐射声阻抗 Z_{mn}^r 在数值上较相近，因此刚性底面的影响不可忽略；随着距离比 d/R 的增大，各阶模态辐射阻抗比 Z_{mn}^i / Z_{mn}^r 均逐渐减小并趋于 0，当 $d \geqslant 4R$ 时，水下圆柱壳的各低阶模态辐射阻抗比均已小于 1%，此时，反射声阻抗 Z_{mn}^{i} 较无限域中结构的辐射声阻抗 Z_{mn}^{r} 而言是一个小量，因此刚性底面的影响可以忽略。

前面基于位移辐射阻抗并从数学角度研究了刚性底面对水下圆柱壳受迫振动性能的影响，刚性底面效应的强弱也可以从物理角度用声波传播理论来解释：结构辐射声波经过刚性底面的反射后，形成同相位的反射声波（也可看作虚源的辐射声波），且传播距离 r' 后作用在结构上；当距离比 d/R 较小时，虚源和实源辐射声波的传输距离近似相等，$r' \approx r$，远场点处虚源和实源辐射声波的衰减程度大致相同，虚源和实源辐射声压在数值上较相近，因此刚性底面的影响显著；随着距离比 d/R 的增大，虚源辐射声波的传输距离 r' 逐渐增大，虚源辐射声波的衰减效应越来越明显，较实源辐射声压而言，虚源辐射声压相对较小，刚性底面的影响逐渐减小直至可以忽略。

6. 刚性底面对水下圆柱壳辐射声功率特性的影响

本小节研究刚性底面对水下圆柱壳辐射声功率特性的影响，分析了 d 为 0.2 m、0.3 m、0.5 m 工况时圆柱壳辐射声功率的频谱分布曲线，并与无限域中结构的辐射声功率特性进行对比分析，结果如图 4.17 所示。

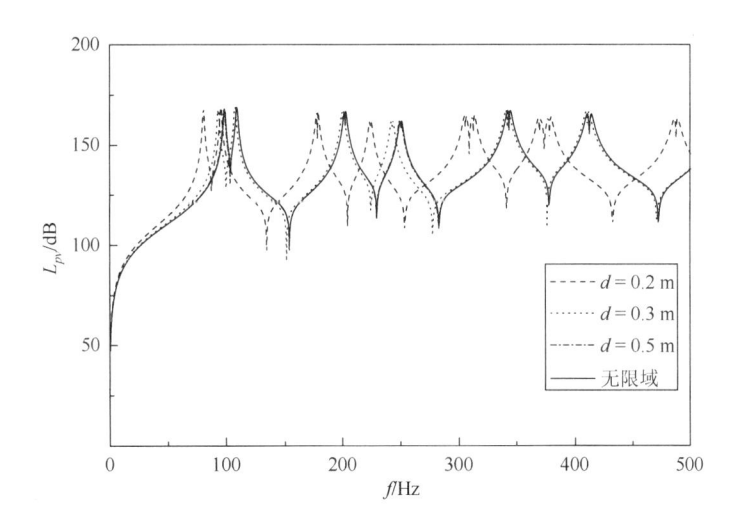

图 4.17　刚性底面对水下圆柱壳辐射声功率特性的影响

从图 4.17 可以看出：较无限域中圆柱壳的辐射声功率特性而言，存在刚性底面的半无限域中结构的辐射声功率曲线的共振频率明显向低频偏移，如 $d = 0.2$ m 工况下结构的辐射声功率曲线的第一个共振频率向低频偏移了约 18 Hz；随着距离 d 的增大，刚性底面附近圆柱壳的辐射声功率曲线的共振频率逐渐增大，并最终趋近于无限域中结构的辐射声功率特性。上述现象表明，刚性底面的存在将使水下圆柱壳辐射声功率曲线的共振频率向低频偏移，且刚性底面的影响将随着距离 d 的增大而逐渐减小。上述现象依然可以从模态附连水质量的角度来解释：刚性底面产生的附加模态附连水质量为正值，致使水下圆柱壳的模态附连水质量增大，并最终导致结构的共振频率相应减小；随着距离 d 的增大，附加模态附连水质量逐渐减小并趋近于 0，最终可以忽略刚性底面的影响。

此外，可以采用辐射阻抗比 Z_{mn}^i / Z_{mn}^r（图 4.16）来分析刚性底面对水下圆柱壳辐射声功率特性的影响范围：随着距离比 d/R 的增大，各阶模态下的辐射阻抗比 Z_{mn}^i / Z_{mn}^r 均逐渐减小并趋于 0；当 $d \geqslant 4R$ 时，各低阶模态辐射阻抗比 Z_{mn}^i / Z_{mn}^r 均已小于 1%，因此刚性底面对低频段水下圆柱壳的辐射声功率特性的影响可以忽略。

4.3 有限深度水域中的声场分析

4.3.1 研究对象

有限深度水域中有限长圆柱壳结构及坐标系如图 4.18 所示。圆柱壳长度为 L，半径为 R，厚度为 D。壳体材料的密度为 ρ_s，弹性模量为 E，泊松比为 μ，流体密度为 ρ_f。水域深度为 H，圆柱壳轴线与自由液面平行且距离为 h，定义为潜深。壳体轴线与底部刚性底面之间的距离为 d，因此有几何关系 $H = h + d$。z、r、θ 分别表示圆柱壳的轴向、径向和周向。半无限长的刚性声障柱分别附加于圆柱壳的开口两端，作用在壳体表面的径向点激励力为 f_r。

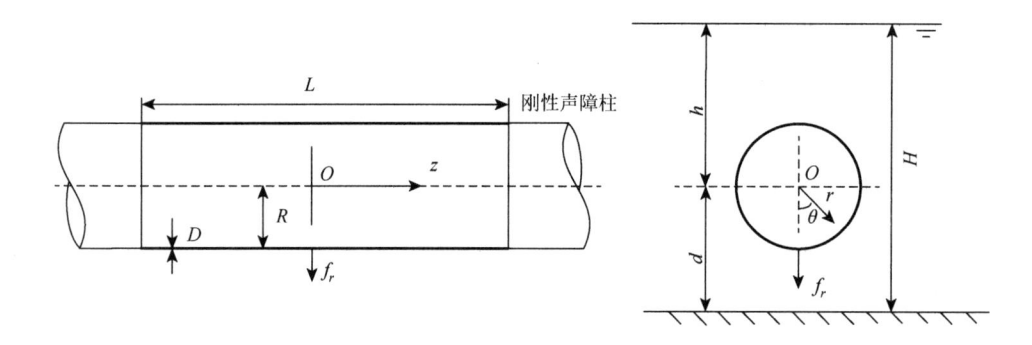

图 4.18 有限深度水域中有限长圆柱壳结构及坐标系示意图

4.3.2 声学边界条件分析

在有限深度水域中，流体声压在自由液面和刚性底面处分别满足以下条件：

$$p(r,\theta,z)\big|_{\text{自由液面}} = 0, \quad \frac{\partial p(r,\theta,z)}{\partial n}\bigg|_{\text{刚性底面}} = 0 \qquad (4.22)$$

式中：$\partial/\partial n$ 表示对变量求取法向偏导。

4.3.3 声场分析

在有限深度水域中，由于流体的上下边界对声波具有多重反射作用，所以流场中的声场分布十分复杂。基于虚源法的思想，壳体辐射声波经过流体上、下边界的多重反射作用会在边界外侧形成多个虚源，自由液面一侧的虚源分别定义为 $u_1, u_2, \cdots$，而刚性底面一侧的虚源分别定义为 $d_1, d_2, \cdots$，如图 4.19 所示[89]。本小节主要分析有限深度水域中的辐射声场，主要包括两部分：一部分是结构振动产生的直接辐射声场，其声压用 p^r 表示；另一部分是经流体上、下边界的反射而形成的反射声场，也可看作虚源的辐射声场，其声压用 p^i 表示。因此，有限深度水域中的流体声压可以表述为

$$p(r,\theta,z) = p^r + \sum_x p_x^i \quad (4.23)$$

式中：x 为虚源编号，$x = u_1, u_2, \cdots, d_1, d_2, \cdots$。

采用分离变量法求解声学波动方程，可以对结构辐射声压进行如下展开：

$$p^r = \sum_{m=0}^{+\infty} \sum_{n=0}^{+\infty} p_{mn}^r H_n^{(2)}(k_r r) \cos(n\theta) \exp(-\mathrm{i}k_m z) \quad (4.24)$$

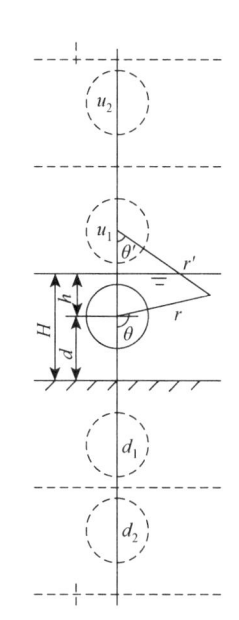

图 4.19 有限深度水域中圆柱壳的虚源示意图

式中：p_{mn}^r 为模态 (m, n) 下结构辐射声压的幅值；$H_n^{(2)}()$ 为 n 阶第二类汉克尔函数；$k_r^2 = k_f^2 - k_m^2$，$k_f = \omega / c_f$。

根据流体边界类型，可以分析虚源声场与结构本体声场之间的关系。

（1）相位关系：在自由液面边界处，流体介质的阻抗比自由液面上方的空气介质的阻抗特性相对较大，因此，经过自由液面反射形成的虚源声场与本体声场的相位相反；在刚性底面边界处，较流体介质的阻抗特性而言，刚性底面的阻抗相对较大，经过刚性底面反射后形成的虚源声场与本体声场同相位。

（2）空间位置关系：$u_1, u_3, \cdots, d_1, d_3, \cdots$ 虚源是结构辐射声波经过奇数次反射形成的，因此虚源与本体呈镜面对称关系；$u_2, u_4, \cdots, d_2, d_4, \cdots$ 虚源是结构辐射声波经过偶数次反射形成的，因此虚源与本体呈平移关系。

将相位关系和空间位置关系结合起来，可以知道虚源声场与结构本体声场之间存在如下四种关系。

①同相位镜面对称：

$$p_x^i = \sum_{m=0}^{+\infty} \sum_{n=0}^{+\infty} (-1)^n p_{mn}^r H_n^{(2)}(k_r r_x) \cos(n\theta_x) \exp(-\mathrm{i}k_m z) \quad (4.25)$$

②反相位镜面对称：

$$p_x^i = \sum_{m=0}^{+\infty} \sum_{n=0}^{+\infty} (-1)^{n+1} p_{mn}^r H_n^{(2)}(k_r r_x) \cos(n\theta_x) \exp(-\mathrm{i}k_m z) \quad (4.26)$$

③同相位平移：

$$p_x^i = \sum_{m=0}^{+\infty} \sum_{n=0}^{+\infty} p_{mn}^r H_n^{(2)}(k_r r_x) \cos(n\theta_x) \exp(-\mathrm{i}k_m z) \quad (4.27)$$

④反相位平移：

$$p_x^i = -\sum_{m=0}^{+\infty}\sum_{n=0}^{+\infty} p_{mn}^r H_n^{(2)}(k_r r_x)\cos(n\theta_x)\exp(-ik_m z) \tag{4.28}$$

式中：p_x^i 为虚源 x 的辐射声压；r_x 和 θ_x 分别代表虚源 x 坐标系的径向和周向坐标。

各虚源与本体之间的对应关系：u_1 对应情况②，$L_{u_1}=2h$，u_2 对应情况④，$L_{u_2}=2H$，u_3 对应情况①，$L_{u_3}=2H+2h$，u_4 对应情况③，$L_{u_4}=4H$，u_5 对应情况②，$L_{u_5}=4H+2h$，…，自由液面一侧虚源系列每四个形成一个小周期，周而复始；类似地，d_1 对应情况①，$L_{d_1}=2d$，d_2 对应情况④，$L_{d_2}=2H$，d_3 对应情况②，$L_{d_3}=2H+2d$，d_4 对应情况③，$L_{d_4}=4H$，d_5 对应情况①，$L_{d_5}=4H+2d$，…，刚性底面一侧的虚源系列每四个形成一个小周期，周而复始。L_x 为虚源 x 与本体之间的距离。

基于 Graf 加法定理，可以将虚源声场映射到结构本体声场坐标系中：

$$H_n^{(2)}(k_r r_x)\cos(n\theta_x)=\begin{cases}\displaystyle\sum_{a=-\infty}^{+\infty}(-1)^a H_{n+a}^{(2)}(k_r L_x)J_a(k_r r)\exp(\mathrm{i}(n+a)\varphi_x)\cos(a\theta),& r\leqslant L_x\\ \displaystyle\sum_{a=-\infty}^{+\infty}(-1)^a J_{n+a}(k_r L_x)H_a^{(2)}(k_r r)\exp(\mathrm{i}(n+a)\varphi_x)\cos(a\theta),& r> L_x\end{cases} \tag{4.29}$$

式中：$J_n(\ )$ 为 n 阶第一类贝塞尔函数；φ_x 为本体横截面圆心在虚源 x 坐标系下的周向坐标，对各虚源有 $\varphi_x=\begin{cases}0,& x=u_1,u_2,\cdots\\ \pi,& x=d_1,d_2,\cdots\end{cases}$。

在圆柱壳流固振动过程中，流体与圆柱壳表面始终保持接触而不分离，因此流体声压与壳体振动速度在声场-圆柱壳的耦合交界面（即圆柱壳的外表面）处满足声-振连续性条件：

$$-\frac{1}{\mathrm{i}\rho_f\omega}\frac{\partial p^r}{\partial r}\bigg|_{r=R}=\frac{\partial w}{\partial t} \tag{4.30}$$

4.4 圆柱壳的自由振动特性分析

4.4.1 有限深度水域中圆柱壳的自由振动模型

1. 声场-圆柱壳耦合系统的特征方程

有限深度水域中的有限长声场-圆柱壳的耦合振动方程可见式（4.13），其特征值问题求解可参考式（4.14），当确定轴向波数 k_m 后，即可求得有限深度水域中有限长圆柱壳的模态频率。

2. 模态附连水质量

将第 (m,n) 阶模态附连水质量密度在声场-圆柱壳耦合交界面内（即圆柱壳结构的外表面）积分可以获得模态 (m,n) 下有限深度水域中有限长圆柱壳的模态附连水质量：

$$m_f=\iint_S \sigma_f\,\mathrm{d}S=m_f^i+m_f^r=m_f^r+m_{fu}^i+m_{fd}^i \tag{4.31}$$

$$m_\text{f}^\text{r} = -2\pi LR\sigma_\text{f}^\text{r} \tag{4.32}$$

$$m_\text{f}^\text{i} = -2\pi LR\sigma_\text{f}^\text{i} \tag{4.33}$$

$$m_\text{fu}^\text{i} = -2\pi LR\sigma_\text{fu}^\text{i} \tag{4.34}$$

$$m_\text{fd}^\text{i} = -2\pi LR\sigma_\text{fd}^\text{i} \tag{4.35}$$

式中：S 为声场-圆柱壳耦合交界面的面积，$S = 2\pi LR$；m_f^r 为由声场-圆柱壳耦合作用产生的模态附连水质量；m_f^i 为由于有限深度水域边界的存在而产生的附加模态附连水质量，具体地，m_fu^i 和 m_fd^i 分别反映了自由液面一侧和水底一侧所有虚源的影响。

4.4.2 有限深度水域中圆柱壳的模态频率特性

1. 模型计算参数

本小节采用的模型边界条件和计算参数与 4.2.5 小节相同。

2. 收敛性分析

由式（4.25）～式（4.28）可知，流体声压理论上是壳体本体辐射声压以及无穷个虚源辐射声压的叠加，而在数值计算过程中需要对此进行截断处理。此外，振动控制方程中包含对下标 a 的无穷级数求和，在计算过程中也需要对此进行截断处理。为了保证理论计算结果的精度，分别从虚源截断数和对下标 a 的无穷级数求和的截断项数两方面对理论计算的有限深度水域中圆柱壳的模态频率展开收敛性分析。假设有限深度水域的水深为 $H = 1.6$ m。

首先，分析虚源截断数对理论计算结果收敛性的影响。假设圆柱壳潜深 $h = 0.2$ m，下标 a 的最大取值为 $A = 50$，本小节对比分析了有限深度水域上、下表面单侧各考虑 4 个、8 个、12 个虚源时水下简支圆柱壳的前几阶模态频率，结果如表 4.2 所示。

表 4.2 虚源截断数对有限深度水域中圆柱壳模态频率的影响 （单位：Hz）

单侧虚源数	模态(1, 2)	模态(1, 3)	模态(1, 4)	模态(2, 3)	模态(2, 4)
4	102.94	111.18	203.54	219.56	243.44
8	102.94	111.18	203.54	219.56	243.44
12	102.94	111.18	203.54	219.56	243.44

从表 4.2 可以看出，在水域上下边界单侧各考虑 4 个虚源的基础上，再增加虚源的数目并不会有效提高理论计算结果的精度。因此，在后续计算过程中水域上、下边界单侧各取 4 个虚源。

然后，分析参数 A 对理论结果收敛性的影响。本小节分析了 $h = 0.2$ m 和 $d = 0.2$ m 工况下圆柱壳的模态频率随参数 A 的变化规律，结果如图 4.20 所示。

(a) h = 0.2 m

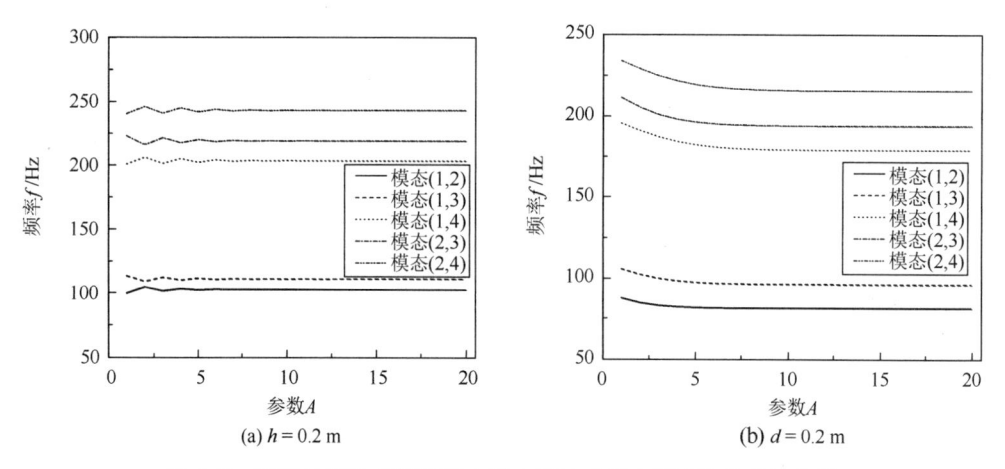

(b) d = 0.2 m

图 4.20 理论计算的有限深度水域中圆柱壳模态频率的收敛性分析

从图 4.20 可以看出，随着参数 A 的增大，h = 0.2 m 工况下圆柱壳的模态频率逐渐收敛并趋于稳定，而在 d = 0.2 m 工况下结构的模态频率也是趋于稳定的。计算表明，当参数 $A \geq 10$ 时，两种工况下圆柱壳的各阶模态频率均已收敛，故在后续计算过程中取参数 A = 10。

3. 理论方法验证

Ergin 等[58]对有限深度水域中圆柱壳的动力学特性展开了试验研究，在试验测量过程中，壳体模型两端分别焊接了与圆柱壳等横截面的圆形端板，这是试验模型与理论分析模型的主要差别。此外，Amabili[115]和 Ergin 等[58]指出，在圆柱壳两端附加端板，壳体的边界条件可以近似看作 SS-SS 边界。因此，Ergin 的试验测量结果可以用来验证本书理论分析方法的正确性，理论计算的结构模态频率与试验测量结果的对比分析如表 4.3 和表 4.4 所示。本小节选取的数值模型参数与 Ergin 的试验模型参数一致。需要指出的是，表 4.3 和表 4.4 中的试验数据分别是在水深为 H = 1.6 m 和 H = 4 m 的水池中测量得到的。为了方便对比分析，定义相对误差：

$$\eta = \frac{f_\text{T} - f_\text{E}}{f_\text{E}} \times 100\% \tag{4.36}$$

式中：f_T 为有限深度水域中圆柱壳的模态频率的理论计算值；f_E 为文献[58]的试验测量结果。

表 4.3 H = 1.6 m 时理论计算结果与试验测量结果的对比分析

模态	h = 0.21 m			h = 0.23 m			h = 0.68 m		
	f_E/Hz	f_T/Hz	η/%	f_E/Hz	f_T/Hz	η/%	f_E/Hz	f_T/Hz	η/%
(1, 2)	101.6	102.4	0.79	98.4	101.7	3.35	97.5	98.9	1.44
(1, 3)	113.4	110.8	−2.29	109.4	110.4	0.91	108.7	109.3	0.55
(1, 4)	203.0	203.3	0.15	201.5	203.1	0.79	200.9	202.4	0.75
(2, 3)	220.5	218.9	−0.73	218.6	218.2	−0.18	217.0	217.0	0.00
(2, 4)	243.6	243.0	−0.25	242.0	242.5	0.21	241.3	241.6	0.12

表 4.4 $H=4$ m 时理论计算结果与试验测量结果的对比分析

模态	$h=0.25$ m			$h=1.5$ m			$h=3.5$ m		
	f_E/Hz	f_T/Hz	η/%	f_E/Hz	f_T/Hz	η/%	f_E/Hz	f_T/Hz	η/%
(1, 2)	99.4	101.2	1.81	97.1	98.9	1.85	97.9	98.6	0.72
(1, 3)	109.9	110.1	0.18	107.9	109.3	1.30	109.2	109.2	0.00
(1, 4)	199.4	202.9	1.76	198.9	202.4	1.76	202.3	202.4	0.05
(2, 3)	214.1	217.8	1.73	215.4	217.0	0.74	216.9	217.0	0.05
(2, 4)	240.1	242.2	0.87	238.9	241.6	1.13	241.6	241.6	0.00

从表 4.3 和表 4.4 可以看出，理论计算结果与试验测量结果整体吻合较好，二者的相对误差较小，最大相对误差在 3.5%以内。这说明提出的分析有限深度水域中有限长圆柱壳自由振动特性的理论方法是正确的。

4. 水深对水下圆柱壳模态频率特性的影响

进一步研究水深对水下圆柱壳自由振动特性的影响，计算不同水深条件下圆柱壳的模态频率随潜深的变化曲线，并与无限域中结构的模态频率做对比分析（图 4.21）。为了方便对比分析，定义相对潜深：

$$H_\mathrm{r}=\frac{h-R}{H-2R}\times100\% \tag{4.37}$$

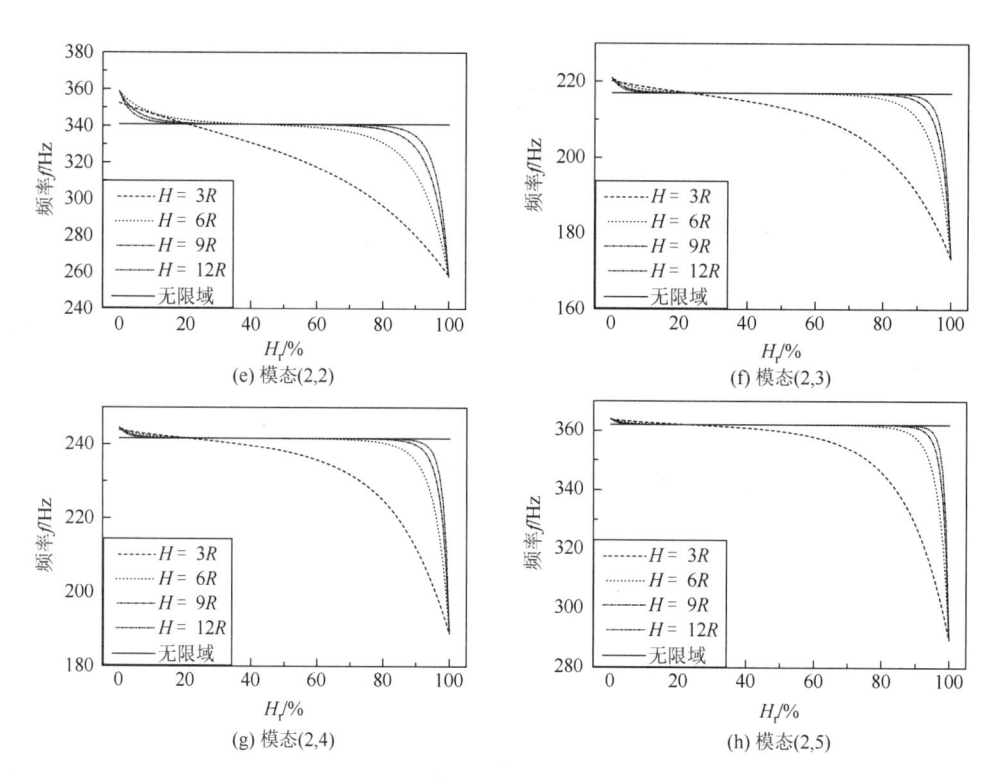

图 4.21 不同水深条件下结构模态频率随相对潜深的分布规律

从图 4.21 可以看出，不同水深条件下结构的模态频率随相对潜深的整体分布规律基本相似，结构模态频率均随相对潜深的增大而逐渐减小。相较于无限域中圆柱壳的模态频率，当相对潜深较小时，有限深度水域中圆柱壳的模态频率值相对较大；而当相对潜深较大时，有限深度水域中圆柱壳的模态频率则相对较小。此外，不同水深条件下圆柱壳的模态频率随相对潜深的分布规律存在明显差异：当水深相对较小（如 $H=3R$）时，随着相对潜深的增大，水下圆柱壳的模态频率持续大幅减少；当水深相对较大（如 $H=9R$、$H=12R$）时，随着相对潜深的增大，水下圆柱壳的模态频率均先急剧减小，然后趋于平缓，最后急剧减小。上述现象表明，水深对水下圆柱壳模态频率特性的影响显著，尤其是当水深相对较小时。

此外，当 $H_r=0$（或 $H_r=1$）时，$H=3R$ 工况下圆柱壳的各阶模态频率均略小于（或大于）对应模态下较大水深（如 $H=12R$）工况下的结构模态频率，该现象与有限深度水域中流体边界效应的作用范围密切相关，本章将在后续的分析中对此做出解释。

为了更好地了解水深对水下圆柱壳模态频率特性的影响，本小节分析了 $h=R$（即 $H_r=0$）、$h=H/2$（即 $H_r=0.5$）和 $d=R$（即 $H_r=1$）三种工况下圆柱壳的模态频率随水深的变化规律，并与对应工况下存在自由液面或刚性底面的半无限域或无限域中结构的模态频率进行了对比分析，结果如图 4.22 所示。

由图 4.22 可知，在相同模态条件下，当水深相对较小时，有限深度水域中圆柱壳的模态频率与半无限域或无限域中结构的模态频率特性存在明显差异。例如，针对有限深度水域中 $h=R$（或 $d=R$）工况，圆柱壳的模态频率明显小于（或大于）对应工况下存在自

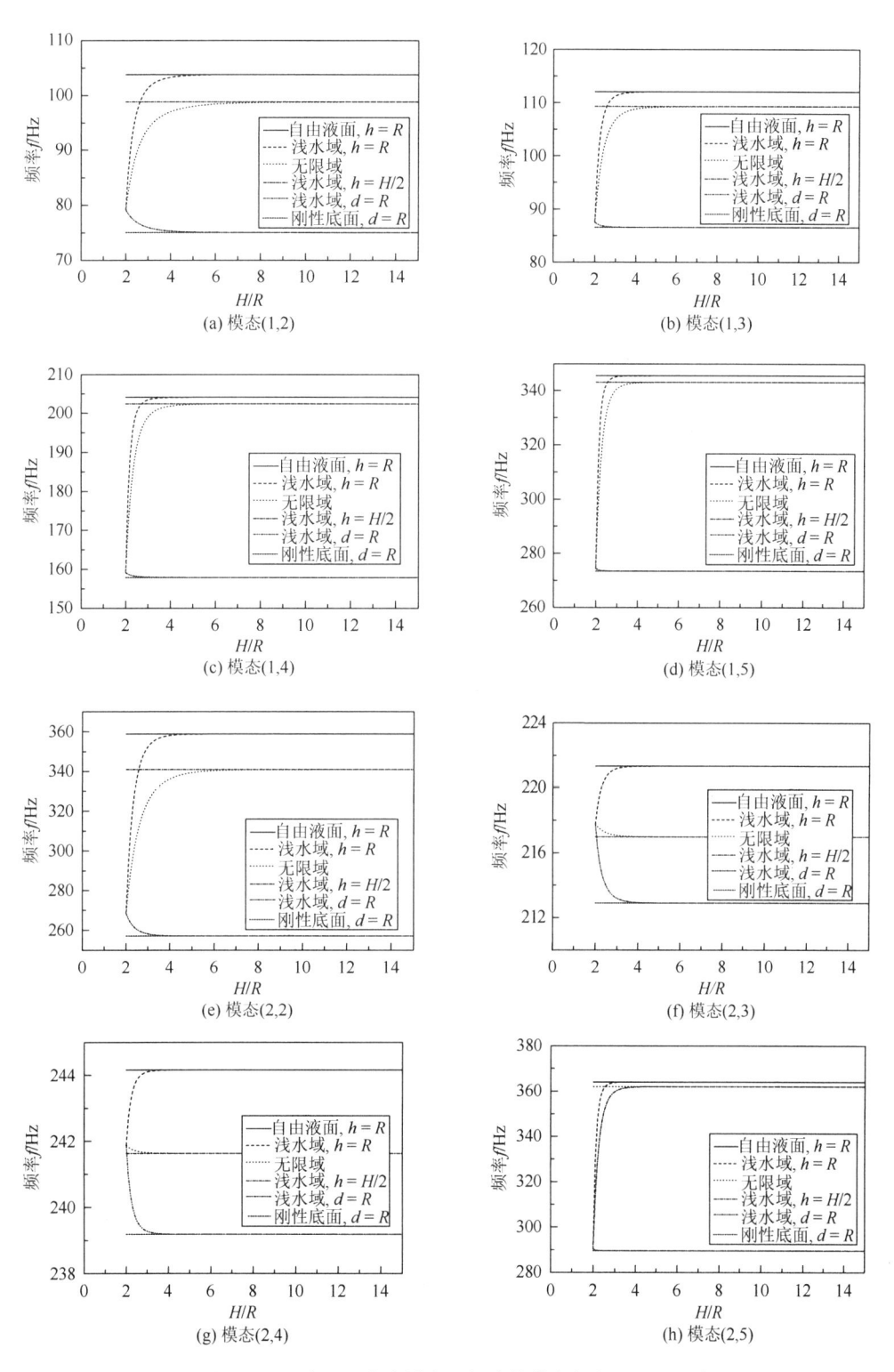

图 4.22 不同工况下有限深度水域中圆柱壳的模态频率随水深的变化规律

由液面（或刚性底面）的半无限域内结构的模态频率。随着水深的增大，$h=R$（或 $d=R$）工况下圆柱壳的模态频率值逐渐增大（或减小），并趋近于相同工况下存在自由液面（或刚性底面）的半无限域内结构的模态频率。上述现象表明，有限深度水域边界对水下圆柱壳模态频率特性的影响可以看作流体上、下边界（即自由液面和刚性底面）效应的叠加。

根据以上内容，可对比分析 $h=R$ 工况下有限深度水域和存在自由液面的半无限域内圆柱壳的模态频率特性：①当水深较小时，有限深度水域中结构的模态频率明显小于存在自由液面的半无限域内结构的模态频率；②随着水深的增大，有限深度水域中圆柱壳与水底刚性底面边界之间的距离 d 逐渐增大，有限深度水域中圆柱壳的模态频率逐渐增大并趋近于存在自由液面的半无限域内结构的模态频率。这一规律表明，刚性底面的存在将导致水下圆柱壳模态频率减小，且刚性底面对模态频率的影响将随着距离 d 的增大而逐渐减小，并最终可以忽略其影响。

类似地，可以对比分析 $d=R$ 工况下有限深度水域和存在刚性底面的半无限域内圆柱壳的模态频率特性：①当水深较小时，此时圆柱壳与自由液面边界之间的距离较小，有限深度水域中圆柱壳的模态频率明显大于存在刚性底面的半无限域内结构的模态频率；②随着水深的增大，圆柱壳与自由液面边界之间的距离增大，有限深度水域中圆柱壳的模态频率逐渐减小并趋近于存在刚性底面的半无限域内结构的模态频率。上述现象表明，自由液面的存在将使水下圆柱壳的模态频率增大，且随着圆柱壳潜深 h 的增大，自由液面的影响将随结构与自由液面之间距离的增大而逐渐减小并最终可以忽略。

根据图 4.22 中的数据，可以对图 4.21 中的现象[即当 $H_r=0$（或 $H_r=1$）时，$H=3R$ 工况下圆柱壳的各阶模态频率均略小于（或大于）对应模态下较大水深工况下结构的模态频率]做出解释：在水深为 $H=12R$ 的水域中，当 $h=R$（即 $H_r=0$）时，圆柱壳与刚性底面之间的距离大于 4 倍半径，因此刚性底面的影响可以忽略，而在水深为 $H=3R$ 的水域中，$h=R$ 工况下圆柱壳与水底之间的距离相对较小，结构的模态频率受刚性底面的影响相应减小。类似地，在 $d=R$（即 $H_r=1$）工况下，自由液面对 $H=12R$ 的水域中圆柱壳的模态频率的影响可以忽略，而在 $H=3R$ 的水域中结构的模态频率受自由液面的影响相应增大。

5. 潜深对水下圆柱壳模态频率特性的影响

下面研究潜深对有限深度水域中圆柱壳自由振动频率的影响。本小节分析了水深为 $H=12R$ 时水域中圆柱壳的模态频率随潜深的分布规律，并与无限域中结构的模态频率进行对比分析，计算曲线如图 4.23 所示。

分析图 4.23 的结果，可以看出：与无限域中圆柱壳的模态频率进行对比，当潜深较小，且圆柱壳靠近自由液面时，有限深度水域中圆柱壳的模态频率值相对较大；当潜深相对较大，且结构靠近刚性底面时，有限深度水域中圆柱壳的模态频率值相对较小。上述现象表明，有限深度水域中圆柱壳的模态频率特性与潜深的大小关系密切。

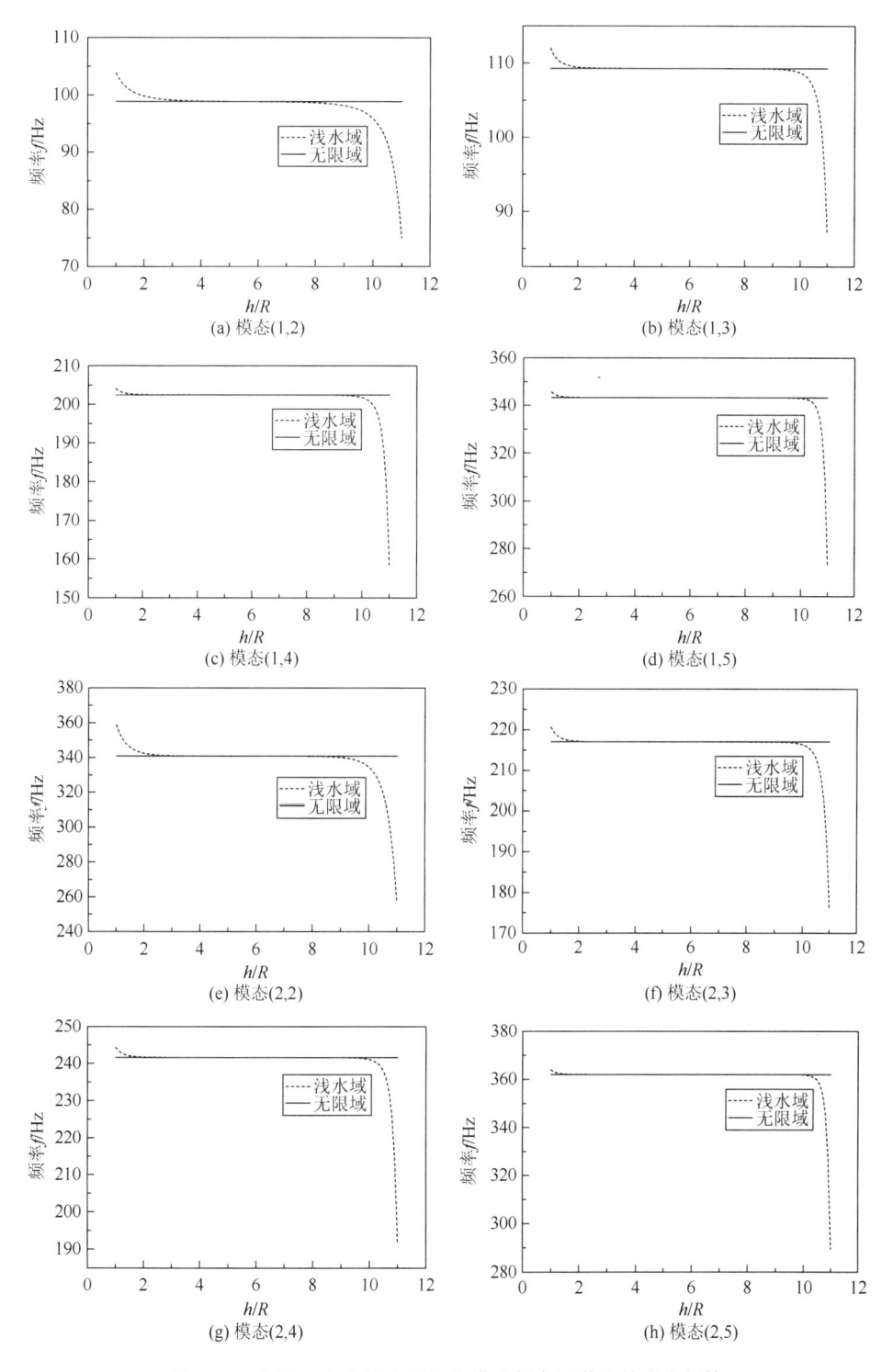

图 4.23 有限深度水域中圆柱壳模态频率随潜深的分布规律

利用模态附连水质量理论,可揭示有限深度水域中流体声边界对水下圆柱壳模态频率的影响机理。在水深为 $H=12R$ 的水域中,圆柱壳的模态附连水质量随潜深的分布规律如图 4.24 所示,可结合无限域中结构的模态附连水质量做对比分析。

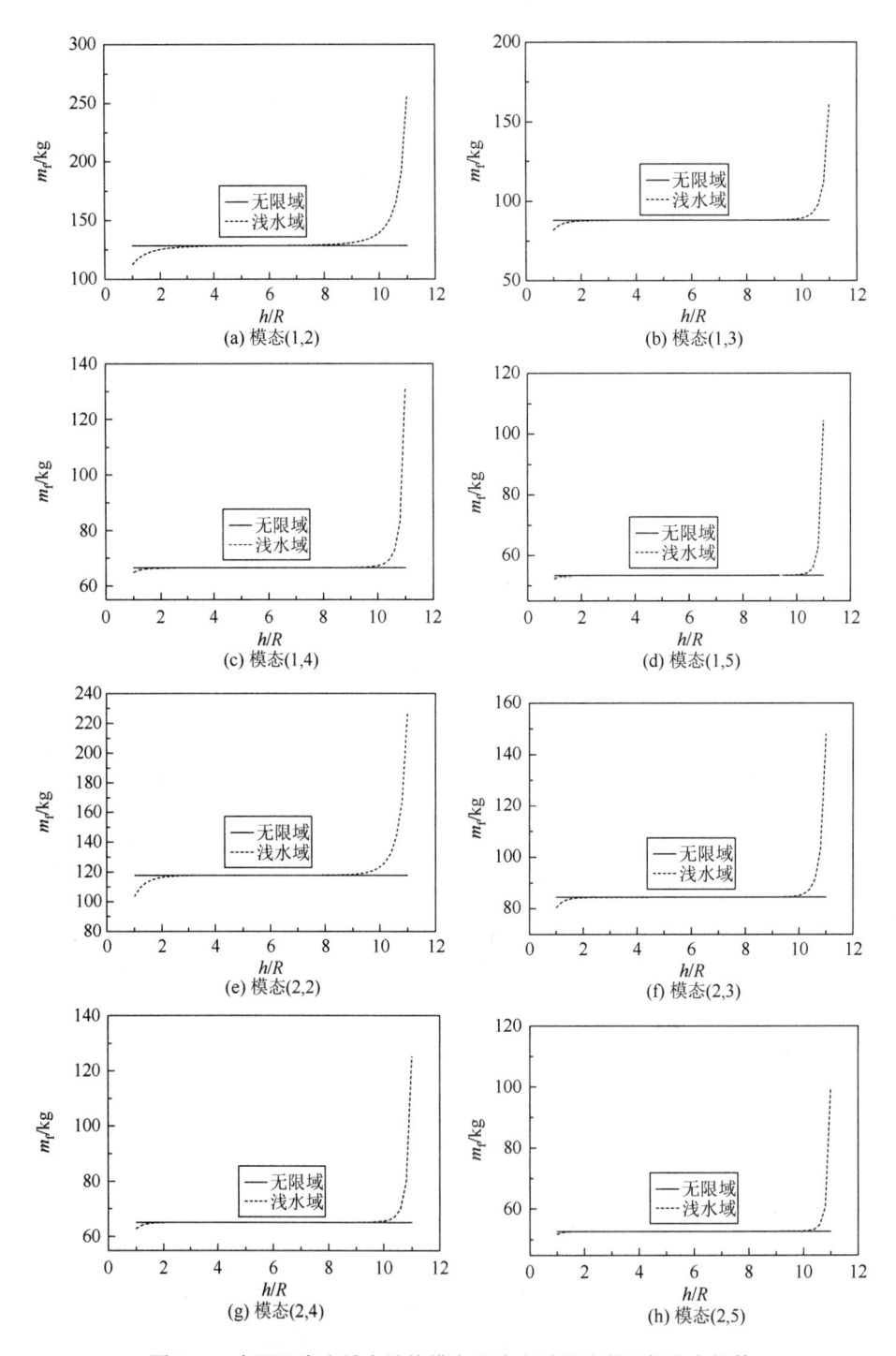

图 4.24 有限深度水域中结构模态附连水质量随潜深的分布规律

从图 4.24 可以看出：随着潜深的增大，有限深度水域中圆柱壳的各阶模态附连水质量均逐渐增大；较无限域中圆柱壳的模态附连水质量而言，当潜深相对较小时，有限深度水域中圆柱壳的模态附连水质量相对较小，当潜深相对较大时，有限深度水域中圆柱壳的模态附连水质量则相对较大。这些现象说明，当圆柱壳结构靠近自由液面（或水底）时，水域声边界效应将导致结构模态附连水质量减小（或增大），从而导致结构模态频率相比无限域工况更大（或更小）。

为了更好地理解有限深度水域中流体边界对水下圆柱壳模态频率特性的影响机理，将有限深度水域中流体边界效应引起的结构附加模态附连水质量分解为 u_x 和 d_x 系列虚源所引起的结构附加模态附连水质量，如式（4.44）和式（4.45）所示，并用它们分别表征有限深度水域上、下边界的影响。在水深为 $H = 12R$ 的水域中，u_x 和 d_x 系列虚源所引起的边界附加模态附连水质量随潜深的分布规律如图 4.25 所示。

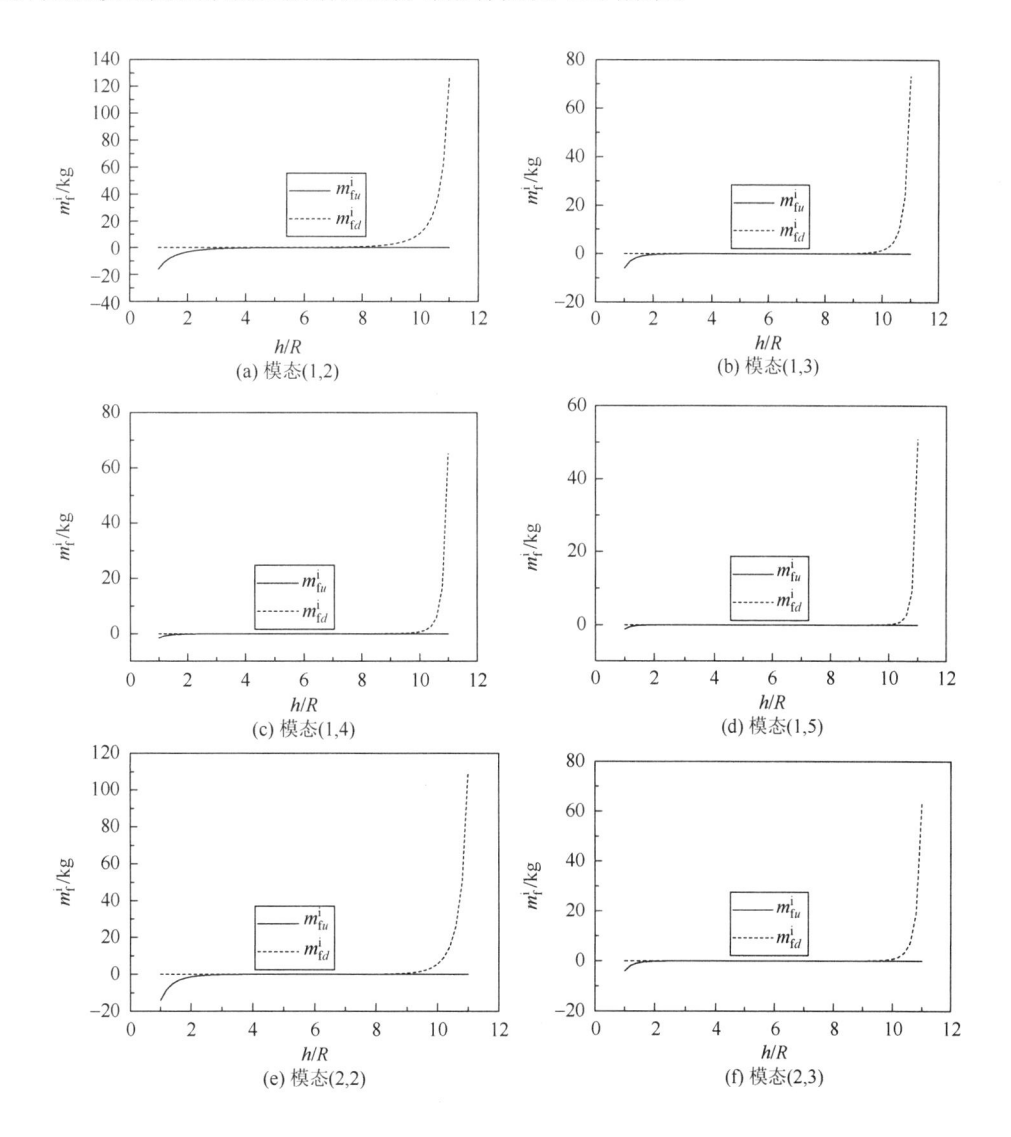

(a) 模态(1,2)

(b) 模态(1,3)

(c) 模态(1,4)

(d) 模态(1,5)

(e) 模态(2,2)

(f) 模态(2,3)

(g) 模态(2,4)　　　　　　　　　　　　(h) 模态(2,5)

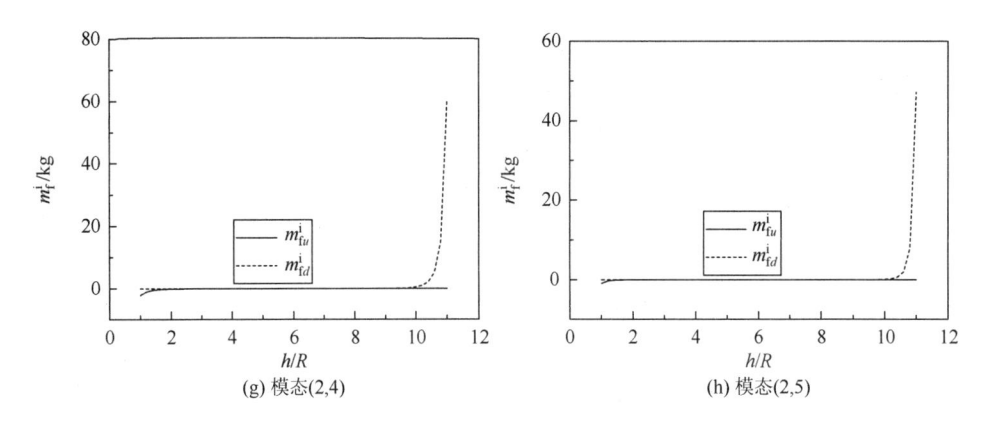

图 4.25　附加模态附连水质量随潜深的分布规律

从图 4.25 可以看出：各阶模态条件下 u_x 系列虚源所引起的附加模态附连水质量 m_{fu}^i 均为负值，而 d_x 系列虚源所引起的附加模态附连水质量 m_{fd}^i 均为正值，因此，自由液面的存在将使水下结构模态频率相应增大，而刚性底面的存在将使结构模态频率相应减小；当潜深相对较小时，u_x 系列虚源所引起的附加模态附连水质量 m_{fu}^i 的绝对值相对明显较大，而 d_x 系列虚源所引起的附加模态附连水质量 m_{fd}^i 几乎为 0，这说明，当结构靠近自由液面时，有限深度水域边界的影响主要体现为 u_x 系列虚源的影响，即自由液面效应；类似地，当潜深相对较大时，d_x 系列虚源所引起的附加模态附连水质量 m_{fd}^i 相对明显较大，而 u_x 系列虚源所引起的附加模态附连水质量 m_{fu}^i 几乎为 0，这说明，当结构靠近水底边界时，有限深度水域边界的影响主要体现为 d_x 系列虚源的影响，即刚性底面边界效应；随着潜深 h（或距离 d）的增大，各阶模态下 u_x（或 d_x）系列虚源所引起的附加模态附连水质量 m_{fu}^i（或 m_{fd}^i）的绝对值均逐渐减小并趋近于 0，这说明随着结构与有限深度水域上边界（或下边界）之间距离的增大，有限深度水域上边界（或下边界）的影响逐渐减小并最终可以忽略。

进一步研究有限深度水域中流体边界对水下圆柱壳模态频率特性的影响范围，本小节计算出水深为 $H = 12R$ 的水域中圆柱壳的模态附连水质量比 m_f^i / m_f^r 随潜深比 h/R 的分布规律，如图 4.26 所示。

从图 4.26 可以看出：随着潜深的增大，各阶模态附连水质量比 m_f^i / m_f^r 均先逐渐增大，然后缓缓趋于 0，随后又急剧增大；当 $h \leqslant 4R$ 或 $d \leqslant 4R$ 时，有限深度水域中圆柱壳的各阶模态附连水质量比 m_f^i / m_f^r 的绝对值均相对较大，此时，附加模态附连水质量 m_f^i 在数值上接近于无限域中结构的模态附连水质量 m_f^r，因此，水域边界的影响显著；当 $h \geqslant 4R$ 且 $d \geqslant 4R$ 时，有限深度水域中圆柱壳各低阶模态下的模态附连水质量比 m_f^i / m_f^r 在数值上均已小于 1%，此时，较无限域中结构的模态附连水质量 m_f^r 而言，附加模态附连水质量 m_f^i 是一个小量，水域边界的影响可以忽略。总而言之，当 $H \leqslant 8R$ 时，有限深度水域中流体边界对水下圆柱壳模态频率特性的影响不可忽略，而当 $H > 8R$ 时，水域边界的影响则需要根据圆柱壳与流体上、下边界之间的距离的大小而定[100]。

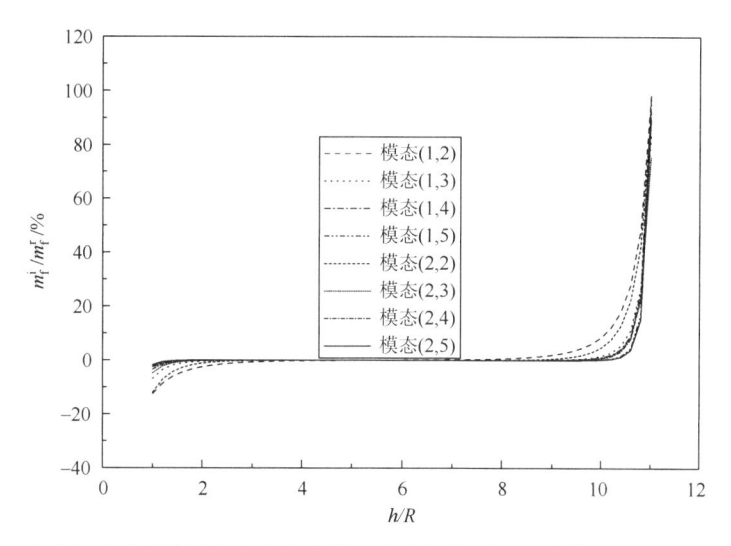

图 4.26　有限深度水域中圆柱壳的模态附连水质量比 $m_\mathrm{f}^\mathrm{i}/m_\mathrm{f}^\mathrm{r}$ 随潜深比 h/R 的分布规律

4.5　圆柱壳的输入能量流和辐射声功率分析

4.5.1　有限深度水域中圆柱壳的受迫振动模型

1. 流体声载荷

将流体声载荷以波传播的形式进行级数展开：

$$f_0 = \sum_{m=0}\sum_{n=0} f_{0mn}\cos(n\theta)\cos(k_m z) \tag{4.38}$$

考虑式（2.1）中流体声载荷的定义，并将式（4.22）和式（4.30）代入式（4.38），则有

$$f_{0mn} = \left(Z_{mn}^\mathrm{r} + Z_{mn}^\mathrm{i}\right)W_{mn} \tag{4.39}$$

式中：Z_{mn}^r 和 Z_{mn}^i 分别为模态 (m,n) 下结构辐射声和反射声（或虚源辐射声）的位移阻抗，则有

$$Z_{mn}^\mathrm{r} = \frac{\rho_\mathrm{f}\omega^2 H_n^{(2)}(k_r R)}{k_r H_n^{(2)'}(k_r R)}$$

$$Z_{mn}^\mathrm{i} = Z_{mnu}^\mathrm{i} + Z_{mnd}^\mathrm{i}$$

其中：Z_{mnu}^i 和 Z_{mnd}^i 分别表示 u_x 和 d_x 系列虚源辐射声的位移阻抗。

$$Z_{mn}^\mathrm{i} = \sum_{a=0}^{+\infty}\frac{(-1)^a \rho_\mathrm{f}\omega^2 \Delta J_n(k_r R)}{k_r H_a^{(2)'}(k_r R)}$$

$$Z_{mnu}^\mathrm{i} = \sum_{a=0}^{+\infty}\frac{\rho_\mathrm{f}\omega^2 J_n(k_r R)}{k_r H_a^{(2)'}(k_r R)} \times \varPi_u$$

$$Z_{mnd}^\mathrm{i} = \sum_{a=0}^{+\infty}\frac{\rho_\mathrm{f}\omega^2 J_n(k_r R)}{k_r H_a^{(2)'}(k_r R)} \times \varPi_d$$

式中：Z_{mn}^r 和 Z_{mn}^i 分别体现了声场-圆柱壳耦合作用以及有限深度水域中流体边界的影响，而 Z_{mnu}^i 和 Z_{mnd}^i 则分别代表 u_x 和 d_x 系列虚源的影响。

2. 声场-圆柱壳耦合系统受迫振动方程

将式（2.2）和式（4.38）代入式（2.1），进行正交化运算，可得到有限深度水域中有限长圆柱壳的受迫振动方程：

$$Z_{mn}^M W_{mn} + \left(Z_{mn}^r + Z_{mn}^i\right)W_{mn} = f_{rmn} \tag{4.40}$$

式中：Z_{mn}^M 为位移机械阻抗，$Z_{mn}^M = \dfrac{|\boldsymbol{T}|}{\dfrac{R^2(1-\mu^2)}{ED}\begin{vmatrix} T_{11} & T_{12} \\ T_{21} & T_{22} \end{vmatrix}}$；$\boldsymbol{T} = (\boldsymbol{H}-\omega^2\boldsymbol{I}\rho_t)\xi$，$\boldsymbol{I}$ 为三阶单位矩阵。

对式（4.40）进行求解，可以得到模态 (m, n) 下壳体的位移幅值，将其代入式（4.2）即可得到有限深度水域中有限长圆柱壳的振动位移表达式。

3. 输入能量流

根据输入能量流的定义，结合圆柱壳的受迫振动响应，可以求得有限深度水域中有限长圆柱壳的输入能量流：

$$\begin{aligned} p_{\text{in}} &= \frac{1}{2}\int_{-L/2}^{L/2}\int_{-\pi}^{\pi}\text{Re}\left\{\left[\sum_{jk}F_{jk}\cos(k\theta)\cos(k_j z)\right]\left[\sum_{mn}(\text{i}\omega W_{mn})^*\cos(n\theta)\cos(k_m z)\right]\right\}R\text{d}\theta\text{d}z \\ &= \frac{F_0}{2}\text{Re}\left[\sum_{mn}(\text{i}\omega W_{mn})^*\right] \end{aligned}$$

4. 辐射声功率

根据辐射声功率的定义，结合圆柱壳的受迫振动响应，可以得到有限深度水域中有限长圆柱壳的辐射声功率：

$$p_v = \frac{1}{2}\int_S \text{Re}(p|_{r=R}\dot{w}^*)\text{d}S = \frac{1}{2}S\,\text{Re}\left[\left(Z_{mn}^r + Z_{mn}^i\right)w(\text{i}\omega w)^*\right] \tag{4.41}$$

式中：S 为圆柱壳的外表面积，$S = 2\pi LR$。

4.5.2 有限深度水域中圆柱壳的输入能量流和声辐射特性

1. 模型计算参数

本小节采用的模型计算参数和边界条件与 4.2.5 小节相同。此外，取激励力幅值 $F_0 = 1$。

2. 收敛性分析

求解有限深度水域中有限长圆柱壳的受迫振动响应时，需要对反射声位移阻抗 Z_{mn}^i 中下标 a 的无穷级数求和值进行截断处理，这样会引入截断误差。因此，有必要对理论计算结果进行收敛性分析。假设下标 a 的最大取值为 A，即 $a = 0, 1, 2, \cdots, A$，本小节分别分析了

参数 A 对 $h = 0.2$ m 和 $d = 0.2$ m 工况下点（$r = R$，$\theta = \pi$，$z = 0$）处壳体径向振动位移的影响，结果分别如图 4.27（a）和（b）所示。

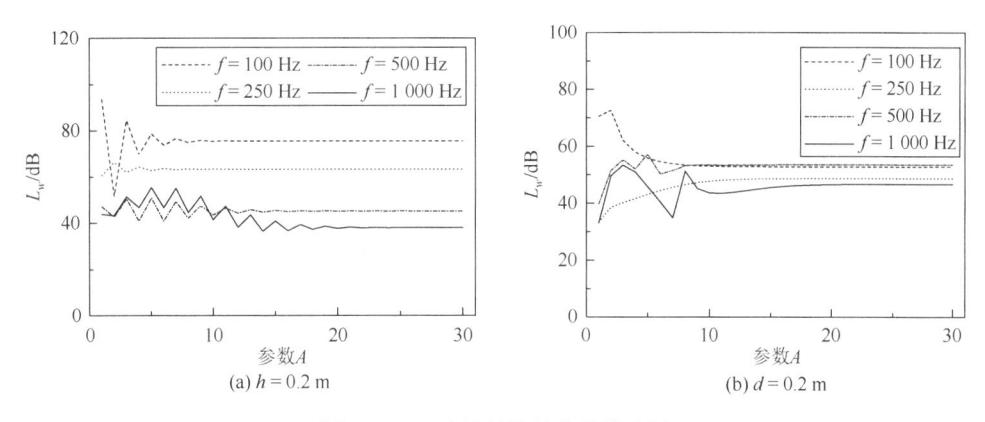

图 4.27 理论计算结果收敛性分析

从图 4.27 可以看出：当参数 A 较小时，工况 $h = R$ 和 $d = R$ 下圆柱壳的径向振动位移级均不稳定，且随参数 A 的变化而波动；随着参数 A 取值的增大，两种工况下圆柱壳的径向振动位移级均逐渐趋于稳定；当参数 $A \geq 20$ 时，两种工况下结构的径向振动位移级均已收敛。因此，在后续计算过程中，取参数 $A = 20$。

3. 理论方法验证

本小节采用 ANSYS 软件分析了有限深度水域中有限长圆柱壳的受迫振动响应，并将仿真结果与理论结果进行对比分析以验证理论方法的正确性。为了模拟有限深度水域的上边界（即自由液面），令该表面上的流体单元的声压为零。为了模拟有限深度水域的下边界（即刚性底面），限制该表面上流体单元的法向位移，并令流体单元的摩擦系数为 MU = 0。在流体模型的其他表面，令流体单元的摩擦系数为 MU = 1，以模拟无限远处的声学边界条件。数值模型中流域的轴向长度为 2 m，除自由液面和刚性底面外，流体模型周向的其他两个表面与圆柱壳之间的距离均取为 1 m。$H = 5R$ 且 $h = 2R$ 工况下圆柱壳-流场耦合系统的有限元模型如图 4.28 所示。选取壳体外表面上点（$r = R$，$\theta = \pi$，$z = 0.2$ m）处的径向振动位移幅值作为评价参数，有限深度水域中圆柱壳径向振动位移理论计算结果与数值仿真结果的对比如图 4.29 所示。

图 4.28 有限深度水域中圆柱壳-流场耦合系统的有限元模型（部分）

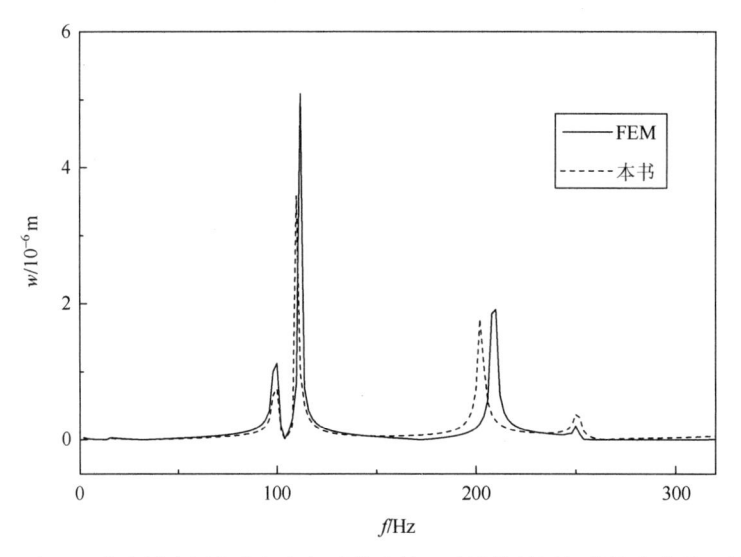

图 4.29　有限深度水域中圆柱壳径向振动位移的理论计算结果与数值仿真结果的对比

从图 4.29 可以看出，理论预测的壳体振动响应与仿真结果整体吻合较好，两者的频谱分布规律基本一致，仅在共振频率和响应幅值上存在些许偏差。分析表明，本小节提出的分析有限深度水域中有限长圆柱壳受迫振动性能的理论方法是正确的。

4. 有限深度水域中圆柱壳的输入能量流分析

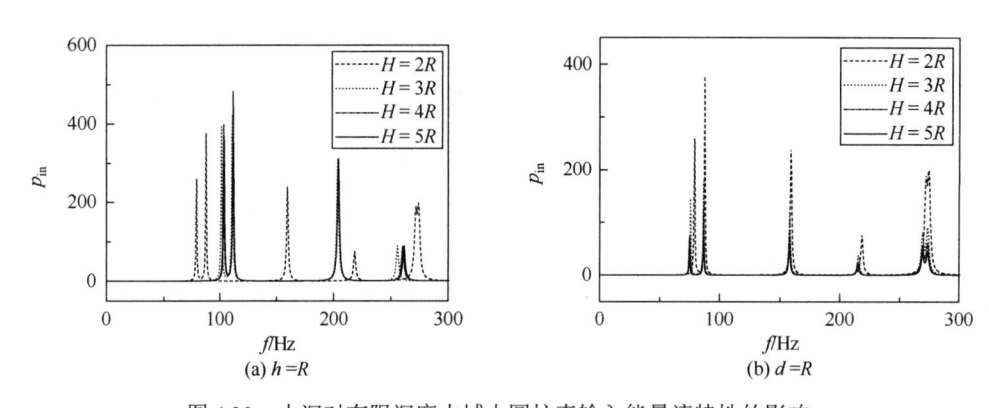

1）水深对有限深度水域中圆柱壳输入能量流特性的影响

为了探讨水深对水下圆柱壳振动特性的影响，本小节分别分析了 $H_r = 0$（即 $h = R$）和 $H_r = 1$（即 $d = R$）工况下不同深度水域中圆柱壳输入能量流的频谱分布规律，结果如图 4.30 所示。

图 4.30　水深对有限深度水域中圆柱壳输入能量流特性的影响

由图 4.30（a）可知：在 $h = R$ 工况下，与水深为 $H = 5R$ 的水域中圆柱壳的输入能量流比较，水深较小的水域中圆柱壳输入能量流曲线的共振频率值向低频偏移，且共振响应幅值也相应减小；当水深 H 增大时，有限深度水域中圆柱壳的共振频率值向高频偏移，且结构共振频率的偏移量和共振幅值的衰减量逐渐减小并趋于 0。在 $h = R$ 工况下，圆柱壳与自由液面之间的距离固定，而结构与水底之间的距离将随水深的增大而逐渐增大，因此水深的改变主要改变了水底边界对水下圆柱壳振动特性的影响程度：当水深较小时，圆柱壳与水底边界之间的距离 d 相对较小，结构的模态频率或共振频率受水底边界的影响相应减小；随着水深的增大，圆柱壳与水底边界之间的距离 d 逐渐增大，水底边界对结构的模态频率或共振频率的影响逐渐减小并最终可以忽略。

图 4.30（b）中的结果表明：当 $d=R$ 时，较于水深为 $H=5R$ 的水域中圆柱壳的输入能量流大小，水深较小的水域中圆柱壳的共振频率值增大，且共振幅值也相应增大；随着水深的增大，水下圆柱壳输入能量流曲线的共振频率的偏移量均逐渐减小并最终趋近于 0。上述现象可以解释如下：在 $d=R$ 条件下，圆柱壳与水底边界之间的距离固定，当水深较小时，圆柱壳与自由液面之间的距离相对较小，结构的模态频率受自由液面的影响相应增大；随着水深的增大，圆柱壳与自由液面之间的距离逐渐增大，自由液面对圆柱壳模态频率或共振频率特性的影响逐渐减小。

2）潜深对有限深度水域中有限长圆柱壳输入能量流特性的影响

为了探究潜深对有限深度水域中有限长圆柱壳的受迫振动特性的影响，本小节对比分析了水深 $H=12R$ 的水域中 h 为 R、$6R$、$9R$、$10R$ 和 $12R$ 工况下结构输入能量流的频谱分布规律，结果如图 4.31 所示。

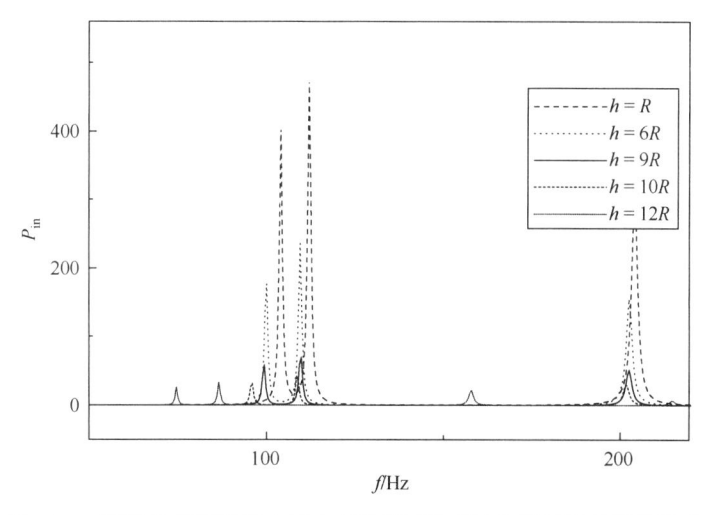

图 4.31 潜深对有限深度水域中有限长圆柱壳输入能量流特性的影响

从图 4.31 可以看出，随着潜深的增大，结构输入能量流特性曲线的共振频率向低频偏移，且共振幅值也逐渐减小。具体而言，较 $h=6R$ 工况下圆柱壳的输入能量流而言，当潜深 h（或距离 d）较小时，结构输入能量流曲线的共振频率相应地向高频（或低频）偏移，且共振幅值也相应增大（或减小）。

基于辐射声位移阻抗，本小节将有限深度水域边界的影响分解为自由液面和水底刚性底面边界影响的组合，用 u_x 系列虚源的辐射声阻抗 Z_{mnu}^i 和 d_x 系列虚源的辐射声阻抗 Z_{mnd}^i 来分别表示自由液面和刚性底面的影响。为了研究有限深度水域中流体边界对水下圆柱壳受迫振动特性的影响范围，这里对比分析了水深为 $H=12R$ 的水域中圆柱壳的辐射阻抗比 Z_{mnu}^i/Z_{mn}^r 和 Z_{mnd}^i/Z_{mn}^r 随潜深的变化规律，结果如图 4.32 所示。

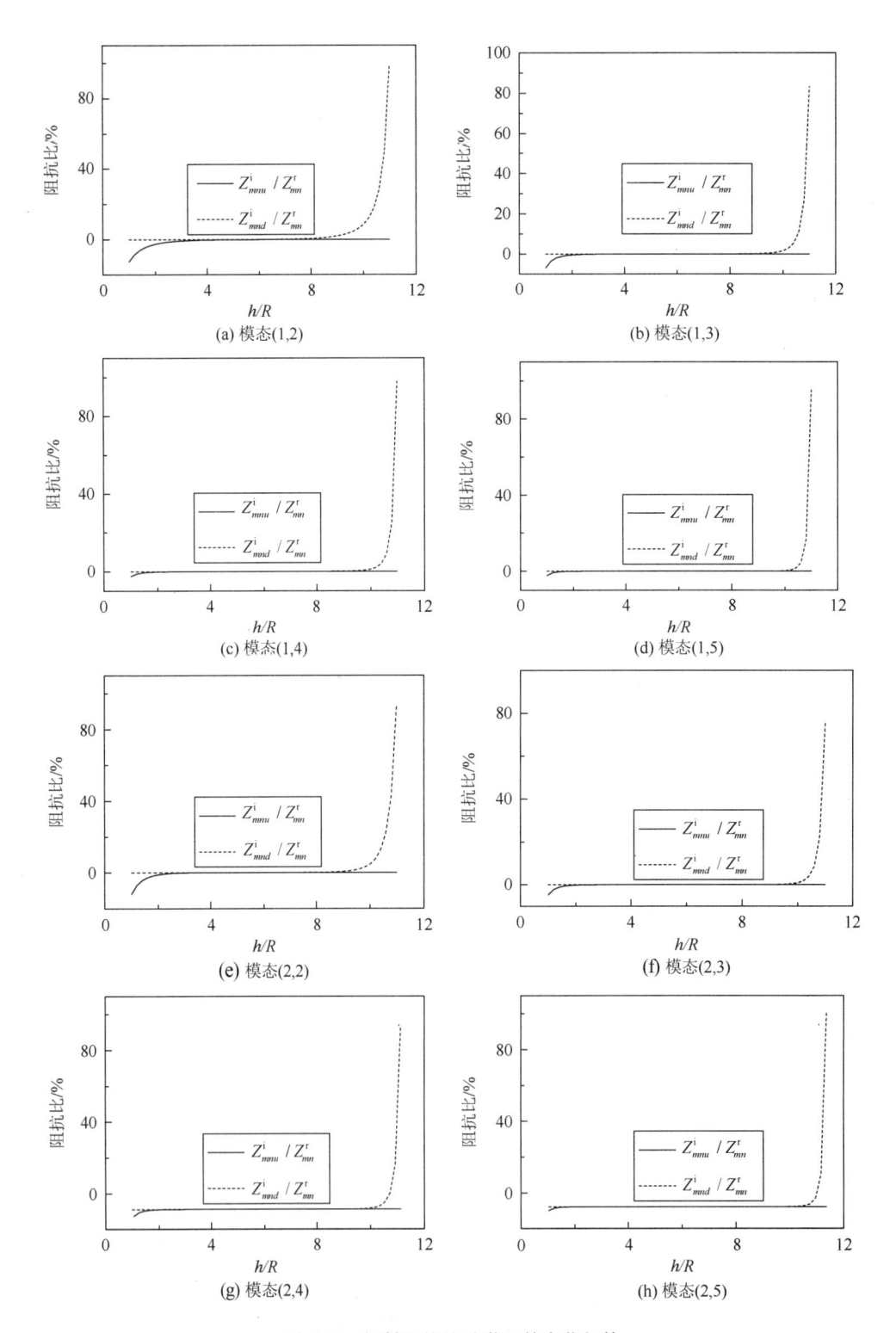

图 4.32 辐射阻抗比随潜深的变化规律

从图 4.32 可以看出，当潜深较小，且圆柱壳靠近自由液面时，辐射阻抗比 Z_{mnu}^i / Z_{mn}^r 的绝对值相对较大，而 Z_{mnd}^i / Z_{mn}^r 则几乎为 0，此时自由液面在有限深度水域边界效应中起主导作用。类似地，当结构靠近水底边界时，辐射阻抗比 Z_{mnd}^i / Z_{mn}^r 相对较大，而 Z_{mnu}^i / Z_{mn}^r 几乎为 0，此时刚性底面在有限深度水域边界效应中起主导作用。随着潜深 h（或距离 d）的增大，结构远离自由液面（或水底边界），辐射阻抗比 Z_{mnu}^i / Z_{mn}^r（或 Z_{mnd}^i / Z_{mn}^r）的绝对值逐渐减小并趋于 0。当 $h \geqslant 4R$（或 $d \geqslant 4R$）时，各低阶模态辐射阻抗比 Z_{mnu}^i / Z_{mn}^r（或 Z_{mnd}^i / Z_{mn}^r）均已小于 1%。此时，自由液面（或水底边界）对水下圆柱壳低频段振动响应的影响可以忽略。由式（4.43）可知，有限深度水域中流体边界对水下圆柱壳振动特性的影响可以看作自由液面效应和水底边界效应的叠加，因此，当 $H \leqslant 8R$ 时，水域边界对水下圆柱壳振动响应的影响不可忽略，而当 $H > 8R$ 时，水域边界对水下圆柱壳振动响应的影响需要根据结构与流体上、下边界之间距离的大小而定。

5. 有限深度水域中圆柱壳的辐射声功率特性分析

1）水深对有限深度水域中圆柱壳辐射声功率特性的影响

进一步分析水深对有限深度水域中圆柱壳近场声辐射特性的影响，本小节分别对比分析了当 $h = R$ 和 $d = R$ 工况下不同深度水域中有限长圆柱壳辐射声功率的频谱分布规律，并与相同工况下存在自由液面或刚性底面的半无限域内圆柱壳的辐射声功率进行对比分析，结果分别如图 4.33（a）和（b）所示。

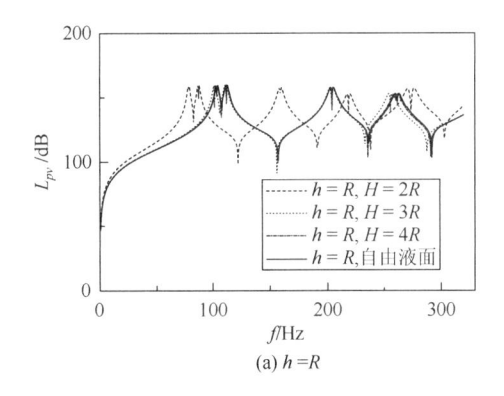

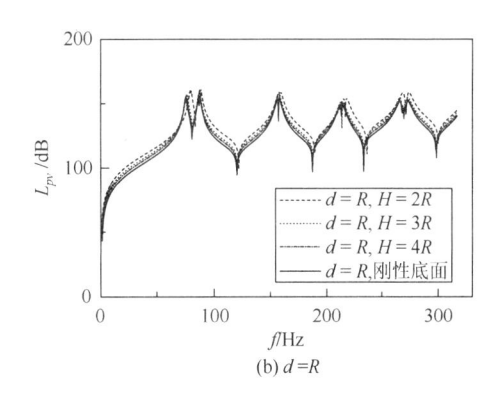

图 4.33　水深对有限深度水域中圆柱壳辐射声功率特性的影响

由图 4.33（a）可知，在 $h = R$ 工况下，圆柱壳与自由液面之间的距离固定，圆柱壳与水底边界之间的距离将随着水深的增大而逐渐增大。与存在自由液面的半无限域中结构的辐射声功率相比，当水深相对较小时，有限深度水域中结构的辐射声功率特性曲线的共振频率值明显向低频偏移。随着水深的增大，有限深度水域中结构的辐射声功率特性曲线逐渐趋近于存在自由液面的半无限域中结构的辐射声功率特性曲线。这说明，刚性底面的存在会导致水下圆柱壳的共振频率值减小，且随着距离 d 的增大，刚性底面对水下圆柱壳共振频率的影响逐渐减小。

类似地，在 $d = R$ 工况下，圆柱壳与水底之间的距离固定，因此图 4.33（b）反映了

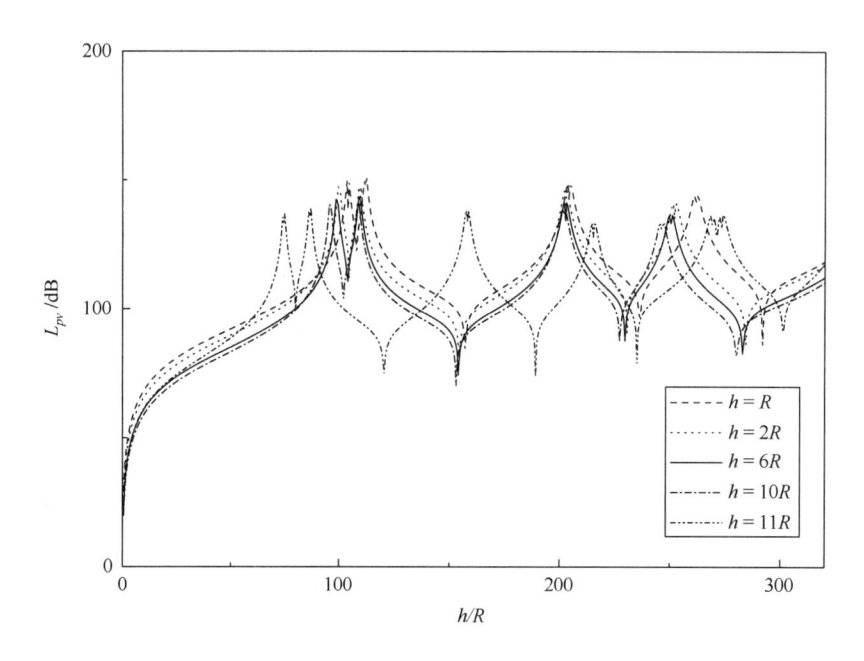

刚性底面对有限深度水域中圆柱壳辐射声功率特性的影响。较存在刚性底面的半无限域内结构的辐射声功率特性而言,当水深相对较小时,有限深度水域中圆柱壳的辐射声功率特性曲线的共振频率会向高频偏移,这说明自由液面的存在将使水下圆柱壳的共振频率相应增大。随着水深的增大,结构与自由液面之间的距离逐渐增大,自由液面对水下圆柱壳共振频率的影响逐渐减小,因此,有限深度水域中结构辐射声功率特性逐渐趋近于存在刚性底面的半无限域内结构的辐射声功率特性。

综上所述,有限深度水域中流体边界对水下圆柱壳辐射声功率特性的影响可以看作水域上、下边界(即自由液面和刚性底面)效应的叠加。

2)潜深对有限深度水域中圆柱壳辐射声功率特性的影响

本小节对比分析了水深 $H = 12R$ 的水域中 h 为 R、$2R$、$6R$、$10R$ 和 $11R$ 工况下有限长圆柱壳的辐射声功率特性(结果如图 4.34 所示),获得潜深对有限深度水域中圆柱壳辐射声功率特性的影响规律。

图 4.34 潜深对有限深度水域中圆柱壳辐射声功率特性的影响曲线

从图 4.34 可以看出,随着潜深的增大,有限深度水域中结构辐射声功率特性的共振频率相应地向低频偏移。较 $h = 6R$ 工况下圆柱壳的辐射声功率特性而言,当圆柱壳靠近水面(或水底)时,如 h 为 R、$2R$(或 h 为 $10R$、$11R$),有限深度水域中结构辐射声功率特性的共振频率向高频(或低频)偏移。上述现象可以用模态附连水质量理论来解释:当潜深相对较小(如 h 为 R、$2R$)时,结构靠近自由液面,自由液面效应在有限深度水域边界效应中占主导地位,有限深度水域边界的存在将产生负的模态附连水质量,导致结构模态频率或共振频率相应地增大;当潜深相对较大(如 h 为 $10R$、$11R$)时,结构靠近水底边界,水底边界效应在有限深度水域边界效应中占主导地位,有限深度水域边界的存在将产生正的模态附连水质量，并最终导致结构模态频率或共振频率相应减小。

基于结构辐射声和反射声位移阻抗，可以分析有限深度水域中流体边界对水下圆柱壳辐射声功率特性的影响范围。由图4.32可知：随着潜深 h（或距离 d）的增大，辐射阻抗比 Z_{mnu}^i/Z_{mn}^r（或 Z_{mnd}^i/Z_{mn}^r）的绝对值逐渐减小，因此虚源 u_x（或 d_x）系列的影响逐渐减小；当 $h \geqslant 4R$（或 $d \geqslant 4R$）时，各低阶辐射阻抗比 Z_{mnu}^i/Z_{mn}^r（或 Z_{mnd}^i/Z_{mn}^r）均已小于1%，因此自由液面（或水底边界）对结构低频段振动特性的影响可以忽略；在有限深度水域中，当水深相对较小（如 $H \leqslant 8R$）时，水域边界对水下圆柱壳辐射声功率特性的影响不可忽略，而当水深相对较大（如 $H > 8R$）时，水域边界对水下圆柱壳辐射声功率特性的影响则需要根据结构与水域上、下边界之间距离的大小来确定。

4.6 本章小结

本章对浅海水域中有限长圆柱壳的声-振特性展开分析，将有限深度水域的下边界简化为刚性底面，采用 Flügge 壳体理论和声学波动方程分别描述结构与流体的振动，并基于虚源法考虑了水域上、下边界的影响，结合波传播法和声振连续条件建立了浅海水域中有限长圆柱壳的声-固耦合振动模型。

本章探讨了刚性底面边界对水下有限长圆柱壳声-振特性的影响，并指出：①刚性底面的存在将产生正值的附加模态附连水质量，致使水下圆柱壳的模态频率或共振频率相应减小；②随着距离 d 的增大，刚性底面对水下柱壳模态频率或共振频率的影响逐渐减小；③当 $d \geqslant 4R$ 时，刚性底面对水下圆柱壳低频段振动和辐射声功率特性的影响可以忽略。

对有限深度水域中有限长圆柱壳的声-振特性的影响：①有限深度水域中流体边界对水下圆柱壳声-振特性的影响可以视作流体上、下边界（即自由液面和刚性底面）效应的叠加；②当圆柱壳靠近自由液面（或刚性底面）时，自由液面（或刚性底面）效应在水域边界效应中占主导地位，即流体边界将产生负值（或正值）的模态附连水质量，导致结构模态频率或共振频率相应增大（或减小）；③随着潜深 h（或距离 d）的增大，自由液面（或刚性底面）对水下圆柱壳低频段振动和辐射声功率特性的影响将逐渐减小，当 $h \geqslant 4R$（或 $d \geqslant 4R$）时，自由液面（或刚性底面）对水下圆柱壳低频段振动和辐射声功率特性的影响可以忽略；④在有限深度水域中，当 $H \leqslant 8R$ 时，水域边界对有限深度水域中圆柱壳声-振特性的影响不可忽略，当 $H > 8R$ 时，水域边界对有限深度水域中圆柱壳声-振特性的影响需根据圆柱壳与流域上、下边界之间距离的大小确定。

对于常用的水池试验室环境，需保障水下结构物的声-振特性试验数据有效消除声边界的影响，本章的研究结论为制定合理的试验方案提供了理论参考。

第 5 章 半浸状态圆柱壳声-振耦合处理技术

5.1 引　言

对于大型复杂水下航行器结构（如潜艇等），类似码头系泊[162]的情况下，水下航行器结构一般处于部分浸没状态，因此对部分浸没状态下圆柱壳结构声-振特性的研究有助于对其进行声学质量评估或判断声学故障。对于部分浸没状态，流体声压的解析表达式不易直接得到，本章从较特殊的浸没状态着手，认为圆柱壳结构的轴线与自由液面共面（称为半浸[109]），在这种情况下，流体声压的解析表达式相对较容易得到，利用圆柱壳结构和流体交界处的连续条件，结合 Flügge 壳体振动方程，最终得到半浸状态下圆柱壳结构的耦合声-振方程。

5.2 模型介绍

假设圆柱壳为薄壳，流体为理想流体。圆柱壳结构及其横截面如图 5.1 所示，以 z、ϕ 和 r 分别表示壳体的轴向、周向和径向，u、v 和 w 表示壳体中面轴向、周向和径向位移。R_0 和 θ 分别表示观察点处的距离和与轴向相对的方位角。设壳体在 φ_0 处受到径向简谐点激励力 f_r 的作用，圆柱壳表面的流体声载荷为 f_0，流体中的声压为 p，自由液面以上是轻流体，近似认为是真空。壳体材料的弹性模量为 E，泊松比为 μ，密度为 ρ_s，壳体厚度为 D，壳体中面半径为 R。

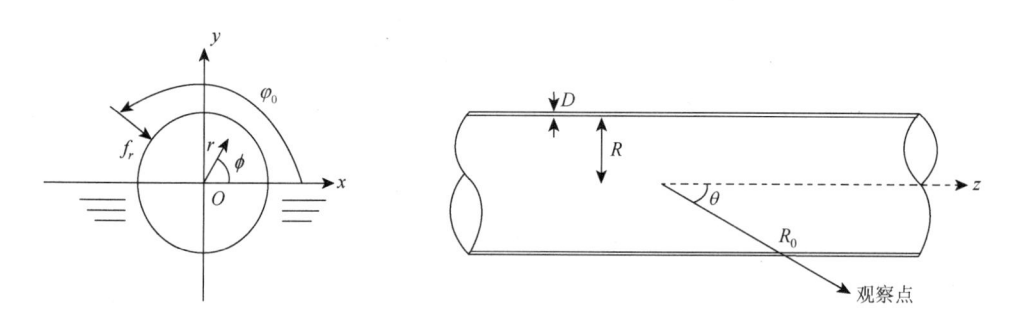

图 5.1　半浸状态下圆柱壳结构模型及其坐标系

5.3 耦合声-振方程

5.3.1 圆柱壳振动方程

圆柱壳结构采用 Flügge 薄壳振动方程来描述，为简便起见，略去简谐时间项 $e^{-i\omega t}$：

$$\boldsymbol{L}\begin{bmatrix}u\\v\\w\end{bmatrix}=\frac{(1-\mu^2)R^2}{ED}\begin{bmatrix}0\\0\\f_r-f_0\end{bmatrix} \tag{5.1}$$

式中：$f_0=\begin{cases}p(R,\phi), & -\pi\leqslant\phi\leqslant 0\\ 0, & 其他\end{cases}$。$L$ 算子展开项具体如下：

$$L_{11}=R^2\frac{\partial^2}{\partial z^2}+\frac{1-\mu}{2}(K+1)\frac{\partial^2}{\partial\phi^2}-\frac{\rho_s R^2(1-\mu^2)}{E}\frac{\partial^2}{\partial t^2}$$

$$L_{12}=L_{21}=R\frac{1+\mu}{2}\frac{\partial^2}{\partial z\partial\phi}$$

$$L_{13}=L_{31}=R\mu\frac{\partial}{\partial z}-KR^3\frac{\partial^3}{\partial z^3}+KR\frac{1-\mu}{2}\frac{\partial^3}{\partial z\partial\phi^2}$$

$$L_{22}=R^2\frac{1-\mu}{2}(3K+1)\frac{\partial^2}{\partial z^2}+\frac{\partial^2}{\partial\phi^2}-\frac{\rho_s R^2(1-\mu^2)}{E}\frac{\partial^2}{\partial t^2}$$

$$L_{23}=L_{32}=\frac{\partial}{\partial\phi}-KR^2\frac{3-\mu}{2}\frac{\partial^3}{\partial z^2\partial\phi}$$

$$L_{33}=1+K+2K\frac{\partial^2}{\partial\phi^2}+K\nabla^4+\frac{\rho_s R^2(1-\mu^2)}{E}\frac{\partial^2}{\partial t^2}$$

其中：$\nabla^4=\left(R^4\frac{\partial^4}{\partial z^4}+2R^2\frac{\partial^4}{\partial z^2\partial\phi^2}+\frac{\partial^4}{\partial\phi^4}\right)$，$K=D^2/(12R^2)$。

为求解式（5.1），可设

$$u(z,\phi)=\sum_{n=-\infty}^{+\infty}U_n(z)\exp(\mathrm{i}n\phi) \tag{5.2}$$

$$v(z,\phi)=\sum_{n=-\infty}^{+\infty}V_n(z)\exp(\mathrm{i}n\phi) \tag{5.3}$$

$$w(z,\phi)=\sum_{n=-\infty}^{+\infty}W_n(z)\exp(\mathrm{i}n\phi) \tag{5.4}$$

$$f_r=\sum_{n=-\infty}^{+\infty}f_{rn}(z)\exp(\mathrm{i}n\phi) \tag{5.5}$$

$$f_0=\sum_{n=-\infty}^{+\infty}f_{0n}(z)\exp(\mathrm{i}n\phi) \tag{5.6}$$

式中：n 为周向展开系数；$U_n(z)$、$V_n(z)$、$W_n(z)$ 分别为轴向、周向和径向位移幅值；$f_{0n}(z)$ 为流体声载荷幅值。

为避免引起混淆，对傅里叶变换定义如下[92]：

$$\begin{cases}f(x)=\int_{-\infty}^{+\infty}\hat{f}(k)\exp(\mathrm{i}kx)\mathrm{d}k\\ \hat{f}(k)=\dfrac{1}{2\pi}\int_{-\infty}^{+\infty}f(x)\exp(-\mathrm{i}kx)\mathrm{d}x\end{cases} \tag{5.7}$$

考虑到在后续相关计算过程中会用到傅里叶变换的导数形式,下面给出傅里叶变换的变化式:

$$\begin{cases} f^{(n)}(x) = \int_{-\infty}^{+\infty} (\mathrm{i}k)^n \hat{f}(k) \exp(\mathrm{i}kx) \mathrm{d}k \\ \hat{f}(k)(\mathrm{i}k)^n = \dfrac{1}{2\pi} \int_{-\infty}^{+\infty} f^{(n)}(x) \exp(-\mathrm{i}kx) \mathrm{d}x \end{cases} \tag{5.8}$$

式(5.8)中的关系可以理解为函数 $f(x)$ 的 n 阶导数和 $\hat{f}(k)(\mathrm{i}k)^n$ 为一对傅里叶变换。

将式(5.2)~式(5.6)代入式(5.1),并进行傅里叶变换,则有

$$\boldsymbol{T} \begin{bmatrix} \hat{U}_n(k_z) \\ \hat{V}_n(k_z) \\ \hat{W}_n(k_z) \end{bmatrix} = \frac{R^2(1-\mu^2)}{ED} \begin{bmatrix} 0 \\ 0 \\ \hat{f}_{rn}(k_z) - \hat{f}_{0n}(k_z) \end{bmatrix} \tag{5.9}$$

式中:

$$T_{11} = \Omega^2 - \lambda^2 - n^2(1+K)(1-\mu)/2$$
$$T_{12} = -\lambda n(1+\mu)/2, \quad T_{21} = T_{12}$$
$$T_{13} = \mathrm{i}[\mu\lambda + K\lambda^3 - K(1-\mu)\lambda n^2/2], \quad T_{31} = T_{13}$$
$$T_{22} = \Omega^2 - \lambda^2(1+3K)(1-\mu)/2 - n^2$$
$$T_{23} = \mathrm{i}[n + Kn\lambda^2(3-\mu)/2], \quad T_{32} = T_{23}$$
$$T_{33} = 1 + K + K\lambda^4 + 2Kn^2\lambda^2 + Kn^4 - 2Kn^2 - \Omega^2$$

其中:Ω 为无量纲化频率,$\Omega = f/f_{\text{ring}}$,$f = \omega/(2\pi)$ 为外载荷的激励频率;$\lambda = k_z R$,k_z 为轴向波数;$f_{\text{ring}} = \dfrac{1}{2\pi}\sqrt{\dfrac{E}{\rho_s R^2(1-\mu^2)}}$ 为圆柱壳结构的环频率,环频率的定义是圆柱壳中纵波的波长等于圆柱壳横截面周长时对应的频率。

由于声-振特性主要是与圆柱壳表面的径向振动量有直接关系,所以书中主要以径向振动位移为未知量展开分析,由式(5.9)可得

$$\hat{W}_n(k_z) + \frac{R^2(1-\mu^2)}{ED} I_{33} \hat{f}_{0n}(k_z) = \frac{R^2(1-\mu^2)}{ED} I_{33} \hat{f}_{rn}(k_z) \tag{5.10}$$

式中:$I_{33} = \dfrac{T_{11}T_{22} - T_{12}T_{21}}{|\boldsymbol{T}|}$。

5.3.2 流体声载荷

流体声载荷在自由液面处满足以下边界条件:

$$p(r, 0) = 0, \quad p(r, -\pi) = 0 \tag{5.11}$$

为满足式(5.11)的边界条件,对流体声载荷做如下形式的级数展开:

$$p(z, r, \phi) = \sum_{m=1}^{+\infty} \sin(m\phi) p_m(r, z) \tag{5.12}$$

由于 f_0 与 $p(R, \phi)$ 存在如下关系,即

$$\int_{-\pi}^{\pi} f_0 \mathrm{d}\phi = \int_{-\pi}^{0} p(R,\phi) \mathrm{d}\phi \tag{5.13}$$

将 f_0 与 $p(R,\phi)$ 的表达式代入式（5.13），则有

$$\int_{-\pi}^{\pi} \sum_{n=-\infty}^{+\infty} f_{0n}(z)\exp(\mathrm{i}n\phi) \mathrm{d}\phi = \int_{-\pi}^{0} \sum_{m=1}^{+\infty} \sin(m\phi) p_m(R,z) \mathrm{d}\phi \tag{5.14}$$

对式（5.14）进行正交化处理，可以得到如下关系：

$$\hat{f}_{0n}(k_z) = \frac{1}{2\pi} \sum_{m=1}^{+\infty} \hat{p}_m(k_z, R) I_{mn} \tag{5.15}$$

式中：$I_{mn} = \int_{-\pi}^{0} \exp(-\mathrm{i}n\phi)\sin(m\phi) \mathrm{d}\phi$。

流体声载荷要满足亥姆霍兹波动方程，将式（5.12）代入波动方程，并通过傅里叶变换，可得

$$\frac{\partial^2 \hat{p}_m(r,k_z)}{\partial r^2} + \frac{1}{r}\frac{\partial \hat{p}_m(r,k_z)}{\partial r} + \left(k_\mathrm{f}^2 - k_z^2 - \frac{m^2}{r^2}\right)\hat{p}_m(r,k_z) = 0 \tag{5.16}$$

通过式（5.16），可以得到如下形式的解：

$$\hat{p}_m(r,k_z) = A_m(k_z) H_m^{(1)}(k_\mathrm{s}^\mathrm{r} r) \tag{5.17}$$

式中：$H_m^{(1)}(\ )$ 为 m 阶第一类汉克尔函数；$k_\mathrm{s}^\mathrm{r} = \sqrt{k_\mathrm{f}^2 - k_z^2}$，$k_\mathrm{f} = \omega/c_\mathrm{f}$，$c_\mathrm{f}$ 为流体声速。

5.3.3 外力

考虑到圆柱壳结构表面受到简谐点激励，这里假设激励力位于 $z=0$ 的轴向位置，所以外力可以写成如下形式：

$$f_r = F_0 \delta(\phi - \phi_0)\delta(z) \tag{5.18}$$

将式（5.5）代入式（5.18），则有如下形式的关系：

$$\sum_{n=-\infty}^{+\infty} f_{rn}(z)\exp(\mathrm{i}n\phi) = F_0 \delta(\phi - \phi_0)\delta(z) \tag{5.19}$$

对式（5.19）两边同时进行正交处理和傅里叶变换，可以得到波数域中外载荷的幅值表达式为

$$\hat{f}_{rn}(k_z) = \frac{1}{4\pi^2} F_0 \exp(-\mathrm{i}n\phi_0) \tag{5.20}$$

5.3.4 耦合振动方程

在得到波数域中对应的流体声载荷和外载荷表达式之后，下面关键的工作就是建立声场与壳体之间的联系，而流体结构在交界面上的连续条件为

$$\frac{\partial^2 w}{\partial t^2} = -\frac{1}{\rho_\mathrm{f}} \frac{\partial p(r,\phi,t)}{\partial r}\bigg|_{r=R} \tag{5.21}$$

式中：ρ_f 为流体的密度。

将式（5.4）、式（5.12）和式（5.17）代入式（5.21），经过正交化处理，可以求得

$$A_m(k_z) = \frac{2\rho_f \omega^2}{\pi k_s^r H_m^{(1)'}(k_s^r R)} \sum_{n'=-\infty}^{+\infty} W_{n'}(k_z) \cdot \overline{I}_{mn'} \tag{5.22}$$

式中：$\overline{I}_{mn'} = \int_{-\pi}^{0} \exp(\mathrm{i}n'\phi)\sin(m\phi)\mathrm{d}\phi$，$n'$ 为周向展开系数。

将式（5.22）代入式（5.17），则有

$$\hat{p}_m(r, k_z) = \frac{2\rho_f \omega^2 H_m^{(1)}(k_s^r r)}{\pi k_s^r H_m^{(1)'}(k_s^r R)} \sum_{n'=-\infty}^{+\infty} W_{n'}(k_z) \cdot I_{mn} \tag{5.23}$$

将式（5.23）代入式（5.15），就可以得到流体声载荷的傅里叶表达式：

$$\hat{f}_{0n}(k_z) = \frac{R\rho_f \omega^2}{\pi^2} \sum_{n'=-\infty}^{+\infty} \hat{W}_{n'}(k_z) \cdot \sum_{m=1}^{+\infty} \frac{H_m^{(1)}(k_s^r R)}{k_s^r R H_m^{(1)'}(k_s^r R)} \overline{I}_{mn'} I_{mn} \tag{5.24}$$

在求得流体载荷的表达式后，将式（5.24）、式（5.20）代入式（5.10），可以得到以圆柱壳结构表面径向位移为未知量的耦合振动方程：

$$Z_n^r \hat{W}_n(k_z) + \sum_{n'=-\infty}^{+\infty} Z_{n'n}^0 \hat{W}_{n'}(k_z) = \hat{f}_{rn}(k_z) \tag{5.25}$$

式中：$Z_{n'n}^0 = \dfrac{E\rho_f \Omega^2}{\pi^2 R(1-\mu^2)\rho_s} \sum_{m=1}^{+\infty} \dfrac{H_m^{(1)}(k_s^r R)}{k_s^r R H_m^{(1)'}(k_s^r R)} \overline{I}_{mn'} I_{mn}$，$Z_n^r = \dfrac{Eh}{R^2(1-\mu^2)I_{33}}$。

从式（5.25）中可以看出，各阶周向振动模态之间互相耦合，这也是白由液面的存在所导致的。考虑到式（5.25）存在无穷求和项，要通过仿真计算求得径向振动位移，必须对式（5.25）进行截断，这里令 n 和 n' 取 $2N+1$ 项进行截断；另外，要求出 $Z_{n'n}^0$，必须对其进行截断求和，这里令 m 取 M 项进行截断。经过处理，式（5.25）可以用矩阵的形式表示如下：

$$\begin{bmatrix} Z_{-N}^r + Z_{-N,-N}^0 & Z_{-N+1,-N}^0 & Z_{-N+2,-N}^0 & \cdots & Z_{N,-N}^0 \\ Z_{-N,-N+1}^0 & Z_{-N+1}^r + Z_{-N+1,-N+1}^0 & Z_{-N+2,-N+1}^0 & \cdots & Z_{N,-N+1}^0 \\ Z_{-N,-N+2}^0 & Z_{-N+1,-N+2}^0 & Z_{-N+2}^r + Z_{-N+2,-N+2}^0 & \cdots & Z_{N,-N+2}^0 \\ \vdots & \vdots & \vdots & & \vdots \\ Z_{-N,N}^0 & Z_{-N+1,N}^0 & Z_{-N+2,N}^0 & \cdots & Z_N^r + Z_{N,N}^0 \end{bmatrix} \begin{bmatrix} \hat{W}_{-N} \\ \hat{W}_{-N+1} \\ \hat{W}_{-N+2} \\ \vdots \\ \hat{W}_N \end{bmatrix} = \begin{bmatrix} \hat{f}_{-N} \\ \hat{f}_{-N+1} \\ \hat{f}_{-N+2} \\ \vdots \\ \hat{f}_N \end{bmatrix}$$
(5.26)

从式（5.26）中可以看到，等式的右边为外载荷向量，等式左边为系数矩阵乘上位移向量，系数矩阵中的元素都是位移阻抗项，因此这里把系数矩阵称为阻抗矩阵。

5.3.5 远场辐射声压

在求得径向振动位移之后，由式（5.12）和式（5.17）可得

$$\hat{p}_m(r, k_z, \phi) = \frac{2\rho_f \omega^2 H_m^{(1)}(k_s^r r)}{\pi k_s^r H_m^{(1)'}(k_s^r R)} \sin(m\phi) \sum_{n'=-\infty}^{+\infty} W_{n'}(k_z) \cdot I_{mn} \tag{5.27}$$

对式（5.27）进行傅里叶逆变换，则有

$$p_m(r,z,\phi) = \int_{-\infty}^{+\infty} \sum_{m=1}^{+\infty} \frac{2\rho_f \omega^2 H_m^{(1)}(k_s^r r)}{\pi k_s^r H_m^{(1)'}(k_s^r R)} \sin(m\phi) \sum_{n'=-\infty}^{+\infty} W_{n'}(k_z) \cdot I_{mn} \cdot \exp(\mathrm{i}k_z z) \mathrm{d}k_z \qquad (5.28)$$

考虑到所研究的物理参数为远场处的辐射声压,对于远场处的汉克尔函数可以近似表达为如下形式[156]:

$$H_m^{(1)}(x) = \sqrt{\left(\frac{2}{\pi x}\right)} \exp\left[\mathrm{i}\left(x - \frac{m\pi}{2} - \frac{\pi}{4}\right)\right] \qquad (5.29)$$

将汉克尔函数的上述近似表达式代入式(5.28),可以得到远场辐射声压的近似式为

$$p(r,z,\phi) = \frac{2\sqrt{2}\rho_f \omega^2}{\pi^{3/2}\sqrt{r}} \sum_{m=1}^{+\infty} \sum_{n'=-\infty}^{+\infty} \exp\left[\mathrm{i}\left(-\frac{m\pi}{2}-\frac{\pi}{4}\right)\right] \sin(m\phi) \cdot I_{mn}$$
$$\cdot \int_{-\infty}^{+\infty} \frac{W_{n'}(k_z) \exp\left[\mathrm{i}\left(k_z z + \sqrt{k_f^2-k_z^2}\, r\right)\right]}{(k_f^2-k_z^2)^{3/4} H_m^{(1)'}\left(\sqrt{k_f^2-k_z^2}\,R\right)} \mathrm{d}k_z \qquad (5.30)$$

这里将柱坐标转换到球坐标系下[163],令 $r=R_0\sin\theta$, $z=R_0\cos\theta$,代入式(5.30)中,则有

$$p(R_0,\theta,\phi) = \frac{2\sqrt{2}\rho_f \omega^2}{\pi^{3/2}\sqrt{R_0\sin\theta}} \sum_{m=1}^{+\infty} \sum_{n'=-\infty}^{+\infty} \exp\left[\mathrm{i}\left(-\frac{m\pi}{2}-\frac{\pi}{4}\right)\right] \sin(m\phi) \cdot I_{mn}$$
$$\cdot \int_{-\infty}^{+\infty} \frac{W_{n'}(k_z) \exp\left[\mathrm{i}\left(k_z R_0\cos\theta + \sqrt{k_f^2-k_z^2}\,R_0\sin\theta\right)\right]}{(k_f^2-k_z^2)^{3/4} H_m^{(1)'}\left(\sqrt{k_f^2-k_z^2}\,R\right)} \mathrm{d}k_z \qquad (5.31)$$

式(5.31)中的积分项可以用稳相法[148]进行近似计算,这里令

$$\Phi(k_z) = \frac{W_{n'}(k_z)}{(k_f^2-k_z^2)^{3/4} H_m^{(1)'}\left(\sqrt{k_f^2-k_z^2}\,R\right)} \qquad (5.32)$$

$$\Psi(k_z,R_0,\theta) = k_z R_0\cos\theta + \sqrt{k_f^2-k_z^2}\,R_0\sin\theta \qquad (5.33)$$

则式(5.31)中的积分项变为

$$I = \int_{-\infty}^{+\infty} \Phi(k_z) \exp[\mathrm{i}\cdot\Psi(k_z,R_0,\theta)]\mathrm{d}k_z \qquad (5.34)$$

根据稳相法,可以用以下表达式近似计算式(5.34)右边的积分:

$$I \approx \left.\frac{\sqrt{2\pi}\Phi(k_z)\exp\left[\mathrm{i}\left(\Psi(k_z,R_0,\theta)-\pi/4\right)\right]}{\left|\partial^2\Psi(k_z)/\partial k_z^2\right|^{1/2}}\right|_{k_z=\bar{k}_z} \qquad (5.35)$$

式中:$\bar{k}_z$ 为函数 $\Psi(k_z,R_0,\theta)$ 对 k_z 一阶偏导等于零的根。

由式(5.33)可知,表达式 $\Psi(k_z,R_0,\theta)$ 对 k_z 的一阶偏导的表达式为

$$\frac{\partial \Psi(k_z,R_0,\theta)}{\partial k_z} = R_0\left(-\frac{k_z\sin\theta}{\sqrt{k_f^2-k_z^2}} + \cos\theta\right) \qquad (5.36)$$

令式(5.36)右边等于零,则可以得到以下关系:

$$\bar{k}_z = k_f\cos\theta \qquad (5.37)$$

由式（5.36）可以求得 $\Psi(k_z, R_0, \theta)$ 对 k_z 的二阶偏导的表达式为

$$\frac{\partial^2 \Psi(k_z, R_0, \theta)}{\partial k_z^2} = -R_0 \sin\theta \left[\frac{1}{(k_f^2 - k_z^2)^{1/2}} + \frac{k_z^2}{(k_f^2 - k_z^2)^{3/2}}\right] \quad (5.38)$$

将式（5.32）、式（5.33）、式（5.38）和式（5.37）代入式（5.35），可得

$$I = \frac{\sqrt{2\pi} W_{n'}(k_f \cos\theta) \exp\left(-\frac{\pi}{4}i\right) \exp(ik_f R_0)}{H_m^{(1)'}(k_f R \sin\theta) k_f \sqrt{R_0 \sin\theta}} \quad (5.39)$$

利用式（5.39）代替式（5.31）中的积分项，可以得到半浸圆柱壳结构远场处辐射声压的近似表达式：

$$p(R_0, \theta, \phi) = -\frac{4i\rho_f \omega^2 \exp(ik_f R_0)}{\pi k_f R_0 \sin\theta} \sum_{m=1}^{+\infty} \sum_{n'=-\infty}^{+\infty} \frac{\exp\left(-\frac{m\pi}{2}i\right) \sin(m\phi) \cdot \bar{I}_{mn'} W_{n'}(k_f \cos\theta)}{H_m^{(1)'}(k_f R \sin\theta)} \quad (5.40)$$

对于无限域中的圆柱壳结构（本书称为全浸状态），其远场辐射声压的表达式为[4]

$$p = \sum_{n=-\infty}^{+\infty} -i \frac{2 \cdot \tilde{W}_n(k_f \cos\theta) \exp(iR_0 k_f) \rho_f \omega^2 \exp(in\phi_1) \exp(-in\pi/2)}{R_0 H_n^{(1)'}(k_f R \sin\theta) k_f \sin\theta} \quad (5.41)$$

声压级均采用下列表达式进行计算：

$$L_p = 20\lg\left(\frac{p}{p_0}\right) \text{(dB)} \quad (5.42)$$

式中：$p_0 = 1 \times 10^{-6}$ Pa。

5.4 数值计算

数值计算模型的相关参数为：材料为钢，弹性模量 $E = 2.1 \times 10^{11}$ Pa，泊松比 $\mu = 0.3$，密度 $\rho_s = 7\,850$ kg/m³，壳体厚度 $D = 0.05$ m，半径 $R = 1.0$ m。流体波传播速度 $C_f = 1\,500$ m/s，流体密度 $\rho_f = 1\,000$ kg/m³，激励力幅值 $F_0 = 1$N。半浸状态是圆柱壳结构所处的一种特殊状态，圆柱壳结构在大部分作业状态下主要是处于一种深潜状态，目前大部分研究也是基于圆柱壳结构处于无限域的前提展开的，辨析半浸状态下圆柱壳结构与无限域中的不同之处更有工程参考价值，因此本章的大部分数值计算均是与无限域中圆柱壳结构相应的结果进行对比分析的。

5.4.1 截断项数选取的讨论

首先令截断项数的取值为 $M = 60$，计算辐射声压的变化关系，计算结果如图 5.2 所示。从图中可以看出，对于任何激励频率，随着截断项数 N 的逐渐增加，辐射声压最终会趋于一个特定值，这也就意味着计算过程趋于收敛。令任意截断项数下对应的辐射声压为

P_N,最终的收敛结果为P_T,这里利用下面给出的表达式来计算P_N和P_T之间的差距,用dif表示:

$$\text{dif} = \left|\frac{P_N - P_T}{P_T}\right| \times 100\% \tag{5.43}$$

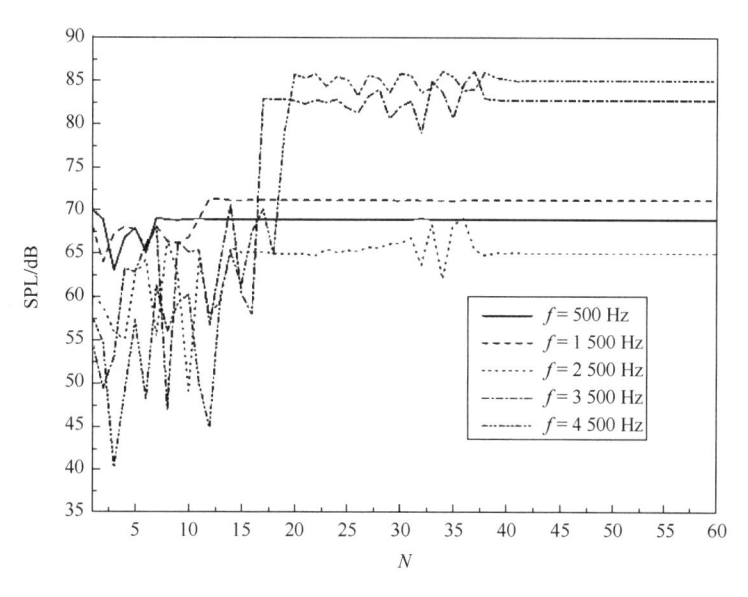

图 5.2 辐射声压的计算值随截断项数的变化

图 5.3 给出了P_N和P_T之间的差距随截断项数的变化关系。从图中可以看出,频率为 500 Hz、1 500 Hz 时,在截断项数 N = 15 附近,计算结果就趋于收敛了,频率大于 2 500 Hz

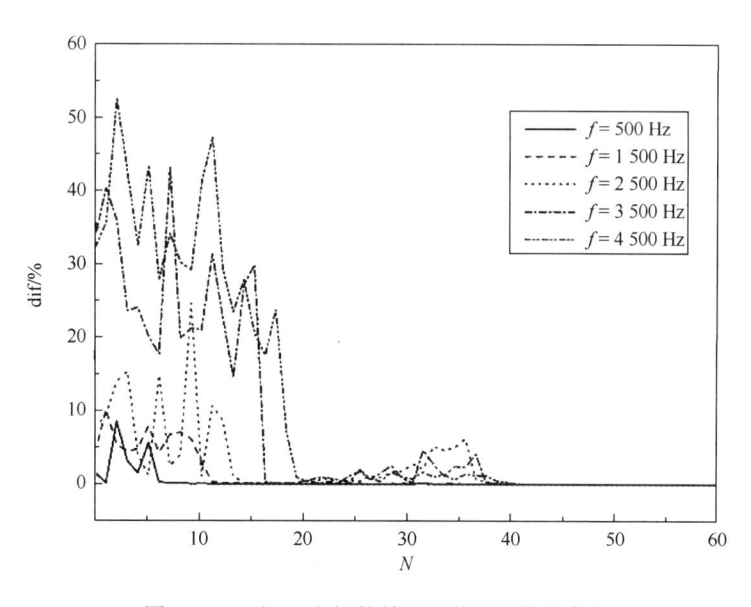

图 5.3 P_N和P_T之间的差距随截断项数的变化

时所需的截断项数相对较高，这一点从图 5.2 中也能看出。表 5.1 给出了不同频率下 P_N 和 P_T 之间的差距小于 1%所需的最小截断项数，这种最小截断项数和频率的变化关系如图 5.4 所示。从图中可以比较明显地看出，最小截断项数随频率的增加而增加，频率小于 2 000 Hz 时，截断项数 $N = 15$ 就可以使得两者之间的差距控制在 1%以下，而对于频率大于 2 500 Hz 时，截断项数 $N \geqslant 35$ 时才能保证两者之间的差距在 1%以内。

表 5.1 不同频率点计算结果收敛时对应的截断项数

频率 f/Hz	截断项数 N	频率 f/Hz	截断项数 N
100	4	2 900	38
500	7	3 300	39
900	9	3 700	39
1 300	10	4 100	40
1 700	13	4 500	40
2 100	14	4 900	41
2 500	37		

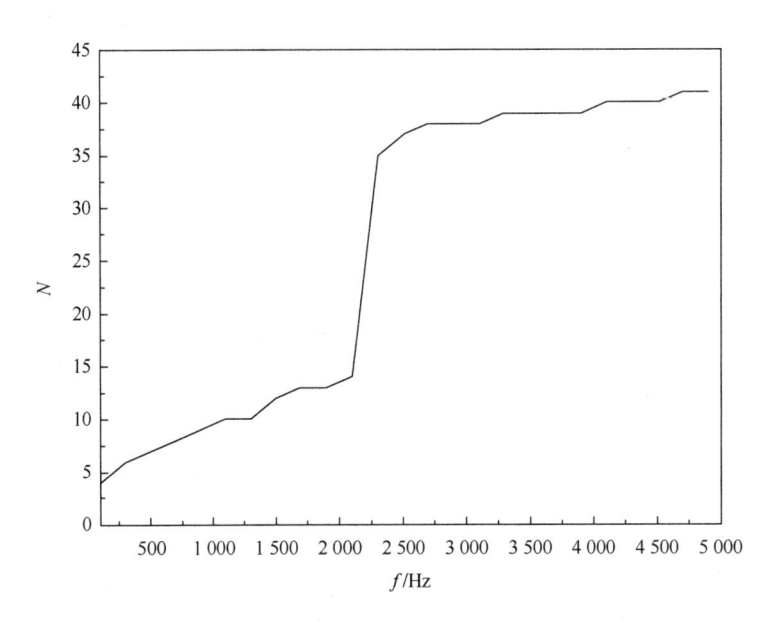

图 5.4 计算结果收敛时对应的截断项数随频率的变化

从上面的分析中可以看出，当截断项数 N 取 40 时，在频率低于 5 000 Hz 的范围内，能够使得计算结果趋于收敛（P_N 和 P_T 之间的差距小于 1%），考虑到不同频率下计算结果随 M 的变化关系应该同截断项数 N 类似，频率越高，计算收敛所需要的截断项数越多。为了确定 M 的值，这里令截断项数的取值 $N = 40$，直接计算频率 $f = 5 000$ Hz 辐射声压的计算值随截断项数 M 的变化关系，计算结果如图 5.5 所示。从图中可以看出，当 $M \geqslant 25$ 时，计算结果趋于收敛。

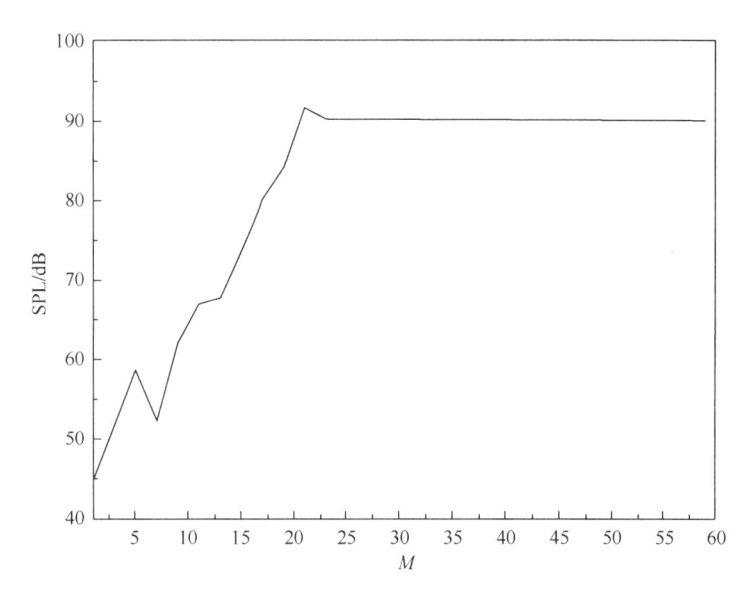

图 5.5 $f=5\,000$ Hz 时辐射声压的计算值随 M 的变化

随着截断项数的增加，计算结果的精度会更高，但是过多的截断项数又会导致计算效率降低，频率较低时，计算收敛所需要的截断项数相对较少，频率较高时，则需要更多的截断项数。通过前面的分析可以发现，在频率 $f\leqslant 5\,000$ Hz 范围内，当 $N\geqslant 40$、$M\geqslant 25$ 时，辐射声压的计算结果趋于收敛，为了保证计算精度，在下面的数值计算中取项数 $N=M=40$。

5.4.2 算法验证

在进行数值分析之前，为避免混淆，考虑到自由液面处声压为零，利用式（5.42）将自由液面处声压转化为声压级之后，由对数函数的性质可知，自由液面处的声压级为负无穷大，考虑到声压变化的连续性，自由液面附近一定区域范围内的声压级还会出现负数，需要说明的是，在数值计算中，为了更方便地给出辐射声压的指向性图，自由液面及附近对应的负无穷大和负声压级将不在图形中体现出来。

下面对本章计算方法的有效性进行验证，首先对文献[164]的处理方法做简单的描述，文献[164]主要是分析高频激励下半浸圆柱壳结构的声-振特性，在构建壳体振动方程时，忽略了薄膜应力的影响，最终将以壳体径向位移为未知量的振动方程表示为如下形式：

$$\left(\frac{\partial^2}{\partial z^2}+\frac{1}{a^2}\frac{\partial^2}{\partial \varphi^2}\right)^2 w_0 - k_c^4 w_0 + \frac{1}{D^*}f_0 = \frac{F_0}{D^*}\delta(z)\frac{\delta(\varphi-\varphi_0)}{a} \quad (5.44)$$

式中：a 为圆柱壳结构的半径；φ 为周向角度；w_0 为壳体径向位移；f_0 为流体声载荷；F_0 为点激励幅值；φ_0 为点激励所在的周向角度；$k_c^4=\dfrac{\rho_c D\omega^2}{D^*}$，$D^*=\dfrac{E(1-\mathrm{i}\eta)D^3}{12(1-\sigma^2)}$，其中，$\rho_c$ 为壳体密度，D 为壳体厚度，ω 为外激励频率，E 为弹性模量，σ 为泊松比，η 为结构阻尼。

考虑到文献[164]的分析对象为高频激励下处于半浸状态的圆柱壳结构，这里首先计算了频率 $f=5\,000$ Hz 时圆柱壳结构远场辐射声压的分布并与文献中计算方法所得的结果进行对比。令观察点位于 $R_0 = 50$ m，$\theta = \pi/2$ 处，分别计算了激励位于自由液面以上（$\varphi_0 = -\pi/2$）和自由液面以下两种（$\varphi_0 = \pi/2$）情况，计算结果如图 5.6 所示。从图中可以看出，计算结果和文献计算方法所得到的远场辐射声压的分布特征吻合得比较好，这说明了本章推导过程是正确的。

(a) 激励位于自由液面以下

(b) 激励位于自由液面以上

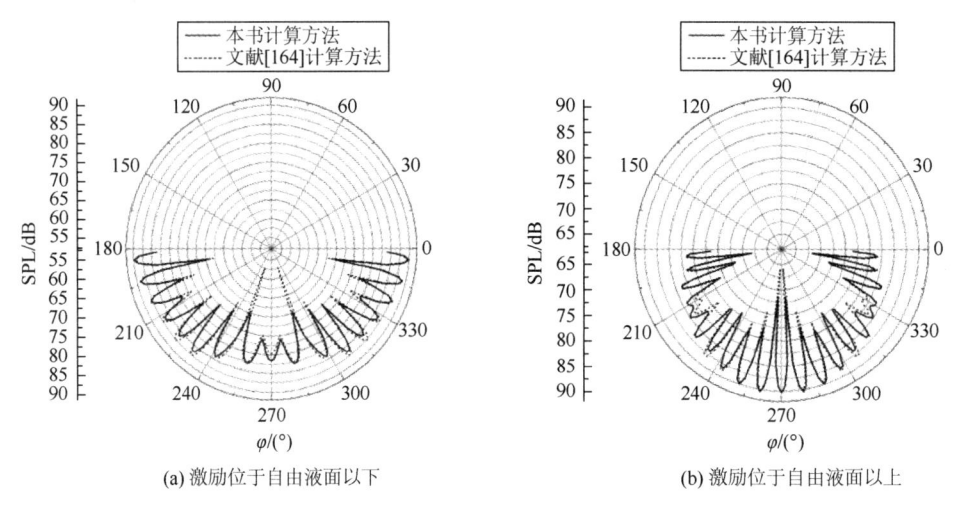

图 5.6　$f = 5\,000$ Hz 时两种方法的辐射声压分布

5.4.3　远场辐射声压

本小节对频率 $f = 4\,000$ Hz 和 $f = 2\,000$ Hz 时两种计算方式下辐射声场的分布进行对比分析，计算结果如图 5.7 和图 5.8 所示。从图中可以发现，当激励频率为 $4\,000$ Hz 时，两种方法下所得辐射声场仍然吻合得比较好，而当激励频率降到 $2\,000$ Hz 时，两种方法下辐射声场的分布差别比较大，这是因为频率较低时，壳体的薄膜应力不能忽略，这时文献[164]对壳体的处理方式并不适用。

(a) 激励位于自由液面以下

(b) 激励位于自由液面以上

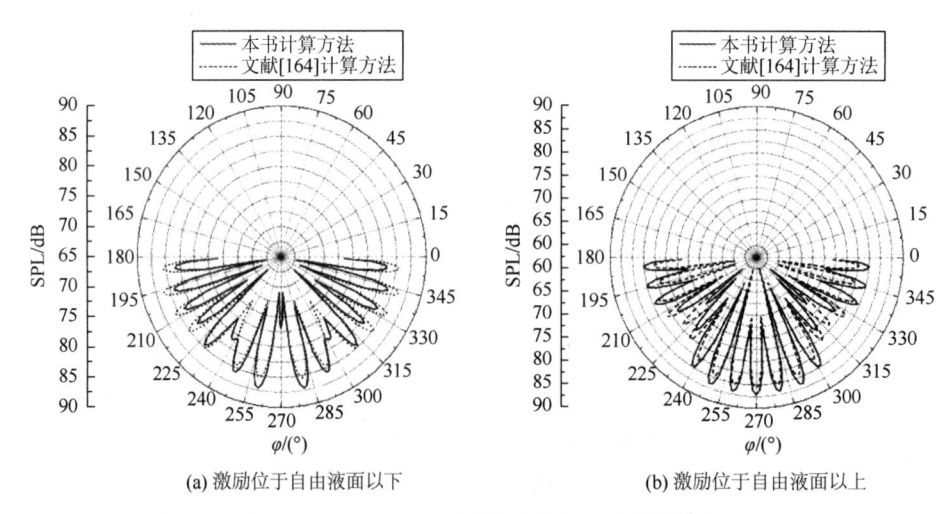

图 5.7　$f = 4\,000$ Hz 时两种方法的辐射声压分布

(a) 激励位于自由液面以下　　　　　(b) 激励位于自由液面以上

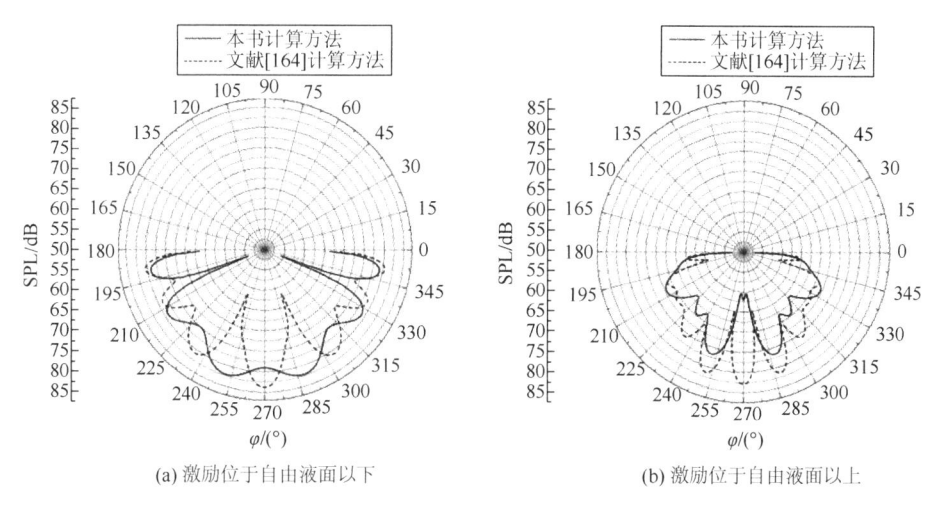

图 5.8　$f = 2\,000$ Hz 时两种方法的辐射声压分布

分别用两种处理方法计算声场中特定点（$R_0 = 50$ m，$\theta = \pi/2$，$\varphi_0 = -\pi/2$）辐射声压随频率的变化关系，计算结果如图 5.9 所示。从图中可以比较明显地看出，无论是激励位于自由液面以上还是自由液面以下，当激励频率低于 2 500 Hz 时，两种计算方法下所得的辐射声压差别比较大，而当激励频率高于 2 500 Hz 时，两种方法下的曲线吻合得比较好。

(a) 激励位于自由液面以下　　　　　(b) 激励位于自由液面以上

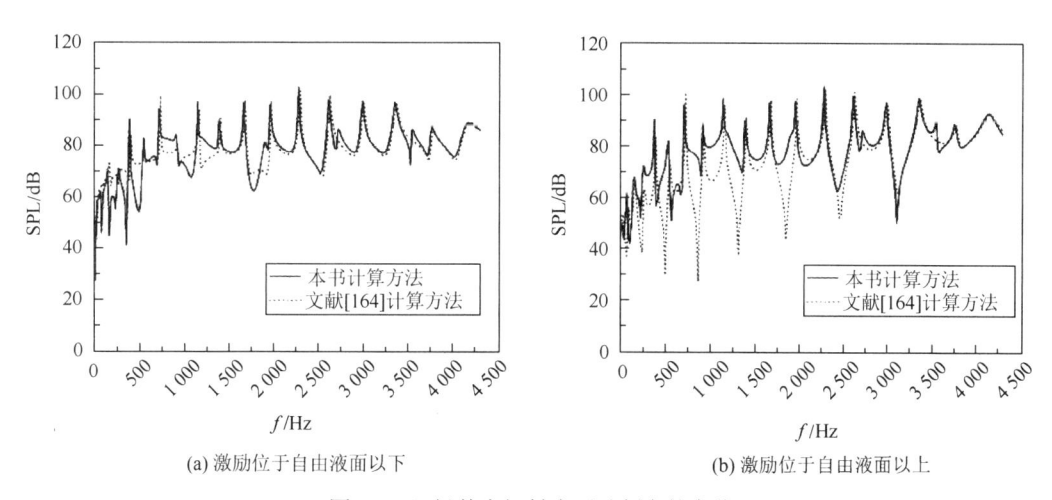

图 5.9　远场某点辐射声压随频率的变化

5.4.4　不同激励位置下圆柱壳结构的辐射声场

考虑到半浸状态下圆柱壳结构所受激励的位置存在两种比较典型的情况，同时为了在和无限域计算结果的比较中避免混淆，这里给出两种典型激励作用位置的定义：位置一为 $z = 0$，$\varphi_0 = -\pi/2$（对于半浸状态，激励位于自由液面以下）；位置二为 $z = 0$，$\varphi_0 = \pi/2$（对于半浸状态，激励位于自由液面以上）。下面分别从这两种情况对半浸状态下圆柱壳结构的辐射声场进行研究，并分别与自由场中圆柱壳结构的辐射声场进行对比分析。在圆柱壳

结构的相关参数确定以后，可以得到其环频率为 863 Hz。下面分别取激励为 200 Hz、600 Hz、1 000 Hz、2 000 Hz 和 5 000 Hz 的频率点进行计算分析。

1. 激励力位于位置一

两种浸没状态下远场辐射声压分布如图 5.10 所示。

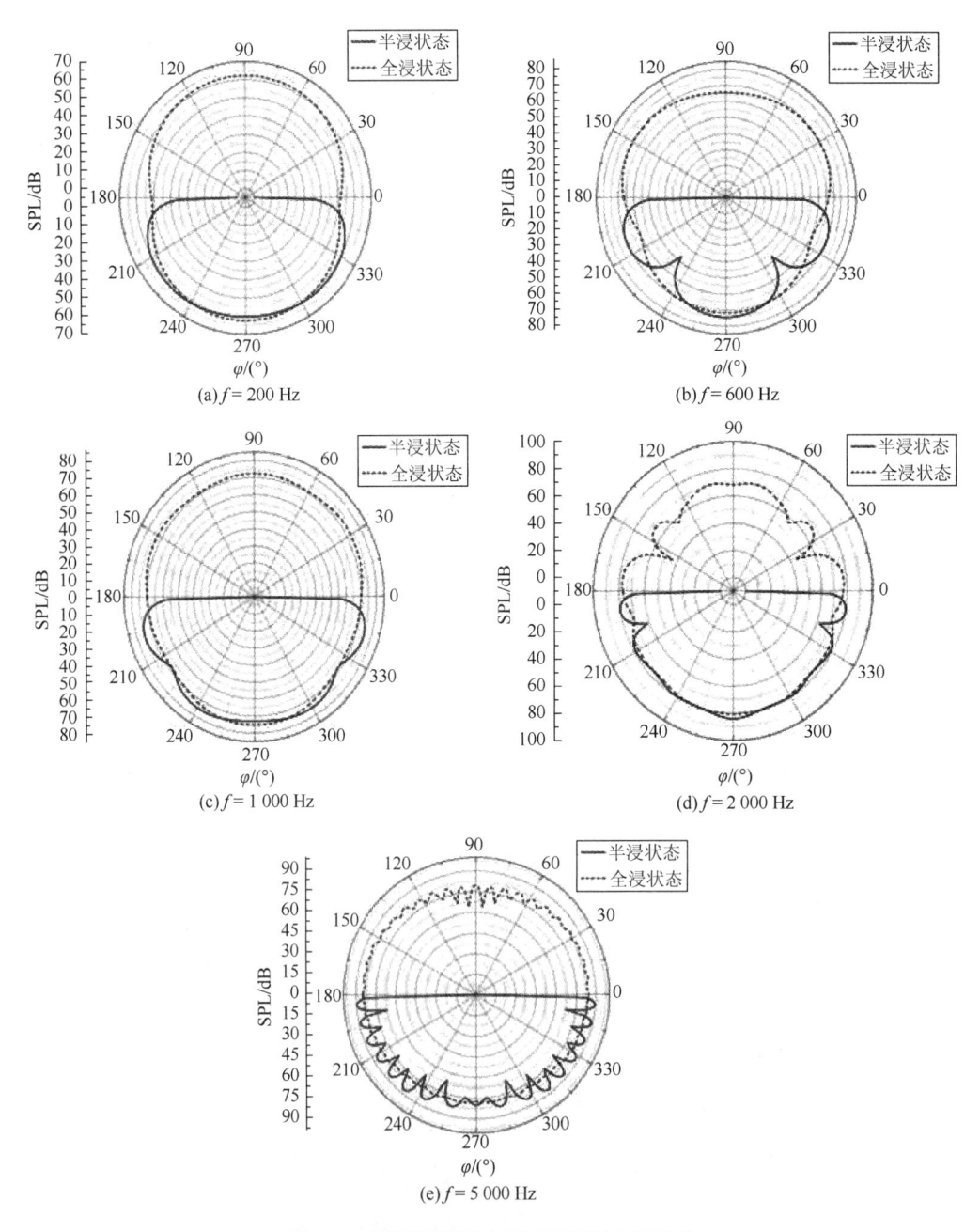

(a) f = 200 Hz

(b) f = 600 Hz

(c) f = 1 000 Hz

(d) f = 2 000 Hz

(e) f = 5 000 Hz

图 5.10　两种浸没状态下远场辐射声压分布

从图 5.10 中可以看出，对于激励力位于自由液面以下，半浸状态下圆柱壳结构的远场辐射声场与全浸状态下的辐射声场存在一定程度上的差异。当激励频率为 200 Hz 时，半浸状态和全浸状态下远场辐射声压的分布情况比较接近，在 $185°\leqslant\varphi\leqslant240°$ 和 $300°\leqslant\varphi\leqslant355°$ 的区域内，半浸状态下圆柱壳结构的辐射声压要稍大于全浸状态，在其他区域内则相反。随着激励频率的增加，声场的分布有了明显的变化，当激励频率为 600 Hz 时，半浸状态下圆柱壳结构的辐射声场出现了两个比较尖锐的凸起区域，指向性图表现为三瓣形。当激励频率为 1 000 Hz 时，指向性图表现为四瓣形，辐射声场的凹凸区域表现得不是非常尖锐。当激励频率为 2 000 Hz、5 000 Hz 时，两种浸没状态下圆柱壳结构的辐射声压随着方位角的变化均表现出比较强的波动性，同时从图中可以看出，激励频率为 5 000 Hz 时半浸状态下圆柱壳结构的辐射声压的峰值要高于全浸状态的值。从图中可以看出，当激励力位于自由液面以下时，无论是高频激励还是低频激励，半浸圆柱壳结构的辐射声压始终是围绕全浸状态下的声压值附近波动的。

2. 激励力位于位置二

从图 5.11 中可以看出，当激励力位于自由液面以上时，半浸状态下圆柱壳结构的远场辐射声场与激励力位于自由液面以下的情景有一定的差别。当激励频率为 200 Hz 和 600 Hz 时，半浸圆柱壳结构的辐射声压要小于全浸状态。当激励频率为 1 000 Hz、2 000 Hz 和 5 000 Hz 时，从图中曲线可以看出，在部分区域内，半浸圆柱壳结构的辐射声压值要大于全浸状态的相应值。另外，从图中可以看出，对于激励力位于自由液面以上，当激励

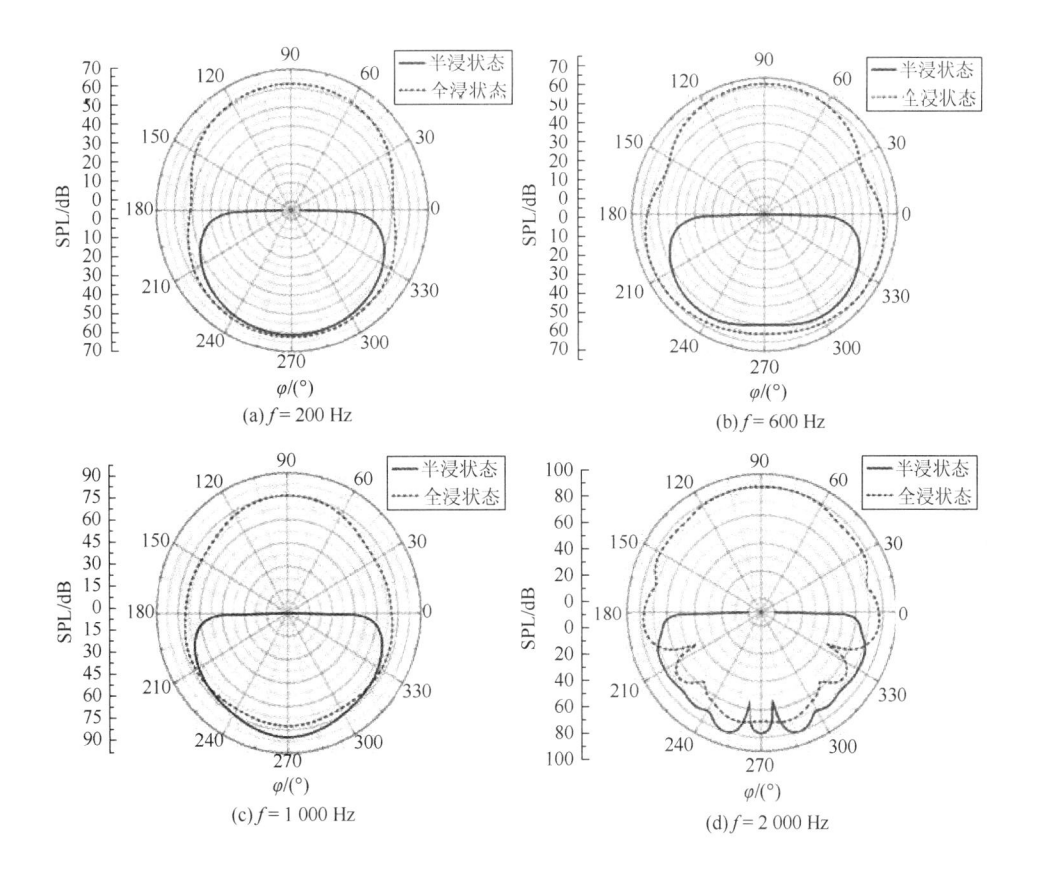

(a) $f = 200$ Hz

(b) $f = 600$ Hz

(c) $f = 1\,000$ Hz

(d) $f = 2\,000$ Hz

(e) $f = 5\ 000$ Hz

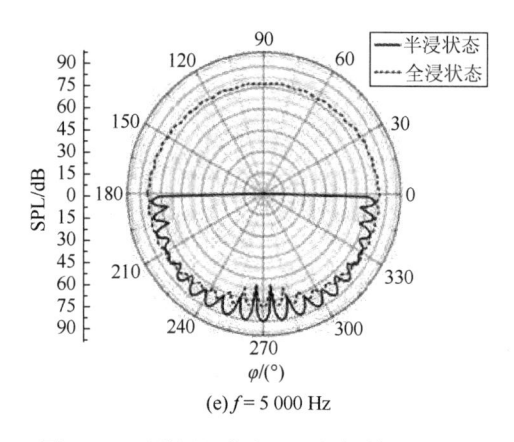

图 5.11 两种浸没状态下远场辐射声压分布

频率较小以及位于环频率附近时，半浸状态下圆柱壳结构的辐射声场的指向性没有表现出凹凸比较明显的多瓣形。

3. 远场某点处辐射声压随频率的变化特征

图 5.12 和图 5.13 给出了半浸状态和全浸状态两种不同激励力位置下圆柱壳在某特定点处（$R_0 = 50$ m，$\theta = \pi/2$，$\varphi = -\pi/2$）的辐射声压随频率的变化曲线。

从图 5.12 中可以看出：半浸状态下圆柱壳在该点处的辐射声压随激励频率变化波动比较明显，对全浸状态而言，在低频段，辐射声压随频率增加而增加，曲线表现得比较平滑，没有明显的波动；半浸状态下，当激励力位于自由液面以下时，圆柱壳在远场的辐射声压随频率的变化始终是围绕全浸状态对应的辐射声压上下波动的；当激励力位于自由液面以上时，在激励频率小于 800 Hz 时，半浸状态下圆柱壳结构的辐射声压是围绕全浸状态下对应的辐射声压上下波动的，对于中高频段，除了几个谷值点，半浸状态下圆柱壳的辐射声压要高于全浸状态。

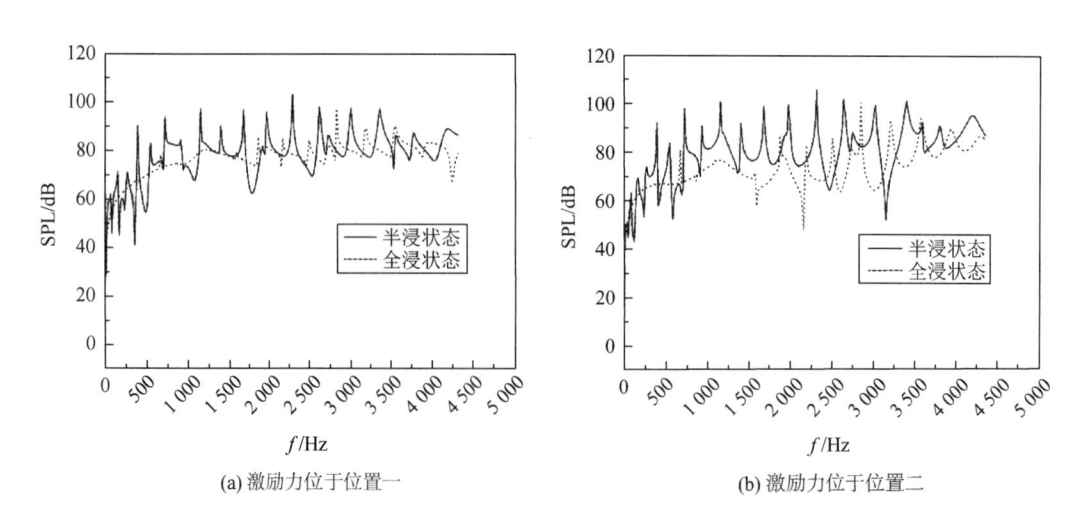

(a) 激励力位于位置一

(b) 激励力位于位置二

图 5.12 半浸状态和全浸状态下圆柱壳结构远场特定点处辐射声压随频率的变化关系

(a) 全浸状态 (b) 半浸状态

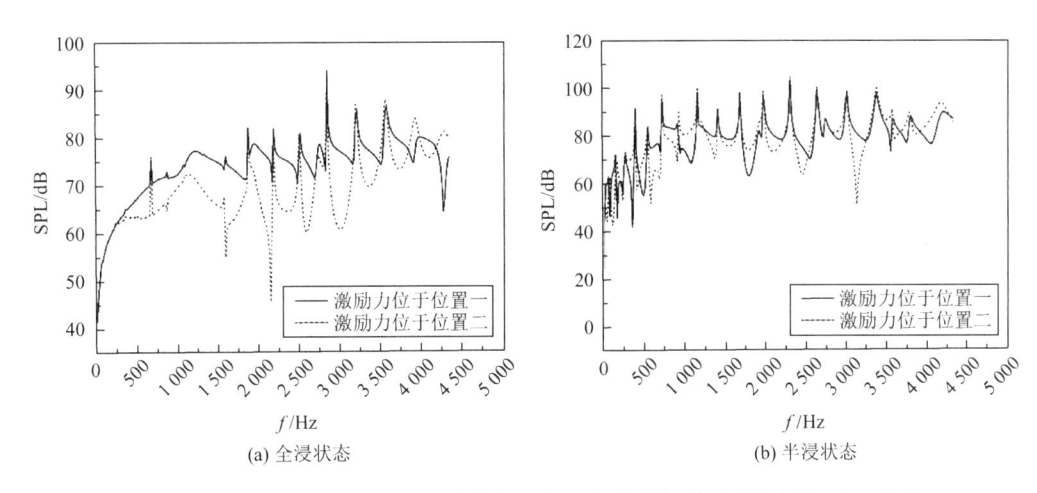

图 5.13 不同激励力位置下圆柱壳结构远场特定点处辐射声压随频率的变化关系

另外，从图 5.13 中可以看出，不管是半浸状态还是全浸状态，两种激励力位置下辐射声压的峰值基本重合，而对于其他区域，两种激励力位置下辐射声压在幅值上有一定的差别。对于半浸状态，在中低频段，激励力位于自由液面以上对应的辐射声压要高于自由液面以下，而频率大于 3 500 Hz 的高频段，从图中可以看出激励力位于自由液面以上对应的辐射声压要低于激励力位于自由液面以下，文献[150]指出激励力位于自由液面以上会使圆柱壳结构的远场辐射声压减小，而文献[164]通过对高频段半浸圆柱壳结构声辐射特性进行分析，认为在高频段这种结论不一定成立，这一点跟图 5.13（b）中所反映的特征是一致的。从图 5.13（a）中可以看出，对于全浸状态，在频率低于 4 000 Hz 的范围内，激励力位于位置一对应的辐射声压要明显高于位置二，在更高的频率范围内，这种关系则可能会反过来。

5.4.5 不同方位角 θ 处半浸圆柱壳结构的辐射声场

在分析了不同激励力位置下半浸状态下圆柱壳结构远场辐射声场的特性后，接下来分析方位角 θ 取不同值时圆柱壳结构的辐射声场沿周向分布的特点，这里假设激励力位于自由液面以下即 $\varphi_0 = -\pi/2$，观察点距离 $R_0 = 50$ m，计算结果如图 5.14 所示。

从图 5.14 中可以看出，同一激励频率下，不同方位角度处辐射声压沿周向的分布特征比较一致，频率为 200 Hz 时的不同之处仅体现在辐射声压的幅值大小上。

声场中特定点处（$R_0 = 50$ m，$\varphi = -3\pi/8$）辐射声压随方位角 θ 的变化关系如图 5.15 所示，从图中可以看出，激励频率为 200 Hz 时，辐射声压的最大值出现在方位角 $\theta = 70°$ 附近，频率为 600 Hz 时，最大值对应的方位角在 30°附近，频率为 1 000 Hz 时，最大值对应的方位角在 50°附近，频率为 2 000 Hz 时，最大值出现在 80°附近，激励频率为 5 000 Hz 时，最大值出现在 25°附近。由此可见，辐射声压的最大值并不是出现在 $\theta = 90°$ 的方位，不同频率下最大值出现的方位角不一样，没有表现出较一致的规律性。另外，随着激励频率的增加，辐射声压随方位角 θ 的变化波动表现得越来越明显，这里需要说明的是，频率

(a) $f = 200$ Hz

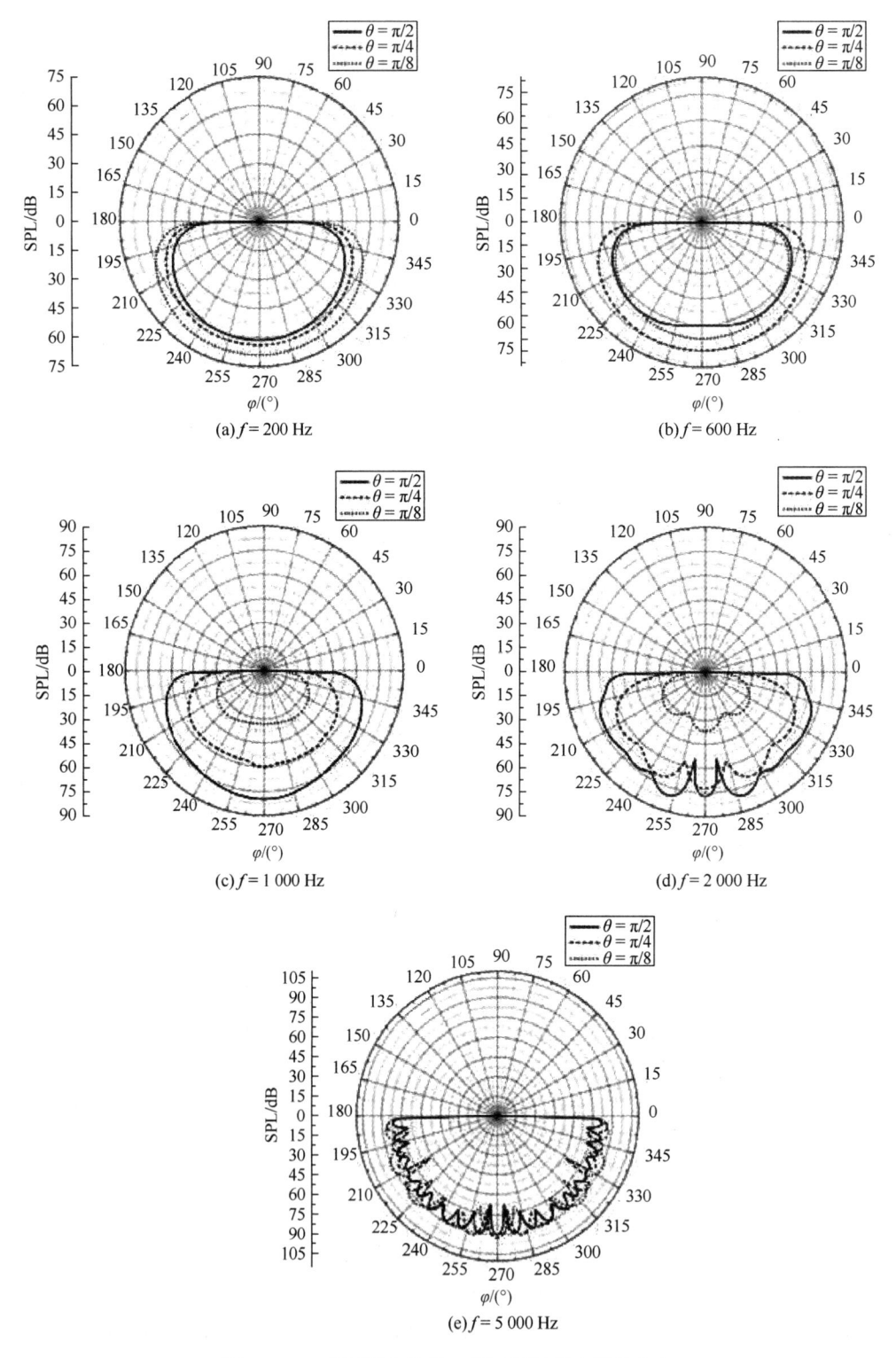

(b) $f = 600$ Hz

(c) $f = 1\,000$ Hz

(d) $f = 2\,000$ Hz

(e) $f = 5\,000$ Hz

图 5.14 三种不同方位角 θ 下远场辐射声压的分布

· 122 ·

为 5 000 Hz 时，方位角 $\theta \leqslant 20°$ 的辐射声压相对很小，为了更清晰地给出声压随方位角的变化趋势，这里横坐标值取 20° 之后的角度。

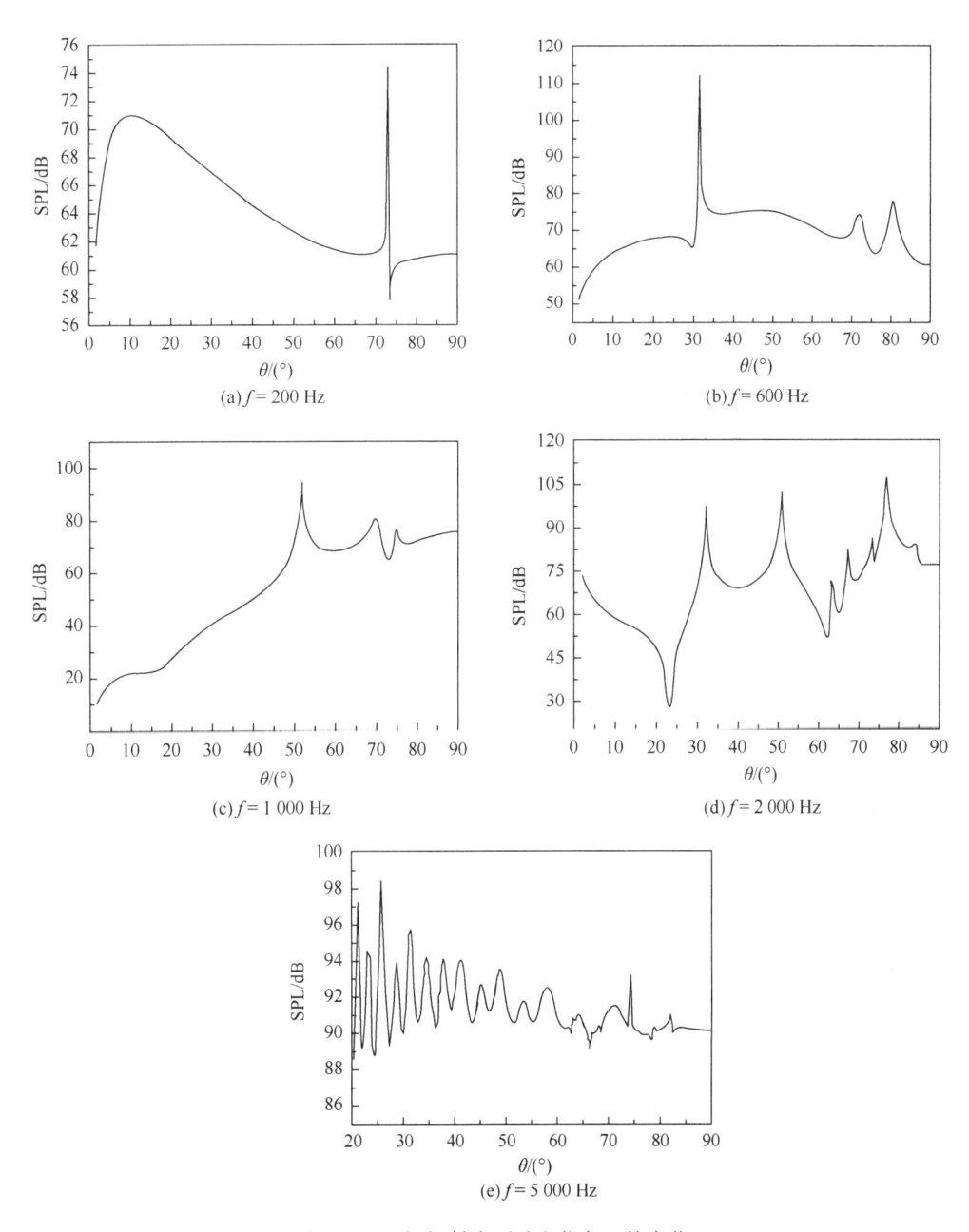

图 5.15 远场辐射声压随方位角 θ 的变化

5.5 半浸状态下圆柱壳声辐射快速算法及输入功率流分析

本节主要对半浸状态下的圆柱壳结构声-振特性展开进一步的研究，由于自由液面

· 123 ·

对声-振特性的影响，圆柱壳各阶周向模态之间是互相耦合的，截断形成的阻抗矩阵给求解振动方程带来较大的不便，也对较复杂结构半浸状态下的研究造成很大的障碍。文献[109]通过对流体载荷级数表达式再进行求和的方法对方程进行解耦，但是没有对其所使用方法的有效性予以说明。本节建立半浸状态下圆柱壳的耦合振动方程，通过对角耦合的方式对振动方程进行解耦，计算远场的辐射声压，并与文献[109]中的处理方法和全耦合算法进行对比。研究表明，通过这种方法对方程进行解耦是可行的，可以较大幅度简化计算过程，提高计算效率，而且通过对振动方程的解耦，便于对半浸状态下复杂圆柱壳结构声-振特性展开研究，这种类似的解耦方式在对有限长圆柱壳结构的研究中也有应用。在建立了快速计算方法之后，5.6 节利用这种简便算法对半浸状态下圆柱壳结构的输入功率流进行研究。

5.5.1　声辐射快速预报方法

1. 理论推导

文献[109]对式（5.24）两边进行了无限求和的处理，表示成如下形式：

$$\sum_{n=-\infty}^{+\infty}\hat{f}_{0n}(k_z) = \sum_{n=-\infty}^{+\infty}\sum_{n'=-\infty}^{+\infty}\hat{W}_{n'}(k_z)\sum_{m=1}^{+\infty}\frac{\rho_f\omega^2 H_m^{(1)}(k_s^r R)}{\pi^2 k_s^r H_m^{(1)'}(k_s^r R)} I_{mn}\bar{I}_{mn'} \tag{5.45}$$

式（5.45）经过变化也可以写成如下形式：

$$\sum_{n=-\infty}^{+\infty}\hat{f}_{0n}(k_z) = \sum_{n=-\infty}^{+\infty}\hat{W}_n(k_z)\sum_{m=1}^{+\infty}\sum_{n'=-\infty}^{+\infty}\frac{\rho_f\omega^2 H_m^{(1)}(k_s^r R)}{\pi^2 k_s^r H_m^{(1)'}(k_s^r R)} \bar{I}_{mn}I_{mn'} \tag{5.46}$$

进而文献[109]将流体声载荷表示成如下形式：

$$\hat{f}_{0n}(k_z) = \hat{W}_n(k_z)\sum_{m=1}^{+\infty}\sum_{n'=-\infty}^{+\infty}\frac{\rho_f\omega^2 H_m^{(1)}(k_s^r R)}{\pi^2 k_s^r H_m^{(1)'}(k_s^r R)} \bar{I}_{mn}I_{mn'} \tag{5.47}$$

从式（5.47）可以看出，经过处理后，第 n 阶流体声载荷项仅与第 n 阶位移有关，式（5.25）相应地可以简化成：

$$\hat{W}_n(k_z) = \frac{\hat{f}_{rn}(k_z)}{Z_{0n} + Z_{l,n}^a} \tag{5.48}$$

式中：$Z_{0n} = \dfrac{Eh}{R^2(1-\mu^2)I_{33}}$；$Z_{l,n}^a = \sum\limits_{m=1}^{+\infty}\sum\limits_{n'=-\infty}^{+\infty}\dfrac{\rho_f\omega^2 H_m^{(1)}(k_s^r R)}{\pi^2 k_s^r H_m^{(1)'}(k_s^r R)}\bar{I}_{mn}I_{mn'}$。

如果将式（5.26）中阻抗矩阵第 i 列上的所有元素均加到第 i 行上，然后令对角线之外的元素为零，可得如下矩阵形式：

$$\begin{bmatrix} Z_{-N}^{\mathrm{r}} + \sum_{n=-N}^{N} Z_{-N,n}^{0} & 0 & 0 & \cdots & 0 \\ 0 & Z_{-N+1}^{\mathrm{r}} + \sum_{n=-N}^{N} Z_{-N+1,n}^{0} & 0 & \cdots & 0 \\ 0 & 0 & Z_{-N+2}^{\mathrm{r}} + \sum_{n=-N}^{N} Z_{-N+2,n}^{0} & \cdots & 0 \\ \vdots & \vdots & \vdots & & \vdots \\ 0 & 0 & 0 & \cdots & Z_{N}^{\mathrm{r}} + \sum_{n=-N}^{N} Z_{N,n}^{0} \end{bmatrix} \begin{bmatrix} \hat{W}_{-N} \\ \hat{W}_{-N+1} \\ \hat{W}_{-N+2} \\ \vdots \\ \hat{W}_{N} \end{bmatrix} = \begin{bmatrix} \hat{f}_{-N} \\ \hat{f}_{-N+1} \\ \hat{f}_{-N+2} \\ \vdots \\ \hat{f}_{N} \end{bmatrix}$$

（5.49）

上述矩阵等式实际上可以表示成如下形式：

$$(Z_n^{\mathrm{r}} + Z_{n'n}^{\mathrm{a}})\hat{W}_n(k_z) = \hat{f}_{\mathrm{r}n}(k_z) \quad (5.50)$$

式中：$Z_n^{\mathrm{r}} = \dfrac{Eh}{R^2(1-\mu^2)I_{33}}$；$Z_{n'n}^{\mathrm{a}} = \sum_{m=1}^{+\infty}\sum_{n'=-\infty}^{+\infty} \dfrac{\rho_{\mathrm{f}}\omega^2 H_m^{(1)}(k_s^{\mathrm{r}} R)}{\pi^2 k_s^{\mathrm{r}} H_m^{(1)'}(k_s^{\mathrm{r}} R)}\bar{I}_{mn}I_{mn'}$。

对比式（5.50）和式（5.48）可以发现这两个等式完全一致，因此可以认为文献[109]本质上是对阻抗矩阵采取了一种对各列求和且令其他元素为零的处理方法，这里把这种处理方式称为列耦合方法。

如果令式（5.26）中阻抗矩阵的非对角线上的元素为零，那么可以得到如下形式的矩阵：

$$\begin{bmatrix} Z_{-N}^{\mathrm{r}} + Z_{-N,-N}^{0} & 0 & 0 & \cdots & 0 \\ 0 & Z_{-N+1}^{\mathrm{r}} + Z_{-N+1,-N+1}^{0} & 0 & \cdots & 0 \\ 0 & 0 & Z_{-N+2}^{\mathrm{r}} + Z_{-N+2,-N+2}^{0} & \cdots & 0 \\ \vdots & \vdots & \vdots & & \vdots \\ 0 & 0 & 0 & \cdots & Z_{N}^{\mathrm{r}} + Z_{N,N}^{0} \end{bmatrix} \begin{bmatrix} \hat{W}_{-N} \\ \hat{W}_{-N+1} \\ \hat{W}_{-N+2} \\ \vdots \\ \hat{W}_{N} \end{bmatrix} = \begin{bmatrix} \hat{f}_{-N} \\ \hat{f}_{-N+1} \\ \hat{f}_{-N+2} \\ \vdots \\ \hat{f}_{N} \end{bmatrix}$$

（5.51）

式（5.51）的矩阵等式可以看作下式经过截断之后形成的矩阵：

$$Z_{0n}\hat{W}_n(k_z) + Z_{l,n}^{\mathrm{b}}\hat{W}_n(k_z) = \hat{f}_{\mathrm{r}n} \quad (5.52)$$

式中：$Z_{l,n}^{\mathrm{b}} = \sum_{m=1}^{+\infty} \dfrac{\rho_{\mathrm{f}}\omega^2 H_m^{(1)}(k_s^{\mathrm{r}} R)}{\pi^2 k_s^{\mathrm{r}} H_m^{(1)'}(k_s^{\mathrm{r}} R)}\bar{I}_{mn}I_{mn}$；$Z_{0n} = \dfrac{Eh}{R^2(1-\mu^2)I_{33}}$。

对比式（5.51）和式（5.52）可以发现，式（5.52）左边第二项实际上是流体声载荷项，即流体声载荷表示成如下形式：

$$\hat{f}_{0n}(k_z) = \hat{W}_n(k_z)\sum_{m=1}^{+\infty} \dfrac{\rho_{\mathrm{f}}\omega^2 H_m^{(1)}(k_s^{\mathrm{r}} R)}{\pi^2 k_s^{\mathrm{r}} H_m^{(1)'}(k_s^{\mathrm{r}} R)}\bar{I}_{mn}I_{mn} \quad (5.53)$$

从式（5.53）可以看出，经过处理后，第 n 阶流体声载荷项与相应第 n 阶位移形成一一对应关系，对比式（5.47）可知式（5.53）减少了无限求和的处理；可见，令阻抗矩阵非对角线上的元素为零，可以得到如式（5.52）的解耦形式，这里把这种处理方法称为对角解耦法；而把式（5.26）这种未对阻抗矩阵进行任何简化处理的计算方式称为全耦合法。

由上面的理论推导可以看出，通过对阻抗矩阵进行简化近似处理，可以对耦合方程进行解耦，从而可以极大地提高计算效率，下面通过数值计算对这种处理方法的有效性和高效性进行分析。

2. 数值计算

这里计算涉及的圆柱壳结构和流场相关参数以及激励力位置的定义同上，令远场辐射声场中观察点的距离 $R_0 = 50$ m，方位角 $\theta = \pi/2$，通过三种不同的处理方式计算不同激励频率下半浸状态下圆柱壳结构远场辐射声场，计算结果如图 5.16 和图 5.17 所示。

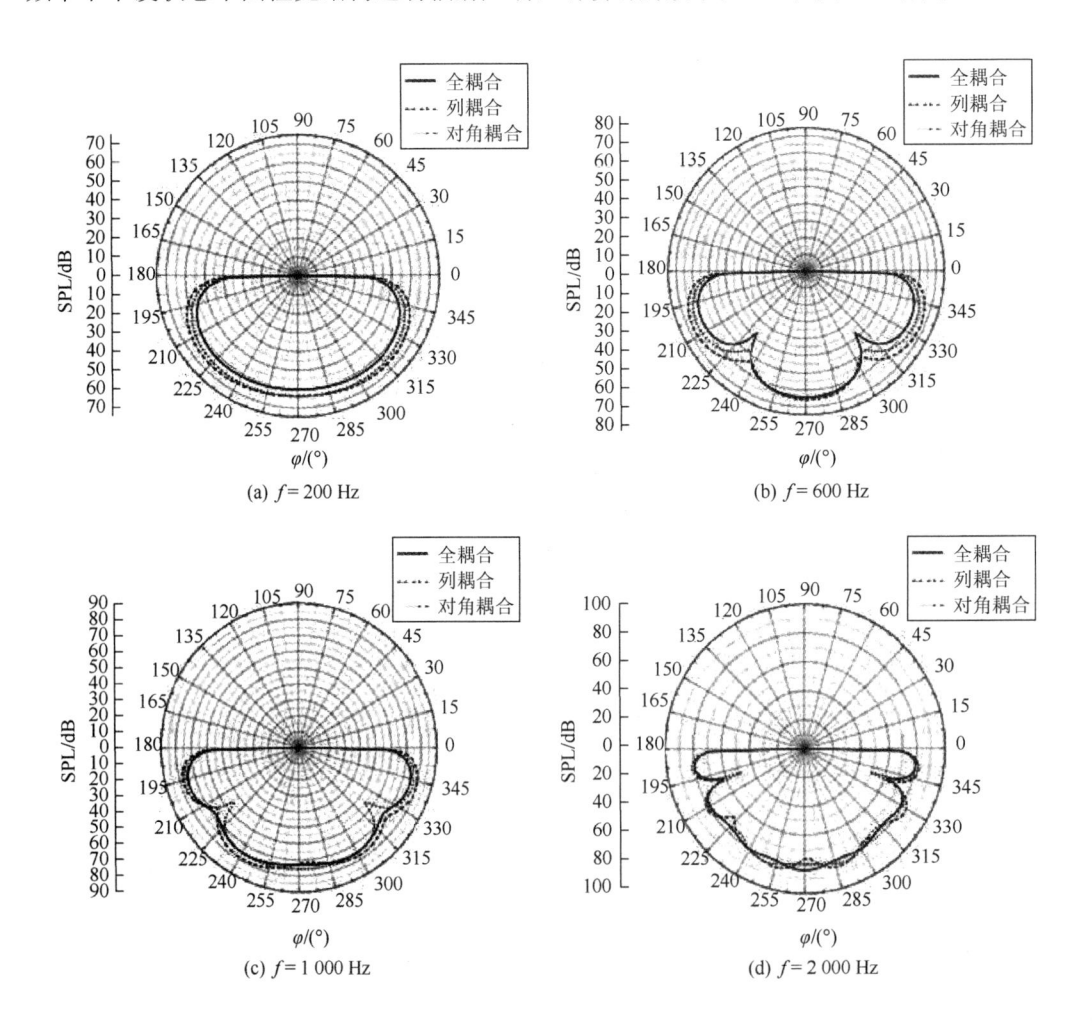

(a) $f = 200$ Hz

(b) $f = 600$ Hz

(c) $f = 1\ 000$ Hz

(d) $f = 2\ 000$ Hz

(e) $f = 5\,000$ Hz

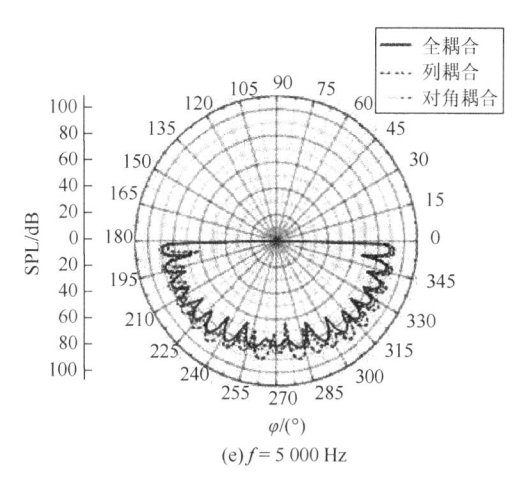

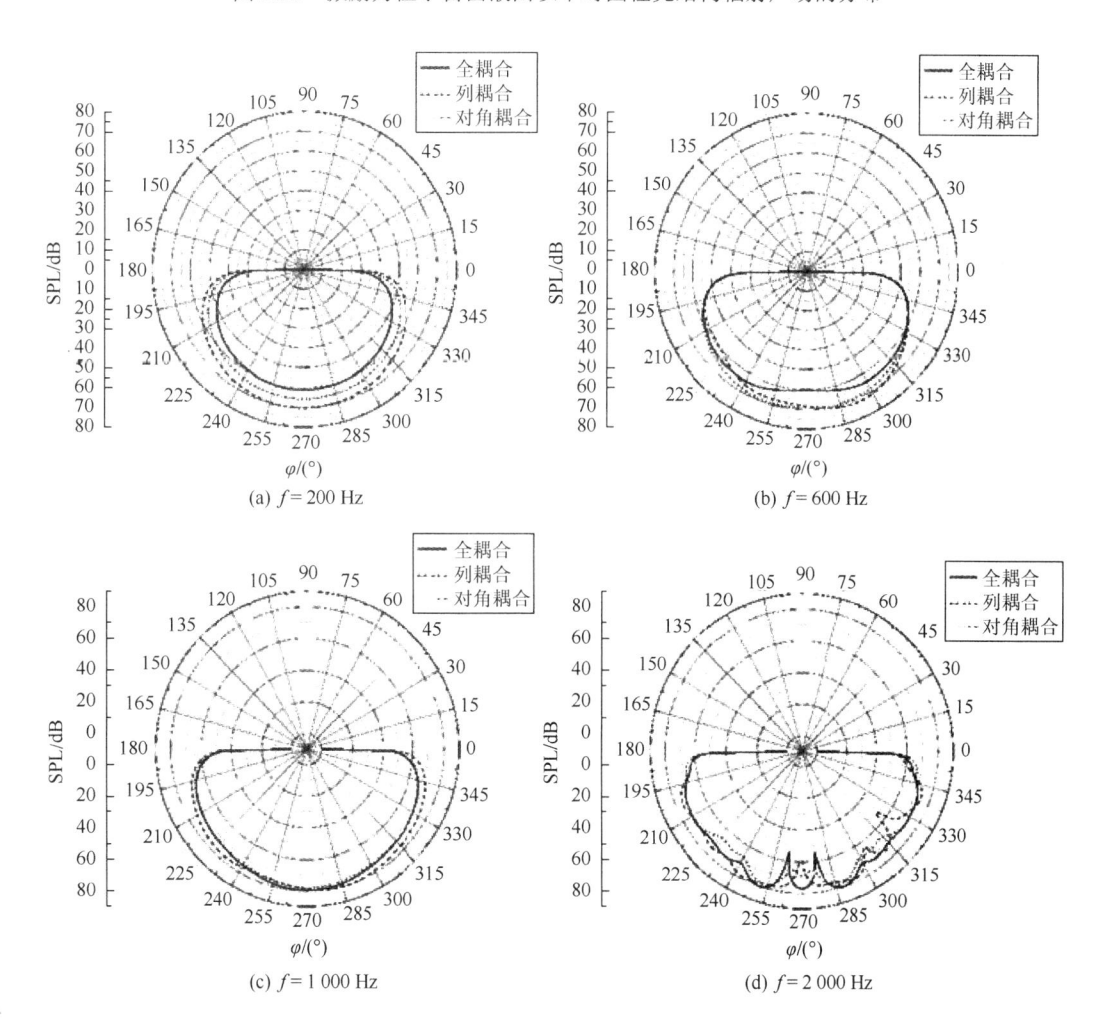

图 5.16 激励力位于自由液面以下时圆柱壳结构辐射声场的分布

(a) $f = 200$ Hz

(b) $f = 600$ Hz

(c) $f = 1\,000$ Hz

(d) $f = 2\,000$ Hz

(e) $f = 5\ 000$ Hz

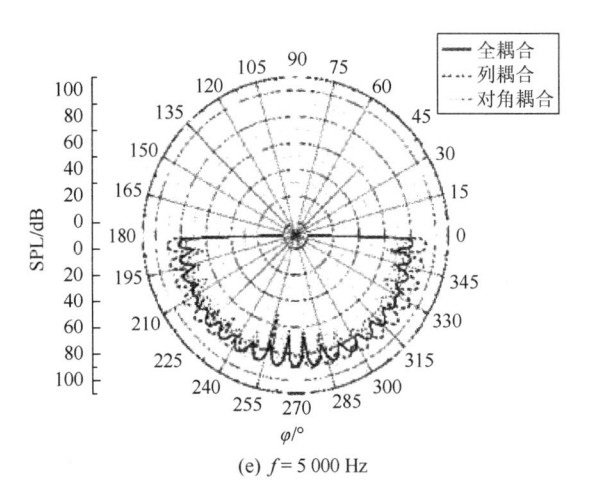

图 5.17 激励力位于自由液面以上时圆柱壳结构辐射声场的分布

从图 5.16（a）中可以看出，当激励频率为 200 Hz 时，三种计算方法下的圆柱壳结构的辐射声场的分布特点比较一致，均呈现出单瓣形的指向性特点；在幅值上稍有差别，列耦合下辐射声压最大，对角耦合下的辐射声压稍小，更接近全耦合下圆柱壳结构的辐射声场。当激励频率为 600 Hz 时，三种算法下辐射声场的指向性特征均表现出三瓣形。从图 5.16（b）中可以看出，三种算法下两个旁瓣和中瓣的交点出现的位置稍有差别，对角耦合下更接近全耦合的情况，另外，三种算法下旁瓣区域内辐射声压的幅值也有一定差别，列耦合下和对角耦合下辐射声压均偏大，但对角耦合下的辐射声压更接近全耦合。

当激励频率为 1 000 Hz 时，三种算法下辐射声场的分布形式比较一致，大部分区域内，与列耦合处理方式相比，对角耦合下的辐射声压更接近全耦合，仅在瓣间的交点处稍显尖锐。当激励频率增加到 2 000 Hz 时，列耦合算法下所得的辐射声场在分布形式上与全耦合有比较明显的差距，波动相比较大，此时对角耦合所得的辐射声场比较接近于全耦合的情况。

当频率比较高时，从图 5.16（e）中可以看出，三种算法下得到的圆柱壳结构辐射声场在分布形式上比较一致，在声压幅值上稍有差别，列耦合所得结果偏大，对角耦合更接近全耦合的情况，随着频率的增加，对角耦合和全耦合所得结果仍然表现出比较好的一致性，而列耦合下的辐射声场与全耦合相比开始呈现出较大的分歧。当激励力位于自由液面以上时，从图 5.17 中可以看出，三种解耦方法下得到的结果仍然吻合得比较好，列耦合所得结果比对角耦合处理方法更接近全耦合对应的精确解，这也说明了激励力位置的不同只会影响辐射声场的分布特征，不会影响对角耦合和列耦合这两种近似方法的有效性。

图 5.18 给出了远场某点处（$R_0 = 50$ m，$\theta = \pi/2$，$\varphi_0 = -\pi/2$）辐射声压随频率的变化关系，从图中可以看出，三种处理方法下得到的辐射声压随频率的变化趋势大体上趋于一致，在频率低于 2 500 Hz 的中低频段内，对角耦合处理方法下得到的曲线和全耦合处理方法下得到的曲线吻合程度相对更好，特别是在频率 $f \leqslant 200$ Hz 及 750 Hz $\leqslant f \leqslant$ 1 500 Hz 的区域

内，列耦合处理方法下得到的曲线明显偏离了全耦合处理方法下得到的曲线。另外，在频率达到 3 000 Hz 以上的高频区域内，列耦合和对角耦合处理方法下得到的结果与全耦合之间表现出比较明显的分歧，说明在高频区域，列耦合和对角耦合与全耦合算法下所得的结果差距较大；对于列耦合和对角耦合处理方法，如果通过增加截断项数，也可以缩小这种差距。

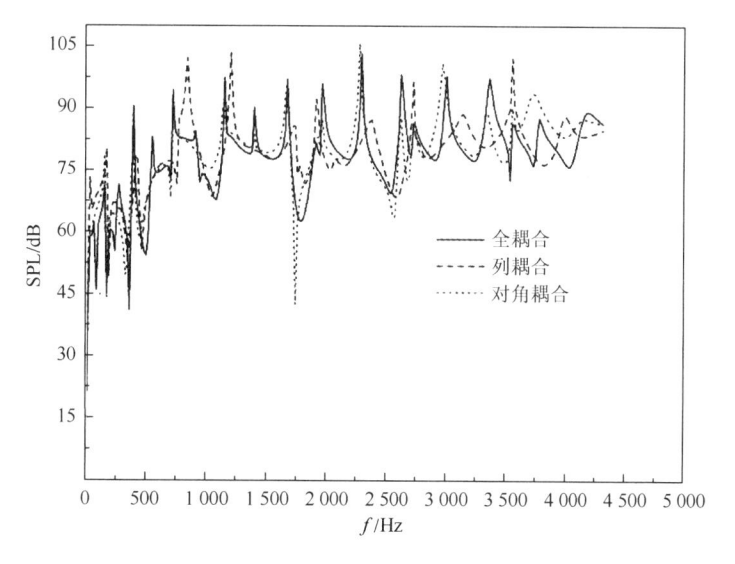

图 5.18 远场某点处声压随频率的变化关系

表 5.2 给出了用三种算法计算固定观察点处辐射声压随频率的变化所消耗的计算时间，可以看出，如果不对方程进行解耦处理，全耦合算法所消耗的计算时间远远大于其他两种算法，解耦后计算所用时间大幅减少，同时对角耦合算法的优势比列耦合算法更明显。

表 5.2 三种算法所用 CPU 时间

算法	CPU 耗时/s
全耦合	22 940
列耦合	366
对角耦合	288

通过观察计算过程中式（5.26）左边阻抗矩阵的具体数值，可以发现对角线上元素的绝对值远大于非对角线上元素的绝对值，因此可以认为忽略非对角线上的元素对计算结果的影响较小。令计算截断项数 $N = 40$，表 5.3 给出了各频率下矩阵中对角元素之和 $\sum_{n=1} |Z_n + Z_{l,n}|$ 与非对角元素之和 $\sum_{n \neq l} |Z_{l,n}|$ 的比值。从表 5.3 中可以看出，当截断项数不变，随着频率的增加，两者之间的比值会逐渐变小，这也说明了随着频率的增加，需要适当地增加截断项数。

表 5.3　各频率下矩阵中对角元素之和与非对角元素之和的比值

频率/Hz	比值
200	4 500
600	485
1 000	175
2 000	44
5 000	8

3. 小结

本小节用三种不同的处理方法计算了点激励半浸状态下圆柱壳结构远场处的辐射声压，分别比较分析了同一观察点处辐射声压随频率的变化关系以及某一截面上辐射声场的分布特征，结果发现用对角耦合算法以及文献[109]提及的列耦合算法得到的结果和全耦合算法得到的结果在不同频段的适用性不同，且列耦合算法和对角耦合算法的计算方式在计算耗时上要远远小于全耦合。在一定频段内，对角耦合算法更加逼近全耦合算法的结果。可见，在中低频段，用波传播法处理半浸状态下圆柱壳结构的声-振问题可以采用对角耦合的方式对方程进行解耦，这样能较大程度上简化求解过程，提高计算效率，而且有利于对半浸状态下更复杂的圆柱壳结构声-振特性展开研究。

5.5.2　输入功率流分析

基于前面对三种算法的讨论，接下来用对角耦合的形式对声-振耦合方程进行解耦处理，计算半浸状态圆柱壳结构的输入功率流特性。

这里需要指出与前面不同的是，在计算输入功率流特性时，为了更清楚地了解各阶周向模态下输入功率流的特点，这里假设圆柱壳结构受到的是周向线激励，表达为如下形式：

$$f_r(z,\varphi) = F_0 \exp(\mathrm{i}n\varphi)\delta(0) \tag{5.54}$$

式（5.54）经过傅里叶变化之后，可以得到波数域中外载荷的幅值表达式为

$$\hat{f}_{rn}(k_z) = \frac{1}{2\pi}F_0 \tag{5.55}$$

根据振动功率流的定义[165]，若力和速度均呈简谐变化，设

$$\begin{aligned} f(t) &= \mathrm{Re}[F\exp(-\mathrm{i}\omega t)] \\ v(t) &= \mathrm{Re}[V\exp(-\mathrm{i}\omega t)] \end{aligned} \tag{5.56}$$

则输入功率流为

$$P_{\text{input}} = \frac{1}{T}\int_0^T \mathrm{Re}\{F\exp(-\mathrm{i}\omega t)\mathrm{Re}[V\exp(-\mathrm{i}\omega t)]\}\mathrm{d}t = \frac{1}{2}\mathrm{Re}(FV^*) \tag{5.57}$$

式中：T 为周期；F 和 V 为复数；"*"表示复共轭。

进而可以求得周向线激励输入耦合系统的振动功率流为

$$P_{\text{input}} = \int_0^{2\pi} \frac{1}{2} \text{Re}[F_0 \exp(\text{i}n\varphi) \frac{\partial w(0)^*}{\partial t}] R \text{d}\varphi = \text{Re}[\text{i}\pi R F_0 \omega W_n(0)^*] \quad (5.58)$$

最后对输入功率流进行无量纲化：

$$P_{\text{in}} = \frac{P_{\text{input}} \sqrt{\rho_s E R^2 (1-\mu^2)}}{F_0^2 \pi} \quad (5.59)$$

5.5.3 数值计算及讨论

本小节分别计算 n 取 0，1，2，3 时半浸状态和全浸状态周向线激励下圆柱壳的输入功率流，计算结果如图 5.19 所示。

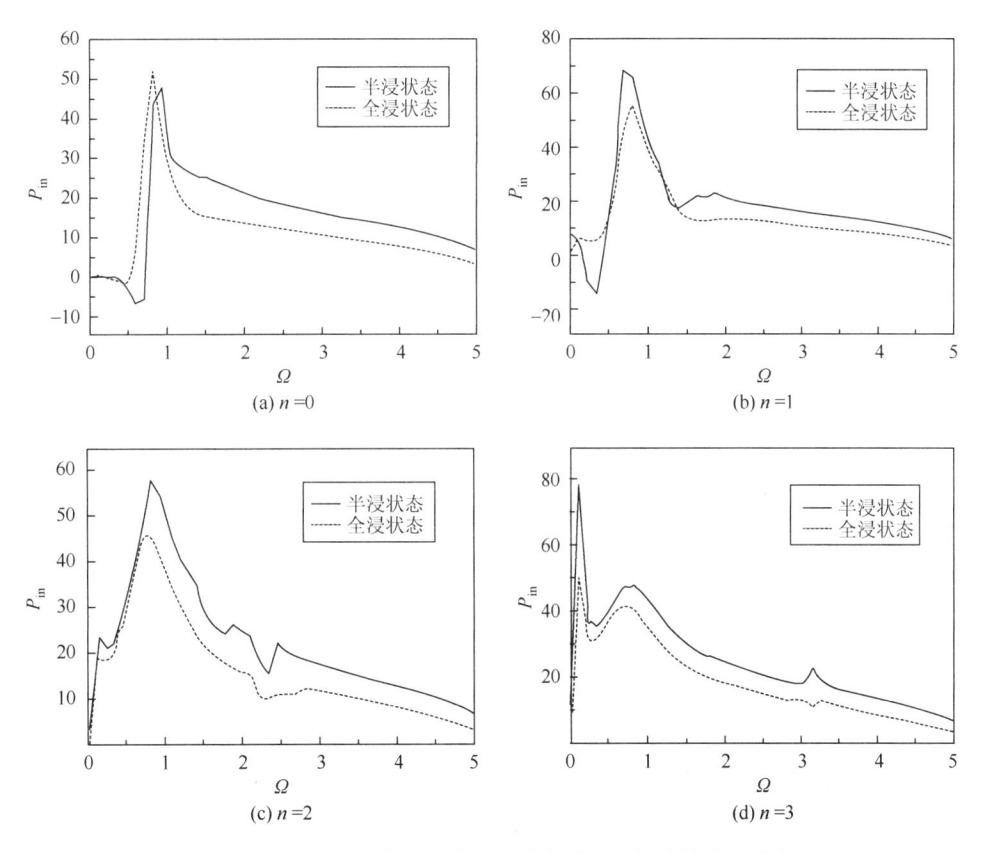

图 5.19 半浸状态和全浸状态周向线激励下圆柱壳的输入功率流

由计算振动功率流的表达式（5.57）可知，需要计算内表面 $z=0$ 处时域中的法向位移 $W_n(0)$，而时域中的法向位移从波数域位移的傅里叶逆变换表达式得到。由傅里叶逆变换的表达式可知，轴向波数 k_z 的积分区间理论上是 $(-\infty, +\infty)$，但是对于数值计算，只能积分有限区间。一般认为[166]，如果在区间[-a, a]的积分值与在区间[-0.5a, 0.5a]的积分值的相对误差不超过 0.5%，可以用区间[-a, a]的积分值代替（-∞, +∞）的积分值，采用高斯积分的方法进行计算。

全浸状态下圆柱壳的输入功率流的计算结果与文献[166]的结果是吻合的，不同的是，文献[166]中各物理量在圆周方向是以正余弦函数的形式表示的，本小节是以复指数的形式表示的。从图 5.19 中可以看出，半浸状态和全浸状态下输入功率流随频率的变化特性是基本一致的，出现峰值和谷值的频率基本一致。两种状态下输入功率流在大小上有所不同，当 n 为 0、1 时，在 $\Omega = 1$ 附近的峰值出现之前，半浸状态下输入圆柱壳的功率比全浸状态下输入圆柱壳的功率要小，随着频率的增加，半浸状态下输入圆柱壳的功率高于全浸状态下输入圆柱壳的功率。当 n 为 2、3 时，对于所有频率处，半浸状态下输入圆柱壳的功率比全浸状态下输入圆柱壳的功率要大。文献[165]中提到，当 $n = 0$ 时，耦合系统中有一支与硬壁波导中的简正波相对应的传播波，这支传播波在低频时以径向运动为主，正好与外载荷方向一致，从而使得输入功率流增加，这就是图 5.19（a）所示的在第一个峰值出现之前，半浸状态下输入功率流要小于全浸状态下输入功率流。在中高频范围内，对于任意周向波数，半浸状态下输入功率流要高于全浸状态下输入功率流的主要原因在于此时流体的存在会抑制共振的发生。

5.6 本章小结

基于壳体振动方程以及声压波动方程，将流体声压在整个圆柱壳表面进行傅里叶展开得到了作用在圆柱壳上的流体声载荷，利用圆柱壳和流体交界面处的连续条件，通过傅里叶变换，最终建立了点激励下圆柱壳结构和声场的耦合振动方程，采用稳相法对无穷积分进行近似处理，得到了圆柱壳远场辐射声压的近似计算表达式。

本章研究了不同激励力位置下半浸状态圆柱壳结构的辐射声场的分布特征，并与相应自由声场中的圆柱壳结构的结果进行对比分析，研究发现自由液面对半浸状态圆柱壳结构的辐射声场的分布有较大程度的影响，由于自由液面对声波的反射作用，半浸状态下的声场中有些位置上声压可能得到削弱，也可能出现增强，这就导致了半浸状态下辐射声压在一定区域可能比自由声场中大，在另外一些区域可能比自由声场中小，这也导致了声场中特定点处的声压随频率的变化表现出较强的波动性。

研究还发现，激励力的位置对圆柱壳远场辐射声压的分布特征影响比较明显。在中低频段，激励力位于自由液面以上时远场辐射声压要比激励力位于自由液面以下时远场辐射声压要小，而在高频段激励力位于自由液面以上时对应的辐射声压可能会比激励力位于自由液面以下时对应的辐射声压要大，可见激励力位置对辐射声压的影响是与频率有关系的。

本章分析了不同方位角（θ）对应的辐射声压分布特征，发现方位角对远场辐射声场的指向性影响不明显，不同方位角下对应的辐射声压在大小上有所差别。需要指出的是，圆柱壳结构的辐射声压的最大值不一定出现在方位角为 90°的地方，不同激励频率下最大辐射声压对应的方位角不一样。

在求解半浸状态下圆柱壳声场耦合振动方程的过程中，由于自由液面的存在，圆柱壳各周向模态之间互相耦合，截断之后得到的矩阵规模较大，计算比较复杂，求解效率相对较低。在分析全耦合计算方法下对应的阻抗矩阵的特点时，发现在一定频段内，对角元素的绝对值之和远远大于非对角元素的绝对值之和，正好说明了对角解耦方法的合理性。通过对计算过程进行解耦可以较大程度上提高计算效率，从而可以达到对半浸状态下圆柱壳结构远场声辐射进行快速的预报。

采用对角解耦的处理方法，可以比较方便快速地对半浸状态下圆柱壳结构的输入功率流进行计算。通过计算可以发现，半浸状态下圆柱壳结构的输入功率流与自由场下的结果在变化趋势上比较一致，周向模态阶数比较高时，半浸状态下圆柱壳结构周围的流体对输入功率流的抑制作用要低于全浸状态下圆柱壳结构周围的流体对输入功率流的抑制作用。

第6章 圆柱壳-流场的部分耦合声-振技术与算法

6.1 引 言

圆柱壳-流场的部分耦合系统常见于海洋工程实践中，例如，海面系泊状态的潜艇、含气体杂质的输液管道、水平放置的圆柱形储液容器（未盛满）等均可简化为圆柱壳-流场部分耦合系统。因此，开展圆柱壳-流场部分耦合系统的声-振特性研究对船舶与海洋工程领域有重要的工程意义。

对于圆柱壳-流场声-振特性研究中的部分耦合问题，前期有两种比较常用的近似解析方法：一种是 Amabili[115]提出的利用斜边替代原始水平自由液面的近似方法，该方法的计算精度高，但是仅适用于半浸没附近 $\pm\pi/8$ 的浸没角度范围；另一种是以 Ergin[119]为代表的方法，其主要机理是考虑部分耦合但忽略声边界的影响，这样有利于得到流体速度势的解析表达式且适用于任意液面高度，但是计算结果误差较大，前几阶固有频率误差达到 10% 左右。因此，提出一种既可以有较广适用范围，又能够保证计算精度的方法显得尤为重要。

在此背景之下，本章建立无限长圆柱壳-流场部分耦合状态的声-振模型，并提出一种处理圆柱壳-流场部分耦合问题的新方法，即将声压函数和壳体位移函数在不同的坐标系下表达，并采用伽辽金法处理流-固耦合交界面处的速度连续条件，可以快速、准确地求解此数学物理模型，且相比于 Amabili 提出的理论方法，本方法的适用范围更广。此外，本章中处理部分耦合问题的关键技术可为第 7 章相关问题的研究提供理论支撑。

6.2 理 论 推 导

6.2.1 部分浸没工况的物理模型

为了研究方便，假设径向激励力沿圆柱壳轴向是均匀分布的，因此本章模型是一个典型的平面应变模型，即二维模型[114]。圆柱壳壳体厚度为 D，中面半径为 R_s，弹性模量为 E，泊松比为 μ，密度为 ρ_s，部分浸没于密度为 ρ_f、声速为 c_f 的流体中，壳体轴系与自由液面平行。

如图 6.1 所示，建立直角坐标系 yOz，坐标原点为壳体横截面圆心 O；以圆心 O 为坐标原点的极坐标系 (r, φ) 为结构坐标系，φ 的取值范围为 $-\pi$ 到 π；以 y 轴与自由液面的交点 Q 为原点的极坐标系 (R, θ) 为声场坐标系，θ 的取值范围为 0 到 π。定义 Q 点的 y 轴坐标值的相反数为特征深度 H，浸没角度 α 满足 $\sin\alpha = H/R_s$，当自由液面在壳体圆心上方时，H 取值为正（位于 y 轴负半轴）。两类坐标系与平面上任一点的夹角定义为 β。当自由液面在壳体圆心上方时 β 取值为正值（$\beta=\pi/2+\varphi-\theta$），当自由液面在壳体圆心下方时 β 取值为负值。径向激励力的幅值为 F_0，激励角度为 φ_0。

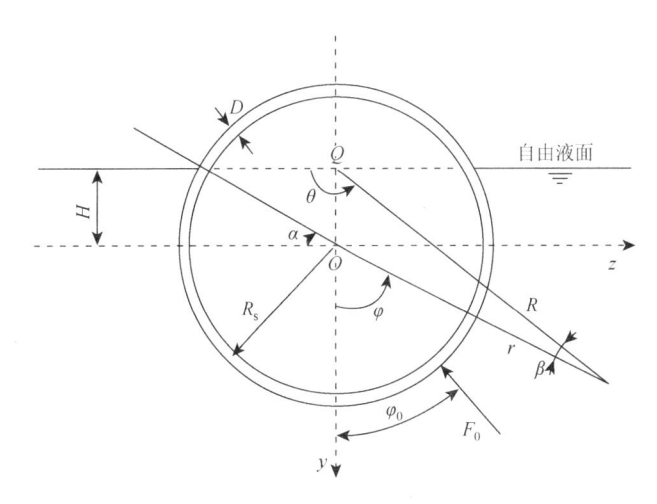

图 6.1　部分浸没物理模型坐标图

6.2.2　部分浸没工况下声学边界条件的处理

声学边界条件的处理是这项研究工作的难点和重点，要分析部分耦合系统的声-振特性，就必须得到满足所有声学边界条件的声压解析表达式。为达到这个目的，将声压函数建立在独立的声场坐标系下，且满足如下各类条件。

首先，声压 p 必须满足声学亥姆霍兹方程：

$$\nabla^2 p + k_f^2 p = 0 \tag{6.1}$$

式中：k_f 为声波波数，$k_f=\omega/c_f$；ω 为角频率，$\omega=2\pi f$；f 为频率；∇^2 为拉普拉斯算子。

其次，声压表达式还要满足无限远处的索末菲（Sommerfeld）辐射条件：

$$\lim_{R\to\infty}[R(\partial p/\partial R - \mathrm{i}k_f p)] = 0 \tag{6.2}$$

式中：$\mathrm{i}=\sqrt{-1}$ 表示单位虚数。

最后，自由液面处的声压需满足声压释放条件（由于自由液面以上空气密度远小于水密度，且水中声速大于空气中声速，水的特性阻抗远大于空气，所以声波从水中入射到自由液面上时可认为其是绝对软的边界，即声压为零[145]）：

$$p = 0，\text{自由液面处} \tag{6.3}$$

实际上，当声场坐标系原点建立在自由液面上时，可以通过采用正弦三角级数来自动满足自由液面声压为零的边界条件[109]，具体形式如下：

$$p(R,\theta) = \sum_{m=1}^{+\infty} P_m(R)\sin(m\theta) \tag{6.4}$$

式中：m 为正弦三角级数的序数；$P_m(R)$ 为对应的声压幅值函数。

对于自由液面上任意点，角度 θ 为 0 或者 π，将其代入式（6.4）和式（6.3），可以得到自由液面声压的表达式：

$$P(R,\theta=0)=\sum_{m=1}^{+\infty}P_m(R)\sin(m\cdot 0)=0, \quad p(R,\theta=\pi)=\sum_{m=1}^{+\infty}P_m(R)\sin(m\pi)=0 \quad (6.5)$$

显然，此类正弦三角级数可以用来满足自由液面声压释放条件。此外，采用三角函数也更有利于应用分离变量法来求解亥姆霍兹方程。由此可以得到声压幅值函数 $P_m(R)$ 的解析表达式：

$$P_m(R)=A_m H_m^{(1)}(k_f R) \quad (6.6)$$

式中：$H_m^{(1)}(\ )$ 为第 m 阶第一类汉克尔函数；A_m 为声压幅值。

由于第一类汉克尔函数在远场自动满足索末菲辐射条件，所以将式（6.6）代入式（6.4）可以得到满足以上声学边界条件的声压解析表达式：

$$p(R,\theta)=\sum_{m=1}^{+\infty}A_m H_m^{(1)}(k_f R)\sin(m\theta) \quad (6.7)$$

6.2.3　系统控制方程的建立

得到声压的解析表达式后，需要建立部分耦合系统的控制方程。采用二维 Flügge 薄壳理论[为简洁起见，后面略去简谐时间项 $\exp(-\mathrm{i}\omega t)$]：

$$\boldsymbol{L}\begin{bmatrix}v\\w\end{bmatrix}=\frac{R_s^2(1-\mu^2)}{ED}\begin{bmatrix}0\\f_0-f_p\end{bmatrix} \quad (6.8)$$

式中：v 和 w 分别为壳体中面切向和径向位移；f_p 表示作用在圆柱壳表面的声载荷函数；f_0 表示激励力载荷函数；$\boldsymbol{L}$ 为二维 Flügge 薄壳方程中的微分算子矩阵，其元素如下：

$$L_{11}=\frac{\partial^2}{\partial\varphi^2}-\frac{\rho R_s^2(1-\mu^2)}{E}\frac{\partial^2}{\partial t^2}, \quad L_{12}=L_{21}=\frac{\partial}{\partial\varphi}$$

$$L_{22}=1+K+2K\frac{\partial^2}{\partial\varphi^2}+K\frac{\partial^4}{\partial\varphi^4}+\frac{\rho R_s^2(1-\mu^2)}{E}\frac{\partial^2}{\partial t^2}, \quad K=D^2/(12R_s^2)$$

由于壳体和声介质是部分耦合，所以式（6.8）中 f_p 应表示为分段函数的形式：

$$f_p=\begin{cases}p|_{r=R_s}, & -\frac{\pi}{2}-\alpha\leqslant\varphi\leqslant\frac{\pi}{2}+\alpha\\0, & \text{其他}\end{cases} \quad (6.9)$$

假设作用于圆柱壳的激励力是一个沿轴向均匀分布的无限长径向线力（线分布力的国际单位是 N/m），激励力位于结构坐标系的 (R_s,φ_0) 处，则激励力载荷函数可以表示为如下形式：

$$f_0=\frac{F_0\delta(\varphi-\varphi_0)}{R_s} \quad (6.10)$$

式中：$\delta(\ )$ 表示狄利克函数。

对于圆柱壳结构，由于周向的周期性，其位移及载荷函数可以在周向展开为傅里叶级数的形式[91]：

$$v = \sum_{n=-\infty}^{+\infty} V_n \exp(\mathrm{i}n\varphi) \tag{6.11}$$

$$w = \sum_{n=-\infty}^{+\infty} W_n \exp(\mathrm{i}n\varphi) \tag{6.12}$$

$$f_\mathrm{p} = \sum_{n=-\infty}^{+\infty} f_{\mathrm{p}n} \exp(\mathrm{i}n\varphi) \tag{6.13}$$

$$f_0 = \sum_{n=-\infty}^{+\infty} f_{0n} \exp(\mathrm{i}n\varphi) \tag{6.14}$$

式中：V_n 和 W_n 分别为周向和径向位移幅值；$f_{\mathrm{p}n}$ 和 f_{0n} 分别表示壳体声载荷函数 f_p 以及激励力载荷函数 f_0 的幅值；n 为傅里叶周向展开序列数。

式（6.9）和式（6.13）是壳体声载荷函数 f_p 的不同形式的表达式，所以利用正交化处理，可得到 $f_{\mathrm{p}n}$ 的表达式为

$$f_{\mathrm{p}n} = \frac{1}{2\pi} \int_{-\alpha-\frac{\pi}{2}}^{\alpha+\frac{\pi}{2}} A_m H_m^{(1)}(k_\mathrm{f} R) \sin(m\theta) \exp(-\mathrm{i}n\varphi) \mathrm{d}\varphi \tag{6.15}$$

由图 6.1 可知，空间中任意点的结构坐标与声学坐标有如下关系：

$$\begin{cases} R\sin\theta + r\cos\varphi = H \\ R\cos\theta + r\sin\varphi = 0 \end{cases} \tag{6.16}$$

因此，对于声-固耦合面上任一点，令 $r = R_\mathrm{s}$，则 (R, θ) 在声学坐标系下的坐标可以由式（6.16）解出：

$$\begin{cases} R = \sqrt{H^2 - 2HR_\mathrm{s}\cos\varphi + R_\mathrm{s}^2} \\ \theta = \arccos\left(-\dfrac{R_\mathrm{s}\sin\varphi}{R}\right) \end{cases} \tag{6.17}$$

将式（6.17）代入式（6.15）即可对 $f_{\mathrm{p}n}$ 进行求解，但是由于该积分包含汉克尔函数，无法直接进行积分计算，所以采用离散求和的形式来近似计算。例如，将积分域均分为 K 段，然后取各段中点值代入求和公式中：

$$\int_{\frac{\pi}{2}-\alpha}^{\frac{3\pi}{2}+\alpha} F(\varphi)\mathrm{d}\varphi \sum_{k=1}^{K} F(\varphi_k)\Delta\varphi, \quad \Delta\varphi = \frac{\pi + 2\alpha}{K}, \quad \varphi_k = \frac{\pi}{2} - \alpha + (k-0.5)\Delta\varphi \tag{6.18}$$

式中：$F(\varphi)$ 表示需要进行积分的函数，大量算例表明 K 取 100 时收敛性已经很好。

同理，式（6.10）和式（6.14）是外激励力 f_0 的不同形式的表达式，利用正交化处理，可以得到 f_{0n} 的表达式：

$$f_{0n} = \frac{F_0 \exp(-\mathrm{i}n\varphi_0)}{2\pi R_\mathrm{s}} \tag{6.19}$$

然后将式（6.11）～式（6.14）代入式（6.8），并进行正交化处理，可以得到解耦后的壳体运动方程：

$$\boldsymbol{T}\begin{bmatrix} V_n \\ W_n \end{bmatrix} = \frac{R_\mathrm{s}^2(1-\mu^2)}{ED}\begin{bmatrix} 0 \\ f_{0n} - f_{\mathrm{p}n} \end{bmatrix} \tag{6.20}$$

式中，矩阵 $\boldsymbol{T}$ 的元素如下：$T_{11} = \Omega_2 - n^2$，$T_{12} = T_{21} = \mathrm{i}n$，$T_{22} = 1 + K + Kn^4 - 2Kn^2 - \Omega_2$，

$\varOmega = \omega\sqrt{\rho R_s^2(1-\mu^2)/E}$ 是无量纲频率。

由式（6.20）可以得到仅与径向位移幅值相关的控制方程：

$$W_n = \frac{R_s^2(1-\mu^2)I_n}{ED}(f_{0n} - f_{\mathrm{p}n}) \tag{6.21}$$

式中：$I_n = T_{11}/\det(\boldsymbol{T})$，$I_n$ 与 n 有关；$\det(\boldsymbol{T})$ 表示矩阵 $\boldsymbol{T}$ 的行列式。

6.2.4　部分浸没工况下声-固耦合交界面速度连续条件的处理

很明显，求解控制方程式（6.21）的关键在于得到径向位移幅值 W_n 和壳体表面声载荷幅值 $f_{\mathrm{p}n}$ 之间的关系。因此，需要通过壳体表面流体与结构速度连续条件来求解该问题，具体方程如下[91]：

$$\left.\frac{\partial p}{\partial r}\right|_{r=R_s} = \rho_{\mathrm{f}}\omega^2 w, \quad \text{声固耦合交界面处} \tag{6.22}$$

由于难以直接求解速度连续方程，本小节采用加权残值法中的伽辽金法进行处理。可选择的加权函数有两类：一类是壳体径向位移的周向函数；另一类是声压的周向函数，即

$$\begin{cases} f_n(\varphi) = \exp(\mathrm{i}n\varphi) \\ g_m(\theta) = \sin(m\varphi) \end{cases} \tag{6.23}$$

因此，式（6.22）可以转变为伽辽金积分的弱形式：

$$\begin{cases} \rho_{\mathrm{f}}\omega^2 \int_{-\alpha-\frac{\pi}{2}}^{\alpha+\frac{\pi}{2}} w f_n(\varphi)\mathrm{d}\varphi = \int_{-\alpha-\frac{\pi}{2}}^{\alpha+\frac{\pi}{2}} \left.\frac{\partial p}{\partial r}\right|_{r=R_s} f_n(\varphi)\mathrm{d}\varphi, & n = -N,\cdots,N-1,N \\ \rho_{\mathrm{f}}\omega^2 \int_{-\alpha-\frac{\pi}{2}}^{\alpha+\frac{\pi}{2}} w g_j(\theta)\mathrm{d}\varphi = \int_{-\alpha-\frac{\pi}{2}}^{\alpha+\frac{\pi}{2}} \left.\frac{\partial p}{\partial r}\right|_{r=R_s} g_j(\theta)\mathrm{d}\varphi, & j = 1,2,\cdots,2N+1 \end{cases} \tag{6.24}$$

式中：N 为截断项数，即需要构造 $2N+1$ 个积分方程。

由式（6.24）可以得到径向位移幅值和声压幅值之间的关系：

$$\rho_{\mathrm{f}}\omega^2 \boldsymbol{V}_{\mathrm{s}} \boldsymbol{W}_n = \boldsymbol{V}_{\mathrm{p}} \boldsymbol{A}_m \tag{6.25}$$

式中：$\boldsymbol{V}_{\mathrm{s}}$ 和 $\boldsymbol{V}_{\mathrm{p}}$ 均为 $2N+1$ 阶方阵；$\boldsymbol{W}_n$ 和 $\boldsymbol{A}_m$ 分别表示径向位移幅值向量和声压幅值向量，且 $\boldsymbol{W}_n = [W_{-N}, W_{-N+1},\cdots,W_{N-1},W_N]^{\mathrm{T}}$，$\boldsymbol{A}_m = [A_1,A_2,\cdots,A_{2N},A_{2N+1}]^{\mathrm{T}}$，上标 T 表示转置。

根据式（6.16）中两类坐标系的几何关系，可以将声压沿径向的导数转换到声学坐标系下：

$$\frac{\partial p}{\partial r} = \frac{\partial p}{\partial R}\cos\beta + \frac{\partial p}{\partial \theta}\frac{\sin\beta}{R} \tag{6.26}$$

式中：夹角 $\beta = \pi/2 + \varphi - \theta$。

当权函数选择为壳体径向位移的周向函数 $\exp(\mathrm{i}n\varphi)$ 时，矩阵 $\boldsymbol{V}_{\mathrm{s}}$ 和 $\boldsymbol{V}_{\mathrm{p}}$ 中每一个元素的具体表达式如下：

$$\begin{cases} [V_{\text{s}}]_{a,b} = \int_{-\alpha-\frac{\pi}{2}}^{\alpha+\frac{\pi}{2}} \exp[\mathrm{i}(b-1-N)\varphi] \cdot \exp[\mathrm{i}(a-1-N)\varphi]\mathrm{d}\varphi \\ [V_{\text{p}}]_{a,b} = \int_{-\alpha-\frac{\pi}{2}}^{\alpha+\frac{\pi}{2}} k_{\text{f}} H_b^{(1)\prime}(k_{\text{f}}R)\sin(b\theta)\cos\beta \cdot \exp[\mathrm{i}(a-1-N)\varphi]\mathrm{d}\varphi \\ \qquad\qquad + \int_{-\alpha-\frac{\pi}{2}}^{\alpha+\frac{\pi}{2}} bH_b^{(1)}(k_{\text{f}}R)\cos(b\theta)\frac{\sin\beta}{R} \cdot \exp[\mathrm{i}(a-1-N)\varphi]\mathrm{d}\varphi \end{cases} \quad (6.27)$$

式中：a、b 分别表示矩阵的行和列序号。

当权函数选择声压的周向函数 $\sin(m\theta)$ 时，V_{s} 和 V_{p} 中每一个元素的具体表达式如下：

$$\begin{cases} [V_{\text{s}}]_{a,b} = \int_{-\alpha-\frac{\pi}{2}}^{\alpha+\frac{\pi}{2}} \exp[\mathrm{i}(b-1-N)\varphi] \cdot \sin(a\theta)\mathrm{d}\varphi \\ [V_{\text{p}}]_{a,b} = \int_{-\alpha-\frac{\pi}{2}}^{\alpha+\frac{\pi}{2}} k_{\text{f}} H_b^{(1)\prime}(k_{\text{f}}R)\sin(b\theta)\cos\beta \cdot \sin(a\theta)\mathrm{d}\varphi \\ \qquad\qquad + \int_{-\alpha-\frac{\pi}{2}}^{\alpha+\frac{\pi}{2}} bH_b^{(1)}(k_{\text{f}}R)\cos(b\theta)\frac{\sin\beta}{R} \cdot \sin(a\theta)\mathrm{d}\varphi \end{cases} \quad (6.28)$$

由于式（6.27）或式（6.28）的积分中包含汉克尔函数，无法直接计算积分，所以也采用式（6.18）中离散求和的方法来近似计算。

6.2.5 控制方程的求解

为了方便求解耦合方程，将控制方程式（6.21）改写为矩阵运算方程：

$$\frac{ED}{R_{\text{s}}^2(1-\mu^2)}\boldsymbol{W}_n = \boldsymbol{G}(\boldsymbol{f}_{0n} - \boldsymbol{f}_{\text{p}n}) \quad (6.29)$$

式中：$\boldsymbol{f}_{0n} = [F_0/(2\pi)][\exp(\mathrm{i}N\varphi_0), \exp[\mathrm{i}(N-1)\varphi_0], \cdots, \exp(-\mathrm{i}N\varphi_0)]^{\mathrm{T}}$；$\boldsymbol{G}$ 为对角矩阵，$(\boldsymbol{G})_{j,j} = I_{j-1-N}$；$\boldsymbol{f}_{\text{p}n} = [f_{\text{p},-N}, f_{\text{p},-N+1}, \cdots, f_{\text{p},N}]^{\mathrm{T}}$。

同时，式（6.15）中 $\boldsymbol{f}_{\text{p}n}$ 也可表示为矩阵的形式：

$$\boldsymbol{f}_{\text{p}n} = \boldsymbol{T}_{\text{p}}\boldsymbol{A}_m \quad (6.30)$$

式中：矩阵 $\boldsymbol{T}_{\text{p}}$ 中每一个元素的具体表达式如下：

$$(\boldsymbol{T}_{\text{p}})_{a,b} = \frac{1}{2\pi}\int_{-\alpha-\frac{\pi}{2}}^{\alpha+\frac{\pi}{2}} \exp[-\mathrm{i}(a-1-N)\varphi] \cdot H_b^{(1)}(k_{\text{f}}R)\sin(b\theta)\mathrm{d}\varphi \quad (6.31)$$

将式（6.25）和式（6.30）代入矩阵运算方程式（6.29），可以求解出径向位移幅值 $\boldsymbol{W}_n$：

$$\left[\frac{ED}{R_{\text{s}}^2(1-\mu^2)}\boldsymbol{J} + \rho_{\text{f}}\omega^2\boldsymbol{G}\boldsymbol{T}_{\text{p}}(\boldsymbol{V}_{\text{p}})^{-1}\boldsymbol{V}_{\text{s}}\right]\boldsymbol{W}_n = \boldsymbol{G}\boldsymbol{f}_{0n} \quad (6.32)$$

式中：$\boldsymbol{J}$ 是 $2N+1$ 阶单位矩阵，并且在得到径向位移幅值 $\boldsymbol{W}_n$ 后，根据式（6.25）可以求解出 $\boldsymbol{A}_m$，从而可以计算声压。

前面求解受迫振动时，是已知激励力及激励频率，求响应（径向位移幅值）。当求解自由振动时，并没有激励源，固有频率是要求解的未知量。由此式（6.32）可以表示为

$$\left[\frac{ED}{R_s^2(1-\mu^2)}\boldsymbol{J}+\rho_{\mathrm{f}}\omega^2\boldsymbol{GT}_{\mathrm{p}}(\boldsymbol{V}_{\mathrm{p}})^{-1}\boldsymbol{V}_{\mathrm{s}}\right]\boldsymbol{W}_n=\boldsymbol{0} \tag{6.33}$$

式中：**0** 表示零向量，显然式（6.33）是一个典型的特征值问题，即求解角频率 ω。

具体而言就是通过定义式（6.33）中系数矩阵行列式值为零来求解角频率：

$$\det\left[\frac{ED}{R_s^2(1-\mu^2)}\boldsymbol{J}+\rho_{\mathrm{f}}\omega^2\boldsymbol{GT}_{\mathrm{p}}(\boldsymbol{V}_{\mathrm{p}})^{-1}\boldsymbol{V}_{\mathrm{s}}\right]F(\omega)=0 \tag{6.34}$$

式中：$F(\omega)$ 表示系数矩阵的行列式值。

因为矩阵 $\boldsymbol{J}$、$\boldsymbol{V}_{\mathrm{p}}$、$\boldsymbol{T}_{\mathrm{p}}$ 中均含有角频率 ω，实际上矩阵的行列式值 $F(\omega)=0$ 是一个关于角频率隐式表达的超越方程，难以直接解出 ω。因此，本书采用搜根的方法进行求解，通过设置合适的搜根步长，逐步增大输入的角频率，当行列式值等于零时，输出对应的角频率，这个角频率即为系统的固有角频率。由此可以将超越方程的各阶角频率从小到大逐一求出，再根据 $f=\omega/(2\pi)$，可以得到各阶固有频率。

6.2.6 部分充液工况

部分充液圆柱壳模型的坐标示意图如图 6.2 所示，H 定义为充液特征深度。

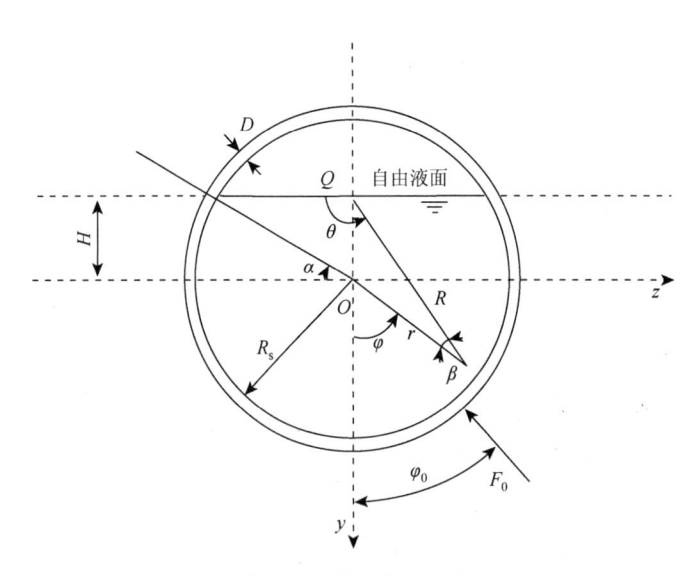

图 6.2 部分充液圆柱壳模型的坐标示意图

它与部分浸没工况的物理模型有相近的物理内涵，而且模型中物理量的定义也均一致，模型最大的区别在于部分浸没问题是外流场而部分充液问题是内流场。两类模型的理论推导过程大体上一致，主要区别有两点：一是声压解析表达式不同；二是声-固耦合交界面处的速度连续方程有正负号差异。

首先，声压 p 必须满足声学亥姆霍兹方程：

$$\nabla^2 p+k_{\mathrm{f}}^2 p=0 \tag{6.35}$$

其次，自由液面处的声压需满足声压释放条件：

$$p = 0, \quad \text{自由液面处} \tag{6.36}$$

最后，在 $R = 0$ 处场点位于自由液面上，必须满足声压为零的条件：

$$p(R=0) = 0 \tag{6.37}$$

这种工况下同样可以采用正弦三角级数来自动满足自由液面声压为零的边界条件，具体形式如下：

$$p(R, \theta) = \sum_{m=1}^{\infty} p_m(R) \sin(m\theta) \tag{6.38}$$

式中：m 为正弦三角级数的序数；$p_m(R)$ 为对应项的声压幅值函数。

因为 $R = 0$ 处声压必须为零，根据分离变量法可以得到声压幅值函数 $p_m(R)$ 的解析表达式：

$$p_m(R) = A_m J_m(k_f R) \tag{6.39}$$

式中：$J_m(\ )$ 为第 m 阶第一类贝塞尔函数；A_m 为声压幅值。

将式（6.39）代入式（6.38），可得到满足以上声学边界条件的声压解析表达式：

$$p(R, \theta) = \sum_{m=1}^{\infty} A_m J_m(k_f R) \sin(m\theta) \tag{6.40}$$

对比式（6.40）和式（6.7）可以直观地看出两种工况的区别在于贝塞尔函数类型的选择不同。

此外，相比于式（6.22），内、外流体的声固耦合界面处速度连续条件有正负号差异。这是由于当内、外流场压强（标量）相同时，作用在壳体表面的压力（矢量）大小相同、方向相反。因此，内充液时应当对式（6.22）中等号右侧增加负号，具体如下所示：

$$\left.\frac{\partial p}{\partial r}\right|_{r=R_s} = -\rho_f \omega^2 w \tag{6.41}$$

6.3 部分浸没工况数值分析

计算模型的参数如下：半径 $R_s = 0.18$ m，壳体厚度 $D = 0.001$ m，壳体材料密度 $\rho = 7\,850$ kg/m³，弹性模量 $E = 206$ GPa，泊松比 $\mu = 0.3$，流体密度 $\rho_f = 1\,025$ kg/m³，流体声速 $c_f = 1\,500$ m/s。

6.3.1 方法的收敛性分析

本小节首先分析在部分浸没工况下本书方法的收敛性。这里分别取无量纲特征深度

$H/R_s = -0.5$、$H/R_s = 0$ 和 $H/R_s = 0.5$，计算在激励频率为 200 Hz、400 Hz、800 Hz 时径向均方根振速 V_m 随截断项数 N 的变化规律（图 6.3）。

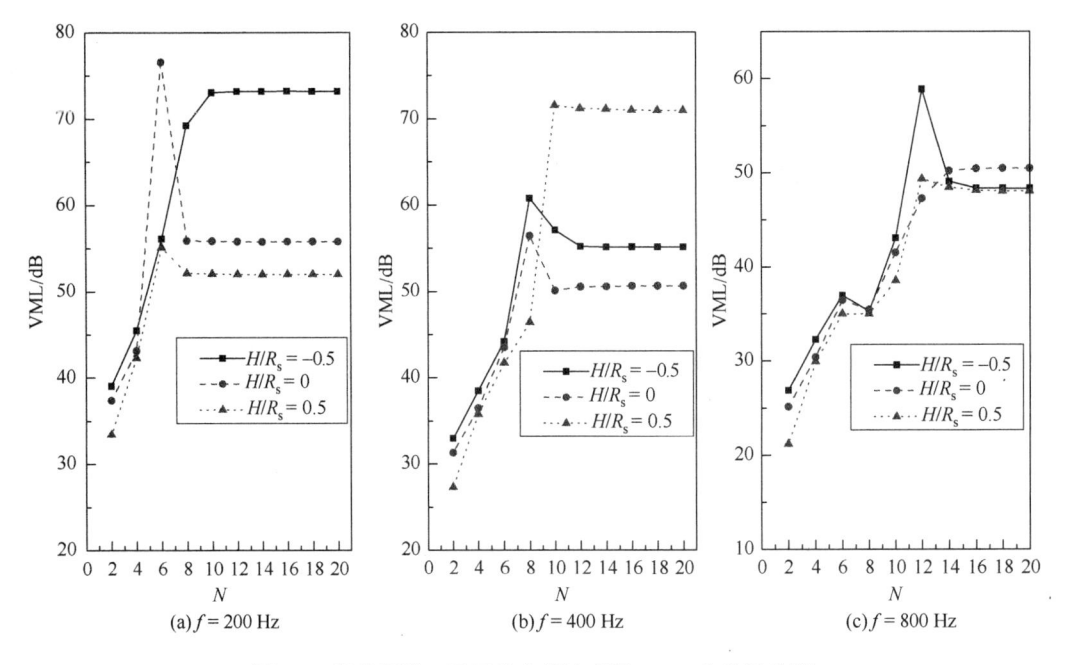

(a) $f = 200$ Hz

(b) $f = 400$ Hz

(c) $f = 800$ Hz

图 6.3 部分浸没工况下均方根速度级 VML 收敛性分析

图 6.3 中定义 $V_m = \sqrt{\left(\int_0^{2\pi} |v_n|^2 \mathrm{d}\varphi\right)/(2\pi)}$，式中 $v_n = \partial w/\partial t$ 表示径向速度；定义均方根速度级 VML = $20\log 10(V_m/V_0)$，式中基准速度 $V_0 = 10^{-6}$ m/s。激励力幅值 $F_0 = 1$ N，激励角度 $\varphi_0 = 3\pi/4$。定义复弹性模量 $E' = E(1+\mathrm{i}\eta)$，结构阻尼因子 $\eta = 0.01$。计算中权函数选择位移的周向展开函数。由图 6.3 可知，均方根速度级随着截断项数 N 的增大很快趋于稳定；频率越高，达到收敛时截断项数 N 的取值越大。对于频率小于 800 Hz 时的分析计算，N 取 16 时已稳定收敛。

6.3.2 方法的适用范围分析

对于 Amabili[115] 提出的自由液面近似处理方法，浸没角度 α 的适用范围仅为 $-\pi/8$ 到 $\pi/8$（相当于无量纲特征深度 $H/R_s \in [-0.38, 0.38]$），而本书方法的主要优势就是模型中壳体部分浸没时的特征深度范围更广。为了验证本书方法，无量纲特征深度取值从 -0.8 到 0.8，分别计算两种不同权函数下平面应变结构的首阶固有频率值（文献[167]也研究了平面应变圆柱壳结构的固有频率），并与有限元软件 Comsol 的仿真计算结果进行对比，结果如表 6.1 所示。其中，有限元模型如图 6.4 所示，流域以声学坐标原点为中心，半径取 2 m，用完美匹配层模拟无限远声学边界，匹配层厚度取 0.05 m，网格包含 7 980 个域单元和 756 个边界单元。

表 6.1　不同无量纲特征深度下首阶固有频率的对比

H/R_s	本书方法结果之一 （取位移权函数求解）/Hz	本书方法结果之二 （取声压权函数求解）/Hz	FEM （Comsol）/Hz
−0.8	15.06	15.07	15.16
−0.7	14.33	14.51	14.45
−0.6	13.24	13.31	13.33
−0.5	12.65	12.67	12.72
−0.4	12.36	12.36	12.43
−0.3	12.24	12.24	12.31
−0.2	12.19	12.19	12.26
−0.1	11.44	11.45	11.51
0.0	10.72	10.72	10.77
0.1	10.08	10.08	10.13
0.2	9.52	9.53	9.57
0.3	9.06	9.06	9.10
0.4	8.67	8.67	8.71
0.5	8.35	8.35	8.39
0.6	8.10	8.10	8.14
0.7	7.91	7.91	7.95
0.8	7.76	7.74	7.80

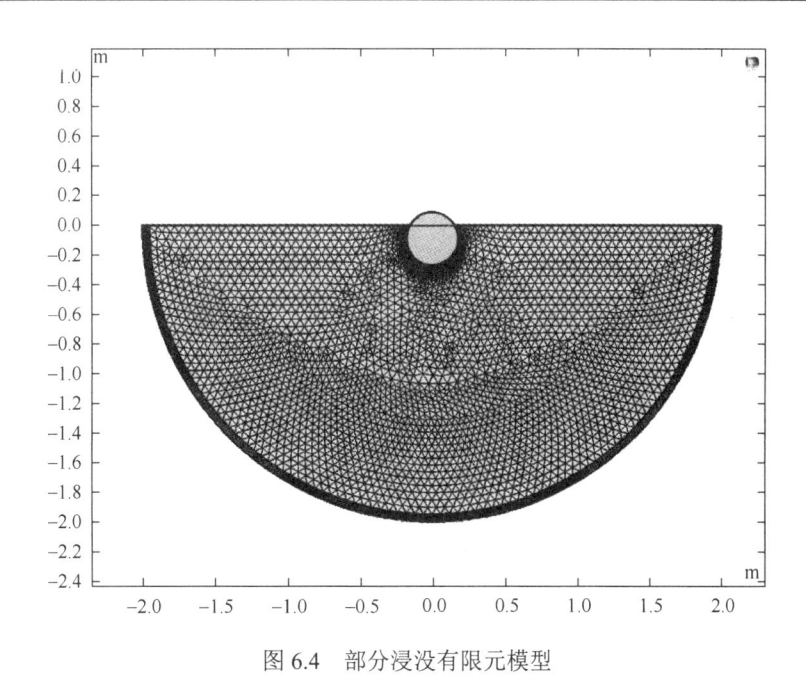

图 6.4　部分浸没有限元模型

由表 6.1 可以看出，选择位移函数或者声压函数作为权函数时，首阶固有频率计算结果吻合很好，并且无论选择哪类权函数，无量纲特征深度 H/R_s 均可以从 −0.8 变化到 0.8，相当于液面到壳体底部的无因次距离$(R_s + H)/(2R_s)$从0.1到0.9。实际工程中浮态问题的无量纲特征深度一般处在该范围内，本书方法适用于一般性的工程问题。

此外，从表6.1还可以看出，本书方法计算结果与Comsol仿真计算结果吻合良好，而且不同方法下首阶固有频率随特征深度的变化规律也是一致的。这是由于随着壳体特征深度的增大，声-固耦合面增大，附连水质量也相应增加，所以同阶固有频率会逐渐减小。

6.3.3 自由振动的准确性验证

为进一步说明本书方法计算振动问题的准确性，本小节分别选取无量纲特征深度$H/R_s = -0.7$和$H/R_s = 0.7$，计算耦合系统的前十阶固有频率，并与有限元软件Comsol的仿真计算结果进行对比，如表6.2和表6.3所示。定义固有频率相对误差的绝对值$\text{Error} = |f_1 - f_2|/f_2 \times 100\%$。

表6.2　$H/R_s = -0.7$时前十阶固有频率的对比

阶数	本书方式 (f_1)/Hz	FEM (f_2)/Hz	相对误差%
1	14.33	14.45	0.83
2	15.01	15.10	0.60
3	43.66	43.94	0.64
4	45.32	45.75	0.94
5	84.41	85.09	0.80
6	90.83	91.61	0.85
7	144.34	145.77	0.98
8	144.90	145.93	0.71
9	213.75	215.40	0.77
10	219.91	219.90	0.00

表6.3　$H/R_s = 0.7$时前十阶固有频率的对比

阶数	本书方式 (f_1)/Hz	FEM (f_2)/Hz	相对误差/%
1	7.91	7.95	0.50
2	8.86	8.90	0.45
3	25.59	25.74	0.58
4	28.26	28.42	0.56
5	55.30	55.63	0.59
6	57.74	58.10	0.62

续表

阶数	本书方式（f_1）/Hz	FEM（f_2）/Hz	相对误差/%
7	96.25	96.88	0.65
8	97.65	98.26	0.62
9	147.42	148.36	0.63
10	150.77	151.78	0.67

从表 6.2 和表 6.3 的结果可以看出，部分浸没时本书方法计算得到的前十阶固有频率结果与 Comsol 仿真计算结果吻合良好，最大相对误差的绝对值不超过 1%，说明采用本书方法计算固有频率是准确可靠的。

6.3.4 受迫振动的准确性验证

在分析完自由振动的准确性之后，本小节进一步分析受迫振动的准确性。分别取无量纲特征深度 $H/R_s = -0.5$、$H/R_s = 0.5$，计算激励频率为 50～500 Hz 时测点径向速度级（频率间隔 10 Hz），如图 6.5 所示。定义径向速度级 $VL = 20 \times \log10(|V|/V_0)$，式中 V 为径向速度，基准速度 $V_0 = 10^{-6}$ m/s。激励力幅值 $F_0 = 1$N，激励角度 $\varphi_0 = \pi$。测点位于周向角 $\varphi = 0$ 处。

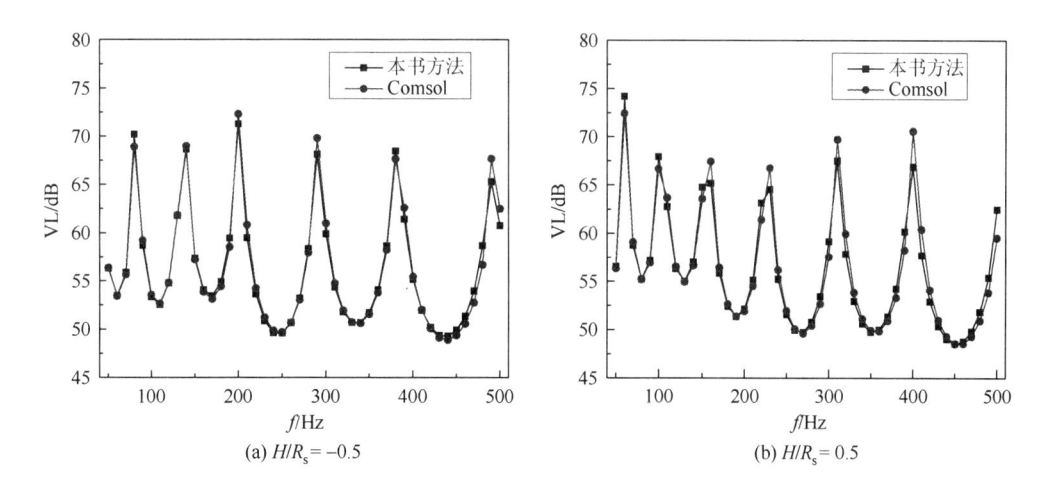

(a) $H/R_s = -0.5$

(b) $H/R_s = 0.5$

图 6.5　不同方法下径向速度级对比

从图 6.5 可以看出，部分浸没工况下本书方法计算结果和 Comsol 仿真计算结果整体吻合良好，说明本书方法分析受迫振动是准确可靠的。但是当频率较高时（以图 6.5 为例，大于 400 Hz），误差逐渐增大，主要原因可能是有限元计算声-固耦合问题时，随着频率的增大，对网格密度的要求也提高，计算精度会降低。

6.3.5 声场的准确性验证

本小节分析本书方法计算声场的准确性,取无量纲特征深度 $H/R_s = -0.4$ 和 $H/R_s = 0.4$,模型几何参数及材料参数不变,计算激励频率为 50 Hz 时的声压幅值云图,并与 Comsol 仿真计算结果进行对比,如图 6.6 和图 6.7 所示。其中,激励力幅值 $F_0 = 1$N,激励角度 $\varphi_0 = \pi$。

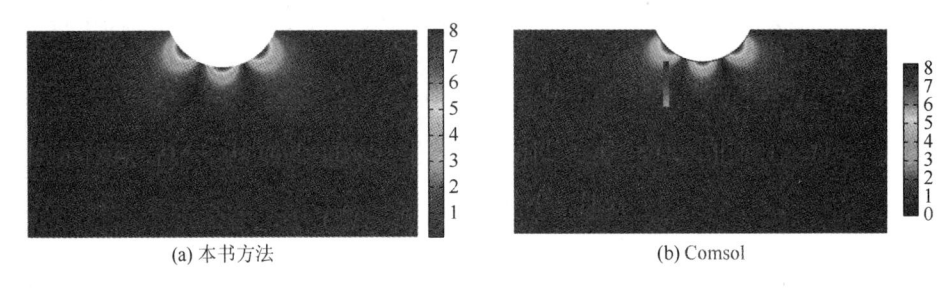

(a) 本书方法　　　　　　　　　　(b) Comsol

图 6.6　$H/R_s = -0.4$ 时不同方法下声压幅值云图的对比

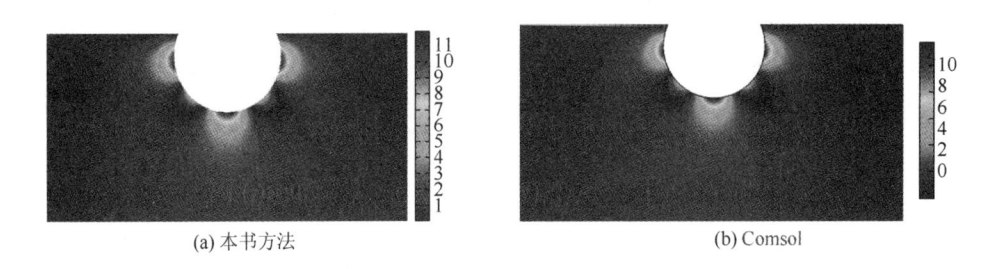

(a) 本书方法　　　　　　　　　　(b) Comsol

图 6.7　$H/R_s = 0.4$ 时不同方法下声压幅值云图的对比

图 6.6 和图 6.7 的结果表明,部分浸没时本书方法计算得到的声压云图和有限元软件 Comsol 仿真计算结果吻合良好,说明本书方法计算声场是准确可靠的。

6.4　部分充液工况数值分析

6.4.1　方法的收敛性分析

计算模型的参数不变,为说明在部分充液工况下本书方法的收敛性也良好,取无量纲特征深度 $H/R_s = -0.5$、$H/R_s = 0$ 和 $H/R_s = 0.5$,分别计算在激励频率为 200 Hz、400 Hz、800 Hz 时径向均方根振速级随截断项数 N 的变化规律(图 6.8)。激励力幅值 $F_0 = 1$N,激励角度 $\varphi_0 = 3\pi/4$。定义复弹性模量 $E' = E(1+\mathrm{i}\eta)$,结构阻尼因子 $\eta = 0.01$。计算中权函数选择的是位移的周向展开函数。

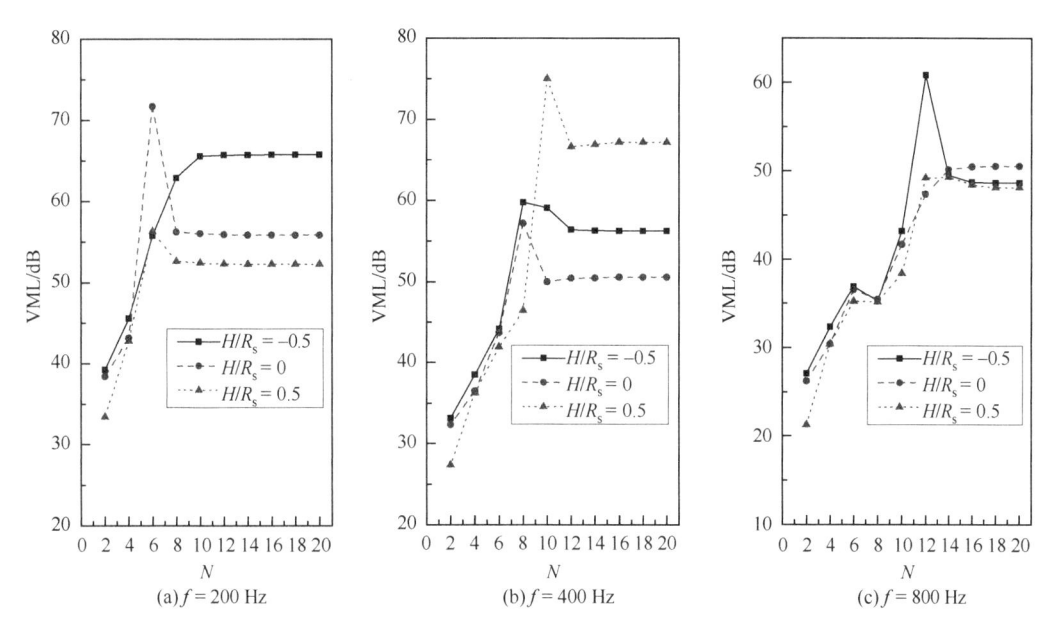

(a) $f = 200$ Hz (b) $f = 400$ Hz (c) $f = 800$ Hz

图 6.8 部分充液工况下均方根速度级 VML 收敛性分析

由图 6.8 可知，部分充液与部分浸没工况下的收敛性趋势一致，在 800 Hz 以内，N 取 16 能保证结果收敛。

6.4.2 方法的适用范围分析

本小节进一步分析部分充液工况下方法的适用性。无量纲特征深度取值从 –0.8 到 0.8，分别计算两种不同权函数下首阶固有频率值，并与有限元软件 Comsol 仿真计算结果进行对比（表 6.4）。其中，有限元模型如图 6.9 所示，网格包含 2 534 个域单元和 494 个边界单元。

表 6.4 不同无量纲特征深度下首阶固有频率的对比

H/R_s	本书方法结果之一 （取位移权函数求解）/Hz	本书方法结果之二 （取声压权函数求解）/Hz	FEM （Comsol）/Hz
–0.8	16.65	16.65	16.82
–0.7	15.90	15.91	16.05
–0.6	14.79	14.46	14.62
–0.5	13.29	13.41	13.54
–0.4	12.80	12.79	12.90
–0.3	12.47	12.45	12.56
–0.2	12.28	12.28	12.39
–0.1	11.56	11.56	11.67

续表

H/R_s	本书方法结果之一 （取位移权函数求解）/Hz	本书方法结果之二 （取声压权函数求解）/Hz	FEM （Comsol）/Hz
0	10.72	10.72	10.82
0.1	9.95	9.96	10.04
0.2	9.27	9.28	9.36
0.3	8.66	8.67	8.74
0.4	8.13	8.15	8.21
0.5	7.67	7.69	7.74
0.6	7.27	7.29	7.34
0.7	6.94	6.95	7.00
0.8	6.66	6.67	6.72

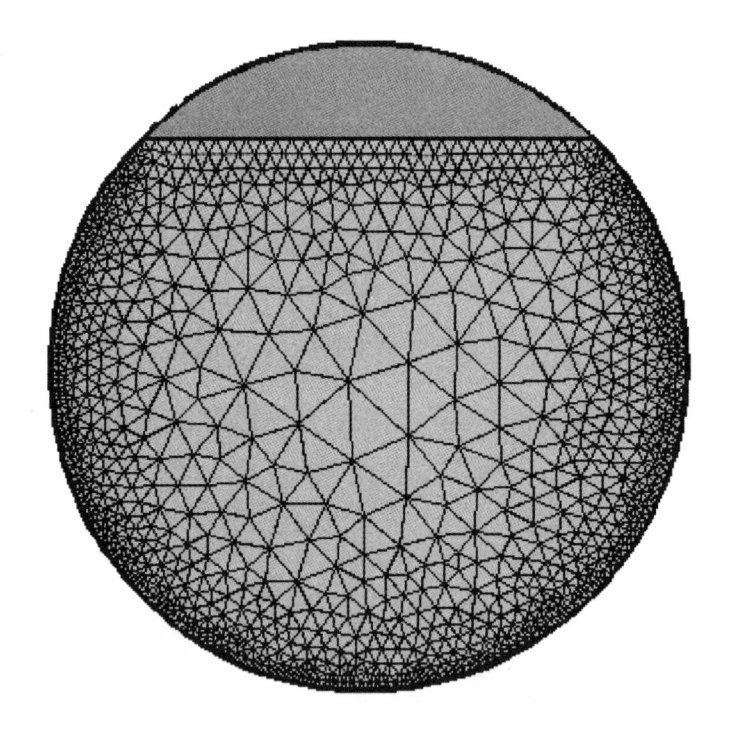

图 6.9　部分充液有限元模型

从表 6.4 可以看出，无论是选择位移函数还是声压函数作为权函数时，首阶固有频率计算结果均与仿真结果吻合很好，且充液问题时无量纲特征深度 H/R_s 计算范围也可从–0.8 到 0.8。

此外，随着无量纲特征深度的增大，固有频率减小。这是因为无量纲特征深度的增大也会导致流-固耦合面增大，从而使得附连水质量增加，所以固有频率会逐渐减小。

6.4.3 自由振动的准确性验证

本小节分析部分充液工况下本书方法计算自由振动问题的准确性,分别取无量纲特征深度 $H/R_s = -0.7$ 和 $H/R_s = 0.7$,计算系统的前十阶固有频率,并与有限元软件 Comsol 的仿真计算结果进行对比,如表 6.5 和表 6.6 所示。

表 6.5 $H/R_s = -0.7$ 时前十阶固有频率的对比

阶数	本书方法(f_1)/Hz	FEM(f_2)/Hz	相对误差/%
1	15.91	16.05	0.87
2	16.09	16.29	1.23
3	45.43	45.87	0.96
4	47.56	48.08	1.08
5	88.81	89.85	1.16
6	92.48	93.36	0.94
7	147.58	149.02	0.97
8	149.21	151.01	1.19
9	218.21	220.67	1.11
10	222.99	225.37	1.06

表 6.6 $H/R_s = 0.7$ 时前十阶固有频率的对比

阶数	本书方法(f_1)/Hz	FEM(f_2)/Hz	相对误差/%
1	6.95	7.00	0.71
2	8.33	8.32	0.12
3	23.76	23.84	0.34
4	27.70	27.65	0.18
5	53.36	53.35	0.02
6	57.50	57.69	0.33
7	94.88	95.85	1.01
8	96.57	96.45	0.12
9	144.80	145.64	0.58
10	150.39	150.90	0.34

从表 6.5 和表 6.6 可以看出,部分充液时本书方法计算得到的前十阶固有频率值与 Comsol 仿真计算结果吻合良好,最大相对误差的绝对值不超过 1.3%,说明采用本书方法计算固有频率是准确可靠的。

6.4.4 受迫振动的准确性验证

在验证完本书计算自由振动方法的准确性之后,进一步验证受迫振动的准确性。

取无量纲特征深度 $H/R_s = -0.5$ 和 $H/R_s = 0.5$，计算在激励频率为 50～500 Hz 时测点的径向速度级，如图 6.10 所示。激励力幅值 $F_0 = 1$ N，激励角度 $\varphi_0 = \pi$。测点位于周向角 $\varphi = 0$ 处。

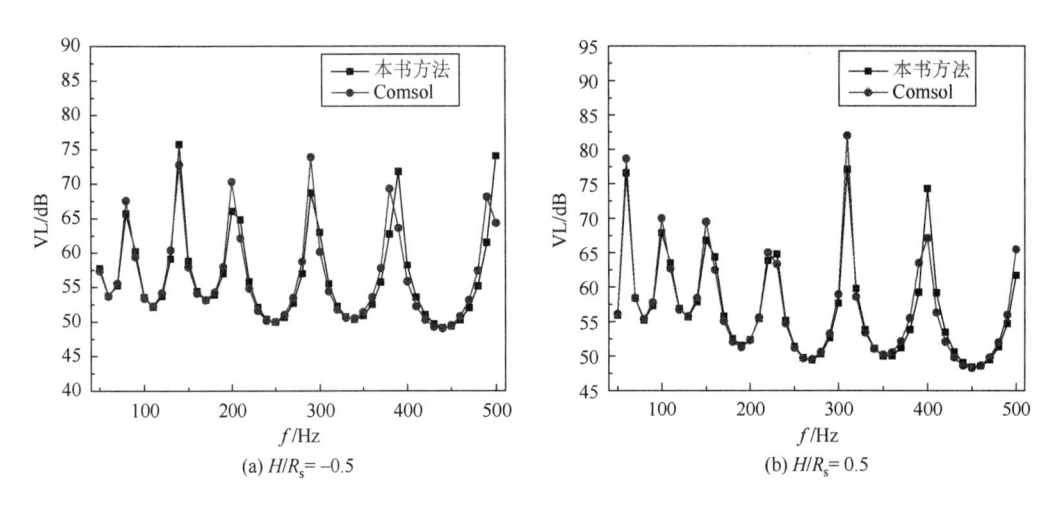

图 6.10 不同方法下径向速度级的对比

由图 6.10 可以看出，部分充液工况下本书计算结果和 Comsol 仿真计算结果也整体吻合良好。

6.4.5 声场的准确性验证

为进一步分析声场计算的准确性，分别取无量纲特征深度 $H/R_s = -0.5$ 和 $H/R_s = 0.5$，计算激励频率为 50 Hz 时的声压幅值云图，并与 Comsol 仿真计算结果进行对比，如图 6.11 和图 6.12 所示。其中，激励力幅值 $F_0 = 1$ N，激励角度 $\varphi_0 = \pi$。

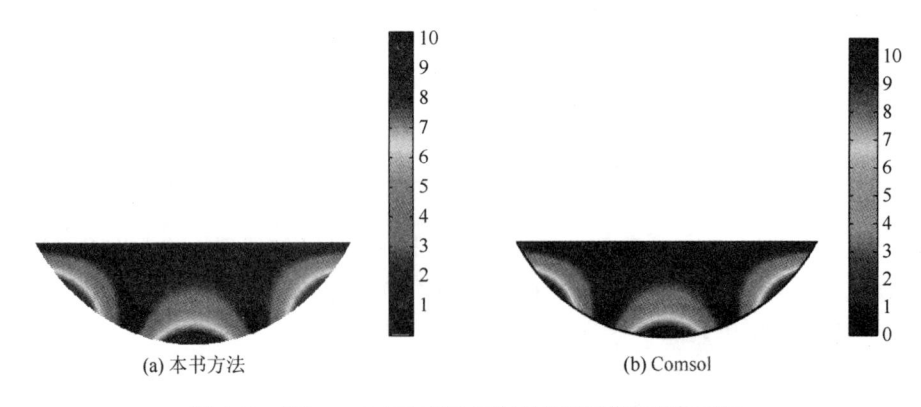

图 6.11 $H/R_s = -0.5$ 时不同方法下声压幅值云图的对比

(a) 本书方法　　　　　　　　　　　(b) Comsol

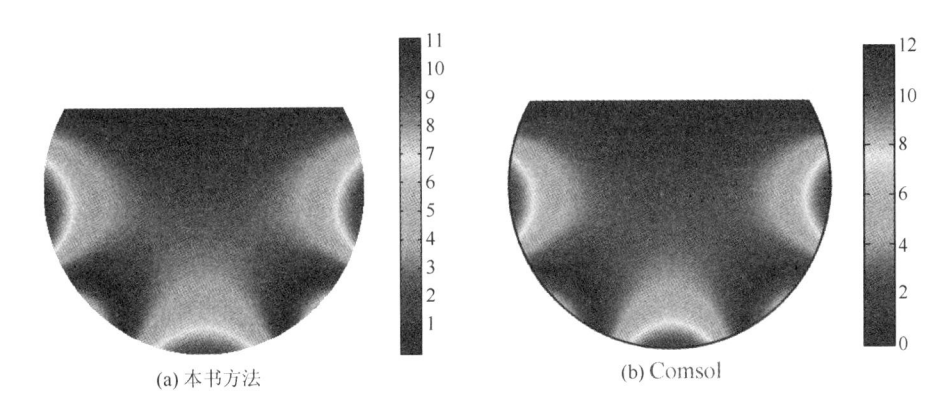

图 6.12　H/R_s = 0.5 时不同方法下声压幅值云图的对比

从图 6.11 和图 6.12 可以看出，部分充液时本书方法计算得到的声压云图和有限元软件 Comsol 仿真计算结果吻合良好，由此可以说明本书方法计算声场是准确可靠的。

6.5　本章小结

本章提出了一种求解二维圆柱壳与声场仅部分耦合工况下圆柱壳声-振问题的新方法。将声压与壳体位移建立在不同的坐标系下，方便地得到了其解析表达式，然后利用伽辽金法以及坐标变换关系处理声-固耦合界面的速度连续条件，最终可便捷、高效地求解该部分耦合系统的声-振特性，同时也为求解弹性结构与声场部分耦合的声-振问题提供了新的思路。此外，通过对部分耦合系统的自由、受迫振动和声压的求解并与有限元数值解进行对比分析，验证了本书方法的准确性，且本书方法的适用范围较广。

第 7 章　一般浮态圆柱壳的声-振耦合性能

7.1　引　　言

对于水下航行器,其所处环境具有非确定性属性,有时潜深较大,有时会离水面比较近,甚至浮于水面之上(如码头环境下)。浮态下的航行器结构与外界流场部分接触,且其主体耐压结构为圆柱壳结构,这就形成了典型的有限长圆柱壳-外流场部分耦合系统。

针对壳-液部分耦合问题,第 6 章建立了无限长圆柱壳-流场部分耦合的声-振模型,并提出了一种处理圆柱壳-流场部分耦合问题的新方法。本章在第 6 章的基础上,进一步考虑轴向波数对声-固耦合系统的影响,将圆柱壳模型拓展到有限长度,并详细分析了壳-液耦合系统振动性能。此外,为深入研究内、外声场与圆柱壳结构耦合振动问题的机理异同,对相同液面高度下部分充液与部分浸没工况开展辨析研究,并从数学机理上揭示其异同的成因;为进一步了解船舶工程中一般浮态圆柱壳的辐射声场特征,结合稳相法和傅里叶变换技术建立有限长浮态圆柱壳远场的声辐射模型,分析远场声压的指向性和波动性规律。

本章中处理部分耦合问题的关键技术可为第 8 章码头系泊状态下圆柱壳声-振性能问题的研究提供理论支撑。

7.2　壳体振动理论模型

有限长圆柱壳的长度为 L,壳体厚度为 D,中面半径为 R_s,壳体材料的密度为 ρ,弹性模量为 E,泊松比为 μ,流体密度为 ρ_f。假设流域是被自由液面约束的半空间。取圆柱壳左端面中心为坐标原点 O,对应直角坐标 (x, y, z)。结构坐标系选择柱坐标系 (x, r, φ),其中 x 表示轴向,r 表示径向,φ 为周向角(与 y 轴夹角)。声场坐标系原点位于 y 轴与自由液面交点 Q 处,选择柱坐标系 (x, R, θ),且定义 Q 点于 y 轴交点纵坐标值的相反数为特征深度 H(位于 y 轴负半轴取正值)。结构坐标系与声学坐标系在平面上任一点的夹角定义为 β,当自由液面在壳体圆心上方时,β 取值为正值。简谐点激励力位于结构坐标系 (R_s, x_0, φ_0) 处,激励力幅值为 F_0,如图 7.1 所示。

需要强调的是,振动分析中考虑壳体两端面有无限大声障板,声场限制在轴向坐标 $x = 0$ 到 L 区间内。

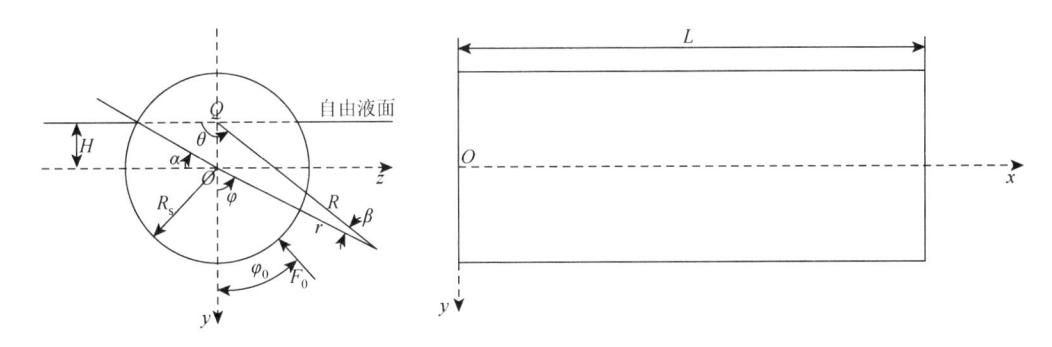

图 7.1 有限长浮态圆柱壳模型及坐标示意图

圆柱壳运动方程采用 Flügge 壳体理论描述：

$$\boldsymbol{L} \begin{bmatrix} u \\ v \\ w \end{bmatrix} = \frac{(1-\mu^2)R_s^2}{ED} \begin{bmatrix} 0 \\ 0 \\ f_r - f_p \end{bmatrix} \quad (7.1)$$

式中：u、v 和 w 分别为轴向、周向和径向的位移；f_p 为圆柱壳外表面的流体负载；$\boldsymbol{L}$ 为经典的 Flügge 壳体理论微分算子，可参考式（2.1）对应的表达式。

为了研究方便，假设壳体两端均为简支边界条件，因此 u、v、w、f_r 和 f_p 可以展开成如下的表达式（时间项略去）：

$$\begin{cases} u = \sum_{m=1}^{+\infty} \sum_{n=-\infty}^{+\infty} U_{mn} \cos(k_m x) \exp(\mathrm{i} n\varphi) \\ v = \sum_{m=1}^{+\infty} \sum_{n=-\infty}^{+\infty} V_{mn} \sin(k_m x) \exp(\mathrm{i} n\varphi) \\ w = \sum_{m=1}^{+\infty} \sum_{n=-\infty}^{+\infty} W_{mn} \sin(k_m x) \exp(\mathrm{i} n\varphi) \\ f_r = \sum_{m=1}^{+\infty} \sum_{n=-\infty}^{+\infty} F_{mn} \sin(k_m x) \exp(\mathrm{i} n\varphi) \\ f_p = \sum_{m=1}^{+\infty} \sum_{n=-\infty}^{+\infty} f_{mn} \sin(k_m x) \exp(\mathrm{i} n\varphi) \end{cases} \quad (7.2)$$

式中：U_{mn}、V_{mn} 和 W_{mn} 分别为三个方向位移的幅值；F_{mn} 和 f_{mn} 分别为激励力载荷 f_r 和结构表面流体负载 f_p；m 为轴向半波数；n 为周向函数展开序列数；$\omega = 2\pi f$ 为角频率，f 为频率；轴向波数 $k_m = m\pi/L$。

将式（7.2）代入式（7.1），并进行正交化处理，可以得到如下的针对控制方程：

$$\boldsymbol{T} \begin{bmatrix} U_{mn} \\ V_{mn} \\ W_{mn} \end{bmatrix} = \frac{(1-\mu^2)R_s^2}{ED} \begin{bmatrix} 0 \\ 0 \\ F_{mn} - f_{mn} \end{bmatrix} \quad (7.3)$$

式中：矩阵 $\boldsymbol{T}$ 中的具体算子为

$$\zeta = k_m R_s, \quad T_{11} = \Omega^2 - \zeta^2 - n^2(1+K)(1-\mu)/2, \quad T_{12} = \mathrm{i}\zeta n(1+\mu)/2$$

· 153 ·

$T_{21} = -T_{12}$, $T_{13} = \mu\zeta + K\zeta^3 - K(1-\mu)\zeta n^2/2$, $T_{22} = \Omega^2 - \zeta^2(1+3K)(1-\mu)/2 - n^2$

$T_{23} = \mathrm{i}n + \mathrm{i}Kn\zeta^2(3-\mu)/2$, $T_{31} = -T_{13}$, $T_{32} = T_{23}$, $T_{33} = 1 + K + K\zeta^4 + 2Kn^2\zeta^2 + Kn^4 - 2Kn^2 - \Omega^2$

其中：$\Omega = \omega\sqrt{\rho R_s^2(1-\mu^2)/E}$ 为无量纲频率。

根据式（7.3）可以消去 U_{mn}、V_{mn}，得到简洁的振动控制方程：

$$W_{mn} = \frac{I_{mn}(1-\mu^2)R_s^2}{ED}(F_{mn} - f_{mn}) \tag{7.4}$$

式中：$I_{mn} = (T_{11}T_{22} - T_{12}T_{21})/\det(\boldsymbol{T})$。

点激励力作用在圆柱坐标系（x_0, φ_0）处，由此可以得到激励力幅值 F_{mn} 的表达式为

$$F_{mn} = \frac{F_0 \sin(k_m x_0)\exp(-\mathrm{i}n\varphi_0)}{LR_s\pi} \tag{7.5}$$

显然，求解控制方程（7.4）的关键在于得到声压负载的解析表达式，可通过建立独立的声场坐标系(R, θ, x)并结合正弦三角级数来自动满足液面声压为零的边界条件，形式如下：

$$p(R,\theta,x) = \sum_{m=1}^{+\infty}\sum_{j=1}^{+\infty} A_{m,j} K_j(k_r R)\sin(j\theta)\sin(k_m x) \tag{7.6}$$

式中：j 为正弦三角级数的序列数；$A_{m,j}$ 为对应的声压幅值函数；$K_j(\ )$ 为第 j 阶第二类修正贝塞尔函数；$k_r = \sqrt{k_m^2 - k_f^2}$ 为径向波数。若 $k_f > k_m$，$k_r = \sqrt{k_f^2 - k_m^2}$，且需要将式（7.6）中 $K_j(\ )$ 函数替换为 $H_j^{(1)}(\ )$ 函数，即第一类汉克尔函数。此外，该声压表达式还自动满足亥姆霍兹方程及无限远处索末菲辐射条件。

由于壳体和声介质部分耦合，声压负载 f_p 仅部分作用于壳体外表面，由此可以表示为分段函数的形式：

$$f_p = \begin{cases} p|_{r=R_s}, & -\dfrac{\pi}{2} - \alpha \leqslant \varphi \leqslant \dfrac{\pi}{2} + \alpha \\ 0, & \text{其他} \end{cases} \tag{7.7}$$

根据式（7.6）中载荷的展开形式，基于正交化处理可以得到声压负载 f_p 的幅值 f_{pn} 的表达式：

$$f_{pn} = \frac{1}{2\pi}\int_{-\alpha-\frac{\pi}{2}}^{\alpha+\frac{\pi}{2}} A_{mj} K_j(k_r R)\sin(j\theta)\exp(-\mathrm{i}n\varphi)\mathrm{d}\varphi \tag{7.8}$$

在得到壳体外表面的声压负载幅值 f_{pn} 后，可求解控制方程（7.4），其关键在于得到声压负载幅值和径向位移幅值之间的关系。

根据速度连续条件，声压与径向位移满足如下关系：

$$\frac{\partial p}{\partial r}\bigg|_{r=R_s} = \rho_f \omega^2 w, \quad \text{声固耦合交界面处} \tag{7.9}$$

利用式（7.9）无法直接求出解析表达式，因此采用伽辽金法进行处理。同样，可选择的权函数有两类：一类包含壳体径向位移的周向函数；另一类包含声压的周向函数，即

$$\begin{cases} f_n(\varphi,x) = \exp(\mathrm{i}n\varphi)\sin(k_m x) \\ g_j(\theta,x) = \sin(j\theta)\sin(k_m x) \end{cases} \quad (7.10)$$

因此，式（7.9）可以转变为伽辽金二重积分的弱形式：

$$\begin{cases} \rho_\mathrm{f}\omega^2 \int_0^L \int_{-\alpha-\frac{\pi}{2}}^{\alpha+\frac{\pi}{2}} w(\varphi,x)f_n(\varphi,x)\mathrm{d}\varphi\mathrm{d}x = \int_0^L \int_{-\alpha-\frac{\pi}{2}}^{\alpha+\frac{\pi}{2}} \frac{\partial p(R,\theta,x)}{\partial r}\bigg|_{r=R_\mathrm{s}} f_n(\varphi,x)\mathrm{d}\varphi\mathrm{d}x \\ \rho_\mathrm{f}\omega^2 \int_0^L \int_{-\alpha-\frac{\pi}{2}}^{\alpha+\frac{\pi}{2}} w(\varphi,x)g_j(\theta,x)\mathrm{d}\varphi\mathrm{d}x = \int_0^L \int_{-\alpha-\frac{\pi}{2}}^{\alpha+\frac{\pi}{2}} \frac{\partial p(R,\theta,x)}{\partial r}\bigg|_{r=R_\mathrm{s}} g_j(\theta,x)\mathrm{d}\varphi\mathrm{d}x \end{cases} \quad (7.11)$$

式中：n 取值从 $-N$ 到 N；j 取值从 1 到 $2N+1$；N 为截断项数。

由于 $m \neq k$ 时，$\int_0^L \sin\left(\frac{m\pi x}{L}\right)\sin\left(\frac{k\pi x}{L}\right)\mathrm{d}x = 0$，且 $m = k$ 时，$\int_0^L \sin\left(\frac{m\pi x}{L}\right)\sin\left(\frac{k\pi x}{L}\right)\mathrm{d}x = \frac{L}{2}$，所以式（7.11）中轴向积分是解耦的，故由式（7.11）可以得到给定某一 m 值时径向位移幅值和声压幅值之间的关系：

$$\rho_\mathrm{f}\omega^2 \boldsymbol{V}_\mathrm{s}\boldsymbol{W}_{mn} = \boldsymbol{V}_\mathrm{p}\boldsymbol{A}_{mj} \quad (7.12)$$

式中：$\boldsymbol{V}_\mathrm{s}$ 和 $\boldsymbol{V}_\mathrm{p}$ 均为 $2N+1$ 阶方阵；$\boldsymbol{W}_{mn}$ 和 $\boldsymbol{A}_{mj}$ 分别为径向位移幅值向量和声压幅值向量，且 $\boldsymbol{W}_{mn} = [W_m,-N, W_m,-N+1,\cdots, W_m,N-1, W_m,N]^\mathrm{T}$，$\boldsymbol{A}_{mj} = [A_m, 1, A_m, 2, \cdots, A_m, 2N, A_m, 2N+1]^\mathrm{T}$，上标 T 表示转置。

根据两坐标系间的几何关系，当权函数选择壳体径向位移的周向函数 $\exp(\mathrm{i}n\varphi)$ 时，$\boldsymbol{V}_\mathrm{s}$ 和 $\boldsymbol{V}_\mathrm{p}$ 中每一个元素的具体表达式如下：

$$\begin{cases} [\boldsymbol{V}_\mathrm{s}]_{a,b} = \int_{-\alpha-\frac{\pi}{2}}^{\alpha+\frac{\pi}{2}} \exp[\mathrm{i}(b-1-N)\varphi]\cdot\exp[\mathrm{i}(a-1-N)\varphi]\mathrm{d}\varphi \\ [\boldsymbol{V}_\mathrm{p}]_{a,b} = k_r K_b'(k_r R)\sin(b\theta)\cos\beta\cdot\exp[\mathrm{i}(a-1-N)\varphi]\mathrm{d}\varphi \\ \quad\quad\quad = \int_{-\alpha-\frac{\pi}{2}}^{\alpha+\frac{\pi}{2}} bK_b(k_r R)\cos(b\theta)\frac{\sin\beta}{R}\cdot\exp[\mathrm{i}(a-1-N)\varphi]\mathrm{d}\varphi \end{cases} \quad (7.13)$$

式中：$\beta = 3\pi/2-\theta-\varphi$；$R$ 和 θ 的取值满足如下几何关系：

$$\begin{cases} R = \sqrt{H^2 - 2HR_\mathrm{s}\cos\varphi + R_\mathrm{s}^2} \\ \theta = \arccos\left(-\frac{R_\mathrm{s}\sin\varphi}{R}\right) \end{cases} \quad (7.14)$$

同时，式（7.3）中 $\boldsymbol{f}_{mn}$ 也可表示为矩阵的形式：

$$\boldsymbol{f}_{mn} = \boldsymbol{T}_\mathrm{p}\boldsymbol{A}_{mj} \quad (7.15)$$

式中：矩阵 $\boldsymbol{T}_\mathrm{p}$ 中每一个元素的具体表达式为

$$(\boldsymbol{T}_\mathrm{p})_{a,b} = \frac{1}{2\pi}\int_{-\alpha-\frac{\pi}{2}}^{\alpha+\frac{\pi}{2}} \exp[-\mathrm{i}(a-1-N)\varphi]\cdot K_b(k_r R)\sin(b\theta)\mathrm{d}\varphi \quad (7.16)$$

最终可以得到仅与径向位移幅值相关的耦合系统控制方程：

$$\left(\frac{ED}{R_\mathrm{s}^2(1-\mu^2)}\boldsymbol{J} + \rho_\mathrm{f}\omega^2\boldsymbol{G}\boldsymbol{T}_\mathrm{p}(\boldsymbol{V}_\mathrm{p})^{-1}\boldsymbol{V}_\mathrm{s}\right)\boldsymbol{W}_{mn} = \boldsymbol{G}\boldsymbol{F}_{mn} \quad (7.17)$$

式中：J 为 $2N+1$ 阶单位矩阵；G 为对角矩阵，$[G]_{j,j} = I_{m,j-1-N}$；$F_{mn} = [F_{m,-N}, F_{m,-N+1}, \cdots, F_{m,N-1}, F_{m,N}]^T$，其详细表达式参见式（7.2）。

求解振动控制方程式（7.17）后可以得到径向位移幅值 $\{W_{mn}\}$，进而可以计算振动响应。

7.3 远场声辐射理论模型

在得到响应以后，可以进一步采用傅里叶变换和稳相法求解远场声辐射。远场声辐射计算采用刚性声障柱模型进行求解，模型示意图如图 7.2 所示，圆柱壳两端有两个半无限长刚性声障柱（障柱上速度为零）。P 点是远场观测点，P 点和 Q 点之间的距离定义为 R_0，x 轴和 R_0 向量的夹角定义为 γ，球坐标系 (R_0, θ) 是以 Q 为坐标原点的球坐标系，这里将球坐标系原点建立在自由液面上是为了方便后面的公式推导，以便于结合稳相法求解远场声。

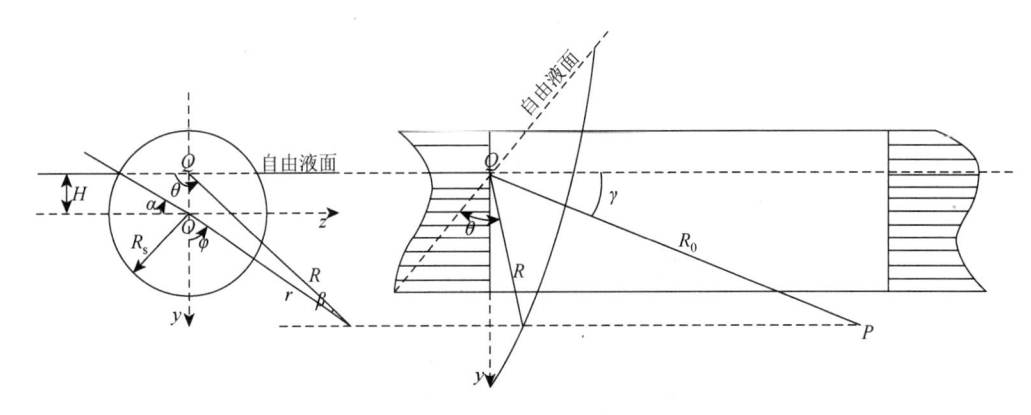

图 7.2 刚性声障柱模型示意图

首先，7.2 节计算得到的振动响应可以转换到波数域，其表达式如下：

$$\tilde{w}(k_x, \varphi) = \frac{1}{2\pi} \sum_{m=1}^{+\infty} \sum_{n=-\infty}^{+\infty} \frac{W_{mn} k_m}{k_m^2 - k_x^2} \left[1 - (-1)^m \exp(-ik_x L) \right] \exp(in\varphi) \quad (7.18)$$

式中：$\tilde{w}_n(k_x) = \dfrac{1}{2\pi} \sum_{m=1}^{+\infty} \dfrac{W_{mn} k_m}{k_m^2 - k_x^2} \left[1 - (-1)^m \exp(-ik_x L) \right]$。

然后，根据 7.2 节声边界的处理方式，可以假设满足边界条件及亥姆霍兹方程的波数域声压表达式为

$$\tilde{p}(R, \theta, k_x) = \sum_{j=1}^{+\infty} \tilde{P}_j(k_x) H_j^{(1)}(\tilde{k}_r R) \sin(j\theta) \quad (7.19)$$

式中：$\tilde{P}_j(k_x)$ 为波数域声压函数的幅值；$\tilde{k}_r = \sqrt{k_f^2 - k_x^2}$ 为波数域径向波数。

为得到波数域声压幅值与位移幅值的关系，可以根据声-固耦合壁面处的连续条件，并将其变换到波数域，有

$$\left.\frac{\partial \tilde{p}}{\partial r}\right|_{r=R_s} = \rho_f \omega^2 \tilde{w}(k_x, \varphi) \tag{7.20}$$

结合式（7.18）～式（7.20），再采用伽辽金法可以得到波数域径向位移幅值和声压幅值之间的关系：

$$\rho_f \omega^2 V_1 \tilde{w}_n = V_2 \tilde{P}_j \tag{7.21}$$

式中：$\tilde{w}_n = [\tilde{w}_{-N}(k_x), \tilde{w}_{-N+1}(k_x), \cdots, \tilde{w}_N(k_x)]^T$；$\tilde{P}_j = [\tilde{P}_1(k_x), \tilde{P}_2(k_x), \cdots, \tilde{P}_{2N+1}(k_x)]^T$。

假设权函数选择位移周向函数，则 V_1 和 V_2 中的矩阵元素如下：

$$\begin{cases} [V_1]_{a,b} = \int_{-\alpha-\frac{\pi}{2}}^{\alpha+\frac{\pi}{2}} \exp[\mathrm{i}(b-1-N)\varphi] \cdot \exp[\mathrm{i}(a-1-N)\varphi]\mathrm{d}\varphi \\ [V_2]_{a,b} = \int_{-\alpha-\frac{\pi}{2}}^{\alpha+\frac{\pi}{2}} \tilde{k}_r H_b^{(1)'}(\tilde{k}_r R)\sin(b\theta)\cos\beta \cdot \exp[\mathrm{i}(a-1-N)\varphi]\mathrm{d}\varphi \\ \quad + \int_{-\alpha-\frac{\pi}{2}}^{\alpha+\frac{\pi}{2}} b H_b^{(1)}(\tilde{k}_r R)\cos(b\theta)\frac{\sin\beta}{R} \cdot \exp[\mathrm{i}(a-1-N)\varphi]\mathrm{d}\varphi \end{cases} \tag{7.22}$$

式中，$\beta = 3\pi/2 - \theta - \varphi$；$R$ 和 θ 的计算公式见式（7.14）。

由式（7.21）可以得到对应的转换矩阵：

$$\tilde{P}_j = \mathbf{Tran}\tilde{w}_n \tag{7.23}$$

式中：**Tran** 的 $2N+1$ 阶矩阵，$\mathbf{Tran} = \rho_f \omega^2 [V_2]^{-1} V_1$。

依据傅里叶逆变换，声压的实际表达式可以写成如下无穷积分的形式：

$$p(R, \theta, x) = \int_{-\infty}^{+\infty} \sum_{j=1}^{+\infty} \tilde{P}_j(k_x) H_j^{(1)}(\tilde{k}_r R)\sin(j\theta)\exp(\mathrm{i}k_x x)\mathrm{d}k_x \tag{7.24}$$

对于远场声辐射分析，第一类汉克尔函数可以近似展开，并由此得到式（7.24）的远场近似表达式：

$$p(R, \theta, x) = \int_{-\infty}^{+\infty} \sum_{j=1}^{+\infty} \tilde{P}_j(k_x) \sqrt{\frac{2}{\pi \tilde{k}_r R}} \exp\left[\mathrm{i}\left(\tilde{k}_r R - \frac{j\pi}{2} - \frac{\pi}{4}\right)\right]\sin(j\theta)\exp(\mathrm{i}k_x x)\mathrm{d}k_x \tag{7.25}$$

然后，可以将式（7.25）转化到球坐标系下，球坐标系与柱坐标系的几何关系为 $R = R_0 \sin\gamma$，$x = R_0 \cos\gamma$，则有

$$p(R_0, \theta, \gamma) \int_{-\infty}^{+\infty} \sum_{j=1}^{+\infty} \tilde{P}_j(k_x) \sqrt{\frac{2}{\pi \tilde{k}_r R_0 \sin\gamma}} \sin(j\theta)\exp\left[-\mathrm{i}\left(\frac{\pi}{4} + \frac{j\pi}{2}\right)\right] \cdot \exp[\mathrm{i}(k_x R_0 \cos\gamma + \tilde{k}_r R_0 \sin\gamma)]\mathrm{d}k_x \tag{7.26}$$

采用稳相法来处理式（7.26）中的无穷积分，类似于第 3 章中对应的推导过程，可以得到稳相点 $k_s = k_f \cos\gamma$，并求得声压表达式：

$$p = (R_0, \theta, \gamma)\frac{-2\mathrm{i}\exp(\mathrm{i}k_f R_0)}{R_0} \sum_{j=1}^{+\infty} \tilde{P}_j(k_f \cos\gamma)\sin(j\theta)\exp\left(-\mathrm{i}\frac{j\pi}{2}\right) \tag{7.27}$$

最后，结合式（7.18）、式（7.23）、式（7.27）并将式（7.18）和式（7.23）中波数 k_x 赋值为稳相点 $k_f \cos\gamma$，即可求解出远场声压。

7.4 方法验证

计算参数为：壳长 $L = 1.284$ m，半径 $R = 0.18$ m，壳体厚度 $D = 0.003$ m，壳体材料密度 $\rho = 7\,850$ kg/m^3，弹性模量 $E = 206$ GPa，泊松比 $\mu = 0.3$，流体密度 $\rho_\mathrm{f} = 1\,025$ kg/m^3，流体声速 $c_\mathrm{f} = 1\,500$ m/s。结构阻尼因子 $\eta = 0.01$，复弹性模量为 $E' = E(1 + \mathrm{i}\eta)$。

7.4.1 方法收敛性分析

本小节取 $H = 0$ m，点谐激励力位于坐标 $x_0 = L/2$，$\varphi_0 = \pi$ 处，激励力幅值 $F_0 = 1$N。计算在激励频率为 400 Hz、800 Hz、1 200 Hz 时径向均方根振速级 VML 分别随截断项数 M、N 的变化曲线。其中，图 7.3（a）中 M 取 20，分析 VML 随 M 的变化规律；同理在图 7.3（b）中 N 取 20，分析 VML 随 N 的变化规律。定义均方根振速 $V_\mathrm{m} = \sqrt{\dfrac{1}{S}\int |v_n|^2 \mathrm{d}S}$，式中 S 为表面积，v_n 为径向速度。因此，径向均方根速度级 VML $= 20\log 10(V_\mathrm{m}/V_0)$，基准速度取 $V_0 = 10^{-6}$ m/s。

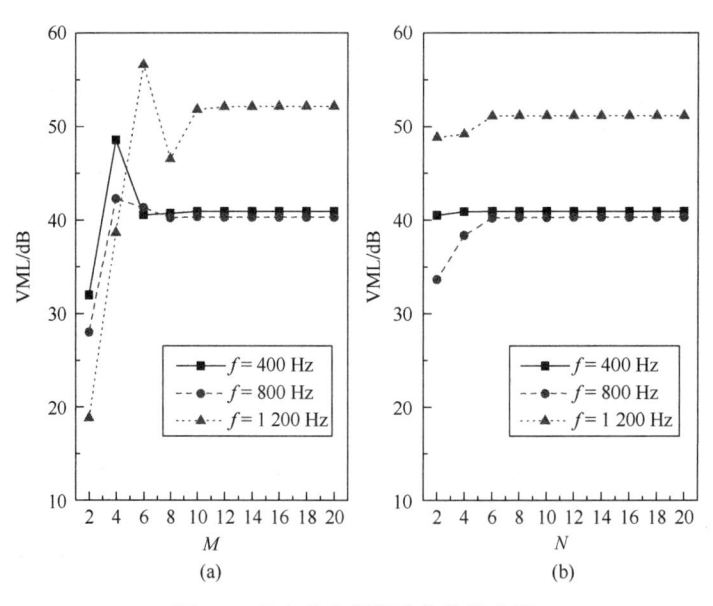

图 7.3　径向均方根振速收敛性分析

由图 7.3 可知，随着截断项数 M 或 N 的增加，径向均方根振速 V_m 值很快趋于稳定。当激励频率在 1 200 Hz 以内时，M 和 N 均取 12 时结果已收敛。

7.4.2 自由振动及受迫振动准确性分析

由文献[104]可知，本书方法中无量纲特征深度 H/R_s 的适用范围从 –0.8 到 0.8。在验证完收敛性之后，进一步验证自由振动和受迫振动计算方法的准确性。采用有限元软件 Nastran 中的虚拟质量模块来计算有限深度浸没下圆柱壳流-固耦合振动性能，通过定义湿单元以及吃水高度来处理部分耦合及自由液面。然后，根据仿真数据来对比验证本书方法的准确性。

为说明本书方法计算自由振动问题的准确性，分别取特征深度 $H = -0.09$ m、$H = 0$ m 和 $H = 0.09$ m，计算系统前十阶固有频率，并与有限元软件 Nastran 仿真计算结果进行对比（表 7.1～表 7.3）。定义固有频率的相对误差为 Error = $(f_1 - f_2) / f_2 \times 100\%$。

表 7.1 $H = -0.09$ m 时前十阶固有频率的对比

阶数	本书方法（f_1）/Hz	FEM（f_2）/Hz	相对误差/%
1	121.1	121.0	0.08
2	125.0	124.5	0.40
3	179.2	178.8	0.22
4	194.3	194.2	0.05
5	254.2	255.5	-0.51
6	263.0	263.3	-0.11
7	281.2	282.3	-0.39
8	293.7	294.2	-0.17
9	367.8	367.9	-0.03
10	370.5	369.8	0.19

表 7.2 $H = 0$ m 时前十阶固有频率的对比

阶数	本书方法（f_1）/Hz	FEM（f_2）/Hz	相对误差/%
1	111.4	111.5	-0.09
2	113.5	113.4	0.09
3	160.6	160.5	0.06
4	165.6	164.9	0.42
5	239.3	240.7	-0.58
6	242.8	243.9	-0.45
7	265.7	267	-0.49
8	267.7	269.4	-0.63
9	320.9	321.9	-0.31
10	321.6	322.4	-0.25

表 7.3 $H = 0.09$ m 时前十阶固有频率的对比

阶数	本书方法（f_1）/Hz	FEM（f_2）/Hz	相对误差/%
1	106.5	106.6	-0.09
2	108.2	108.3	-0.09
3	140.1	140.5	-0.28

续表

阶数	本书方法 (f_1) /Hz	FEM (f_2) /Hz	相对误差/%
4	144.6	144.4	0.14
5	231.5	232.9	−0.60
6	233.1	234.4	−0.55
7	242.7	244.5	−0.74
8	249.4	250.7	−0.52
9	287.7	289.2	−0.52
10	288.4	290	−0.55

从表 7.1～表 7.3 的结果可以看出，部分浸没时本书方法计算得到的前十阶固有频率值与 Nastran 仿真计算结果吻合良好，最大相对误差的绝对值不超过 1%，表明采用本书方法计算固有频率是准确可靠的。

下面进一步分析受迫振动时本书方法的准确性。此时点谐激励力位于坐标 $x_0 = L/2$，$\varphi_0 = 0$ 处，激励力幅值 $F_0 = 1$N。测点 1 坐标 $x_1 = L/4$，$\varphi_1 = 0$，测点 2 坐标 $x_2 = L/4$，$\varphi_2 = \pi/2$。分别计算特征深度 $H = -0.09$ m 和 $H = 0.09$ m 时径向位移响应级频谱曲线（2～500 Hz），并与有限元软件 Nastran 仿真（虚拟质量法）结果进行对比，如图 7.4 所示。

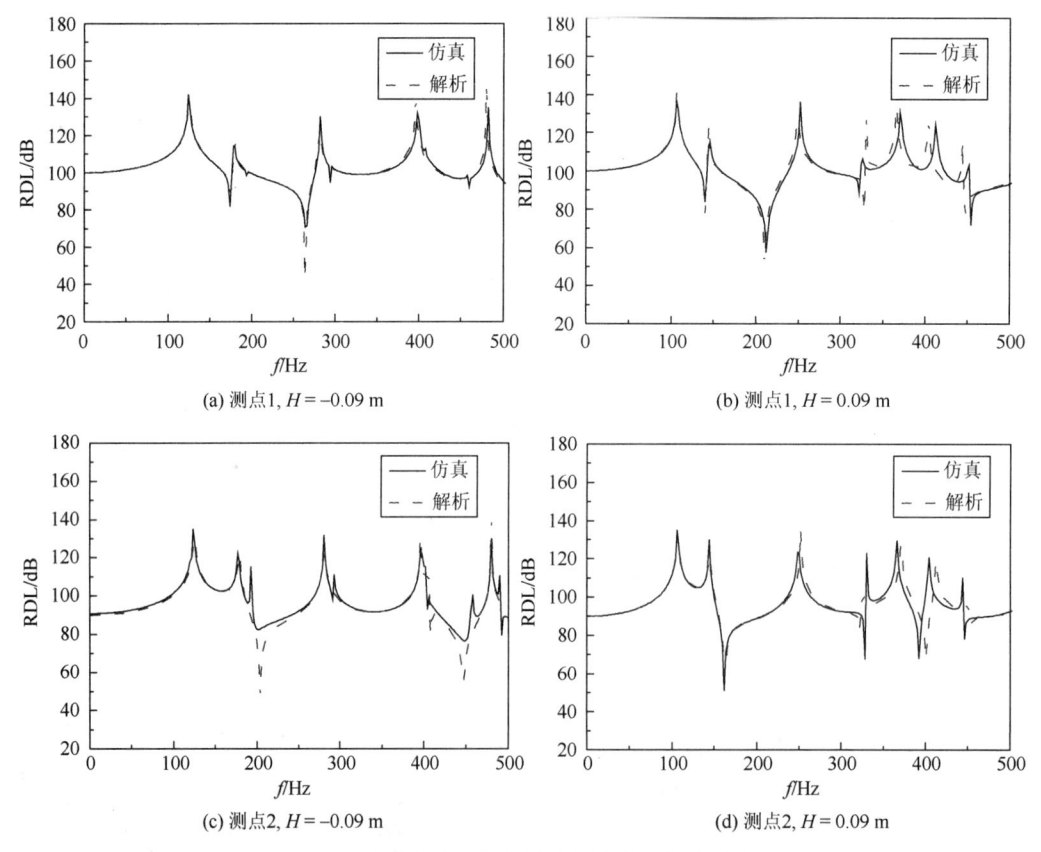

(a) 测点1, $H = -0.09$ m

(b) 测点1, $H = 0.09$ m

(c) 测点2, $H = -0.09$ m

(d) 测点2, $H = 0.09$ m

图 7.4 本书方法和数值仿真径向位移级的对比

从图 7.4 可以看出，本书方法计算结果和有限元软件 Nastran 仿真结果吻合得比较好，验证了本书方法的准确可靠。此外，本书方法计算效率远高于数值仿真的计算效率。

7.4.3 声场准确性分析

假设点谐激励力位于坐标 $x_0 = L/2$，$\varphi_0 = \pi$ 处，激励力幅值 $F_0 = 1$，分别计算激励频率为 300 Hz、600 Hz，特征深度 $H = -0.09$ m 和 $H = 0.09$ m 时远场辐射声压，然后与 BEM 计算结果进行对比，如图 7.5 所示。远场观测点位于 $R_0 = 1\ 000$ m，观测角 $\gamma = \pi/3$，θ 为 $0 \sim \pi$ 处。

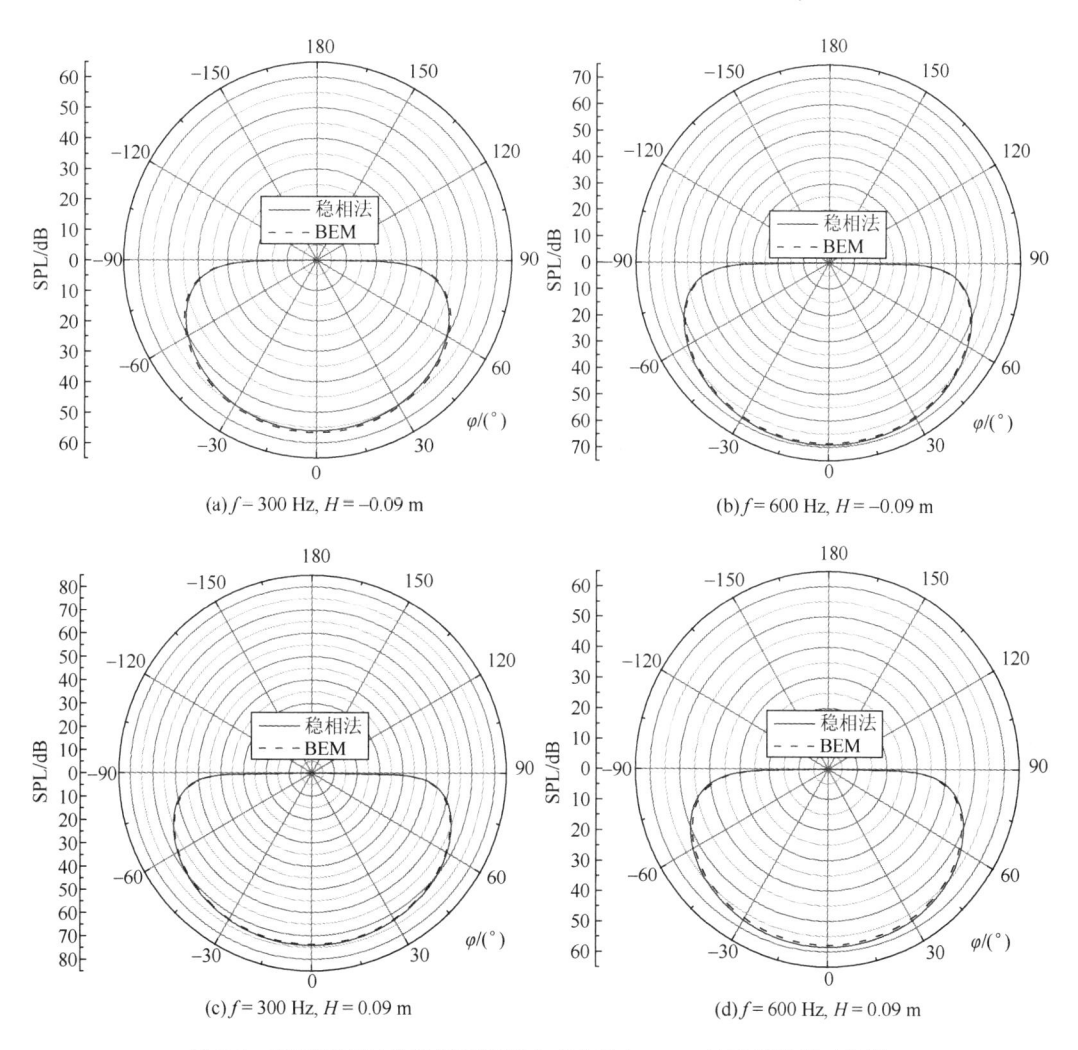

(a) $f = 300$ Hz, $H = -0.09$ m

(b) $f = 600$ Hz, $H = -0.09$ m

(c) $f = 300$ Hz, $H = 0.09$ m

(d) $f = 600$ Hz, $H = 0.09$ m

图 7.5 不同频率以及特征深度下本书方法与 BEM 的计算结果对比图

从图 7.5 可以看出，采用稳相法计算得到的辐射声压与采用 BEM 计算结果吻合良好，说明本书方法计算远场声压是准确可靠的。此外，相比于 BEM，稳相法计算远场辐射声压不涉及无穷积分的处理，只是简单的代数运算，因此计算效率高于 BEM。

7.5 浮态圆柱壳声-振性能研究

浮态圆柱壳振动及水下辐射噪声的分析计算对声质量预报研究有着重要意义。本节将进一步对浮态圆柱壳的声-振性能开展研究工作,以揭示弹性结构-声场部分耦合的相关规律。

7.5.1 模态分析

为更直观地了解浮态圆柱壳这类声-固部分耦合系统的自振特性,本小节选取特征深度 $H=0$ m(相当于半浸状态)和 $H=0.09$ m,计算前四阶模态振型及固有频率(表 7.4 和表 7.5),并与无限域计算结果(表 7.6)进行对比。

表 7.4 $H=0$ m 时前四阶模态的周向振型

阶数	振型
1	111.4 Hz
2	113.5 Hz
3	160.6 Hz
4	165.6 Hz

表 7.5　$H = 0.09$ m 时前四阶模态的周向振型

阶数	振型
1	106.5 Hz
2	108.2 Hz
3	140.1 Hz
4	144.4 Hz

表 7.6　无限域时前四阶模态的周向振型

阶数	振型
1	98.9 Hz

续表

阶数	振型
2	98.9 Hz
3	109.3 Hz
4	109.3 Hz

对比表 7.4~表 7.6 可以看出，浮态工况下的振型与无限域的振型有显著差异。以 $H = 0$ m 时第 1 阶振型为例，振型函数约为 $\sin(2\varphi) + 0.77 \times \sin(3\varphi)$，而对于无限域壳体，对应的振型函数为 $\sin(2\varphi)$（规则的周向波型）。主要原因有两点：一是由于流体在周向分布不均，壳体与结构的部分耦合破坏了圆柱壳周向的对称性，所以规则的周向波之间会发生互耦，形成复杂的振型函数；二是由于结构本源辐射的声波遇到自由液面后会发生反射，反射波在结构表面的分布函数与辐射波不同，从而叠加形成复杂的振型函数。

此外，由于自由液面的存在，系统仅有唯一对称轴，对称模态和反对称模态的固有频率也存在差异。以 $H = 0$ m 算例下第 3、4 阶固有频率为例，分别为 160.6 Hz 和 165.6 Hz，有明显差异；但是对于无限域情况，由于系统具有周向对称性，对称模态和反对称模态的固有频率是相同的，两者存在明显区别。

另外，部分浸没工况下，对称模态和反对称模态振型函数之间的周向波耦合程度也不尽相同。仍以 $H = 0$ m 时第 2 阶振型为例，振型函数（对称）可近似表达为 $\cos(2\varphi) + \cos(3\varphi)$，函数各成分之间的比值由反对称模态时 1∶0.77 变为正对称模态时 1∶1。而对于无限域情况，对应的振型函数为 $\cos(2\varphi)$，这也是浮态时自振特性区别于无限域工况的又一特征。

对于不同的特征深度，由于附连水质量不同，周向波耦合程度也有一定的差异，所以水下航行器在由浮态逐步下潜的过程中振型也会发生一定的改变。为了了解这一变化规律，取无量纲特征深度 H/R_s 为 0、0.2、0.4、0.6、0.8（由于稳心相比重心要高，航行器浮态时的深度超过半浸状态，H/R_s 一般均大于等于 0），对比第一阶正对称模态振型以及对应的振型函数（函数成分中低于 0.05 的忽略不计），如表 7.7 所示。

表 7.7 不同无量纲特征深度下第 1 阶正对称模态振型及函数对比

H/R_s	振型	函数
0		$\cos(2\varphi) + \cos(3\varphi) - 0.12\cos(4\varphi)$
0.2		$\cos(2\varphi) + 0.97 \times \cos(3\varphi) - 0.07\cos(4\varphi)$
0.4		$\cos(2\varphi) + 0.84 \times \cos(3\varphi)$
0.6		$\cos(2\varphi) + 0.74 \times \cos(3\varphi)$
0.8		$\cos(2\varphi) + 0.69 \times \cos(3\varphi)$

从表 7.7 可以看出，对于本小节模型，浮态时第 1 阶正对称模态中主要参数耦合的是 $\cos(2\varphi)$ 和 $\cos(3\varphi)$ 两类周向波函数，其余成分都非常低。此外，随着无量纲特征深度的增大，$\cos(3\varphi)$ 前的系数由 1 逐步下降到 0.69，周向波耦合程度也逐步下降。

7.5.2 特征深度对固有频率的影响

取无量纲特征深度 H/R_s 从 –0.8 到 0.8，间隔 0.1，计算前四阶固有频率随无量纲特征深度的变化规律，如图 7.6 所示。

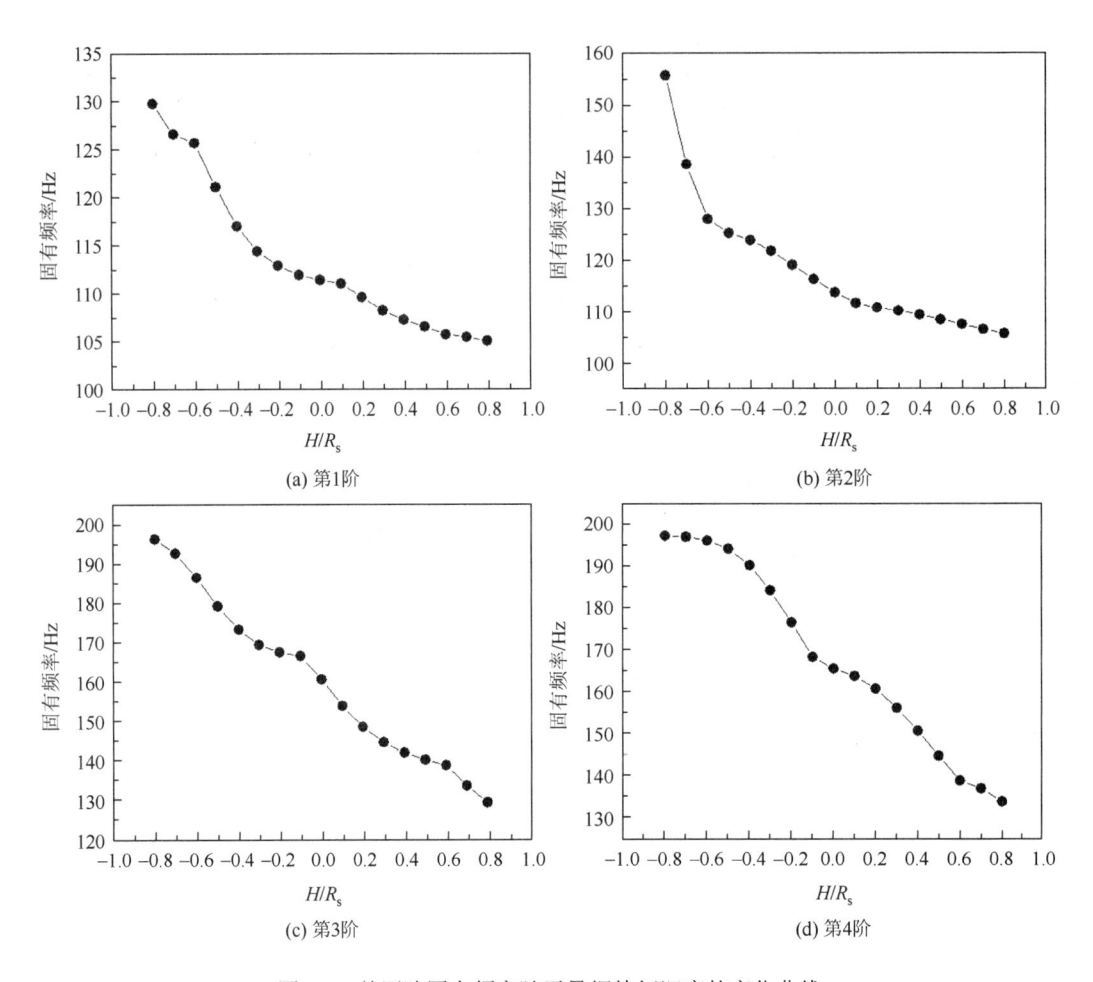

图 7.6　前四阶固有频率随无量纲特征深度的变化曲线

从图 7.6 可以看出，同阶次固有频率随着无量纲特征深度的增大而减小，主要是因为无量纲特征深度增大使得湿表面积增大，附连水质量增加，从而增加了整个系统的等效质量，导致同阶次固有频率降低。此外，各阶频率随无量纲特征深度下降的速率无明显的规律，这是由于影响附连水质量的因素除湿表面外，自由液面对声波的反射也会影响附连水质量，所以在两类因素的综合影响下，虽然整体上同阶次固有频率随无量纲特征深度增大而下降，但是下降的速率忽快忽慢，并不稳定。

7.5.3　特征深度对声辐射性能的影响

本小节取无量纲特征深度 H/R_s 为 –0.5、0、0.5，分别计算激励频率 f 为 200 Hz、400 Hz 时远场声压级指向性，如图 7.7 所示。其中，激励力幅值 $F_0 = 1$N，激励位置 $x_0 = L/3$，$\varphi_0 = \pi/2$。远场点取自声场球坐标系，半径 $R_0 = 1\,000$ m，观测角 $\gamma = \pi/3$，角度 θ 取 $0 \sim \pi$，取值间隔为 $\pi/180$。

(a) f = 200 Hz

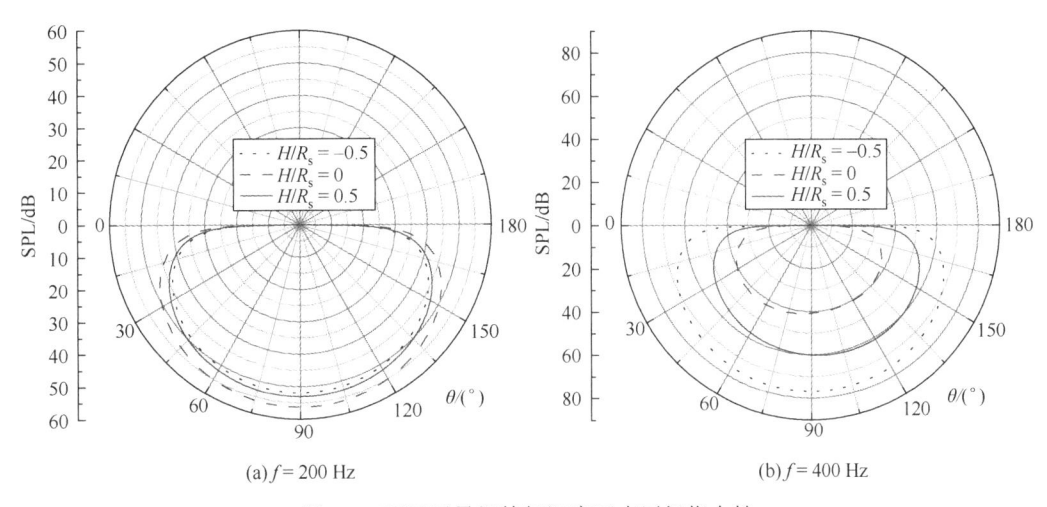

(b) f = 400 Hz

图 7.7 不同无量纲特征深度下声压级指向性

从图 7.7 可以看出，所有声压指向性曲线都在角度 $\theta = \pi/2$ 时（正下方）取最大值。尽管激励位置并不在壳体的垂直对称轴上（激励力位于右侧），但声压级关于垂直对称轴呈对称分布。可对这些现象进行如下物理解释：因为研究的场点位于远场，从几何角度看，壳体湿表面上任意一点到场点的距离可以认为是近似相同的。由此水下的辐射面可以等效为一个点源，而且这个点源距离自由液面的距离为 $0 \sim 2R_s$（这个距离与速度分布有关，是未知的）。

基于镜像原理，自由液面对水下声场的作用可以通过在自由液面的另一侧构造等距的（虚源到液面距离）以及反相位的虚源来实现，则水下声场可以认为是由实源和虚源共同贡献的，且虚源和实源共同作用下声压在自由液面上满足为零的条件。实际上，由于实源和虚源距离较近，在低频下，这样的物理模型构成了偶极子模型。由此，可以得到声偶极子模型的数学表达式[103]：

$$P = \frac{A}{R_0}\exp(-\mathrm{i}k_f R_0)\left[-2\mathrm{i}\sin(k_f D_0 \sin\theta)\right] \tag{7.28}$$

式中：A 为点源的声压幅值；R_0 为场点到声学坐标原点的距离；D_0 为点源与镜像源距离（$D_0/R_s < 4$）。

虽然 D_0 值是未知的，但是并不影响对声压指向性的分析。当激励频率不太高时，k_f 和 D_0 的乘积是小于 $\pi/2$ 的，因此当远场点位于壳体截面圆心正下方时（$\theta = \pi/2$），从式（7.28）可以看出，声压幅值将取最大值。此外，从式（7.28）中正弦三角函数的数学性质也可以看出，声压级曲线关于对称轴（$\theta = \pi/2$）将呈对称分布，这也很好地契合了图 7.7 中声压级指向性曲线的特征。

7.6 部分充液状态下有限长圆柱壳自振特性研究

7.6.1 部分充液圆柱壳理论模型

内部流场与结构部分耦合问题在船舶与海洋工程中广泛存在，例如，船舶和水下航行器结构内往往还含有各类液舱。因此,开展部分充液状态下圆柱壳声-振特性的研究工作对于此类问题的研究有着重要的理论价值及借鉴意义。

部分充液圆柱壳模型(图 7.8)与部分浸没工况是类似的,而且模型中物理量的定义也均一致,模型最大的区别在于部分浸没问题是外流场而部分充液问题是内流场,此时 H 定义为特征深度,如液面高于原点 O 时取为正值(即位于 y 轴负半轴)。

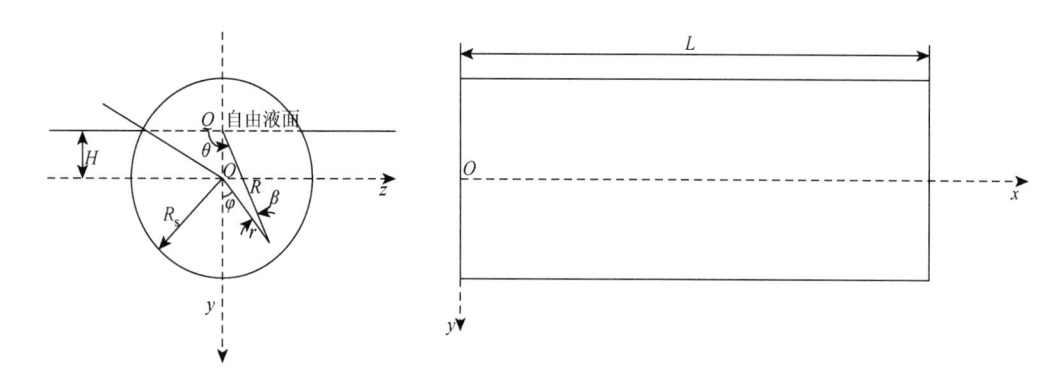

图 7.8 部分充液圆柱壳模型坐标图

圆柱壳部分充液工况下理论推导过程与部分浸没工况大体上是一致的,主要有两点区别:一是声压解析表达式不同;二是声-固耦合交界面速度连续条件有正负号差异。

由于是内流场,满足声学亥姆霍兹方程的基本解应该由式(7.6)更改为如下形式:

$$p(R,\theta,x) = \sum_{m=1}^{+\infty}\sum_{j=1}^{+\infty} A_{mj} I_j(k_r R)\sin(j\theta)\sin(k_m x) \quad (7.29)$$

式中:j 为正弦三角级数的序列数;A_{mj} 为对应的声压幅值函数;$I_j(\ )$ 为第 j 阶第一类修正贝塞尔函数;$k_r = \sqrt{k_m^2 - k_f^2}$ 为径向波数。若 $k_f > k_m$,则 $k_r = \sqrt{k_f^2 - k_m^2}$,且需要将式(7.29)中 $I_j(\ )$ 函数替换为 $J_j(\ )$ 函数,即第一类贝塞尔函数。

与式(7.9)相比,声-固耦合界面处速度连续条件有正负号差异:

$$\left.\frac{\partial p}{\partial r}\right|_{r=R_s} = -\rho_f \omega^2 w, \quad \text{声固耦合交界面处} \quad (7.30)$$

更换这两处之后,其余推导过程做相应改变即可,最终控制方程中参与计算的几个主要矩阵更换为如下形式:

$$\begin{aligned}[\boldsymbol{V}_p]_{a,b} = &-\int_{-\alpha-\frac{\pi}{2}}^{\alpha+\frac{\pi}{2}} k_r I_b'(k_r R)\sin(b\theta)\cos\beta \cdot \exp[\mathrm{i}(a-1-N)\varphi]\mathrm{d}\varphi \\ &-\int_{-\alpha-\frac{\pi}{2}}^{\alpha+\frac{\pi}{2}} b I_b(k_r R)\cos(b\theta)\frac{\sin\beta}{R} \cdot \exp[\mathrm{i}(a-1-N)\varphi]\mathrm{d}\varphi\end{aligned} \quad (7.31)$$

$$[\boldsymbol{T}_p]_{a,b} = \frac{1}{2\pi}\int_{-\alpha-\frac{\pi}{2}}^{\alpha+\frac{\pi}{2}} \exp[-\mathrm{i}(a-1-N)\varphi] \cdot I_b(k_r R)\sin(b\theta)\mathrm{d}\varphi \quad (7.32)$$

7.6.2 准确性分析

为验证本书方法计算部分充液圆柱壳的准确性，本小节继续采用有限元软件 Nastran 中的虚拟质量模块来计算，先通过卡片命令调整流-固耦合单元为内法线方向，再通过定义湿单元以及吃水高度来处理部分耦合及自由液面。

分别取特征深度 $H = -0.156$ m、$H = 0$ m 和 $H = 0.156$ m，计算系统前十阶固有频率，并与有限元软件 Nastran 仿真计算结果进行对比，如表 7.8～表 7.10 所示。

表 7.8 特征深度 $H = -0.156$ m 时前十阶固有频率的对比

阶数	本书方法（f_1）/Hz	FEM（f_2）/Hz	相对误差/%
1	173.2	173.7	−0.29
2	188.0	188.2	−0.11
3	197.6	197.6	0.00
4	197.8	197.8	0.00
5	325.6	326.5	−0.28
6	326.3	327.0	−0.21
7	348.1	349.5	−0.40
8	361.8	362.6	−0.22
9	395.6	395.3	0.08
10	396.4	396.2	0.05

表 7.9 特征深度 $H = 0$ m 时前十阶固有频率的对比

阶数	本书方法（f_1）/Hz	FEM（f_2）/Hz	相对误差/%
1	110.5	111.0	0.45
2	112.4	112.9	−0.44
3	160.5	160.7	−0.12
4	162.2	162.6	−0.25
5	237.4	239.5	−0.88
6	240.8	242.7	−0.78
7	265.7	267.4	−0.64
8	267.7	269.4	−0.63
9	317.0	319.1	−0.66
10	319.9	321.3	−0.44

表 7.10　特征深度 $H = 0.156$ m 时前十阶固有频率的对比

阶数	本书方法（f_1）/Hz	FEM（f_2）/Hz	相对误差/%
1	100.4	100.6	−0.20
2	102.1	102.2	−0.10
3	114.6	114.8	−0.17
4	125.7	124.1	1.29
5	214.4	214.9	−0.23
6	215.8	217.6	−0.83
7	221.2	222.6	−0.63
8	224.7	225.8	−0.49
9	251.0	248.0	1.21
10	255.8	256.0	−0.08

从表 7.8~表 7.10 可以看出，部分充液时计算得到的前十阶固有频率值与 Nastran 仿真计算结果吻合良好，最大相对误差的绝对值不超过 1.3%，这说明采用本书方法计算部分充液圆柱壳固有频率是准确可靠的。

为进一步说明方法的准确性，将本小节计算的固有频率值与文献[115]中试验结果进行对比，如表 7.11 所示。文献[115]中模型参数如下：$L = 0.664$ m，$R = 0.175$ m，$h = 0.001$ m，$\rho = 7\,680$ kg/m^3，$E = 206$ GPa，$\mu = 0.3$，$\rho_f = 1\,000$ kg/m^3。

表 7.11　不同无量纲特征深度下本小节与试验结果的频率对比　　（单位：Hz）

模态阶数	$H/R = -0.5$ 本小节	试验	$H/R = 0$ 本小节	试验	$H/R = 0.5$ 本小节	试验
1	108.7	107.9	98.6	100.3	95.2	95.7
2	110.6	113.2	99.7	100.9	95.3	97.1
3	165.5	174.4	127.8	127.5	113.5	113.9
4	177.5	182.4	131.4	136.0	115.2	116.3

从表 7.11 可以看出，不同无量纲特征深度下解析法和试验方法得到的数据吻合良好，最大相对误差的绝对值不超过 6%，进一步说明本书方法的准确性。

7.6.3　部分充液与部分浸没工况下固有频率的对比分析

对于全充液圆柱壳或者全浸没圆柱壳（流域为无限域），当所研究的频率较低时，其同阶次的固有频率往往是比较接近的。这是因为频率较小时无量纲径向波数 $k_r R_s$ 比较小，根据贝塞尔函数小宗量展开的性质，流体声载荷数值上是接近的：

$$p = \begin{cases} \sum_{m=1}^{+\infty}\sum_{n=-\infty}^{+\infty} C_{mn} \dfrac{K_n(k_r R_s)}{(k_r R_s) K'_n(k_r R_s)}, & \text{外流场} \\ \sum_{m=1}^{+\infty}\sum_{n=-\infty}^{+\infty} C_{mn} \dfrac{-I_n(k_r R_s)}{(k_r R_s) I'_n(k_r R_s)}, & \text{内流场} \end{cases} \approx \sum_{m=1}^{+\infty}\sum_{n=-\infty}^{+\infty} -\dfrac{C_{mn}}{n} \quad (7.33)$$

式中：m、n 分别为轴向半波数和周向波数，因为实际计算过程中内、外流场的主要区别在于贝塞尔函数类型，所以式（7.33）中将与贝塞尔函数无关量统一用 C_{mn} 表示。此外，当贝塞尔函数取其他形式时（如第一类汉克尔函数和第一类贝塞尔函数），式（7.33）依然成立。

这里简单证明一下式（7.33）中表达式是如何近似处理的。以内流场表达式为例，由于求解低频振动，无量纲波数是较小的数，可以对第一类修正贝塞尔函数进行小宗量近似展开[168]：

$$I_n(x) \approx \frac{(x/2)^n}{\Gamma(n+1)} \quad (7.34)$$

式中：$\Gamma(\ )$ 为伽马函数，且 $\Gamma(n+1) = n!$。

根据式（7.34）可以得到如下表达式：

$$\frac{I_n(x)}{x I'_n(x)} \approx \frac{(x/2)^n}{\Gamma(n+1)} \cdot \frac{1}{x} \cdot \frac{\Gamma(n+1)}{(n/2)(x/2)^{n-1}} = \frac{1}{n} \quad (7.35)$$

由此可以推断全充液或全浸没时，两者对应的前几阶固有频率应该是接近的，以第 1 阶固有频率为例，全充液时为 97.9 Hz，全浸没时为 98.9 Hz，差异很小。为了了解结构与流场部分耦合时内、外流场是否也有相同性质，同时也为分析固有频率随无量纲特征深度的变化规律，将 H/R_s 从 –0.8 取到 0.8，计算部分充液时第 1 阶和第 3 阶固有频率随无量纲特征深度变化的规律（图 7.9），并与图 7.6 中部分数据进行对比（部分浸没工况）。

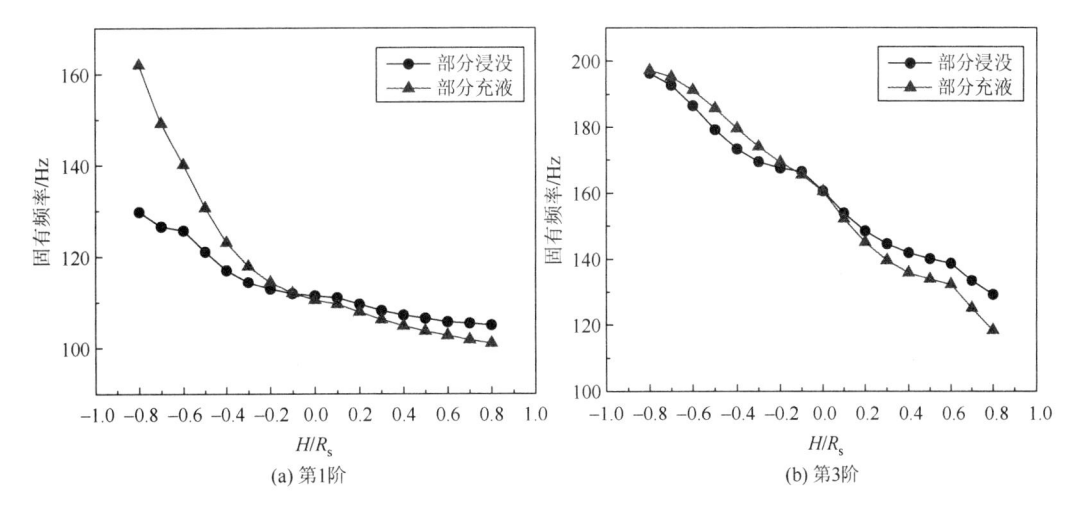

(a) 第1阶

(b) 第3阶

图 7.9 部分充液及部分浸没时固有频率随无量纲特征深度的变化图

由图 7.9 可知，部分充液时固有频率随无量纲特征深度的增大而减小，且频率随无量纲特征深度的增大而下降的速率无明显的规律。这与部分浸没时的规律是一致的,原因也是类似的,详见 7.5.2 节。

此外,值得注意的是,当 $H/R_s = 0$(半充液或半浸没)时,同阶次固有频率是非常接近的。为了更直观地认识这一规律,将半充液及半浸没时前十阶固有频率绘图比对(即将表 7.2 和表 7.7 的计算结果绘图),如图 7.10 所示。

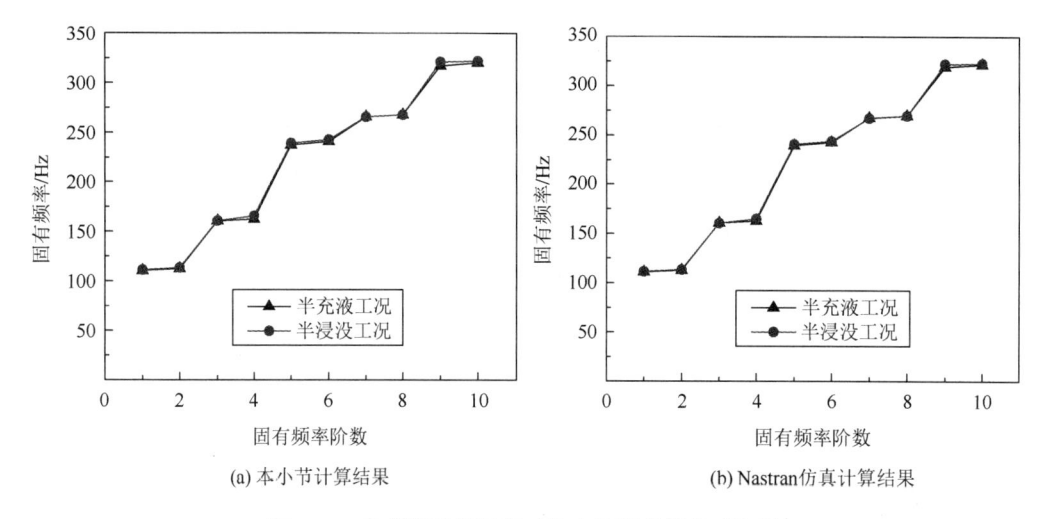

图 7.10 半充液和半浸没时前十阶固有频率对比图

从图 7.10 可以明显看出,半浸没和半充液时前十阶固有频率是非常接近的,这是因为当圆柱壳半充液或半浸没时,自由液面通过圆心,由此声场和结构位移场可建立在同一坐标系下,并且最终流体声载荷可以近似简化为相同的数学表达式。

根据文献[110],流体声载荷的表达式可简化为如下形式:

$$p = \begin{cases} \sum_{m=1}^{+\infty}\sum_{n=-\infty}^{+\infty}\sum_{k=1}^{+\infty} D_{mnk} \dfrac{K_k(k_r R_s)}{(k_r R_s) K'_k(k_r R_s)}, & \text{外流场} \\ \sum_{m=1}^{+\infty}\sum_{n=-\infty}^{+\infty}\sum_{k=1}^{+\infty} D_{mnk} \dfrac{-I_k(k_r R_s)}{(k_r R_s) I'_k(k_r R_s)}, & \text{内流场} \end{cases} \approx \sum_{m=1}^{+\infty}\sum_{n=-\infty}^{+\infty}\sum_{k=1}^{+\infty} -\dfrac{D_{mnk}}{k} \quad (7.36)$$

式中:m、n 分别为轴向半波数和周向波数;k 为声压展开的序列数;D_{mnk} 为表面声载荷中与贝塞尔函数无关的部分。

由式(7.36)可知,半充液或半浸没时,流体声载荷的表达式都可以近似简化为相同的形式,因此计算得到的固有频率也是非常接近的,这与全浸没和全充液时固有频率相近的机理是一致的。

实际上,根据理论推导过程,也可以得到相应的结论,以半充液圆柱壳为例,此时 $\alpha = \beta = 0$,且 $\theta = \varphi + \pi/2$。计算过程中内、外流场的主要区别在于贝塞尔函数类型,且仅有矩阵 V_p 和 T_p 与贝塞尔函数有关,故重点在于分析式(7.31)和式(7.32)。若权函数选择为声压的展开函数,则式(7.31)和式(7.32)可以表示为如下形式:

$$[V_p]_{a,b} = -\int_0^\pi k_r I'_b(K_r R_s) \sin(b\theta) \sin(a\theta) \mathrm{d}\theta \quad (7.37)$$

$$[\boldsymbol{T}_\mathrm{p}]_{a,b} = \frac{1}{2\pi}\int_0^\pi I_b(K_r R_\mathrm{s})\sin(b\theta)\sin(a\theta)\mathrm{d}\theta \tag{7.38}$$

根据式（7.37）和式（7.38）中正弦三角函数积分的正交性，当 $a \neq b$ 时，矩阵元素均为 0，因此矩阵 $\boldsymbol{V}_\mathrm{p}$ 和 $\boldsymbol{T}_\mathrm{p}$ 均是对角矩阵，其表达式如下：

$$[\boldsymbol{V}_\mathrm{p}]_{a,a} = -\frac{\pi}{2} k_r I'_a(k_r R_\mathrm{s}) \tag{7.39}$$

$$[\boldsymbol{T}_\mathrm{p}]_{a,a} = \frac{I_a(k_r R_\mathrm{s})}{4} \tag{7.40}$$

又由振动控制方程（7.17）可知，计算过程中与贝塞尔函数相关的矩阵可以表示为 $\boldsymbol{T}_\mathrm{p}[\boldsymbol{V}_\mathrm{p}]^{-1}$，且 $\boldsymbol{T}_\mathrm{p}[\boldsymbol{V}_\mathrm{p}]^{-1}$ 也是对角矩阵，表达式如下：

$$\boldsymbol{T}_\mathrm{p}[\boldsymbol{V}_\mathrm{p}]^{-1}{}_{a,a} = -\frac{R_\mathrm{s}}{2\pi}\frac{I_a(k_r R_\mathrm{s})}{(k_r R_\mathrm{s})I'_a(k_r R_\mathrm{s})} \approx -\frac{R_\mathrm{s}}{2\pi a} \tag{7.41}$$

同理，半浸没时也可以类似地推导出相同的近似表达式，这也从数学角度解释了为何半充液和半浸没时圆柱壳同阶次固有频率很接近的原因。

此外，从图 7.9 中还可以发现在半充液或半浸没附近时（H/R_s 在 -0.2 到 0.2 的区域内），部分充液和部分浸没状态下第 1 阶和第 3 阶固有频率也是非常接近的。为了更充分地了解这一规律，分别取 $H/R_\mathrm{s} = -0.2$ 和 $H/R_\mathrm{s} = 0.2$，计算相同 H/R_s 值部分充液和部分浸没时前十阶固有频率并进行对比，如图 7.11 所示。

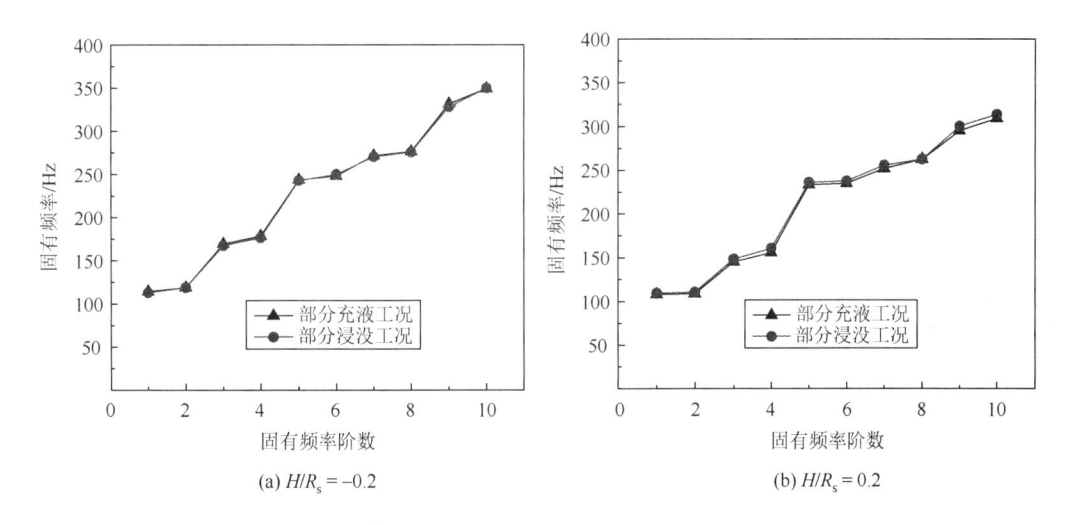

(a) $H/R_\mathrm{s} = -0.2$

(b) $H/R_\mathrm{s} = 0.2$

图 7.11 部分充液和部分浸没时前十阶固有频率对比图

从图 7.11 中可以看出，$H/R_\mathrm{s} = -0.2$ 和 $H/R_\mathrm{s} = 0.2$ 时部分充液和部分浸没情况下固有频率十分接近。说明在半浸没或半充液附近，内、外流场保持相同 H/R_s 时圆柱壳同阶次固有频率是相近的。这一规律也对相关的工程问题有一定的指导价值，例如，当采用试验手段测量半浸没附近圆柱壳固有频率时，可以通过内充液试验（如泵水试验）来取得相同的效果，且内流场模态试验的难度、成本显然远低于外流场，至少无须寻找合适的水域环境。

但是，当 H/R_s 不在 0 附近时，由于声场坐标系与结构坐标系无法统一表示，从数学上讲很难再形成式（7.30）或式（7.33）的展开形式，所以部分充液和部分浸没状态下同阶次固有频率值会存在一定的差异，甚至达到几十赫兹。

7.7　内、外流体介质均与圆柱壳结构部分耦合工况

针对浮态结构的振动与声辐射研究，目前已有的大部分研究仅考虑了外部流体介质的影响。然而，船舶和水下航行器结构内往往还含有各类液舱，目前对这类内、外流体介质与结构的多域部分耦合声-振问题，尚缺乏必要的认识和研究。基于这一现状，在 7.1～7.6 节的基础之上，本节将进一步研究圆柱壳结构部分充液且部分浸没时的声-振特性，物理模型如图 7.12 所示。

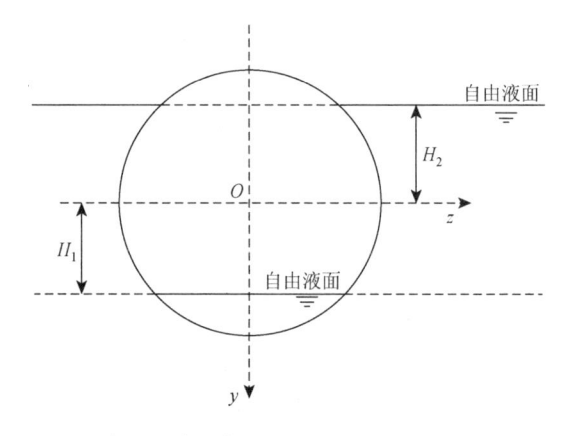

图 7.12　内、外流体介质均与圆柱壳结构部分耦合工况

为了区分内、外流场，假设内流场的流体密度为 ρ_1，特征深度为 H_1；外流场的流体密度为 ρ_2，特征深度为 H_2，且定义内流场声压为 p_1、外流场声压为 p_2。由于内、外流场不连通，所以它们是相互独立的。根据声-固交界面速度连续条件，需满足如下方程：

$$\begin{cases} \left.\dfrac{\partial p_1}{\partial r}\right|_{r=R_s} = -\rho_1 \omega^2 w, & \text{内流场声-固耦合交界面}\Omega_1 \\ \left.\dfrac{\partial p_2}{\partial r}\right|_{r=R_s} = \rho_2 \omega^2 w, & \text{外流场声-固耦合交界面}\Omega_2 \end{cases} \quad (7.42)$$

由于内、外流场相互独立，实际推导过程中仅需线性叠加即可，所以控制方程可以表示为如下形式：

$$\left\{ \dfrac{ED}{R_s^2(1-\mu^2)}\boldsymbol{J} + \omega^2 \boldsymbol{G}\left[\rho_1 \boldsymbol{T}_p^1 \left(\boldsymbol{V}_p^1\right)^{-1} \boldsymbol{V}_s^1 + \rho_2 \boldsymbol{T}_p^2 \left(\boldsymbol{V}_p^2\right)^{-1} \boldsymbol{V}_s^2 \right] \right\} \boldsymbol{W}_{mn} = \boldsymbol{GF}_{mn} \quad (7.43)$$

式中：T_p、V_p、V_s 的上标 1 和 2 分别代表内流场和外流场，各算子的含义可参考式（7.13）、式（7.16）、式（7.31）和式（7.32）。此外，还需注意的是内、外流场各自的积分域不同，分别为 Ω_1 和 Ω_2。在计算完振动响应之后，远场辐射声压计算时无须考虑内流场，直接利

用 7.3 节中稳相法即可求解远场声压。

假设内、外流体密度相等且与前面一致,其他参数均不变,分别计算 $H_1 = 0$ m 且 $H_2 = 0$ m 以及 $H_1 = -0.09$ m 且 $H_2 = 0.09$ m 时前十阶固有频率,并与 Nastran 仿真结果对比,如表 7.12 和表 7.13 所示。

表 7.12　$H_1 = 0$ m 且 $H_2 = 0$ m 时前十阶固有频率的对比

阶数	本书方法（f_1）/Hz	FEM（f_2）/Hz	相对误差/%
1	85.3	85.7	−0.47
2	87.1	87.4	−0.34
3	134.3	135.0	−0.52
4	138.3	138.3	0.00
5	185.7	187.9	−1.17
6	188.9	191.0	−1.10
7	230.7	233.8	−1.33
8	244.1	246.8	−1.09
9	259.8	262.7	−1.10
10	263.8	266.9	−1.16

表 7.13　$H_1 = -0.09$ m 且 $H_2 = 0.09$ m 时前十阶固有频率的对比

阶数	本书方法（f_2）/Hz	FEM（f_2）/Hz	相对误差/%
1	91.9	92.2	−0.32
2	92.3	92.5	−0.22
3	137.1	137.6	−0.36
4	138.0	138.4	−0.29
5	194.5	196.7	−1.12
6	197.8	200.1	−1.15
7	225.1	228.4	−1.44
8	231.6	234.2	−1.11
9	272.0	275.0	−1.09
10	274.2	277.6	−1.22

采用有限元软件 Nastran 虚拟质量模块计算时,需要定义两张流体卡片来分别表示内、外流场,并分别通过各自的卡片命令定义流-固耦合单元为内法线方向、湿单元编号以及吃水高度。

由表 7.12 和表 7.13 可以看出,本书方法计算结果与 Nastran 仿真结果吻合良好,相对误差的绝对值均小于 1.5%,说明本书方法是准确可靠的。

此外,为了更直观地了解双面耦合(内、外流场均存在)与单面耦合(仅存在内流场或仅存在外流场)时固有频率的差异,取 $H_1 = 0$ m、$H_2 = 0.09$ m 以及 $H_1 = 0.09$ m、$H_2 = 0$ m

时不同工况下前十阶固有频率进行对比（如图 7.13 所示，图中折线 H_1 表示仅部分充液，H_2 表示仅部分浸没，H_1 且 H_2 表示双面耦合）。

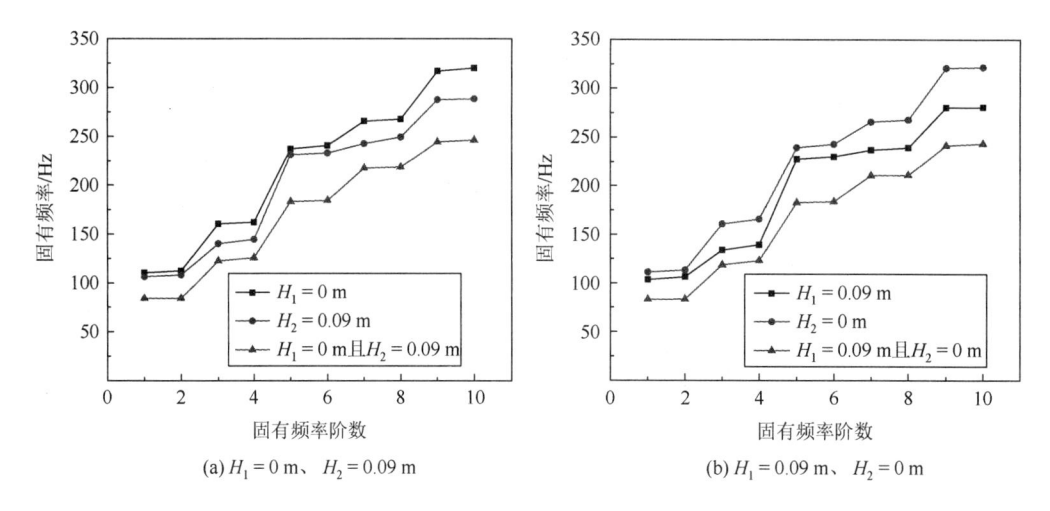

图 7.13 不同工况下前十阶固有频率的对比

由图 7.13 可知，双面耦合时同阶次固有频率小于单面耦合工况，这是因为内、外均有流场时附连水质量必定大于单面有水的情况，从而必然导致固有频率降低。

7.8 本章小结

本章结合第 6 章提出的两套坐标系建模思路和伽辽金法开展了浮态下有限长圆柱壳的振动及远场声辐射研究，且进一步将方法拓展到研究有限长部分充液圆柱壳的振动特性以及圆柱壳与内、外流场均部分耦合的问题中，具体结论如下。

（1）浮态圆柱壳模态振型不同于无限域工况下的规则周向波型，一方面是因为流体仅在周向部分区域分布，破坏了圆柱壳周向的对称性，从而导致周向波发生互耦；另一方面是因为结构辐射声波与回波复杂叠加导致周向波互耦。

（2）特征深度增大会导致湿表面增大，从而导致增加附连水质量，使得同阶次固有频率下降。

（3）由于类偶极子效应，当激励频率较低时，远场声压级指向图中声压级将在圆心正下方取最大值，与激励位置无关。

（4）H/R_s 在 0 附近时，相同液面高度下部分充液和部分浸没圆柱壳固有频率是非常接近的，这是因为两者的声载荷有近似相同的数学表达式。

（5）流场与结构双面耦合时，湿表面大于单面耦合工况，从而导致附连水质量也相对更大，因此其同阶次固有频率也相对更低。

第8章 码头系泊状态下圆柱壳声-振性能

8.1 引 言

码头系泊状态,顾名思义就是指在码头水域环境中处于系泊状态(浮态)。如果水下航行器在总装厂下水之初,能在码头系泊状态下便开展全物理装备的声-振测试,并修正码头状态测试数据后预报大潜深工况,不仅能节约成本,还可在产品声质量不合格的情况下方便直接在总装厂整改。由此建立码头系泊状态下圆柱壳声-振模型,并分析其声-振性能,对于今后实现水下航行器在大潜深环境下的声-振性能快速预报有着实际的工程意义。

实际码头系泊声学环境非常复杂,理论分析时需要对码头水域做一定的简化,本章假设其为比较理想的水域环境(包含自由液面、码头壁面以及海底边界且自由液面垂直于码头壁面、海底边界平行于自由液面)。这里假设海底边界及码头壁面均为刚性边界,建立码头系泊状态下圆柱壳声-振模型且开展声-振耦合研究。

最后,本章还进一步讨论内流场对码头系泊状态下圆柱壳自振特性的影响,以及考虑海底为吸声边界[132]时耦合系统的自振特性。

8.2 理 论 分 析

8.2.1 模型简介

有限长圆柱薄壳长度为 L,壳体厚度为 D,中面半径为 R_s,特征深度为 H,u、v、w 分别表示轴向、周向和径向的中面位移;壳体材料的密度为 ρ,弹性模量为 E,泊松比为 μ,流体密度为 ρ_f。

假设流域是理想的码头水域,如图 8.1 所示。根据第 7 章的建模思路,坐标系分为结构坐标系和声场坐标系两类。结构坐标系取圆柱壳左端面中心为坐标原点 O_1,对应柱坐标系 (x_1, r_1, φ_1),其中

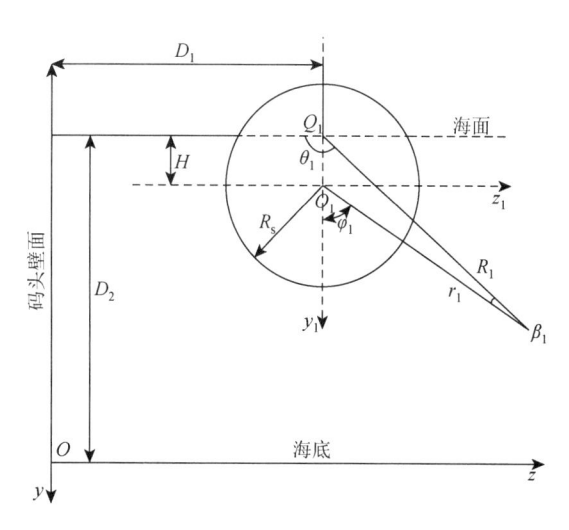

图 8.1 码头系泊模型及坐标示意图

x_1 表示轴向，r_1 表示径向，φ_1 为周向角（与 y_1 轴夹角）。壳体特征深度为 H 且在 y_1 轴负半轴为正。声场坐标系是原点 Q_1 建立在自由液面与 y_1 轴交界点处的柱坐标系 (x_1, R_1, θ_1)。定义 Q_1 到码头壁面的距离为 D_1，海面到海底的距离为 D_2。

8.2.2 声-振控制方程

无论声边界是怎样的形式，因为流体对结构的作用可以等效为结构表面分布的声压负载函数，所以声-振控制方程仍然可以表示为（同第 7 章）

$$W_{mn} = \frac{I_{mn}(1-\mu^2)R_s^2}{ED}(F_{mn} - f_{mn}) \tag{8.1}$$

式中：$I_{mn} = (T_{11}T_{22} - T_{12}T_{21})/\det(\boldsymbol{T})_\rho$。

点激励位于圆柱坐标系 (x_0, φ_0) 处，经正交化处理后，可以得到激励力幅值 F_{mn} 的表达式为

$$F_{mn} = \frac{F_0 \sin(k_m x_0)\exp(-\mathrm{i}n\varphi_0)}{LR_s\pi} \tag{8.2}$$

8.2.3 声边界的处理

求解声-振控制方程（8.1）的关键在于得到声压负载的解析表达式，这里一方面要采用第 6 章中建立独立声场坐标系的思路来处理浮态问题；另一方面要结合虚源法来引入三个虚源分别表示码头壁面和海底边界的影响[102]，如图 8.2 所示。

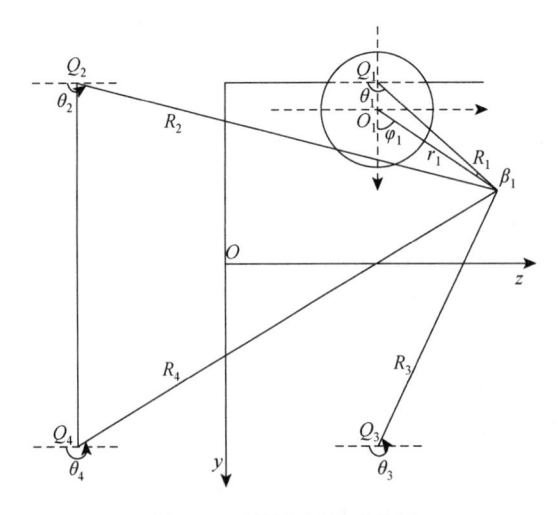

图 8.2 虚源坐标系示意图

首先通过采用正弦三角级数来自动满足自由液面声压为零的边界条件,并且根据虚源法将声压分为四部分,具体形式如下:

$$\begin{cases} p_1 = \sum_{m=1}^{+\infty}\sum_{j=1}^{+\infty} A_{mj} H_j^{(1)}(k_r R_1)\sin(j\theta_1)\sin(k_m x) \\ p_2 = \sum_{m=1}^{+\infty}\sum_{j=1}^{+\infty} B_{mj} H_j^{(1)}(k_r R_2)\sin(j\theta_2)\sin(k_m x) \\ p_3 = \sum_{m=1}^{+\infty}\sum_{j=1}^{+\infty} C_{mj} H_j^{(1)}(k_r R_3)\sin(j\theta_3)\sin(k_m x) \\ p_4 = \sum_{m=1}^{+\infty}\sum_{j=1}^{+\infty} D_{mj} H_j^{(1)}(k_r R_4)\sin(j\theta_4)\sin(k_m x) \end{cases} \quad (8.3)$$

式中: j 为正弦三角级数的序列数; A_{mj}、B_{mj}、C_{mj}、D_{mj} 等为对应的声压幅值函数; $k_r = \sqrt{k_f^2 - k_m^2}$ 为径向波数。第 3 章和第 7 章的公式推导中均选择第二类修正的贝塞尔函数,所以本章选择汉克尔函数以增加公式推导的多样性,且此时默认 $k_f > k_m$。若 $k_f < k_m$,则 $k_r = \sqrt{k_m^2 - k_f^2}$,且需要将式(8.3)中 $H_j^{(1)}(\ )$ 函数替换为 $K_j(\ )$ 函数。

对于码头壁面上任一点,满足 $\theta_2 = \pi - \theta_1$,$R_2 = R_1$,根据刚性边界的特点,边界上满足 $p_1 = p_2$,将条件代入式(8.3)可以得到 $A_{mj} = (-1)^{j+1} B_{mj}$;同理,对于海底边界上任一点,满足 $\theta_3 = 2\pi - \theta_1$,$R_3 = R_1$,根据刚性边界的特点,边界上满足 $p_1 = p_3$,将条件代入式(8.3)可以得到 $A_{mj} = -C_{mj}$。

对于第四个源,主要起调和作用,使得四类声压在码头壁面上满足 $p_1 + p_3 = p_2 + p_4$ 以及在海底边界上同时满足 $p_1 + p_2 = p_3 + p_4$。若以码头壁面为例,第三个源和第四个源满足 $p_3 = p_4$,再根据几何条件 $\theta_4 = \pi - \theta_3$,$R_4 = R_3$,可以推导出 $C_{mj} = (-1)^{j+1} D_{mj}$,最终可以得到 $D_{mj} = (-1)^j A_{mj}$。此外,若以海底边界为例,则第二个源和第四个源满足 $p_2 = p_4$,再根据几何条件 $\theta_4 = -\theta_2$,$R_4 = R_2$,可以推导出 $B_{mj} = -D_{mj}$,最终也可以得到 $D_{mj} = (-1)^j A_{mj}$。

将 B_{mj}、C_{mj} 和 D_{mj} 换为 A_{mj},可以得到总声压的数学表达式为

$$\begin{aligned} p &= p_1 + p_2 + p_3 + p_4 \\ &= \sum_{m=1}^{+\infty}\sum_{j=1}^{+\infty} A_{mj} [H_j^{(1)}(k_r r_1)\sin(j\theta_1) - (-1)^j H_j^{(1)}(k_r r_2)\sin(j\theta_2) \\ &\quad - H_j^{(1)}(k_r r_3)\sin(j\theta_3) + (-1)^j H_j^{(1)}(k_r r_4)\sin(j\theta_4)]\sin(k_m x) \end{aligned} \quad (8.4)$$

同样,壳体和声介质部分耦合,可以分段函数的形式表示圆柱壳表面的声压负载 f_p:

$$f_p = \begin{cases} p\big|_{r_1 = R_s}, & -\dfrac{\pi}{2} - \alpha \leqslant \varphi \leqslant \dfrac{\pi}{2} + \alpha \\ 0, & \text{其他} \end{cases} \quad (8.5)$$

根据 7.2 节声载荷的展开形式,正交化处理后可以得到声压负载 f_p 的幅值 f_{mn} 的表达式:

$$f_{mn} = \frac{1}{2\pi}\int_{-\alpha-\frac{\pi}{2}}^{\alpha+\frac{\pi}{2}} A_{mj} H_j^{(1)}(k_r R_1)\sin(j\theta_1)\exp(-\mathrm{i}n\varphi_1)\mathrm{d}\varphi_1 \tag{8.6}$$

8.2.4 声-固耦合边界的处理

在得到壳体外表面声压负载的幅值 f_{mn} 后，再求解声-振控制方程（8.1），其关键在于得到声压负载幅值和径向位移幅值之间的关系。

根据速度连续条件，声压与径向位移应满足如下关系：

$$\left.\frac{\partial p}{\partial r_i}\right|_{r=R_s} = \rho_\mathrm{f}\omega^2 w, \quad 声固耦合交界面处 \tag{8.7}$$

由于无法直接求出式（8.7）的解析表达式，所以采用伽辽金法进行处理。类似于第 6 章和第 7 章，可选择的权函数有两类：一类包含壳体径向位移的周向函数；另一类包含声压的周向函数，即

$$\begin{cases} f_n(\varphi_1,x) = \exp(\mathrm{i}n\varphi_1)\sin(k_m x) \\ g_j(\theta_1,x) = \sin(j\theta_1)\sin(k_m x) \end{cases} \tag{8.8}$$

因此，式（8.7）可以转变为伽辽金积分的弱形式：

$$\begin{cases} \rho_\mathrm{f}\omega^2\int_0^L\int_{-\alpha-\frac{\pi}{2}}^{\alpha+\frac{\pi}{2}} w(\varphi_1,x)f_n(\varphi_1,x)\mathrm{d}\varphi_1\mathrm{d}x = \int_0^L\int_{-\alpha-\frac{\pi}{2}}^{\alpha+\frac{\pi}{2}} \left.\frac{\partial p}{\partial r_1}\right|_{r_1=R_\mathrm{s}} f_n(\varphi_1,x)\mathrm{d}\varphi_1\mathrm{d}x \\ \rho_\mathrm{f}\omega^2\int_0^L\int_{-\alpha-\frac{\pi}{2}}^{\alpha+\frac{\pi}{2}} w(\varphi_1,x)g_j(\theta_1,x)\mathrm{d}\varphi_1\mathrm{d}x = \int_0^L\int_{-\alpha-\frac{\pi}{2}}^{\alpha+\frac{\pi}{2}} \left.\frac{\partial p}{\partial r_1}\right|_{r_1=R_\mathrm{s}} g_j(\theta_1,x)\mathrm{d}\varphi_1\mathrm{d}x \end{cases} \tag{8.9}$$

式中：n 取值从 $-N$ 到 N；j 取值从 1 到 $2N+1$；N 为截断项数。

接下来需要处理声压沿径向的导数，因为声压 p 中包含四类坐标系，首先需要知道这四类坐标系与结构坐标系之间的几何关系：

$$\begin{cases} R_1\sin\theta_1 - r\cos\varphi = H \\ R_1\cos\theta_1 + r\sin\varphi = 0 \end{cases} \quad \begin{cases} R_2\sin\theta_2 - r\cos\varphi = H \\ R_2\cos\theta_2 + r\sin\varphi = -2D_1 \end{cases}$$
$$\begin{cases} R_3\sin\theta_3 - r\cos\varphi = H - 2D_2 \\ R_3\cos\theta_3 + r\sin\varphi = 0 \end{cases} \quad \begin{cases} R_4\sin\theta_4 - r\cos\varphi = H - 2D_2 \\ R_4\cos\theta_4 + r\sin\varphi = -2D_1 \end{cases} \tag{8.10}$$

再根据几何关系式（8.10）将四个源声压沿径向的导数转换到各自的声学坐标系下：

$$\frac{\partial p_k}{\partial r_1} = \frac{\partial p_k}{\partial R_k}\cos\beta_k + \frac{\partial p_k}{\partial \theta_k}\frac{\sin\beta_k}{R_k} \tag{8.11}$$

式中：夹角 $\beta_k = \varphi_1 + \pi/2 - \theta_k$，$k = 1, 2, 3, 4$ 分别表示四个源的序列号。

根据正弦函数积分的正交性，由式（8.9）可以得到给定某一 m 值时径向位移幅值和声压幅值之间的关系：

$$\rho_f \omega^2 V_s W_{mn} = V_p A_{mj} \tag{8.12}$$

式中：V_s 和 V_p 均为 $2N+1$ 阶方阵；W_{mn} 和 A_{mj} 分别为径向位移幅值向量和声压幅值向量，且 $W_{mn} = [W_{m,-N}, W_{m,-N+1}, \cdots, W_{m,N-1}, W_{m,N}]^T$，$A_{mj} = [A_{m,1}, A_{m,2}, \cdots, A_{m,2N}, A_{m,2N+1}]^T$，上标 T 表示转置。

根据两坐标转换的几何关系，当权函数选择壳体径向位移的周向函数 $\exp[i(\ )]$ 时，V_s 和 V_p 中每一个元素的具体表达式如下：

$$\begin{cases} [V_s]_{a,b} = \int_{-\alpha-\frac{\pi}{2}}^{\alpha+\frac{\pi}{2}} \exp[i(b-1-N)\varphi_1] \cdot \exp[i(a-1-N)\varphi_1] \mathrm{d}\varphi_1 \\ [V_p]_{a,b} = \sum_{k=1}^{4} \int_{-\alpha-\frac{\pi}{2}}^{\alpha+\frac{\pi}{2}} k_r H_b^{(1)'}(k_r R_k) \sin(b\theta_k) \cos\beta_k \cdot \exp[i(a-1-N)\varphi_1] \mathrm{d}\varphi_1 \\ \qquad + \int_{-\alpha-\frac{\pi}{2}}^{\alpha+\frac{\pi}{2}} b H_b^{(1)}(k_r R_k) \cos(b\theta_k) \frac{\sin\beta_k}{R_k} \cdot \exp[i(a-1-N)\varphi_1] \mathrm{d}\varphi_1 \end{cases} \tag{8.13}$$

8.2.5 控制方程的求解

式（8.1）中的 f_{mn} 也可表示为矩阵的形式：

$$f_{mn} = T_p A_{mj} \tag{8.14}$$

式中：T_p 中每一个元素的具体表达式为

$$[T_p]_{a,b} = \frac{1}{2\pi} \sum_{k=1}^{4} \int_{-\alpha-\frac{\pi}{2}}^{\alpha+\frac{\pi}{2}} \exp[-i(a-1-N)\varphi_1] \cdot H_b^{(1)}(k_r R_k) \sin(b\theta_k) \mathrm{d}\varphi_1 \tag{8.15}$$

最终可以得到仅与径向位移幅值相关的耦合系统控制方程：

$$\left\{ \frac{ED}{R_s^2(1-\mu^2)} J + \rho_f \omega^2 G T_p [V_p]^{-1} V_s \right\} W_{mn} = G F_{mn} \tag{8.16}$$

式中：J 为 $2N+1$ 阶单位矩阵；G 为对角矩阵；$[G]_{j,j} = I_{m,j-1-N}$；$F_{mn} = [F_{m,-N}, F_{m,-N+1}, \cdots, F_{m,N-1}, F_{m,N}]^T$。

求解式（8.16）后，可以得到径向位移幅值 W_{mn}，进而可以计算振动响应。

8.3 数 值 分 析

本节计算模型的参数为：壳长 $L = 1.284$ m，半径 $R = 0.18$ m，壳体厚度 $D = 0.003$ m，壳体材料密度 $\rho = 7\,850$ kg/m³，弹性模量 $E = 206$ GPa，泊松比 $\mu = 0.3$，流体密度 $\rho_f = 1\,025$ kg/m³，流体声速 $c_f = 1\,500$ m/s。结构阻尼因子 $\eta = 0.01$，复弹性模量为 $E' = E(1+i\eta)$。

8.3.1 收敛性分析

取 $H = 0$ m、$D_1 = 0.25$ m、$D_2 = 0.35$ m,点谐激励力位于坐标 $x_0 = L/3$,$\varphi_0 = \pi$ 处,激励力幅值 $F_0 = 1$N。计算在激励频率为 400 Hz、800 Hz、1 200 Hz 时,分别随截断项数 M、N 变化的径向均方根振速级 VML。其中,图 8.3(a)中 M 取 20,分析 VML 随 M 的变化规律;同理,图 8.3(b)中 N 取 20,分析 VML 随 N 的变化规律。

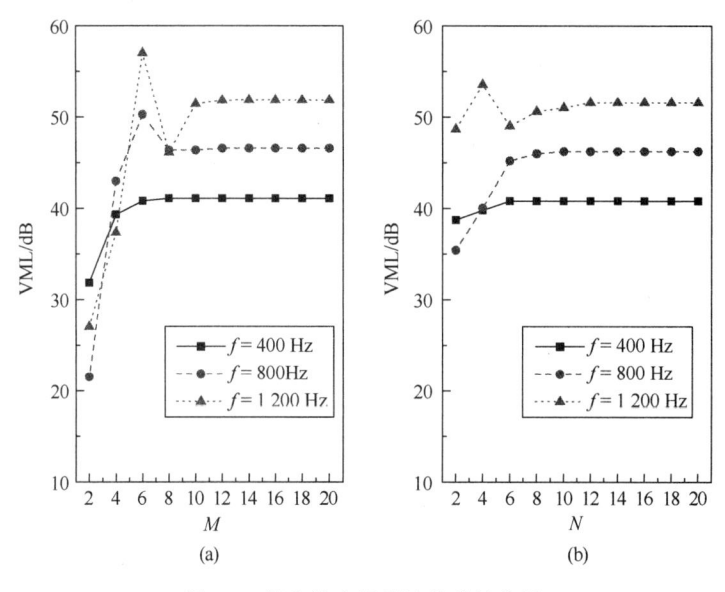

图 8.3 径向均方根振速收敛性分析

图 8.3 表明,随着截断项数 M 或 N 的增加,径向均方根振速 V_m 值很快趋于稳定。当激励频率在 1 200 Hz 以内时,如 M 和 N 均取 12,结果已足够收敛。

8.3.2 准确性分析

由于有限元软件 Nastran 中虚拟质量模块仅针对自由液面边界,目前无法采用虚拟质量法处理码头系泊状态这种多类型边界组合的问题,所以本小节采用 ANSYS 软件建立流体和结构有限元模型来进行仿真对比。在有限元模型中,结构采用 SHELL63 单元建模,流体采用 FLUID30 单元建模。流域为长方体,圆柱壳与码头壁面、海底边界以及自由液面的距离根据具体计算工况而定。取圆心到与码头壁面相平行的面(图 8.1 中无边界约束的右侧面)距离为 1 m,沿壳长方向的流域长度取为 2 m,有限元模型如图 8.4 所示。自由液面通过设置流体单元摩擦系数 MU = 0(声波在该面全反射)以及声压值为零来实现,刚性底面(海底边界及码头壁面)通过设置摩擦系数 MU = 0 以及法向速度为零来实现,另外三个用来模拟无穷远边界的面可通过设置摩擦系数 MU = 1(声波在该面全透射)来实现[97]。

图 8.4 有限元模型

下面进一步验证本书方法的准确性。这里选择 $H = 0.09$ m、$D_1 = 0.28$ m、$D_2 = 0.5$ m 以及 $H = 0$ m、$D_1 = 0.3$ m、$D_2 = 0.3$ m 两组工况，分别采用理论方法和有限元仿真模型计算前十阶固有频率并进行对比，如表 8.1 和表 8.2 所示。

表 8.1　$H = 0.09$ m、$D_1 = 0.28$ m、$D_2 = 0.5$ m 时前十阶固有频率的对比

阶数	本书方法（f_1）/Hz	FEM（f_2）/Hz	相对误差/%
1	104.4	103.2	1.16
2	105.8	104.3	1.44
3	135.8	137.3	−1.09
4	143.3	141.0	1.63
5	230.2	230.8	−0.26
6	232.0	231.9	0.04
7	242.4	238.7	1.55
8	245.0	243.8	0.49
9	284.9	281.9	1.06
10	286.8	286.7	0.03

表 8.2　$H = 0$ m、$D_1 = 0.3$ m、$D_2 = 0.3$ m 时前十阶固有频率的对比

阶数	本书方法（f_1）/Hz	FEM（f_2）/Hz	相对误差/%
1	105.3	104.7	0.57
2	110.2	108.7	1.38
3	154.1	153.3	0.52
4	160.2	162.7	−1.54
5	236.8	235.6	0.51

续表

阶数	本书方法（f_1）/Hz	FEM（f_2）/Hz	相对误差/%
6	240.3	240.7	−0.17
7	265.6	265.8	−0.08
8	267.3	267.5	−0.07
9	316.3	312.7	1.15
10	320.8	317.2	1.13

由表 8.1 和表 8.2 可知，采用理论方法和有限元仿真模型计算得到的前十阶固有频率的数据吻合得很好，相对误差的绝对值不超过 2%，说明本书方法计算码头系泊状态下圆柱壳声-振特性是准确可靠的，也证明了理论推导是正确合理的。

8.4 码头系泊状态下圆柱壳振动性能分析

8.4.1 码头壁面及海底边界对受迫振动的影响

当圆柱壳靠近码头壁面和海底边界这两类边界时，由于边界对声波的反射，回波会影响圆柱壳表面的速度分布。但是当圆柱壳距离自由液面超过五倍半径以后，回波几乎对结构振动不产生任何影响[52]。

实际上，刚性边界与自由液面的差异主要在于回波的相位相差 180°，由此可以初步判断，当圆柱壳距离刚性底面超过五倍半径以后，回波几乎对结构振动不产生任何影响。为了说明这一点，需要通过控制变量法来进行分析。

模型参数不变，激励力位于坐标 $x_0 = L/3$，$\varphi_0 = 0$ 处，激励力幅值 $F_0 = 1\text{N}$。假定特征深度 $H = 0\text{ m}$，首先取海底到海面距离 $D_2 = 5\text{ m}$，然后分别取结构圆心到码头壁面的距离 D_1 为半径 R_s 的 1.25 倍、1.5 倍、2 倍、5 倍、10 倍，对比分析对应的均方根速度级（图 8.5）；然后取 $D_1 = 5\text{ m}$，接着分别取海底到海面的距离 D_2（此时 D_2 也等于结构圆心到海底的距离）为半径 R_s 的 1.25 倍、1.5 倍、2 倍、5 倍、10 倍，对比分析对应的均方根速度级，如图 8.6 所示。

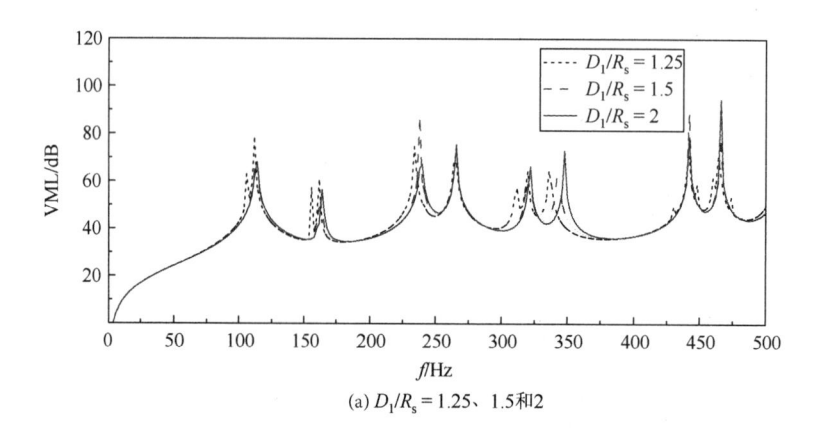

(a) $D_1/R_s = 1.25$、1.5 和 2

(b) $D_1/R_s = 2$、5和10

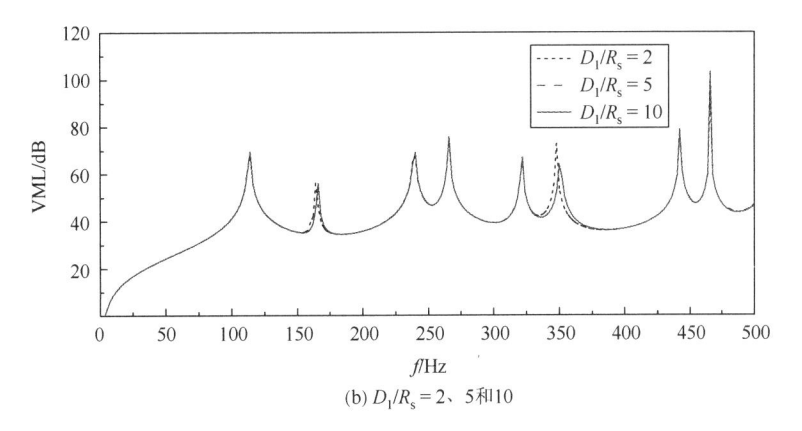

图 8.5 不同距离 D_1 下均方根速度级 VML 的频谱

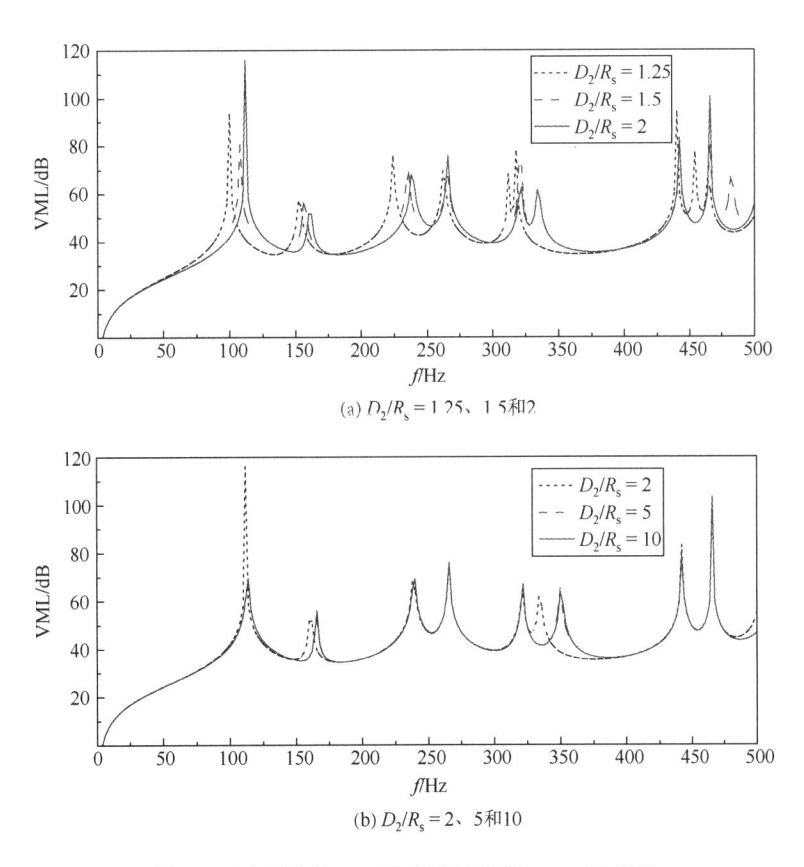

(a) $D_2/R_s = 1.25$、1.5和2

(b) $D_2/R_s = 2$、5和10

图 8.6 不同距离 D_2 下均方根速度级 VML 的频谱

从图 8.5 和图 8.6 可以看出，码头壁面或海底边界（刚性边界）对声波的反射会导致共振频率下降，频谱曲线左移，也就是说距离边界越近，同阶次共振频率越低。从虚源法的角度考虑，这是因为由刚性边界对称的虚源与实源同相位，虚源声压对结构在整体上起到了增大表面声载荷的作用，所以也会相应增大附连水质量，从而导致整个系统的等效质量增大，共振频率下降，频谱曲线左移。

此外，从图 8.5 和图 8.6 还可以看出，刚性边界对振动的影响范围主要在两倍半径以内[图 8.5（a）和图 8.6（a）]，当距离超过四倍半径以后，边界几乎对振动性能没有影响。这是因为声波整体上随传播距离衰减，当结构距离边界较近时，回波强度较大，对振动影响也较为显著；而当结构远离边界以后，回波作用在结构表面的强度很小，对振动性能几乎没有影响。

8.4.2 刚性边界对固有频率的影响

图 8.5 和图 8.6 描述了码头壁面及海底边界对受迫振动的影响，并通过若干组数据的对比表明了刚性边界会导致共振频率下降。为了进一步了解结构到边界距离对固有频率的影响规律，仍然假定特征深度 $H = 0$ m，首先取海底到海面距离 $D_2 = 5$ m，然后分别取结构圆心到码头壁面的距离 D_1 为半径 R_s 的 $1.1 \sim 10$ 倍，间隔 10%，计算第 1、第 5 阶固有频率随 D_1/R_s 的变化曲线（图 8.7）；然后取 $D_1 = 5$ m，接着分别取海底到海面距离 D_2 为半径 R_s 的 $1.1 \sim 10$ 倍，并计算第 1、第 5 阶固有频率随 D_2/R_s 的变化曲线（图 8.8）。

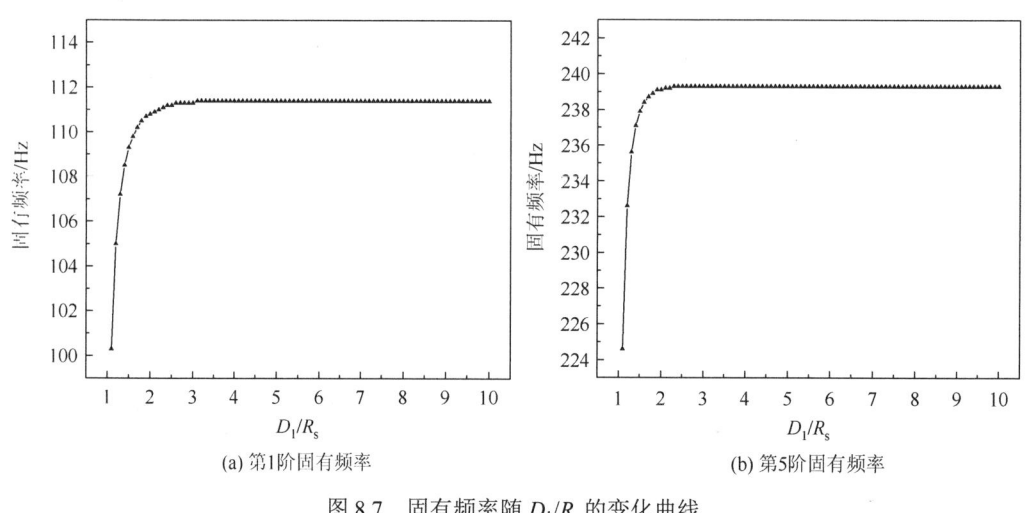

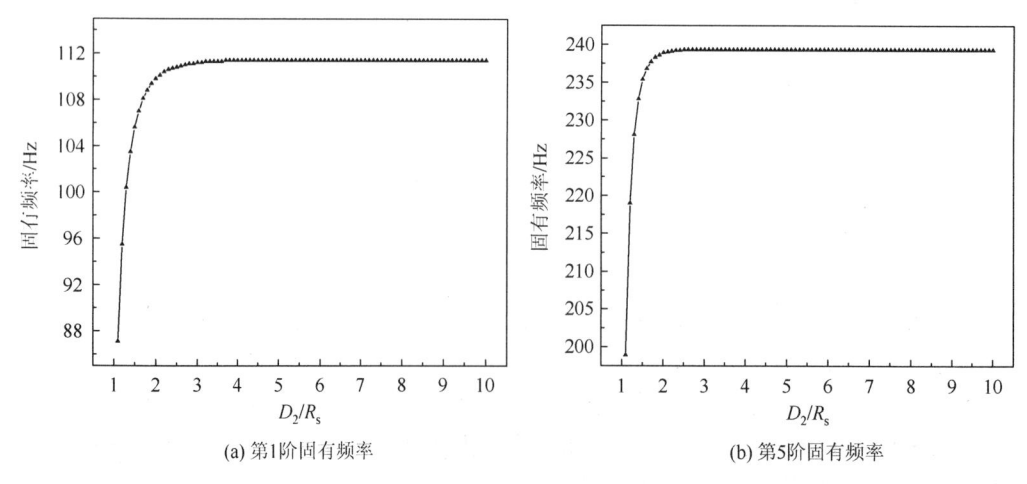

(a) 第1阶固有频率　　(b) 第5阶固有频率

图 8.7　固有频率随 D_1/R_s 的变化曲线

(a) 第1阶固有频率　　(b) 第5阶固有频率

图 8.8　固有频率随 D_2/R_s 的变化曲线

从图 8.7 和图 8.8 可以看出，随着结构到边界距离（D_1 或 D_2）的逐步增大，同阶次固有频率起初增速很快（两倍半径以内），然后趋于稳定，这与先前的预测是一致的。同时，通过对比图 8.7 和图 8.8 可以看出，同为刚性边界，海底边界比刚性底面对固有频率更为敏感，在两倍半径以内的区域可以看出，当 $D_1 = D_2$ 时受海底边界影响的同阶固有频率明显低于码头壁面（最大相差超过 20 Hz）。这是因为当海底离海面很近时，声波在狭窄波导中来回弹射，影响较之海面与码头壁面的垂直组合更为剧烈，由此也会导致频率更低。为了进一步说明这个观点，并探讨浸没深度对该规律的影响，首先定义圆心到海底边界距离为 D_3，当 $D_3 = 1.5R_s$ 时，$D_1 = 5$ m（结构距离码头壁面足够远以保证该边界对振动无影响）；当 $D_1 = 1.5R_s$ 时，$D_3 = 5$ m。接着对比两种工况下第 1 阶固有频率，如表 8.3 所示。无量纲特征深度 H/R_s 取值分别为 −0.7～0.7（间隔 0.2）。

表 8.3　不同 H/R_s 下两类工况第 1 阶固有频率　　　（单位：Hz）

H/R_s	$D_1/R_s = 1.5$	$D_3/R_s = 1.5$
−0.7	125.8	112.3
−0.5	120.5	111.5
−0.3	113.2	109.0
−0.1	110.1	106.2
0.1	108.6	105.2
0.3	106.4	103.9
0.5	104.2	102.3
0.7	102.6	101.2

通过表 8.3 中两类工况下第 1 阶固有频率的对比可知，对于任意的特征深度，$D_1 = 1.5R_s$ 时对应的固有频率均大于 $D_3 = 1.5R_s$ 时对应的固有频率，这也进一步说明了海面与海底形成的波导对振动的影响较之海面与码头壁面形成的直角水域更大，从而导致频率更显著地降低。此外，从表 8.3 还可以看出，随着无量纲特征深度逐渐增大，固有频率逐步减小。这是因为随着无量纲特征深度的增大，圆柱壳湿表面越大，附连水质量也会逐步增大，从而导致固有频率逐步降低。

8.4.3　码头系泊状态下圆柱壳周向模态振型研究

对于水下有限深度浸没圆柱壳或者浮态圆柱壳，均存在垂直于水面且过圆心的唯一对称轴，通过计算频率及振型可以明显观测到成对出现的正、反模态。但是，对于码头系泊状态下的圆柱壳结构，因为码头壁面的存在，该物理模型没有直接存在的对称轴。然而，经由计算发现（表 8.1 和表 8.2），固有频率也是成对出现的。为了更清晰地了解码头系泊系统的自振特性，取 $H = 0.09$ m、$D_1 = 0.3$ m、$D_3 = 0.3$ m 以及 $H = 0$ m、$D_1 = 0.25$ m、$D_3 = 0.25$ m 两组工况，计算前四阶模态的周向振型及固有频率，如表 8.4 和表 8.5 所示。

表 8.4　$H = 0.09$ m、$D_1 = 0.3$ m、$D_3 = 0.3$ m 时前四阶模态的周向振型

阶数	振型
1	102.7 Hz
2	103.8 Hz
3	135.7 Hz
4	143.2 Hz

表 8.5　$H = 0$ m、$D_1 = 0.25$ m、$D_3 = 0.25$ m 时前四阶模态的周向振型

阶数	振型
1	97.6 Hz
2	105.5 Hz

续表

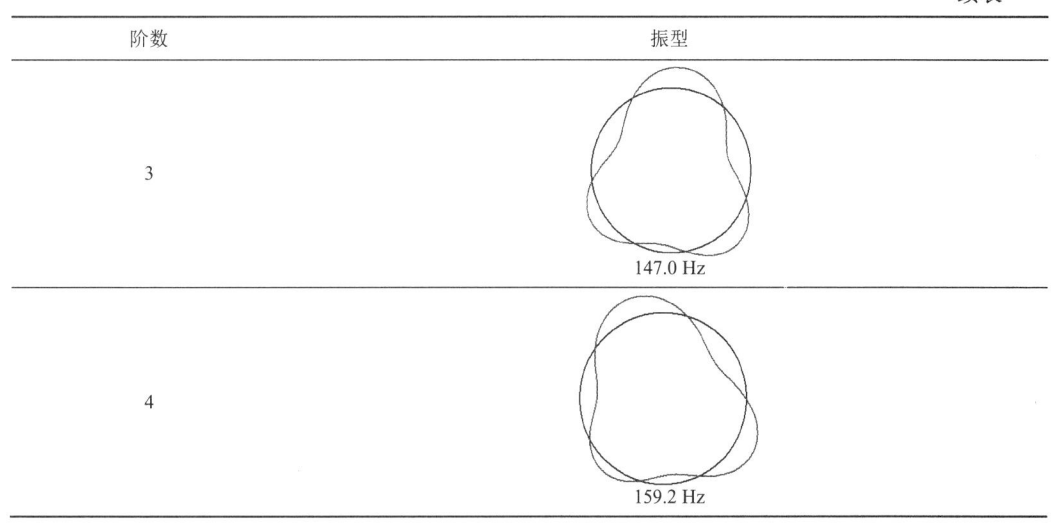

阶数	振型
3	147.0 Hz
4	159.2 Hz

由表 8.4 和表 8.5 可以看出，尽管频率是成对出现的，但周向振型并不遵循严格意义上的正对称与反对称。例如，表 8.4 中第 1 阶与第 2 阶的周向振型，只能大体上近似判断第 1 阶模态接近反对称模态，第 2 阶模态接近正对称模态。

从数学机理上分析，若没有码头壁面，则系统存在唯一对称轴，正对称模态周向振型函数应该由余弦三角函数构成，反对称模态应该由正弦三角函数构成。但是若存在码头壁面，周向振型函数应该是由余弦函数与正弦函数复合而成，例如，表 8.5 中第 1 阶模态的周向振型函数约为 $\sin(2\varphi_1) + 0.7 \times \sin(3\varphi_1) - 0.2 \times \cos(2\varphi_1)$，这也是码头系泊状态下圆柱壳自振特性的一大特点。

8.5 考虑内流场影响的码头系泊圆柱壳模型

船舶和水下航行器结构内往往还含有各类液舱，考虑内流场影响的码头系泊状态下有限长圆柱壳模型更贴近实际的工程问题，也一定程度上增加了求解的难度。7.7 节对于圆柱壳同时与内、外流场部分耦合问题开展过研究，相关处理方法可以直接用于本节研究内容中。

按照区分内、外流场参数的表示方法，假设内流场流体密度为 ρ_1，特征深度为 H_1；外流场流体密度为 ρ_2，特征深度为 H_2。由于内、外流场互不连通、相互独立，结果只需线性叠加即可，所以控制方程（8.16）可以改写为如下形式：

$$\left\{ \frac{ED}{R_s^2(1-\mu^2)} \boldsymbol{J} + \omega^2 \boldsymbol{G}(\rho_1 \boldsymbol{T}_p^1 [\boldsymbol{V}_p^1]^{-1} \boldsymbol{V}_s^1 + \rho_2 \boldsymbol{T}_p^2 [\boldsymbol{V}_p^2]^{-1} \boldsymbol{V}_s^2) \right\} \boldsymbol{W}_{mn} = \boldsymbol{GF}_{mn} \quad (8.17)$$

式中：T_p、V_p、V_s 的上标 1 和 2 分别代表内流场和外流场，各算子含义可参考式（8.13）、式（8.15）。

假设内、外流体密度相等，结构参数均不变。首先计算特征深度 $H_2 = 0$ m、$D_1 = 0.25$ m、

$D_3 = 0.3$ m 时前十阶固有频率（不充液），然后在其基础之上，计算特征深度 H_1 分别为 -0.09 m、0 m 以及 0.09 m 时前十阶固有频率。对比这四组工况下的固有频率值，如表 8.6 所示。

表8.6　不同特征深度下（含不充液）前十阶固有频率的对比　　（单位：Hz）

阶数	$f_{mn} = T_p A_{mj}$	$H_1 = -0.09$ m	$H_1 = 0$ m	$H_1 = 0.09$ m
1	103.0	89.2	81.5	80.0
2	109.8	93.5	85.4	81.8
3	150.8	141.6	128.3	116.4
4	159.7	153.3	133.9	119.1
5	235.3	197.5	183.9	180.8
6	239.7	198.6	187.4	182.3
7	265.4	245.0	228.2	203.8
8	266.8	251.7	243.9	210.6
9	312.6	293.5	254.8	238.2
10	320.1	294.4	262.7	242.4

从表 8.6 可以看出，充液以后同阶次固有频率会降低，特征深度越大，同阶次固有频率越低。这是由于内流场会带来一部分附连水质量，且特征深度越大，则湿表面越大，附连水质量越大，从而导致整个系统的质量增大，固有频率下降。

8.6　考虑海底为吸声边界时自振特性分析

8.6.1　考虑海底为吸声边界时码头系泊圆柱壳理论模型

对于自由液面或者码头壁面，由于边界两侧介质密度和声速相差相对较大，可视作全反射边界。而对于海底边界，由于海水与海底沉积层密度和声速相差不显著，入射声压会有一部分透射出边界，所以边界的吸声作用不可忽略。

本小节的主要研究内容是结构与声场的耦合振动，所以研究的声波主要是壳体表面的辐射波以及经由边界反射后回到壳体表面的反射波。从几何上讲，辐射波入射海底边界可假设为垂直入射[133]，因此海底边界的反射系数 r_p（边界上反射声压与入射声压之比）可以表示为如下形式[169]：

$$r_p = \frac{\rho_v c_v - \rho_f c_f}{\rho_v c_v + \rho_f c_f} \tag{8.18}$$

式中：ρ_v 和 c_v 分别为海底沉积层等效密度和声速。

从式（8.18）也可以看出，若边界类型为自由液面，因为空气的密度和声速相对很小，

r_p 约等于 -1；若边界为刚性壁，介质的密度和声速相对很大，r_p 约等于 1。显然，两者均是全反射，差别在于存在 180°相位差。

当海底边界为吸声边界时，对于边界上任一点，满足条件 $\theta_3 = 2\pi - \theta_1$，$R_3 = R_1$，且根据吸声边界的特点，边界上满足 $p_3 = r_\mathrm{p} p_1$，将边界条件代入式（8.3）可以得到 $C_{mj} = -r_\mathrm{p} A_{mj}$。

对于第四个源，主要起调和作用，使得四类声压在码头壁面上满足 $p_1 + p_3 = p_2 + p_4$ 以及在海底边界上同时满足 $p_1 + p_2 = p_3 + p_4$。若以码头壁面为例，第三个源和第四个源满足 $p_3 = p_4$，再根据几何条件 $\theta_4 = \pi - \theta_3$，$R_4 = R_3$，可以推导出 $C_{mj} = (-1)^{j+1} D_{mj}$，最终可以得到 $D_{mj} = (-1)^j r_\mathrm{p} A_{mj}$。此外，若以海底边界为例，则第二个源和第四个源满足 $p_4 = r_\mathrm{p} p_2$，再根据几何条件 $\theta_4 = -\theta_2$，$R_4 = R_2$，可以推导出 $D_{mj} = -r_\mathrm{p} B_{mj}$，最终也可以得到 $D_{mj} = (-1)^j r_\mathrm{p} A_{mj}$。

将 B_{mj}、C_{mj} 和 D_{mj} 换为 A_{mj}，可以得到总声压的数学表达式为

$$\begin{aligned} p &= p_1 + p_2 + p_3 + p_4 \\ &= \sum_{m=1}^{+\infty}\sum_{j=1}^{+\infty} A_{mj} \left[H_j^{(1)}(k_r r_1)\sin(j\theta_1) - (-1)^j H_j^{(1)}(k_r r_2)\sin(j\theta_2) \right. \\ &\quad \left. - r_\mathrm{p} H_j^{(1)}(k_r r_3)\sin(j\theta_3) + (-1)^j r_\mathrm{p} H_j^{(1)}(k_r r_4)\sin(j\theta_4) \right] \sin(k_m x) \end{aligned} \quad (8.19)$$

对比式（8.4）和式（8.19）可以看出，差别在于第三、第四个源对应的表达式前要乘上反射系数 r_p，后续的推导过程中也仅需在对应位置乘上该系数即可，从而可以得到海底为吸声边界时的声-振控制方程，求解后便可以得到振动响应。

8.6.2 不同海底类型对固有频率的影响

海底类型有很多种类，且不同类型下海底边界的反射系数也不相同。假设海底沉积层是由颗粒性物质和填充其孔隙的海水所组成的两相均匀混合物[170]，表 8.7 给出了基于哈密顿（Hamilton）地声模型[171]的粗沙、粉沙质沙、粉沙质泥三种海底类型的密度及声速，并通过式（8.18）计算了反射系数 r_p。

表 8.7　粗沙、粉沙质沙、粉沙质泥三种海底类型的密度、声速及反射系数

海底类型	密度 ρ_v/(kg/m³)	声速 c_v/(m/s)	反射系数 r_p
粗沙	2 034	1 836	0.417
粉沙质沙	1 783	1 658	0.316
粉沙质泥	1 480	1 517	0.187

进一步计算当 $H = 0$ m、$D_1 = 0.25$ m、$D_3 = 0.25$ m 以及 $H = 0.09$ m、$D_1 = 0.5$ m、$D_3 = 0.21$ m 时，对应各海底类型（包括刚性海底）的前十阶固有频率，如表 8.8 和表 8.9 所示。

表 8.8　$H=0$ m、$D_1=0.25$ m、$D_3=0.25$ m 时各海底类型下前十阶固有频率　（单位：Hz）

阶数	刚性海底 ($r_p=1$)	粗沙 ($r_p=0.417$)	粉沙质沙 ($r_p=0.316$)	粉沙质泥 ($r_p=0.187$)
1	97.6	104.0	105.1	106.4
2	105.5	110.0	110.6	111.5
3	147.0	154.8	155.9	157.2
4	159.2	160.1	160.4	161.0
5	230.2	234.3	235.0	235.8
6	234.3	239.0	239.8	240.8
7	264.4	265.0	265.1	265.3
8	266.0	266.6	266.7	266.8
9	308.7	312.9	313.6	314.5
10	319.1	320.2	320.3	320.5

表 8.9　$H=0.09$ m、$D_1=0.5$ m、$D_3=0.21$ m 时各海底类型下前十阶固有频率　（单位：Hz）

阶数	刚性海底 ($r_p=1$)	粗沙 ($r_p=0.417$)	粉沙质沙 ($r_p=0.316$)	粉沙质泥 ($r_p=0.187$)
1	91.2	100.8	102.2	104.0
2	91.5	101.5	103.1	105.2
3	136.4	138.5	138.8	139.3
4	141.5	143.3	143.7	144.0
5	210.2	223.9	225.8	228.2
6	211.2	224.9	227.0	229.6
7	230.6	239.7	240.4	241.4
8	235.7	243.4	245.0	246.8
9	283.9	286.5	286.8	287.2
10	284.6	287.0	287.2	287.7

从表 8.8 和表 8.9 可以看出，刚性海底时前十阶固有频率小于吸声边界时同阶次固有频率，且海底边界的反射系数越小，同阶次固有频率越大。这是由于经由海底边界反射的声波与辐射声波同相位，所以整体上会导致结构表面声载荷增大，从而起到增大附连水质量的作用。另外，反射系数越大，海底吸收的声波越少，经由海底反射的声波越多，附连水质量增加得也越多，从而导致同阶次固有频率相对越小。

8.6.3　圆心到海底吸声边界距离 D_3 对固有频率的影响

为了更深入地了解圆柱壳到海底吸声边界的距离 D_3 对固有频率的影响规律（海底类型选择粗沙型，反射系数 $r_p=0.417$），假定特征深度 $H=0$ m，圆心到码头壁面距离 $D_2=5$ m，接着分别取圆心到海底距离 D_3 为半径 R_s 的 1.1～10 倍，并计算第 1、第 5 阶固有频率随 D_3/R_s 的变化曲线，如图 8.9 所示。

(a) 第1阶固有频率　　　　　　　　(b) 第5阶固有频率

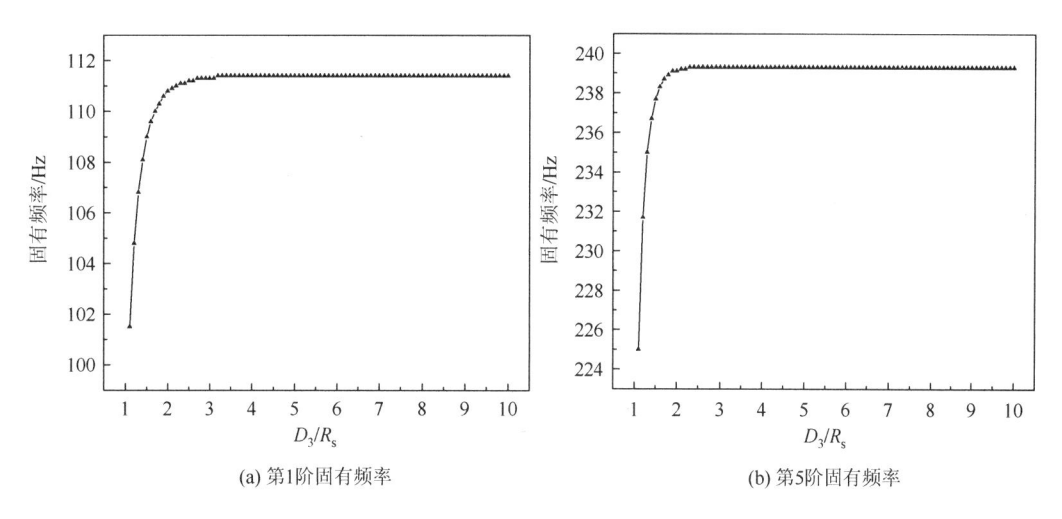

图 8.9　固有频率随 D_3/R_s 的变化曲线

通过对比图 8.9、图 8.7 和图 8.8 可知，同阶次固有频率均是随距离增大而增大，这是因为海底吸声边界与刚性边界一样，均是声学硬边界，因此反射声波与辐射声波同相位，从而会导致附连水质量增大，当结构距离吸声边界越近时，附连水质量增加得越多，同阶次固有频率越小。

8.7　码头系泊状态下纵横加筋圆柱壳自振特性分析

水下工程问题中结构考虑耐压的需求，通常会进行加筋处理。定义沿轴向的筋条为纵筋，环向加的筋条为横筋，如图 8.10 所示。假设纵筋间距为 d_1，高度为 h_1，宽度为 b_1，纵筋材料的弹性模量为 E_1，剪切模量为 G_1，纵筋数量为 N_1；横筋间距为 d_2，高度为 h_2，宽度为 b_2，横筋材料的弹性模量为 E_2，剪切模量为 G_2，横筋数量为 N_2。

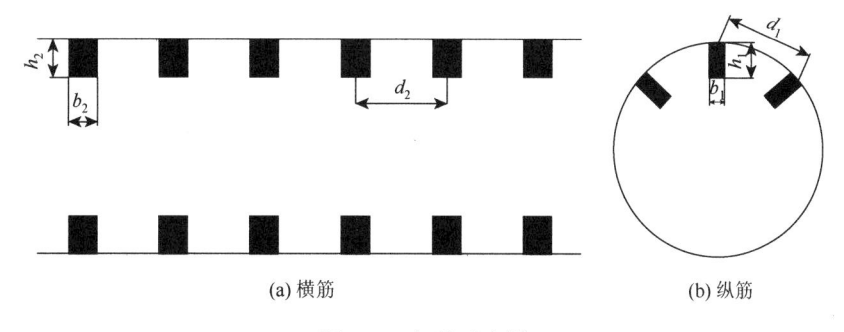

(a) 横筋　　　　　　　　(b) 纵筋

图 8.10　加筋示意图

采用刚度均摊法对筋条进行近似处理[172]，此时结构可以认为是正交各向异性圆柱壳，其运动方程如下：

$$\boldsymbol{G}\begin{bmatrix} u \\ v \\ w \end{bmatrix} = \frac{(1-\mu^2)R_s^2}{ED}\begin{bmatrix} 0 \\ 0 \\ f_r - f_p \end{bmatrix} \quad (8.20)$$

根据文献[173]，筋条的力学效应主要体现为改变了结构的拉伸刚度、弯曲刚度、扭转刚度以及拉弯耦合刚度。因此，考虑纵、横加筋的影响后，式（8.20）中 $\boldsymbol{G}$ 的微分算子如下：

$$B = \frac{ED}{(1-\mu^2)}, \quad K = \frac{D^2}{12R_s^2}$$

$$G_{11} = \left(1 + \frac{E_1 A_1}{Bd_1}\right)R_s^2\frac{\partial^2}{\partial x^2} + \frac{1-\mu}{2}(K+1)\frac{\partial^2}{\partial \varphi^2} - \frac{\rho R_s^2 (1-\mu^2)\overline{D}}{ED}\frac{\partial^2}{\partial t^2}$$

$$G_{12} = G_{21} = \frac{1+\mu}{2}R_s\frac{\partial^2}{\partial x \partial \varphi}$$

$$G_{13} = G_{31} = \mu R_s \frac{\partial}{\partial x} - \left(K + \frac{E_1 S_1}{BR_s d_1}\right)R_s^3 \frac{\partial^3}{\partial x^3} + K\frac{1-\mu}{2}R_s\frac{\partial^3}{\partial x \partial \varphi^2}$$

$$G_{22} = \frac{1-\mu}{2}(3K+1)R_s^2\frac{\partial^2}{\partial x^2} + \left(1 + \frac{E_2 A_2}{Bd_2} + \frac{E_2 S_2}{BR_s d_2}\right)\frac{\partial^2}{\partial \varphi^2} - \frac{\rho R_s^2(1-\mu^2)\overline{D}}{ED}\frac{\partial^2}{\partial t^2}$$

$$G_{23} = \left(1 + \frac{E_2 A_2}{Bd_2} + \frac{E_2 S_2}{BR_s d_2}\right)\frac{\partial}{\partial \varphi} - \left(K\frac{3-\mu}{2} + \frac{G_1 J_1}{BR_s^2 d_1}\right)R_s^2\frac{\partial^3}{\partial x^2 \partial \varphi} - \left(\frac{E_2 I_2}{BR_s^2 d_2} + \frac{E_2 S_2}{BR_s d_2}\right)\frac{\partial^3}{\partial \varphi^3}$$

$$G_{32} = \left(1 + \frac{E_2 A_2}{Bd_2}\right)\frac{\partial}{\partial \varphi} - K\frac{3-\mu}{2}R_s^2\frac{\partial^3}{\partial x^2 \partial \varphi} - \frac{E_2 S_2}{BR_s d_2}\frac{\partial^3}{\partial \varphi^3}$$

$$G_{33} = 1 + \frac{E_2 A_2}{Bd_2} + K + 2\left(K - \frac{E_2 S_2}{BR_s d_2}\right)\frac{\partial^2}{\partial \varphi^2} + \left(K + \frac{E_1 I_1}{BR_s^2 d_1}\right)R_s^4\frac{\partial^4}{\partial x^4}$$

$$+ \left(2K + \frac{G_1 J_1}{BR_s^2 d_1} + \frac{G_2 J_2}{BR_s^2 d_2}\right)R_s^2\frac{\partial^4}{\partial x^2 \partial \varphi^2} + \left(K + \frac{E_2 I_2}{BR_s^2 d_2}\right)\frac{\partial^4}{\partial \varphi^4} + \frac{\rho R_s^2(1-\mu^2)\overline{D}}{ED}\frac{\partial^2}{\partial t^2}$$

$$(8.21)$$

式中：A_1、A_2 为纵筋和横筋的横截面面积；S_1 和 S_2 表示纵筋和横筋的横截面相对于壳体中曲面的静矩；I_1 和 I_2 为纵筋和横筋的横截面相对于壳体中曲面的惯性矩；J_1 和 J_2 为纵筋和横筋的横截面相对于壳体中轴线的极惯性矩；$\dfrac{E_1 A_1}{Bd_1}$ 和 $\dfrac{E_2 A_2}{Bd_2}$ 为纵筋和横筋提供的无量纲拉伸刚度；$\dfrac{E_1 I_1}{BR_s^2 d_1}$ 和 $\dfrac{E_2 I_2}{BR_s^2 d_2}$ 为纵筋和横筋提供的无量纲弯曲刚度；$\dfrac{G_1 J_1}{BR_s^2 d_1}$ 和 $\dfrac{G_2 J_2}{BR_s^2 d_2}$ 为纵筋和横筋提供的无量纲扭转刚度；$\dfrac{E_1 S_1}{BR_s d_1}$ 和 $\dfrac{E_2 S_2}{BR_s d_2}$ 为纵筋和横筋提供的无量纲拉弯耦合刚度；$\overline{D} = D + \dfrac{A_1}{d_1} + \dfrac{A_2}{d_2}$ 为加筋壳体的等效厚度。

将位移及载荷的展开表达式代入式（8.20），并进行正交化处理，可以得到如下的控制方程：

$$\boldsymbol{H}\begin{bmatrix} U_{mn} \\ V_{mn} \\ W_{mn} \end{bmatrix} = \frac{(1-\mu^2)R_s^2}{ED}\begin{bmatrix} 0 \\ 0 \\ F_{mn}-f_{mn} \end{bmatrix} \quad (8.22)$$

式中，矩阵 $\boldsymbol{H}$ 中的具体算子如下：

$$H_{11}=-\left(1+\frac{E_1A_1}{Bd_1}\right)\zeta^2-n^2(K+1)\frac{1-\mu}{2}+\frac{\bar{D}}{D}\Omega^2, \quad H_{12}=\mathrm{i}n\zeta\frac{1+\mu}{2}$$

$$H_{13}=\mu\zeta+\left(K+\frac{E_1S_1}{BR_sd_1}\right)\zeta^3-Kn^2\zeta\frac{1-\mu}{2}, \quad H_{21}=-H_{12}$$

$$H_{22}=-(3K+1)\zeta^2\frac{1-\mu}{2}-\left(1+\frac{E_2A_2}{Bd_2}+\frac{E_2S_2}{BR_sd_2}\right)n^2+\frac{\bar{D}}{D}\Omega^2$$

$$H_{23}=\mathrm{i}n\left(1+\frac{E_2A_2}{Bd_2}+\frac{E_2S_2}{BR_sd_2}\right)+\mathrm{i}n\zeta^2\left(\frac{G_1J_1}{BR_s^2d_1}+K\frac{3-\mu}{2}\right)+\mathrm{i}n^3\left(\frac{E_2I_2}{BR_s^2d_2}+\frac{E_2S_2}{BR_sd_2}\right)$$

$$H_{31}=-H_{31}, \quad H_{32}=\mathrm{i}n\left(1+\frac{E_2A_2}{Bd_2}\right)+\mathrm{i}n\zeta^2K\frac{3-\mu}{2}+\mathrm{i}n^3\frac{E_2S_2}{BR_sd_2}$$

$$H_{33}=1+\frac{E_2A_2}{Bd_2}+K-2\left(K-\frac{E_2S_2}{BR_sd_2}\right)n^2+\left(K+\frac{E_1I_1}{BR_s^2d_1}\right)\zeta^4+\left(2K+\frac{G_1J_1}{BR_s^2d_1}+\frac{G_2J_2}{BR_s^2d_2}\right)n^2\zeta^2$$

$$+\left(K+\frac{E_2I_2}{BR_s^2d_2}\right)n^4-\frac{\bar{D}}{D}\Omega^2, \quad \zeta=k_mR_\varepsilon, \quad \Omega=\omega\sqrt{\rho R_s^2(1-\mu^2)D/E}$$

将矩阵 $\boldsymbol{H}$ 替换光壳对应的矩阵 $\boldsymbol{T}$，可以得到新的 $I_{mn}=(H_{11}H_{22}-H_{12}H_{21})/\det(\boldsymbol{H})$，然后代入声-振控制方程（8.1）中即可求解振动响应。

本小节假设筋条材料参数与圆柱壳一致，纵筋高度 $h_1=0.004$ m，宽度 $b_1=0.003$ m，间距 $d_1=0.0377$ m，纵筋数目 $N_1=30$；环（横）筋高度 $h_2=0.004$ m，宽度 $b_2=0.003$ m，间距 $d_2=0.0321$ m，环筋数目 $N_2=40$。当海底均假设为刚性边界时，计算 $H=0.09$ m、$D_1=0.28$ m、$D_2=0.5$ m 以及 $H=0$ m、$D_1=0.3$ m、$D_2=0.3$ m 两组工况下加筋与不加筋圆柱壳前十阶的固有频率值，并进行对比，如表 8.10 所示。

表 8.10 不同工况下加筋与不加筋圆柱壳前十阶固有频率对比 （单位：Hz）

阶数	$H=0.09$ m、$D_1=0.28$ m、$D_2=0.5$ m		$H=0$ m、$D_1=0.3$ m、$D_2=0.3$ m	
	加筋	不加筋	加筋	不加筋
1	120.7	104.4	121.9	105.3
2	121.9	105.8	129.5	110.2
3	193.7	135.8	210.6	154.1
4	202.6	143.3	225.3	160.2
5	273.3	230.2	282.0	236.8
6	275.8	232.0	288.4	240.3

续表

阶数	$H = 0.09$ m、$D_1 = 0.28$ m、$D_2 = 0.5$ m		$H = 0$ m、$D_1 = 0.3$ m、$D_2 = 0.3$ m	
	加筋	不加筋	加筋	不加筋
7	290.3	242.4	317.0	265.6
8	362.0	245.0	392.0	267.3
9	373.3	284.9	405.3	316.3
10	383.5	286.8	433.7	320.8

从表 8.10 中不同工况下加筋与不加筋圆柱壳前十阶固有频率的对比可知，加筋壳的固有频率明显大于光壳的同阶次固有频率。这是因为加筋会增大结构刚度，从而导致各阶固有频率均明显增大。

8.8 本 章 小 结

本章在第 7 章研究的基础之上，结合虚源法建立了码头系泊状态下有限长圆柱壳声振模型；通过与 ANSYS 仿真计算结果对比验证了方法的准确性；本章进一步研究了码头壁面和海底边界对系统自振特性的影响以及内部充液对系统自振特性的影响，具体结论如下。

（1）假设海底边界与码头壁面均为刚性边界时，海底边界比码头壁面对自振特性影响更为显著。尤其是结构靠近海底边界时，同阶固有频率明显低于码头壁面。此时海底离海面很近，声波在狭窄波导中来回弹射，影响较之海面与码头壁面的垂直组合更为剧烈，由此也会导致固有频率更低。

（2）码头系泊状态下圆柱壳周向模态振型函数并不遵循严格意义上的正对称与反对称模式。从数学上解读，若没有码头壁面，系统存在唯一对称轴，正对称模态周向振型函数应由余弦三角函数构成，反对称模态应由正弦三角函数构成。但是，若存在码头壁面，周向振型函数则是由余弦函数与正弦函数复合而成。

（3）码头系泊圆柱壳内部充液时，由于内流场会带来一部分附连水质量，同阶次固有频率会降低。而且，特征深度越大，附连水质量越大，同阶次固有频率越低。

（4）海底吸声边界反射的声波与辐射声波同相位时，会起到增大系统附连水质量的作用，并且反射系数越大，海底吸收的声波越少，附连水质量增加得越多，同阶次固有频率也就越小。

（5）码头系泊状态下圆柱壳纵横加筋后增大了结构刚度，导致同阶次固有频率增大。

第 9 章 有限水域有限长圆柱壳振动特性试验研究

9.1 引　　言

为了验证提出的分析声边界约束下水中有限长圆柱壳振动特性的理论方法的正确性，本节选取有限深度水池环境，采用两端附加端板的有限长圆柱壳作为试验模型，设计合理的试验方案，对有限水域中有限长圆柱壳的固有振动特性开展振动试验测量研究。

9.2 试 验 模 型

9.2.1 试验选材

本次试验选用市场上常见的无缝钢管作为壳体模型，圆柱壳的基本尺寸如下：长度 $L = 0.998$ m，外径 $\phi = 0.219$ m，壳体厚度 $D = 0.005\,5$ m，壳体厚度均匀，因此圆柱壳的截面平均半径为 $R = 0.106\,75$ m。壳体材料属性为20#钢，弹性模量 $E = 2.1 \times 10^{11}$ Pa，泊松比 $\mu = 0.3$，密度 $\rho_s = 7\,850$ kg/m³。试验中选用淡水作为流体介质，流体密度 $\rho_f = 1\,000$ kg/m³，水中声速 $c_f = 1\,500$ m/s。

9.2.2 传感器布置方案

在圆柱壳外表面铺设加速度传感器测量结构的振动响应，传感器的布置方案如图 9.1 所示。在圆柱壳的一条母线上布置 7 个传感器，传感器之间的距离如图 9.1 所示，然后在圆周方向按照 45° 的间隔均匀布置 8 个传感器，周向布置传感器的横截面的轴向位置如图 9.1 所示。需要说明的是，有一个传感器既在轴向又在圆周方向，因此试验过程中一共安装了 14 个传感器。加速度传感器与圆柱壳通过水晶座连接。对各测点进行编号，号码如图 9.1 所示。

9.2.3 试验模型

1. 试验模型与装置

试验模型与测量系统的示意图如图 9.2 所示。圆柱壳两端分别焊接厚度为 10 mm 的钢质圆形端板，一方面防止水流体进入圆柱壳内部，另一方面可作为圆柱壳的支撑边界。圆柱壳两端分别通过弹簧连接螺纹杆，而螺纹杆则通过螺帽和垫圈连接在刚性支撑结构上，

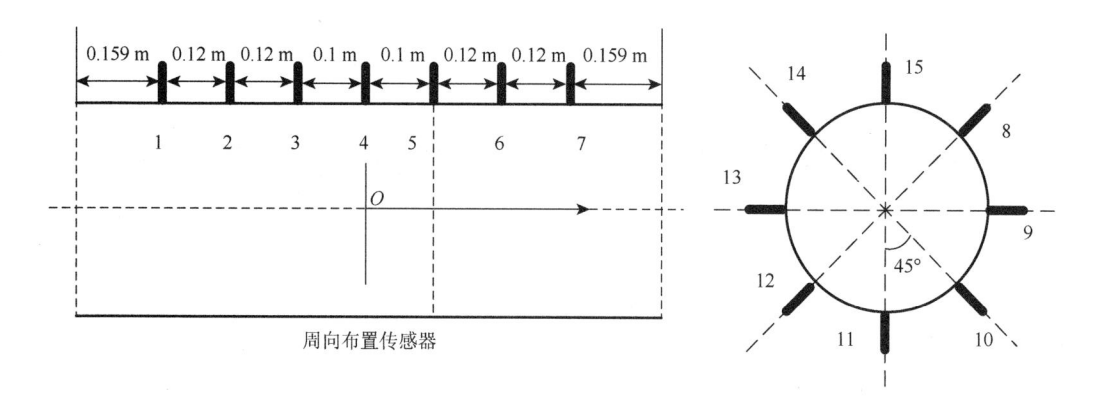

图 9.1 传感器布置方案与测点编号

通过调节螺纹杆的上下长度,保证圆柱壳的轴线与液面平行,同时还可以调整圆柱壳的潜深以适应不同试验工况的测量需求。弹簧可以减小刚性支撑系统对圆柱壳模型的约束,从而降低刚性支撑对圆柱壳模型固有振动特性的影响。在壳体表面固定点处通过连接基座连接一根钢质细杆,钢质细杆的另一端也附加连接基座且露出水面,因此可以采用力锤敲击激振杆露出水面的一端给试验模型施加径向点激励力。

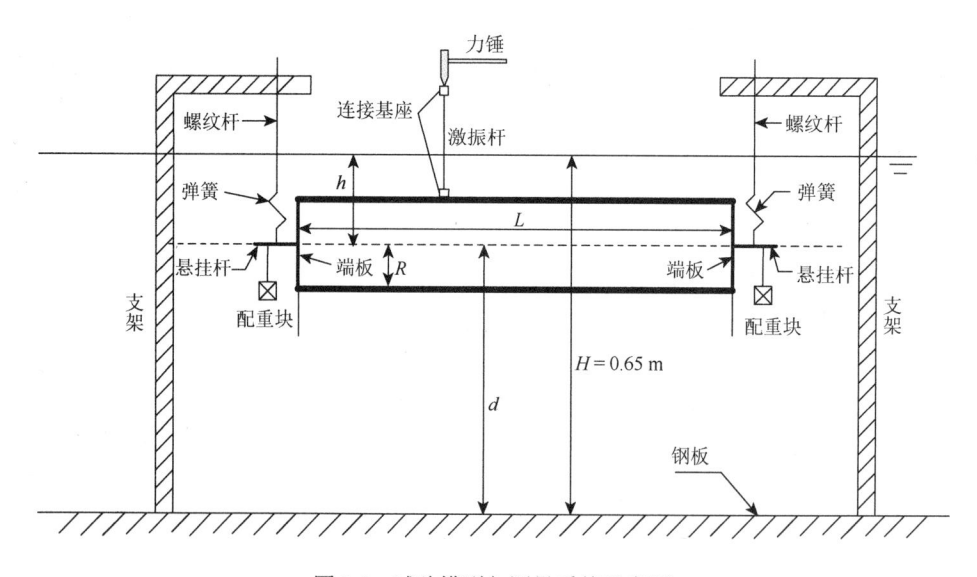

图 9.2 试验模型与测量系统示意图

支架和螺纹杆构成支撑系统,支撑系统通过弹簧与试验模型连接,对试验模型起支撑作用。弹簧不仅可以有效减小支撑系统对试验模型的刚性约束,还可以减小支撑系统的约束作用对试验模型振动特性的影响。

该试验是在长度为 2 m、宽度为 2 m、有效深度为 0.7 m 的水池中进行的,水池底部铺设有工字槽钢。为了减小水底槽钢间隙对试验测量结果的影响,尽可能地模拟刚性底面边界,在试验模型正下方铺设一块长度为 1.5 m、宽度为 1.2 m 的钢质平板。需要说明的是，水池的有限深度为池壁上沿与底部钢质平板之间的距离。在试验过程中，向水池注水至水深为 $H = 0.65\ \text{m}$。

安装完毕后的试验模型与现场照片分别如图 9.3 所示。

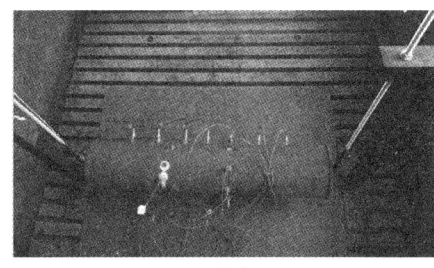

(a) 水中　　　　　　　　　　(b) 空气中

图 9.3　试验模型与现场照片

2. 配重方案

由于选取的圆柱壳模型是空心的且相对较薄，试验模型所受浮力大于自身重力。要将模型放入水中，必须设计试验模型的配重方案。

不考虑壳体两端的端板，光壳的质量为

$$m_\text{s} = \rho_\text{s} V_\text{s} = \rho_\text{s} L \pi (R_\text{ex}^2 - R_\text{in}^2) \tag{9.1}$$

式中：R_ex 和 R_in 分别为圆柱壳内外横截面圆的半径。

两块端板的总质量为

$$m_\text{b} = 2\rho_\text{s} V_\text{b} = 2\rho_\text{s} D_\text{b} \pi R_\text{b}^2 \tag{9.2}$$

式中：R_b 为圆形端板的横截面半径；D_b 为端板的厚度。

将壳体几何参数和材料参数代入式（9.1）和式（9.2），可以得到壳体模型的总重力为

$$F_\text{m} = (m_\text{s} + m_\text{b})g = 341.2(\text{N}) \tag{9.3}$$

当圆柱壳模型完全浸没在水中时，其所受到的浮力约为

$$F_\text{浮} = \rho_\text{f} g \pi R_\text{ex}^2 (L + 2D_\text{b}) = 375.8(\text{N}) \tag{9.4}$$

比较模型所受的浮力和重力，可知：

$$F_\text{m} < F_\text{浮} \tag{9.5}$$

因此，为了方便试验测量的进行，需要对试验模型进行配重，且配重块的质量应满足：

$$m_\text{p} > \frac{(F_\text{浮} - F_\text{m})}{g} = 3.5\ \text{kg} \tag{9.6}$$

试验选取 6 kg 的配重块，并将配重块均匀分成两份且分别悬挂在壳体两端的悬挂杆上。

3. 弹簧刚度分析

弹簧是壳体模型与支撑结构之间的连接构件，其刚度的大小对试验测量结果影响重大：如果弹簧刚度过大，支撑系统通过弹簧对试验模型的约束作用较强，弹簧-刚体系统的固有频率较大，会给弹性结构的试验测量结果带来较大影响；如果弹簧刚度过小，在模型重力效应作用下，弹簧的变形相对较大，而水域的深度是有限的，这可能会限制试验的有效测量范围，再者，在试验完成后的水池放水阶段，弹簧受到试验模型和配重块的重力作用，可能会出现变形过大而导致粘贴在壳体模型上的加速度传感器受池底压迫而损坏。因此，在选取弹簧的刚度时，需要同时考虑试验模型的重力、圆柱壳在水域中垂向的可浮动距离以及固有频率间的关系。

首先，分析圆柱壳在有限深度水域中垂向的可移动距离。水池中的水深为 $H=0.65$ m，粘贴在壳体外表面上的加速度传感器的高度约为 6 cm（包含传感器的高度和水晶座的厚度）。因此，圆柱壳模型在有限深度水域中垂向的可移动距离约为 $h_s=H-2R-0.06=0.37$ m，即结构潜深 $h \in [0.11 \text{ m}, 0.48 \text{ m}]$。在选择连接弹簧时，极限工况下弹簧的变形量应小于试验模型的最大可移动距离 h_s。

然后，对弹簧进行受力分析。选取极限工况，即圆柱壳模型悬挂在空气中，假设单个弹簧的弹性拉力为 F_t，则有

$$F_t = \frac{F_m + m_p g}{2} = 200(\text{N}) \tag{9.7}$$

考虑弹簧拉伸的安全性，计入安全系数，取 $\chi=0.8$，可以得到单根弹簧的极限载荷为

$$F_{lt} \geq \frac{F_t}{\chi} = 250(\text{N}) \tag{9.8}$$

在确定单根弹簧的极限载荷值后，可以根据国家标准《普通圆柱螺旋拉伸弹簧尺寸及参数》（GB/T 2088—2009）选择圆柱螺旋形弹簧的型号，本书选取丝径为 3 mm 且中径为 25 mm 的圆柱形弹簧，弹簧的极限载荷 $F_{lt}=266$ N，弹簧的刚度为 $k=4.88$ N/mm。

根据胡克定律，可以得到单根弹簧在极限工况下的变形量为

$$\Delta l = \frac{F_t}{k} = 0.041 \text{ m} < h_s \tag{9.9}$$

最后，进行系统的固有频率分析。对于弹簧-刚体系统，如果不考虑刚体振动时的附连水质量，垂向的固有频率为

$$f_0 = \frac{\omega_0}{2\pi} = \frac{1}{2\pi}\sqrt{\frac{2k}{m_s+m_b+m_p}} = 2.46(\text{Hz})$$

如果再考虑刚体振动时的附连水质量，则实际水中弹簧-刚体系统的固有频率会小于 2.46 Hz。根据下面有限元初步计算结果可知简支圆柱壳在不同试验深度下的最低弹性固

有频率都大于 200 Hz，则水中弹簧-刚体系统的实际固有频率不到 200 Hz 的 1.23%。

因此，本小节选取的弹簧刚度是满足要求的。

4. 圆柱壳模型的边界条件分析

在试验模型中，圆柱壳结构两端用钢质圆板焊接密封，其主要作用是防止流体进入壳体内部，避免对试验测量结果造成影响。圆板在圆形平面内的刚度（对应于圆板的纵振和扭转振动）相对较大，而在垂直于圆形平面方向的刚度（对应于圆板的弯曲振动）相对较小。当端板焊接在壳体结构的两端时，端板对壳体端部的周向位移和径向位移的约束较强，而对壳体轴向位移的约束相对较小。在振动过程中，端板会使得壳体端部横截面保持圆形。为了验证这一猜想，本章基于有限元软件分析了 $H = 0.65$ m 且 $h = 0.2$ m 工况下两端附加端板圆柱壳的弯曲模态振型，结果如图 9.4 所示。

(a) 模态(1, 2)

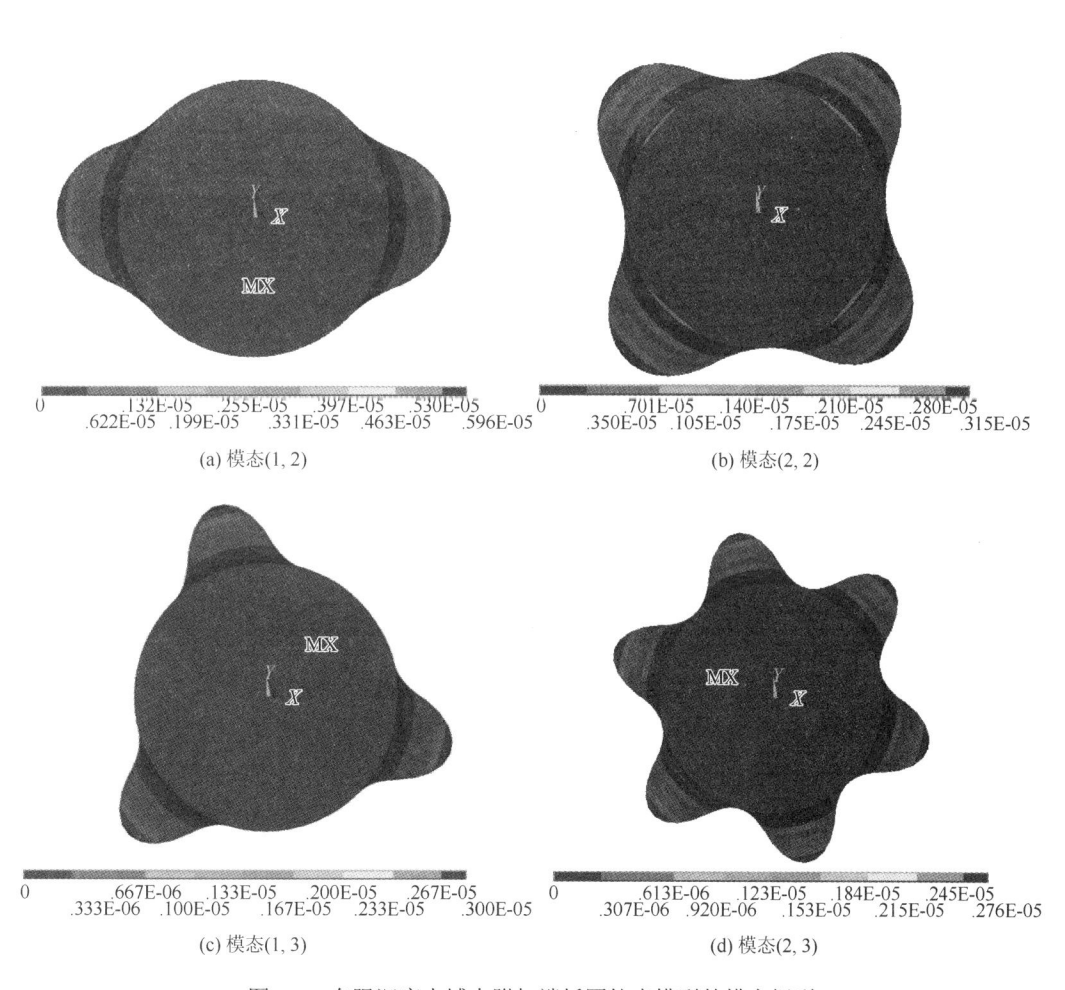

(b) 模态(2, 2)

(c) 模态(1, 3)

(d) 模态(2, 3)

图 9.4　有限深度水域中附加端板圆柱壳模型的模态振型

从图 9.4 可以看出，在前几阶模态振型中，较圆柱壳自身的弯曲变形而言，端板的变形量相对较小，可以忽略。因此，在端板的约束下，圆柱壳的端部近似保持圆形，这与

· 201 ·

Ergin 等[58]的分析一致。再者，Ergin 等[58]和 Amabili 和 Dalpiaz[174]指出，两端附加端板的圆柱壳模型可以近似看作是两端简支的圆柱壳结构。

9.3　试验环境影响因素分析

9.3.1　端板的影响

为了分析端板对有限深度水域中有限长圆柱壳振动特性的影响，基于有限元软件 ANSYS，本小节对比分析考虑端板、忽略端板（施加简支边界）的有限深度水域中有限长圆柱壳的模态频率特性，结果如图 9.5 所示。假设水深 $H = 0.65\text{ m}$，结构潜深为 $h = 0.45\text{ m}$。

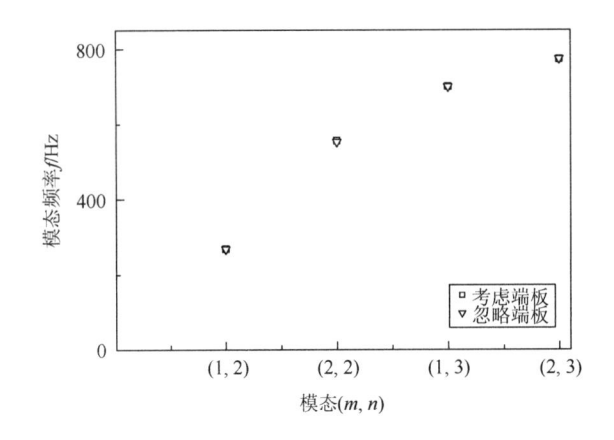

图 9.5　端板对有限深度水域中圆柱壳模态频率特性的影响

从图 9.5 可以看出，各阶模态条件下，考虑和忽略壳体两端端板的有限深度水域中圆柱壳的模态频率十分接近，较结构自身模态频率特性而言，端板（质量）的存在所造成圆柱壳模态频率的变化相对较小，可以忽略。因此，在试验分析过程中，端板质量对圆柱壳固有振动特性的影响可以忽略。

9.3.2　流体静压的影响

在试验过程中，试验模型需要放置在自由液面以下一定深度处，流体的重力效应会致使试验测量结果受到流体静压的影响。为了探讨流体静压对有限深度水域中圆柱壳固有振动特性的影响，本章在第 3 章研究工作的基础上，将流体静压以预应力的形式施加到壳体振动方程中，并对比分析考虑和忽略流体静压时有限深度水域中有限长圆柱壳的模态频率特性，结果如图 9.6 所示。假设 $H = 0.65\text{ m}$，$h = 0.5\text{ m}$。

图 9.6 表明，在目前的试验条件下，较未考虑静压的水下圆柱壳的模态频率而言，计及流体静压效应所造成的结构模态频率的改变量相对较小，可以忽略。因此，在本试验中流体静压对试验测量结果的影响可以忽略。

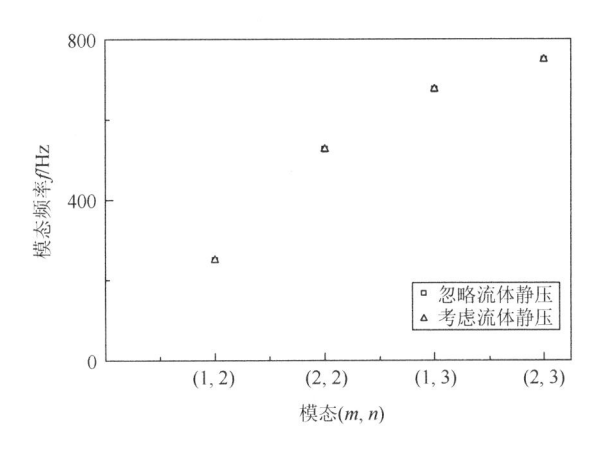

图 9.6 流体静压对有限深度水域中圆柱壳模态频率特性的影响

9.3.3 传感器质量的影响

在试验测量过程中，为了尽可能减小随机误差，获得可靠的试验测量数据，在圆柱壳模型的外表面布置了多个加速度传感器。每个传感器都具有一定的质量（28 g），加速度传感器的质量效应会对试验测量结果产生一定的影响。为了探究传感器质量对有限深度水域中圆柱壳固有振动特性的影响，基于有限元软件 ANSYS，本小节对比分析考虑和忽略传感器质量的水下圆柱壳的模态频率特性，结果如图 9.7 所示。在仿真分析中，传感器以集中质量的形式添加到壳体的相应位置处。假设 $H = 0.65$ m，$h = 0.45$ m。

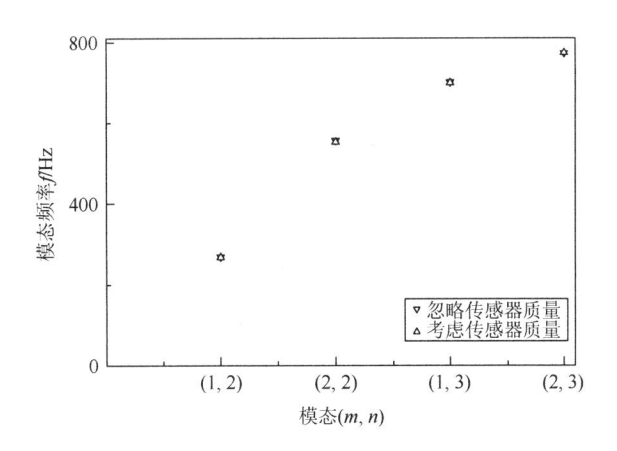

图 9.7 传感器质量对有限深度水域中圆柱壳模态频率的影响

首先，从数学上进行对比分析，试验模型中 14 个传感器的总质量为 392 g，约为圆柱壳模型总质量的 1.2%。因此，较试验模型自身的质量而言，传感器的质量是一个小量，可以忽略。然后，基于仿真计算结果进行对比分析，从图 9.7 可以看出，对于各阶模态频率，较有限深度水域中圆柱壳模型的模态频率特性而言，考虑传感器质量效应所造成的结构模态频率的改变量相对较小，可以忽略。在试验测量过程中，传感器质量效应对测量结果的影响很小。

9.4 试验测量方案

9.4.1 试验原理

基于测量频率响应函数识别模态参数的原理，采用单点敲击多点测量的方法，并借助东华工程科技股份有限公司（简称"东华公司"）生产的 DH5935N 动态信号采集分析系统展开试验测量分析。

9.4.2 试验装置

试验测量的流程如图 9.8 所示。试验测量中用到的试验仪器分别为东华公司生产的 DH5935N 动态信号采集分析系统、KD1005E 加速度传感器、扬州科动电子有限责任公司生产的 KDL-01L 型力锤。

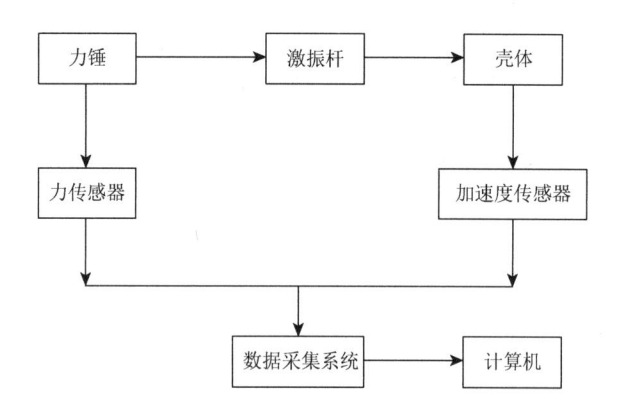

图 9.8 试验测量的流程示意图

9.4.3 试验测量步骤

（1）测量结构模型的几何尺寸。经过多次测量，圆柱壳结构模型的有效尺寸为：长度

$L = 0.998$ m，壳体厚度 $D = 0.005\ 5$ m，圆柱壳的截面平均半径 $R = 0.106\ 75$ m。

（2）完成试验模型和装置的安装。圆柱壳两端分别用厚度为 0.01 m 的等截面圆形钢板焊接封闭，以防止水流体进入壳体内；圆柱壳两端的端板通过弹簧加螺纹杆与刚性支架连接；完成加速度传感器的安装，并通过数据线与动态数据采集仪连接。

（3）通道信号测试。数据采集仪共有 16 个通道，经过测试，16 个通道的信号稳定。

（4）信号通道编号。本次试验一共需要用到 15 个信号通道，为避免混淆，需要对通道进行编号：将加速度传感器按照编号依次与 1～14 号通道连接，将力传感器对应的通道信号编号为 15。

（5）数据采集系统参数设置。在试验开始前，需要设置 DH5935N 数据采集系统的相关参数，具体包括：采样频率为 5.12 kHz，分析频率为 2 kHz，以及各传感器的灵敏度参数设置。

（6）圆柱壳轴线调平。在试验开始前，需要保证圆柱壳的轴线与自由液面平齐。具体操作方法是：在圆柱壳上部某母线中部附近粘贴轻型水准泡，通过初步调节壳体两端的螺纹杆的长度，使圆柱壳的轴线近似水平；然后放水进入水池，直至水深达到要求（水面已淹没圆柱壳）。由于浮力的作用，此时圆柱壳轴线可能与自由液面不平行，可精细化调节壳体两端的螺纹杆的长度，并观察水准泡的标识，直至轴线水平。

（7）工况设定。在步骤（6）的基础上，调节两根螺纹杆的长度，使圆柱壳到达预定的潜深工况，并记录工况 $h = X$m。为了减小操作误差，可以用刻度尺分别测量圆柱壳两端壳体表面上沿母线距自由液面的距离，基于两者的数值来进一步调节两根螺纹杆的长度，以更好地满足预定工况需求。由于壳体外表面是弧面，选取的测点可能偏离圆柱壳最上沿的母线一些距离，可以通过多次测量取距离最小的原则来减小误差。冉者，较圆柱壳轴向长度而言，由于测点的选取所造成的圆柱壳两端的高度偏差是一个小量，所以可以近似认为圆柱壳轴线依然与自由液面保持平行。

（8）通道信号"平衡-清零"。在采集结构振动数据前，需要对数据采集系统的各信号通道进行"平衡""清零"操作，这样可以尽可能消除由设备连接线扰动所带来的干扰，将试验仪器调整到稳定测量状态。

（9）激励圆柱壳。用力锤敲击壳体上连接的激振杆露出水面的一端，且尽可能使锤头沿杆的轴向敲击，这样能尽量减小壳体受到除径向以外的其他方向的作用力，使得圆柱壳的弯曲振动响应更加显著。此外，敲击圆柱壳后，应注意力传感器信号是否触发，并观察激励力的时程曲线，确认力传感器信号正常，若没有则重复步骤（8）和步骤（9）。

（10）记录试验数据。当受到外激励力时，圆柱壳会产生振动，加速度传感器会记录圆柱壳的振动信息，并将数据经由数据采集仪传输到计算机中。

（11）多次测量。重复步骤（7）～步骤（10），完成各预定工况下的试验测量。为了保证测量数据的可靠性，减小随机误差，可以多次测量取平均值。此外，还应注意分析通道信号的相干函数，当各通道信号的相干函数值大于 0.8 时，记录并保存试验测量数据，否则舍弃重新测量。

（12）试验数据处理。基于 DH5935N 数据采集系统自带的模态分析模块，通过分析力传感器信号与各通道信号之间的频响函数来得到圆柱壳结构的模态频率。

9.5 试验数据分析

9.5.1 相干函数分析

相干函数能表征试验测量过程的可重复性，各个通道信号的相干函数值越接近 1 时，试验测量的可重复性越好。以 0.8 为门限阈值，当相干函数值小于 0.8 时，测量数据受测量环境因素影响较大，测量结果不可靠，而当相干函数值大于 0.8 时，认为测量数据是可靠的。以 $H = 0.65$ m、$h = 0.2$ m 工况下的试验测量结果为例，本小节分析了几个测点通道信号的相干函数，如图 9.9 所示。

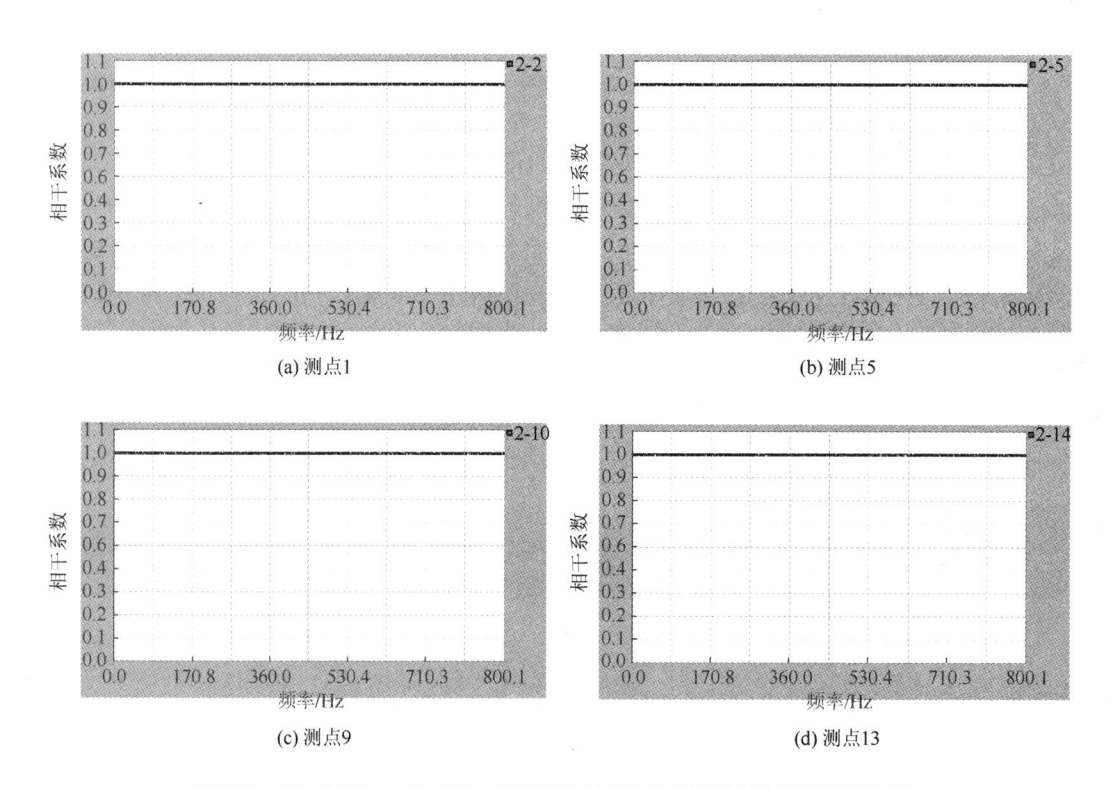

图 9.9 $H = 0.65$ m、$h = 0.2$ m 工况下部分测点测量数据的相干函数分析

从图 9.9 可以看出，试验测量过程中，测量频段范围内各通道信号的相干性良好，相干函数值均接近于 1。因此，本次试验的测量数据是可靠的。

9.5.2 频响函数分析

基于 DH5935N 数据采集系统，通过分析测量点数据与激励力数据之间的频响函数，可以得到预定测量工况下圆柱壳的固有频率。本小节以 $H = 0.65$ m、$h = 0.2$ m 工况下的试验测量为例，对试验测量数据展开频响函数分析，结果如图 9.10 所示。

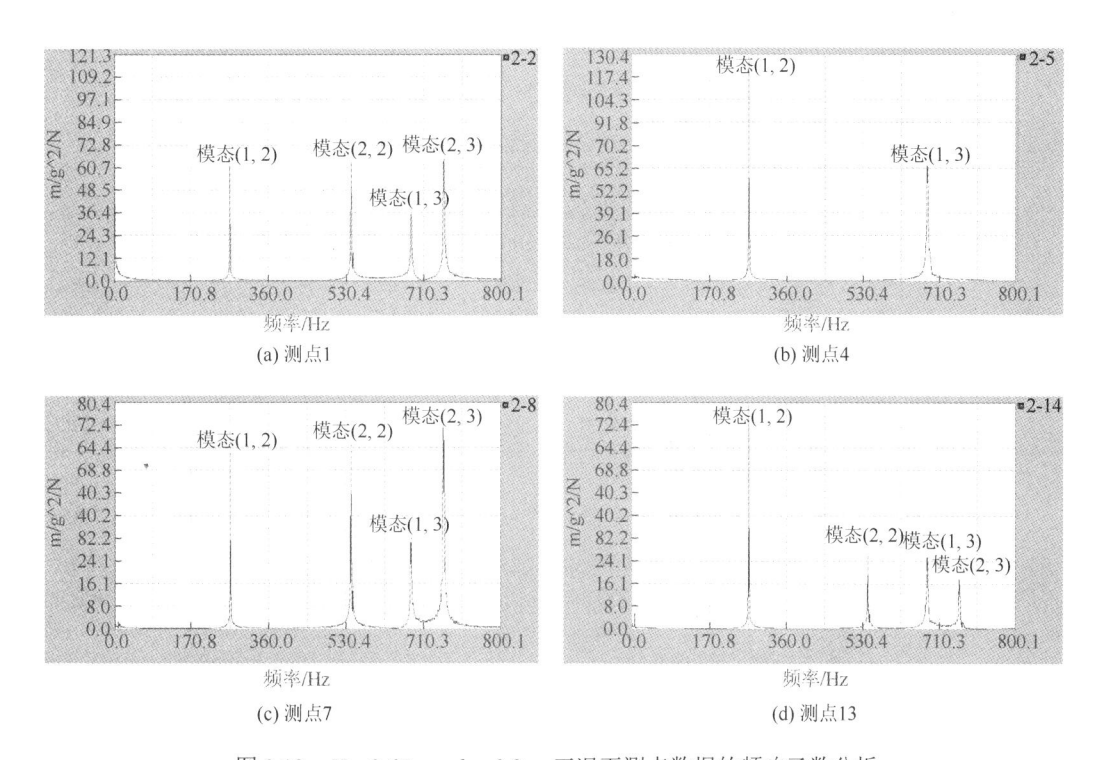

图 9.10 $H = 0.65$ m、$h = 0.2$ m 工况下测点数据的频响函数分析

从图 9.10 可以看出，各测点处的频响函数曲线均存在明显峰值，且这些峰值点的横坐标值对应于圆柱壳的固有频率。通过分析频响函数曲线的峰值点频率信息，即可获得有限深度水域中圆柱壳的固有频率。特别地，在相同分析频段内，测点 1、7、13 的频响函数曲线均出现了 4 个峰值，而测点 4 的频响函数曲线仅出现了 2 个峰值。这是因为测点 4 位于圆柱壳轴向中点处的横截面内（图 9.1），测点恰好落在模态(2, 2)和模态(2, 3)阶模态振型的节点处。

此外，在分析频段内，除去低频段的少许波动，各测点频响函数仅在壳体模型的模态频率点处出现明显的共振峰值，这说明支撑系统（包含支架和螺纹杆）的固有频率远小于试验模型的固有频率，因此支撑系统对试验测量结果的影响较小，验证了试验方案的合理性。

9.5.3 理论计算结果与试验结果的对比分析

通过处理试验测量数据，得到了有限深度水域中圆柱壳的固有频率的测量结果。利用第 3 章模型可得到耦合系统固有频率的理论计算值，将试验测量结果与理论计算结果进行对比分析，结果如表 9.1 所示。为了方便对比分析，定义相对误差为

$$\eta = \frac{f_T - f_E}{f_E} \times 100\% \quad (9.10)$$

式中：f_T 和 f_E 分别为有限深度水域中有限长圆柱壳的理论计算模态频率和试验测量结果。

表 9.1 试验测量结果与理论计算结果的对比分析

模态	h = 0.15 m			h = 0.25 m			h = 0.39 m		
	f_E/Hz	f_T/Hz	η/%	f_E/Hz	f_T/Hz	η/%	f_E/Hz	f_T/Hz	η/%
(1, 2)	274.4	272.5	−0.69	268.8	269.0	0.07	265.3	265.4	0.04
(2, 2)	562.8	565.8	0.53	552.9	559.7	1.23	547.1	555.1	1.46
(1, 3)	708.8	696.9	−1.68	695.1	693.5	−0.23	691.4	692.0	0.09
(2, 3)	777.2	768.6	−1.11	771.5	766.2	−0.69	765.1	765.3	0.03

从表 9.1 可以看出，有限深度水域中圆柱壳试验测量的模态频率与理论计算结果整体吻合良好，两者的相对误差差较小，最大相对误差值的绝对值在 1.8%以内。此外，两种方法得到的有限深度水域中圆柱壳的固有频率随潜深的变化规律一致，结构模态频率均随潜深的增大而逐渐减小。上述结论验证了理论分析方法的正确性。

9.5.4 潜深对有限深度水域中圆柱壳固有振动特性的影响

基于试验测量，本小节分析潜深对有限深度水域中圆柱壳固有振动特性的影响，有限深度水域中圆柱壳的固有频率随潜深的变化规律如图 9.11 所示。同时，还给出了理论计算的无限域中圆柱壳的模态频率，并进行对比分析。

对于试验所处的水池环境，随着潜深的增大，有限深度水域中圆柱壳的各阶模态频率均逐渐减小。较无限域中圆柱壳的模态频率特性而言，当潜深较小、结构靠近自由液面时，有限深度水域中圆柱壳的模态频率相对较大，而当潜深相对较大、结构靠近水底时，结构模态频率相对较小。

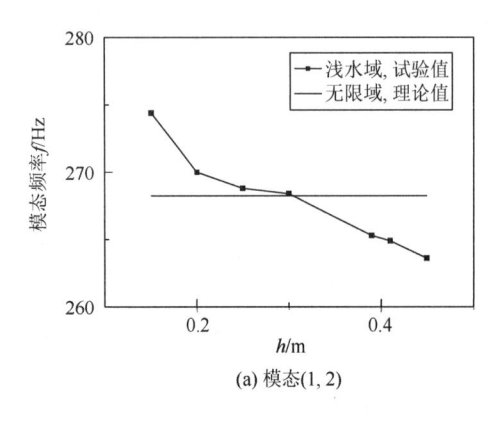

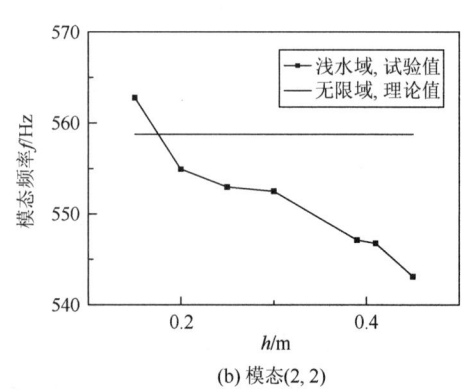

(a) 模态(1, 2)

(b) 模态(2, 2)

(c) 模态(1, 3)　　　　　　　　　　　　(d) 模态(2, 3)

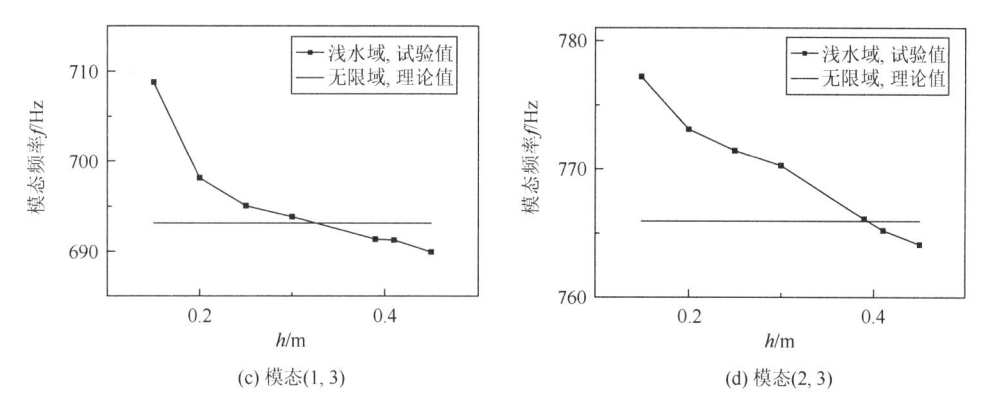

图9.11　有限深度水域中圆柱壳的固有频率随潜深的变化规律

第 4 章的研究表明，当圆柱壳靠近自由液面（或刚性底面）时，自由液面（或刚性底面）效应在水域边界效应中占主导地位，即流体边界将产生负值（或正值）的模态附连水质量，导致结构模态频率或共振频率相应增大（或减小）。对于试验选用的水池（$H<8R$），水域边界对有限深度水域中圆柱壳固有振动特性的影响不可忽略，而且在试验中无法同时满足 $h \geqslant 4R$ 和 $d \geqslant 4R$，自由液面（或刚性底面）对水下圆柱壳低频段振动的影响同时存在。随着潜深增加，自由液面对固有频率的影响逐渐减弱，而刚性底面对固有频率的影响逐渐增强，试验结果与理论分析结果吻合较好。

9.6　本章小结

通过设计合理的试验模型和试验方案，本章对有限深度水域中有限长圆柱壳的固有振动特性展开了试验研究。结合数值仿真分析和理论计算，在本章选取的试验测量环境下，流体静压、传感器质量以及壳体两端的端板质量对水下圆柱壳固有频率特性的影响可以忽略，验证了试验方案的合理性。

通过试验测量研究，本章得到以下结论。

（1）理论计算的有限深度水域中有限长圆柱壳的模态频率与试验测量结果吻合良好，验证了理论分析方法的正确性。

（2）在有限深度水域中，随着潜深的增大，圆柱壳的各阶模态频率均逐渐减小。

（3）相较于无限域中圆柱壳的模态频率，当水中结构逐渐靠近自由液面时，圆柱壳的模态频率相应增大，当圆柱壳逐渐靠近水底边界时，结构各阶模态频率则相应减小。

第 10 章 总结与展望

10.1 本书主要工作与创新

10.1.1 本书主要工作

潜浮圆柱壳结构声-振耦合处理技术与算法研究具有鲜明的工程应用需求，但理论研究难度大。目前国内外关于圆柱壳潜态、浮态声-振问题的研究主要还是采用有限元、边界元等数值手段，缺乏对含自由液面等声边界约束的圆柱壳-流场耦合声-振性能的解析分析与机理研究。自由液面等声边界约束下的结构-流场耦合系统中，声边界会对声波产生反射作用，从而导致整个系统的声-振性能相比于理想的无限域工况更为复杂，解析求解的难度也更大。针对这些科学问题，本书结合波传播法、虚源法、伽辽金法和多坐标系建模等诸多技术，提出了相应的理论模型，以及解析或半解析求解方法，突破了潜浮状态圆柱壳与流场部分耦合以及多声边界约束的关键技术，由浅入深、由易到难剖析和刻画了潜浮圆柱壳结构的振动及声辐射性能，旨在揭示潜浮圆柱壳声-振耦合规律，补充和完善水下圆柱壳声-振研究体系，研究成果有益于水下结构物声学质量预报和减振降噪研究。

本书的主要研究工作总结如下。

（1）从声-固耦合的物理机理出发，建立了理想无限流场中有限长圆柱壳-声场的耦合自由振动模型。类比传统流-固耦合问题中附连水质量的定义，提出了模态附连水质量的概念。各阶模态下无限域中圆柱壳的模态附连水质量均为正值，故圆柱壳-声场耦合作用将使水下圆柱壳的模态频率比真空中结构的同阶模态频率相应减小；水下圆柱壳的模态附连水质量与模态的阶数相关。模态附连水质量的概念和分析方法为阐明流体声介质对结构声-振特性的影响机理提供了新的思路。

（2）基于声-固耦合模型，设置虚源来考虑自由液面边界的影响，建立了有限潜深状态有限长圆柱壳的自由振动模型和受迫振动模型，获得了流体静压力与弹性壳体固有频率之间的数值关系，并据此预报圆柱壳弹性失稳压力。同时，结合波分析法和稳相法建立了有限潜深状态有限长圆柱壳的远场辐射声压的预报模型。通过研究发现，有限潜深状态圆柱壳结构的远场辐射声压测量值可近似预报计及流体静压的无限域中结构的远场辐射声压，研究结果为工程应用提供了参考。

（3）对浅海水域中有限长圆柱壳的声-振特性展开分析，并基于虚源法考虑了水域上、下边界的影响，结合波传播法和声-振连续条件建立了浅海水域中有限长圆柱壳的声-固耦合振动模型；探讨了水域深度、自由液面、刚性底面边界对水下有限长圆柱壳声-振特性的影响，得出了有价值的结论。对于水池实验室环境条件，需保障水下结构物的声-振性能试验数据能有效减小声边界的影响，研究结论为制定合理的水池试验方案提供了理论参考。

（4）建立了半浸状态下圆柱壳结构的耦合声振方程。自由液面导致圆柱壳各周向模态之间互相耦合，截断之后得到的矩阵规模较大，计算效率低；提出了对角解耦的处理方法，在一定频段可以对远场声辐射进行快速预报。由于自由液面对声波的反射作用，半浸状态下的声场中有些位置上的声压可能得到削弱，也可能出现增强，这也导致了声场中特定点处的声压随频率的变化表现出较强的波动性。

（5）针对非半浸的一般浮态问题，建立了二维圆柱壳与声场仅部分耦合的声-振模型。利用不同的坐标系表达声压与壳体位移，再结合伽辽金法以及坐标变换方法处理声-固耦合界面的速度连续条件，最终可以很便捷、高效地求解部分耦合的声-振模型，同时也为求解弹性结构与声场部分耦合的声-振问题提供了新的思路。此外，计算了浮态耦合系统的自由、受迫振动和声压，并与数值解进行对比分析，验证了本方法的准确性。

（6）结合不同坐标系建模思想和伽辽金法开展了浮态下有限长圆柱壳的振动及远场辐射声压研究，并将方法拓展到部分充液有限长圆柱壳以及圆柱壳内、外均部分耦合流场的问题研究中。对相同液面高度下部分充液与部分浸没工况开展辨析研究，并从数学机理上揭示其性能异同的成因；为阐明船舶工程中一般浮态圆柱壳的辐射声场特征，结合稳相法和傅里叶变换技术建立了浮态有限长圆柱壳远场声辐射模型，分析了远场声压的指向性和波动规律。

（7）利用虚源法建立了码头系泊状态下有限长圆柱壳声振模型。通过与ANSYS仿真计算结果对比验证了方法的准确性，进一步研究了码头壁面和海底边界对系统自振特性的影响。码头系泊状态下圆柱壳周向模态振型函数并不是严格意义上的正对称与反对称，如果海底吸声边界反射的声波与辐射声波同相位，则会起到增大系统附连水质量的作用，并且反射系数越大，海底吸收的声波越少，附连水质量增加得越多，结构同阶次固有频率也就越小。

（8）为了验证提出的声边界约束下水中有限长圆柱壳振动特性理论方法的正确性，选取有限深度水池环境，制作两端附加端板的有限长圆柱壳试验模型，设计了合理的振动试验系统，对有限水域中有限长圆柱壳的固有振动特性展开了试验测量研究。理论计算的有限深度水域中有限长圆柱壳的模态频率与试验测量结果吻合良好，验证了理论分析方法的正确性；在有限深度水域中，随着潜深的增大，圆柱壳的各阶模态频率均逐渐减小。

10.1.2 主要创新

（1）类比于传统流-固耦合振动问题中附连水质量的定义，从声-固耦合的角度提出了模态附连水质量的概念，并给出了相应的分析方法，为揭示流体声介质影响水下结构声-振性能的物理机理提供了新的思路。

（2）建立了有限潜深状态有限长圆柱壳的声-振模型，提出了根据流体静压力与弹性壳体固有频率的数值关系预报结构弹性临界压力的无损方法。结合波分析法和稳相法可预报有限潜深状态下有限长圆柱壳的远场辐射声压。

（3）针对圆柱壳-流场两种介质浮态下部分耦合理论难题，利用声场、结构两套坐标

· 211 ·

系建立了部分耦合问题的数学物理模型，提出了求解该类问题的伽辽金法，形成了一种新的半解析方法。

（4）结合以上创新点，建立了浅海、码头系泊等工况下圆柱壳的耦合声-振模型，揭示了自由液面及其他类型声边界约束对圆柱壳-流场耦合声-振系统的影响规律，研究结果为制定合理的水池、码头环境声-振试验方案提供了理论参考。

10.2 研究展望

本书研究对象是由单一各向同向材料构成的圆柱壳光壳结构，实际的水下结构应该是锥、柱、球壳结构组合而成（图10.1），为保障安全性，还有大量的纵筋、环肋，以及舱壁结构。同时，为提升声学性能，结构表面覆盖有声学层。

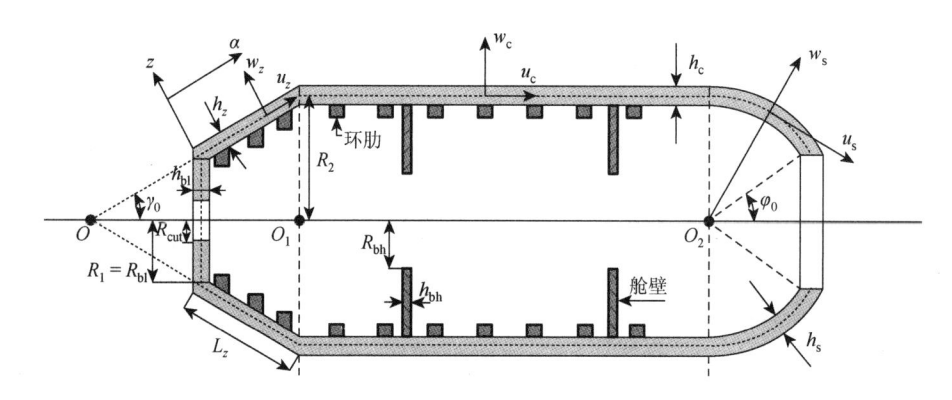

图 10.1 带有肋骨和舱壁的锥-柱-球组合壳

因此，为进一步贴近工程，提高科学研究成果的应用效果，下一步还需要开展以下有针对性的机理研究。

（1）建立潜浮态锥、柱、球组合壳结构的耦合声-振模型，提出相应的求解方法；对比分析与圆柱壳结构声-振性能的差异，进行参数化分析，揭示几何构型与尺寸的影响规律，为工程设计提供理论支撑。

（2）开展围压环境下粘贴有声学覆盖层的结构的耦合声-振性能。重点是现有声学覆盖层中多相材料的几何、力学、声学参数的合理表达，以及发展迅猛的声学超材料的应用分析，获得可靠的数学关系式（或数值关系式）。

（3）阐明水域环境影响水下组合结构声-振性能的规律，以期利用可控的水池、湖泊环境开展声学试验研究，并依据实测数据进行科学有效的修正分析，以便可靠地预报、评估海洋环境下的声学质量。

参 考 文 献

[1] JUNGER M C. Radiation loading of cylindrical and spherical surfaces[J]. The journal of the acoustical society of America, 1952, 24 (3): 288-289.

[2] JUNGER M C. Vibrations of elastic shells in a fluid medium and the associated radiation of sound[J]. The journal of applied mechanics, 1952, 19 (4): 439-445.

[3] JUNGER M C. The physical interpretation of the expression for an outgoing wave in cylindrical coordinates[J]. The journal of the acoustical society of America, 1953, 25 (1): 40-47.

[4] JUNGER M C, FEIT D. Sound, structures, and their interaction [M]. Cambridge: MIT Press, 1986.

[5] FULLER C R, FAHY F J. Characteristics of wave propagation and energy distributions in cylindrical elastic shells filled with fluid[J]. Journal of sound and vibration, 1982, 81 (4): 501-518.

[6] FULLER C R. The input mobility of an infinite circular cylindrical elastic shell filled with fluid[J]. Journal of sound and vibration, 1983, 87 (3): 409-427.

[7] FULLER C R. Monopole excitation of vibrations in an infinite cylindrical elastic shell filled with fluid[J]. Journal of sound and vibration, 1984, 96 (1): 101-110.

[8] BREVART B, FULLER C R. Effect of an internal flow on the distribution of vibrational energy in an infinite fluid-filled thin cylindrical elastic shell[J]. Journal of sound and vibration, 1993, 167 (1): 149-163.

[9] FULLER C R, BIES D A. The effects of flow on the performance of a reactive acoustic attenuator[J]. Journal of sound and vibration, 1979, 62 (1): 73-92.

[10] SCOTT J F M. The free modes of propagation of an infinite fluid-loaded thin cylindrical shell[J]. Journal of sound and vibration, 1988, 125 (2): 241-280.

[11] ZHANG X M. Frequency analysis of submerged cylindrical shells with the wave propagation approach[J]. International journal of mechanical sciences, 2002, 44 (7): 1259-1273.

[12] ZHANG X M, LIU G R, LAM K Y. Coupled vibration analysis of fluid-filled cylindrical shells using the wave propagation approach[J]. Applied acoustics, 2001, 62 (3): 229-243.

[13] ZHANG X M. Parametric studies of coupled vibration of cylindrical pipes conveying fluid with the wave propagation approach[J]. Computers & structures, 2002, 80 (3/4): 287-295.

[14] ZHANG X M, GREENLEAF J F. An anisotropic model for frequency analysis of arterial walls with the wave propagation approach[J]. Applied acoustics, 2007, 68 (9): 953-969.

[15] GUO Y P. Approximate solutions of the dispersion equation for fluid-loaded cylindrical shells[J]. The journal of the acoustical society of America, 1994, 95 (3): 1435-1440.

[16] GUO Y P. Radiation from cylindrical shells driven by on-surface forces[J]. The journal of the acoustical society of America, 1994, 95 (4): 2014-2021.

[17] GUO Y P. Sound scattering from cylindrical shells with internal elastic plates[J]. The journal of the acoustical society of America, 1993, 93 (4): 1936-1946.

[18] GUO Y P. Sound scattering by bulkheads in cylindrical shells[J]. The journal of the acoustical society of America, 1994, 95 (5): 2550-2559.

[19] GUO Y P. Acoustic radiation from cylindrical shells due to internal forcing[J]. The journal of the

acoustical society of America, 1996, 99 (3): 1495-1505.

[20] GUO Y P. Acoustic scattering from cylindrical shells with deck-type internal plate at oblique incidence[J]. The journal of the acoustical society of America, 1996, 99 (5): 2701-2713.

[21] 严谨, 李天匀, 刘土光, 等. 水下周期环肋圆柱壳声辐射的空间简谐分析[J]. 华中科技大学学报(自然科学版), 2007, 35 (1): 96-98.

[22] 严谨, 李天匀, 刘土光, 等. 流场中周期环肋圆柱壳辐射声压的理论和实验研究[J]. 中国舰船研究, 2007, 2 (1): 49-51.

[23] YAN J, LI T Y, LIU J X, et al. Input power flow in a submerged infinite cylindrical shell with doubly periodic supports[J]. Applied acoustics, 2008, 69 (8): 681-690.

[24] 严谨, 李天匀, 刘土光, 等. 流场中周期加肋圆柱壳受激振动的能量流输入特性[J]. 船舶力学, 2006, 10 (4): 140-147.

[25] YOSHIKAWA S. Fluid-structure coupling by the entrained fluid in submerged concentric double-shell vibration[J]. Journal of the acoustical society of Japan (E), 1993, 14 (2): 99-111.

[26] YOSHIKAWA S, WILLIAMS E G, WASHBURN K B. Vibration of two concentric submerged cylindrical shells coupled by the entrained fluid[J]. The journal of the acoustical society of America, 1994, 95 (6): 3273-3286.

[27] 何祚镛. 结构振动与声辐射[M]. 哈尔滨: 哈尔滨工程大学出版社, 2001.

[28] 陈鸿洋, 商德江, 李琪, 等. 声场匹配波叠加法的水下结构声辐射预报[J]. 声学学报, 2013, 38 (2): 137-146.

[29] CHEN H Y, LI Q, SHANG D. Fast prediction of acoustic radiation from a hemi-capped cylindrical shell in waveguide[J]. Journal of marine science and application, 2014, 13 (4): 437-448.

[30] 张超, 商德江, 李琪. 水下纵肋加强圆柱壳低频振动与声辐射[J]. 船舶力学, 2018, 22 (1): 97-107.

[31] 王献忠, 江晨半, 计方, 等. 有限长加筋圆柱壳水下声辐射的精细传递矩阵法[J]. 船舶力学, 2017, 21 (4): 503-511.

[32] WANG X Z, JIANG C B, XU R Y. Structural and acoustic response of a finite stiffened submarine hull[J]. China ocean engineering, 2016, 30 (6): 898-915.

[33] 潘安, 范军, 卓琳凯. 准周期加隔板有限长圆柱壳声散射[J]. 物理学报, 2013, 62 (2): 364-373.

[34] 潘安, 范军, 卓琳凯. 周期性加隔板有限长圆柱壳声散射[J]. 物理学报, 2012, 61 (21): 282-292.

[35] 陈美霞, 牟彬杰, 魏建辉, 等. 双层圆柱壳内外壳振动与声辐射相似性研究[J]. 船舶力学, 2012, 16 (11): 1329-1336.

[36] 陈美霞, 骆东平, 曹钢, 等. 有限长加筋双层圆柱壳低阶模态声辐射性能分析[J]. 哈尔滨工程大学学报, 2004, 25 (4): 446-450.

[37] 陈美霞, 骆东平, 杨叔子. 壳间连接形式对双层壳声辐射性能的影响[J]. 振动与冲击, 2005, 24 (5): 77-80.

[38] 谢官模, 李军向, 罗斌, 等. 环肋、舱壁和纵骨加强的无限长圆柱壳在水下的声辐射特性[J]. 船舶力学, 2004, 8 (2): 101-108.

[39] WILLIAMS W, PARKE N G, MORAN D A, et al. Acoustic radiation from a finite cylinder[J]. The journal of the acoustical society of America, 1964, 36 (12): 2316-2322.

[40] LAULAGNET B, GUYADER J L. Modal analysis of a shell's acoustic radiation in light and heavy fluids[J]. Journal of sound and vibration, 1989, 131 (3): 397-415.

[41] 张俊杰. 基于不同理论的流场中圆柱壳振动能量流和辐射声功率研究[D]. 武汉: 华中科技大学, 2010.

[42] ZHANG J J, LI T Y, YE W B, et al. Acoustic radiation of damped cylindrical shell with arbitrary

thickness in the fluid field[J]. Journal of marine science and application, 2010, 9 (4): 431-438.

[43] 谢官模. 静水压力对环肋圆柱壳声辐射的影响[J]. 武汉工业大学学报, 1995, 17 (1): 77-79.

[44] KEITIE R F. The effect of hydrostatic pressure fields on the structural and acoustic response of cylindrical shells[J]. Journal of the acoustical society of America, 1986, 79 (3): 595-603.

[45] 刘志忠. 静压条件下圆柱壳-流场耦合系统振动功率流和声辐射特性研究[D]. 武汉: 华中科技大学, 2009.

[46] ZHU X, YE W B, LI T Y, et al. The elastic critical pressure prediction of submerged cylindrical shell using wave propagation method[J]. Ocean engineering, 2013, 58: 22-26.

[47] HUANG H C. Interaction of acoustic shock waves with a cylindrical elastic shell immersed near a hard surface[J]. Wave motion, 1981, 3 (3): 269-278.

[48] 郭文杰, 李天匀, 朱翔, 等. 计及自由液面影响的水下有限深度圆柱壳自由振动分析[J]. 振动与冲击, 2017, 36 (10): 1-6.

[49] AVITAL E J, MILOH T. Sound scattering and its cancellation by an elastic spherical shell in free space and near a free surface[J]. Wave motion, 2015, 55: 35-47.

[50] HASHEMINEJAD S M, AZARPEYVAND M. Acoustic radiation from a pulsating spherical cap set on a spherical baffle near a hard/soft flat surface[J]. IEEE journal of oceanic engineering, 2004, 29 (1): 110-117.

[51] 王鹏, 李天匀, 朱翔. 声介质对有限潜深圆柱壳自振特性的影响机理分析[J]. 中国造船, 2019, 60 (3): 35-45.

[52] 郭文杰, 李天匀, 朱翔, 等. 散射对近水面有限长圆柱壳自振特性影响[J]. 振动工程学报, 2017, 30 (5): 730-737.

[53] 黎胜, 赵德有. 半空间内结构声辐射研究[J]. 船舶力学, 2004, 8 (1): 106-112.

[54] 邹元杰, 赵德有, 黎胜. 自由液面和刚性壁面对结构振动声辐射的影响[J]. 声学学报, 2005, 30 (1): 89-96.

[55] 邹元杰, 赵德有. 流体可压缩性对半无限流体域中结构振动的影响[J]. 振动与冲击, 2004, 23 (2): 21-27.

[56] SEYBERT A F, SOENARKO B. Radiation and scattering of acoustic waves from bodies of arbitrary shape in a three-dimensional half space[J].Journal of vibration and acoustics, 1988, 110 (1): 112-117.

[57] SEYBERT A F, WU T W. Modified Helmholtz integral equation for bodies sitting on an infinite plane[J]. The journal of the acoustical society of America, 1989, 85 (1): 19-23.

[58] ERGIN A, PRICE W G, RANDALL R, et al. Dynamic characteristics of a submerged, flexible cylinder vibrating in finite water depths[J]. Journal of ship research, 1992, 36 (2): 154-167.

[59] 刘佩, 刘书文, 黎胜. 潜深对水下圆柱壳振动声辐射特性的影响[J]. 舰船科学技术, 2014(5): 36-41.

[60] 刘佩. 潜深对圆柱壳振动声辐射的影响及相似性研究[D]. 大连: 大连理工大学, 2013.

[61] BRUNNER D, JUNGE M, CABOS C, et al. Vibroacoustic simulation of partly immersed bodies by a coupled fast BE-FE approach[J]. Journal of the acoustical society of America, 2008, 123 (5): 3418.

[62] BRUNNER D, OF G, JUNGE M, et al. A fast BE-FE coupling scheme for partly immersed bodies[J]. International journal for numerical methods in engineering, 2010, 81 (1): 28-47.

[63] JUNGE M, BECKER J, BRUNNER D, et al. FE-Model reduction for BE-FE coupling with large fluid-structure interfaces[J]. Journal of the acoustical society of America, 2008, 123 (5): 3726.

[64] JUNGE M, BRUNNER D, BECKER J, et al. Interface-reduction for the Craig-Bampton and Rubin method applied to FE-BE coupling with a large fluid-structure interface[J]. International journal for numerical methods in engineering, 2009, 77 (12): 1731-1752.

[65] 张晓强，王冠，冯金富，等. 球体结构近水面运动过程附加质量研究[J]. 现代防御技术，2016，44（2）：215-221.

[66] 汪鸿振，冯革楠. 半无限域中结构体辐射声场计算[J]. 声学技术，1996，15（2）：54-56.

[67] 苏海东，黄玉盈. 求半无限域流场中物体附连水质量的一种简便解法[J]. 华中科技大学学报（城市科学版），2003，20（4）：14-16.

[68] MOON K K，JAC R K，CHUN H B. Free vibration analysis of a hung clamped-free cylindrical shell partially submerged in fluid[J]. Journal of fluids and structures，2011，27（2）：283-296.

[69] ASKARI E，DANESHMAND F. Coupled vibrations of cantilever cylindrical shells partially submerged in fluids with continuous，simply connected and non-convex domain[J]. Journal of sound and vibration，2010，329（17）：3520-3536.

[70] ASKARI E，JEONG K H. Hydroelastic vibration of a cantilever cylindrical shell partially submerged in a liquid[J]. Ocean engineering，2010，37（11-12）：1027-1035.

[71] CHIBA M，OSUMI H. Free vibration and buckling of a partially submerged clamped cylindrical tank under compression[J]. Journal of sound and vibration，1998，209（5）：771-796.

[72] CHUN H B，MOON K K，JAC R K. Free vibration analysis of a hanged clamped free cylindrical shell partially submerged in fluid: the effect of external wall，internal shaft，and flat bottom[J]. Journal of sound and vibration，2012，331（17）：4072-4092.

[73] ZHOU D，LIU W. Bending-torsion vibration of a partially submerged cylinder with an arbitrary cross-section[J]. Applied mathematical modelling，2007，31（10）：2249-2265.

[74] SABUNCU T，CALISAL S. Hydrodynamic coefficients for vertical circular cylinders at finite depth[J]. Ocean engineering，1981，8（1）：25-63.

[75] CHIBA M，UBUKATA S. Influence of internal liquid on buckling of circular cylindrical shells partially submerged in a liquid[J]. Thin-walled structures，1996，24（2）：113-122.

[76] CHIBA M. Free vibration of a clamped-free circular cylindrical shell partially submerged in a liquid [J]. The journal of the acoustical society of America，1995，97（4）：2238-2248.

[77] 许金泉，陈永清，杨震. 板材自由表面受法向集中力时的理论解[J]. 固体力学学报，2004，25（4）：394-398.

[78] 郭文杰，李天匀，朱翔，等. 有限浸深圆柱壳振动及远场声辐射的解析方法[J]. 中国舰船研究，2017，12（4）：62-70.

[79] 沈国光，李德筠. 关于水底和池壁效应的理论分析[J]. 船舶工程，1987（1）：3，5-14.

[80] LI K M，LUI W K，FROMMER G H. The diffraction of sound by an impedance sphere in the vicinity of a ground surface[J]. The journal of the acoustical society of America，2004，115（1）：42-56.

[81] LUI W K，LI K M. The scattering of sound by a long cylinder above an impedance boundary[J]. The journal of the acoustical society of America，2010，127（2）：664-674.

[82] GAUNAURD G C C，HUANG H C. Acoustic scattering by a spherical body near a plane boundary[J]. The journal of the acoustical society of America，1994，96（4）：2526-2536.

[83] GAUNAURD G C C，HUANG H C. Acoustic scattering by an air bubble near the sea surface[J]. IEEE journal of oceanic engineering，1995，20（4）：285-292.

[84] GAUNAURD G C C，HUANG H C. Sound scattering by a spherical object near a hard flat bottom[J]. IEEE transactions on ultrasonics，ferroelectrics，and frequency control，1996，43（4）：690-700.

[85] 谢晓霞，纪佳位，王硕琛，等. 无衍射 Mathieu 光束经轴棱锥的聚焦特性[J]. 光子学报，2016（2）：51-55.

[86] 李一丁，张鹏飞，张辉，等. 弯轨 Čerenkov 辐射计算中的稳相法[J]. 物理学报，2013，62（10）：

104103.

[87] HASHEMINEJAD S M, AZARPEYVAND M. Modal vibrations of an infinite cylinder in an acoustic halfspace[J]. International journal of engineering science, 2003, 41 (19): 2253-2271.

[88] HASHEMINEJAD S M, AZARPEYVAND M. Modal vibrations of a cylindrical radiator over an impedance plane[J]. Journal of sound and vibration, 2004, 278 (3): 461-477.

[89] 白振国, 吴文伟, 左成魁, 等. 有限水深环境圆柱壳声辐射及传播特性[J]. 船舶力学, 2014, 18 (1): 178-190.

[90] 张林根, 吴文伟, 张涛, 等. 近水面双圆柱壳耦合声散射研究[J]. 船舶力学, 2014, 18 (7): 864-870.

[91] 叶文兵. 潜浮状态下圆柱壳结构的声振特性研究[D]. 武汉: 华中科技大学, 2012.

[92] YE W B, LI T Y, ZHU X, et al. Acoustic radiation of cylindrical shells submerged in the fluid in presence of the seabed or dock[J]. Journal of ship mechanics, 2013, 17 (3): 313-325.

[93] LI T Y, MIAO Y Y, YE W B, et al. Far-field sound radiation of a submerged cylindrical shell at finite depth from the free surface[J]. The journal of the acoustical society of America, 2014, 136 (3): 1054-1064.

[94] 李天匀, 江丰, 叶文兵, 等. 有限浸没深度无限长圆柱壳辐射声场波动特性[J]. 中国舰船研究, 2013, 8 (1): 73-79.

[95] WANG P, LI T Y, ZHU X, et al. An analytical solution for free flexural vibration of a thin cylindrical shell submerged in acoustic half-space bounded by a free surface[J]. International journal of structural stability and dynamics, 2018, 18 (3): 1850042.

[96] 王鹏, 李天匀, 朱翔, 等. 近水面状态有限长圆柱壳振动特性分析[J]. 振动工程学报, 2016 (5): 772-778.

[97] 李天匀, 王鹏, 朱翔, 等. 声吸收边界附近圆柱壳自振特性分析[J]. 华中科技大学学报（自然科学版）, 2017 (2): 1-6.

[98] 王鹏, 李天匀, 朱翔, 等. 有限潜深状态下圆柱壳固有振动特性分析[J]. 振动与冲击, 2017, 36 (15): 146-151.

[99] 王鹏, 李天匀, 朱翔, 等. 近水面状态有限长圆柱壳受迫振动的输入功率流和声辐射特性[J]. 振动工程学报, 2017, 30 (4): 596-602.

[100] WANG P, LI T Y, ZHU X. Free flexural vibration of a cylindrical shell horizontally immersed in shallow water using the wave propagation approach[J]. Ocean engineering, 2017, 142: 280-291.

[101] GUO W J, LI T Y, ZHU X. Far-field acoustic radiation and vibration of a submerged finite cylindrical shell below the free surface based on energy functional variation principle and stationary phase method[J]. Noise control engineering journal, 2017, 65 (6): 565-576.

[102] GUO W J, LI T Y, ZHU X, et al. Sound-structure interaction analysis of an infinite-long cylindrical shell submerged in a quarter water domain and subject to a line-distributed harmonic excitation[J]. Journal of sound and vibration, 2018, 422: 48-61.

[103] GUO W J, LI T Y, ZHU X, et al. Vibration and acoustic radiation of a finite cylindrical shell submerged at finite depth from the free surface[J]. Journal of sound and vibration, 2017, 393: 338-352.

[104] 郭文杰, 李天匀, 朱翔, 等. 部分浸没圆柱壳声固耦合计算的半解析法研究[J]. 物理学报, 2018, 67 (8): 140-151.

[105] ERGIN A, TEMAREL P. Free vibration of a partially liquid-filled and submerged, horizontal cylindrical shell[J]. Journal of sound and vibration, 2002, 254 (5): 951-965.

[106] CHEN P T, LIN C S, YANG T. Responses of partially immersed elastic structures using a symmetric formulation for coupled boundary element and finite element methods[J]. The journal of the acoustical

society of America, 2002, 112 (3): 866-875.

[107] 刘习军, 刘国英, 贾启芬, 等. 充液圆柱壳内旋转重力波的振动分析[J]. 天津大学学报 (自然科学与工程技术版), 2005, 38 (4): 288-293.

[108] 邹春平, 陈端石, 华宏星. 船舶水下辐射噪声特性研究[J]. 船舶力学, 2004, 8 (1): 113-124.

[109] LI H, WU C, HUANG X. Parametric study on sound radiation from an infinite fluid-filled/semi-submerged cylindrical shell[J]. Applied acoustics, 2003, 64 (5): 495-509.

[110] 李天匀, 王露, 郭文杰, 等. 有限长半充液圆柱壳振动特性分析[J]. 中国舰船研究, 2016, 11 (2): 106-110.

[111] GUO W J, LI T Y, MIAO Y Y, et al. Vibration characteristics research of finite cylindrical shells semi-submerged [J]. Applied mechanics and materials, 2017, 863: 163-169.

[112] 王斌, 汤渭霖. 半潜状态圆柱壳振动声辐射特性研究[C]. 第十二届船舶水下噪声学术讨论会, 2009.

[113] 叶文兵, 李天匀, 朱翔. 半浸状态下圆柱壳输入功率流特性研究[C]. 第十三届船舶水下噪声学术讨论会, 2011.

[114] LI T Y, WANG P, ZHU X, et al. Prediction of far-field sound pressure of a semi-submerged cylindrical shell with low-frequency excitation[J]. Journal of vibration and acoustics, 2017, 139 (4): 41002.

[115] AMABILI M. Free vibration of partially filled, horizontal cylindrical shells[J]. Journal of sound and vibration, 1996, 191 (5): 757-780.

[116] AMABILI M. Flexural vibration of cylindrical shells partially coupled with external and internal fluids[J]. Journal of vibration and acoustics, 1997, 119 (3): 476-484.

[117] YE W B, LI T Y, ZHU X. The vibro-acoustic characteristics of the cylindrical shell partially submerged in the fluid[J]. Applied mechanics and materials, 2012, 170-173: 2303-2311.

[118] SELMANE A, LAKIS A. Vibration analysis of anisotropic open cylindrical shells subjected to a flowing fluid[J]. Journal of fluids and structures, 1997, 11 (1): 111-134.

[119] ERGIN A. An approximate method for the free vibration analysis of partially filled and submerged, horizontal cylindrical shells[J]. Journal of sound and vibration, 1997, 207 (5): 761-767.

[120] HIDALGO J A S, GAMA A L, MOREIRA R M. Natural vibration frequencies of horizontal tubes partially filled with liquid[J]. Journal of sound and vibration, 2017, 408: 31-42.

[121] ESCALER X, DE LA TORRE O, GOGGINS J. Experimental and numerical analysis of directional added mass effects in partially liquid-filled horizontal pipes[J]. Journal of fluids and structures, 2017, 69: 252-264.

[122] GUO W J, FENG Q S, LI T Y, et al. A new solution for vibroacoustic analysis of two-dimensional cylindrical shells partially liquid-filled or partially submerged in fluid[J]. Mechanical systems and signal processing, 2020 (140): 106685.

[123] 莫亚枭, 朴胜春, 张海刚, 等. 水平变化波导中的简正波耦合与能量转移[J]. 物理学报, 2014, 63 (21): 181-193.

[124] 齐辉, 蔡立明, 潘向南, 等. 直角域中凸起和孔洞对 SH 波的散射与地震动[J]. 岩土力学, 2015, 36 (2): 347-353.

[125] 曹为午, 陈明, 关珊珊. 码头环境下结构声辐射计算方法探讨[C]. 第十二届船舶水下噪声学术讨论会, 2009.

[126] ZOU M, WU Y, LIU Y, et al. A three-dimensional hydroelasticity theory for ship structures in acoustic field of shallow sea[J]. Journal of hydrodynamics, 2013, 25 (6): 929-937.

[127] ZOU M, WU Y, LIU Y. The application of three-dimensional hydroelastic analysis of ship structures in Pekeris hydro-acoustic waveguide environment[J]. Acta mechanica sinica, 2014, 30 (1): 59-66.

[128] WU Y S，ZOU M S，TIAN C，et al. Theory and applications of coupled fluid-structure interactions of ships in waves and ocean acoustic environment[J]. Journal of hydrodynamics，2016，28（6）：923-936.

[129] 陈炉云，王德禹，张立军. 直角域内的结构声辐射特性研究[J]. 船舶力学，2011，15（1）：175-181.

[130] CHEN L Y，ZHANG Y. Acoustic radiation analysis based on essential solution of green's function[J]. Journal of Shanghai Jiaotong University（Science），2013，18（4）：409-417.

[131] CHEN L Y，LIANG X，YI H. Acoustic radiation analysis for a control domain based on green's function[J]. Applied mathematical modelling，2016，40（4）：2514-2528.

[132] 缪宇跃，李天匀，朱翔，等. 浅海中圆柱壳的声辐射特性分析[J]. 哈尔滨工程大学学报，2017，38（5）：719-726.

[133] 缪宇跃. 声边界约束下水中圆柱壳声学边界元与声辐射性能研究[D]. 武汉：华中科技大学，2016.

[134] JIANG L，HONG M. Studies on scattering from ellipsoids in a shallow water with sea bottom impedance[J]. Journal of ship mechanics，2009，13：1013-1021.

[135] 马黎黎，王仁乾. 海洋波导中刚性球及旋转椭球前向散射场时频特征的畸变[J]. 声学学报，2014，39（4）：407-416.

[136] 于国友，姬广令，刘志良. 海底管线附加水质量计算方法的研究[J]. 中国海洋平台，2007，22（2）：14-17.

[137] HASHEMINEJAD S M，AZARPEYVAND M. Acoustic radiation from a cylindrical source close to a rigid corner[J]. Journal of applied mathematics and mechanics，2005，85（1）：66-74.

[138] HASHEMINEJAD S M，ALIBAKHSHI M A. Two-dimensional scattering from an impenetrable cylindrical obstacle in an acoustic quarter space[J]. Forschung im ingenieurwesen，2006，70（3）：179-186.

[139] 王威，陈炉云. 含复杂声边界的圆柱壳结构声振特性研究[J]. 振动工程学报，2016，29（6）：1034-1040.

[140] CHEN L Y，LIANG X F，YI H. Vibro-acoustic characteristics of cylindrical shells with complex acoustic boundary conditions[J]. Ocean engineering，2016，126：12-21.

[141] 白振国，左成魁，张峰，等. 浅水环境圆柱壳振动声辐射分布特性及测试建议[C]. 第十四届船舶水下噪声学术讨论会，2013.

[142] 王鹏，李天匀，朱翔，等. 浅水域中圆柱壳固有振动特性分析[J]. 中国造船，2016，57（3）：72-82.

[143] 王鹏. 声边界约束下水中有限长圆柱壳的声振特性研究[D]. 武汉：华中科技大学，2017.

[144] 郭文杰，由液面约束下不同状态圆柱壳声振模型研究及其性能分析[D]. 武汉：华中科技大学，2018.

[145] FLÜGGE W. Stresses in shells[M]. Berlin：Springer Science & Business Media，2013.

[146] ZHANG X M，LIU G R，LAM K Y. Vibration analysis of thin cylindrical shells using wave propagation approach [J]. Journal of sound and vibration，2001，239（3）：397-403.

[147] 刘忠族，黄玉盈，钟伟芳. 无限长圆柱壳附连水质量与波数的关系[J]. 中国造船，1998，39（1）：52-56.

[148] 陈忱，李天匀，朱翔，等.基于波传播法的水下圆柱壳临界载荷-频率特性分析[J]. 中国造船，2012，53（1）：130-136.

[149] LAM K Y，LOY C T. Effects of boundary conditions on frequencies of a multi-layered cylindrical shell[J]. Journal of sound and vibration，1995，188（3）：363-384.

[150] SOUZA M A，BASSAID L M.A new technique for the prediction of buckling loads from nondestructive vibration tests[J]. Experimental mechanics，1991（31）：93-97.

[151] 李范春，杜玲，刘清风，等.受压结构稳定性的无损检测分析方法研究[J]. 船舶力学，2010，14（4）：393-398.

[152] 黄克智. 板壳理论[M]. 北京：清华大学出版社，1987.

[153] LI X B. Study on free vibration analysis of circular cylindrical shells using wave propagation[J]. Journal of sound and vibration，2008，311（3）：667-682.

[154] 刘涛. 大深度潜水器结构分析与设计研究[D]. 无锡：中国船舶科学研究中心，2001.

[155] MORAND H J P，Ohayon R. Interactions fluides-structures[M]. Paris：Masson，1992.

[156] WATSON G N. A treatise on the theory of Bessel functions[M]. London：Cambridge University Press，1995.

[157] 申罗杰夫. 水声学波动问题[M]. 何祚镛，赵晋英，译. 北京：国防工业出版社，1983.

[158] 王桂波，彭临慧. 浅海波导中刚性球声散射特性研究[J]. 中国海洋大学学报（自然科学版），2005（3）：515-520.

[159] 陈美霞，张聪，邓乃旗，等. 波传播法求解低频激励下水中加端板圆柱壳的振动[J]. 振动工程学报，2014，27（6）：842-851.

[160] 俞孟萨，吕世金，吴永兴. 半混响环境中水下结构辐射声功率测量[J]. 应用声学，2001（6）：23-27.

[161] 刘志忠，李天匀，张俊杰. 考虑流体静压时充液圆柱壳的输入能量流特性[J]. 中国舰船研究，2009，4（2）：20-23.

[162] 向溢，杨建民，谭家华，等. 码头系泊船舶模型试验[J]. 海洋工程，2001（2）：45-49.

[163] 郭文杰，李天匀，朱翔，等. 考虑自由液面影响的有限长脉动圆柱远场声学分析[J]. 振动与冲击，2018，37（23）：24-30.

[164] SALAÜN P. Effect of a free surface on the far-field pressure radiated by a point-excited cylindrical shell[J]. Journal of the acoustical society of America，1991，90（4）：2173-2181.

[165] 朱翔，李天匀，赵耀. 裂纹损伤结构的振动能量流特性与损伤识别[M]. 武汉：华中科技大学出版社，2017.

[166] 徐幕冰. 圆柱壳-流场耦合系统的振动波传播与能量流研究[D]. 武汉：华中理工大学，1998.

[167] 黄争鸣，埋在土中的输液管道的耦联振动[J]，应用力学学报，1991，8（2）：109-114.

[168] 杨奇林. 数学物理方程与特殊函数[M]. 2版. 北京：清华大学出版社，2011.

[169] 杜功焕，朱哲民，龚秀芬. 声学基础[M]. 3版. 南京：南京大学出版社，2012

[170] HAMILTON E L. Geoacoustic modeling of the sea floor[J]. Journal of the acoustical society of America，1980，68（5）：1313-1340.

[171] 吴金荣，马力，郭圣明. 基于地声模型的浅海混响地声反演研究[J]. 哈尔滨工程大学学报，2010，31（7）：856-862.

[172] 陈忱. 基于波传播法的声场-圆柱壳耦合系统静动态性能研究[D]. 武汉：华中科技大学，2014.

[173] BRUSH D，ALMROTH B. Buckling of bars，plates and shells[M]. New York：Mc Graw-Hill Press，1975.

[174] AMABILI M，DALPIAZ G. Breathing vibrations of a horizontal circular cylindrical tank shell，partially filled with liquid[J]. Journal of vibration and acoustics，1995，117（2）：187-191.